Booth/Ainscow

Index für Inklusion

Dieses Projekt wurde gefördert von:

Aktion Mensch

Lechler Stiftung
Gutes Tun verbindet

FREUDENBERG STIFTUNG

pro infirmis

Montag Stiftung Jugend und Gesellschaft

Technology Arts Sciences
TH Köln

PH NÖ Pädagogische Hochschule Niederösterreich

unibz
Freie Universität Bozen
Libera Università di Bolzano
Università Liedia de Bulsan

Universität Paderborn
Die Universität der Informationsgesellschaft

Tony Booth/Mel Ainscow

Index für Inklusion

Ein Leitfaden für Schulentwicklung

2. Auflage

Herausgegeben, neu übersetzt und adaptiert für deutschsprachige Bildungssysteme von Bruno Achermann, Donja Amirpur, Maria-Luise Braunsteiner, Heidrun Demo, Elisabeth Plate, Andrea Platte

BELTZ

Tony Booth forscht und lehrt an der University of Cambridge.
Mel Ainscow hat einen Lehrstuhl für Erziehungswissenschaften an der University of Manchester.

Übersetzung der Originalausgabe »Index for Inclusion« (4. Auflage 2016)

Projektteam für die deutschsprachige Adaption:
Donja Amirpur und Elisabeth Plate, Deutschland (Projektleitung)
Bruno Achermann, Schweiz
Maria-Luise Braunsteiner, Österreich
Heidrun Demo, Südtirol, Italien
Andrea Platte, Deutschland

index for inclusion network
www.indexforinclusion.org

Das Netzwerk *Index für Inklusion* wurde 2012 gegründet, um den *Index für Inklusion* und andere Aktivitäten weltweit zu verbreiten, mit dem Ziel, inklusive Werte in Handeln umzusetzen.

Die Teile 4 und 5 des Index für Inklusion stehen als Online-Materialien unter www.beltz.de.
Passwort: v#eRf)cd

FSC www.fsc.org MIX Papier aus verantwortungsvollen Quellen FSC® C089473

Dieses Buch ist erhältlich als:
ISBN 978-3-407-63006-3 (Print)
ISBN 978-3-407-63058-2 (E-Book)

2. korrigierte und aktualisierte Auflage 2019

Bildnachweise: istock © asiseeit (S. 27), istock © Georgijevic (S. 66), istock © Ababsolutum (S. 81), istock © damircudic (S. 83), istock © vgajic (S. 90), © isabelle jost (S. 95, S. 99), istock © Highwaystarz-Photography (S. 180), istock © FatCamera (S. 207), istock © DanielFerryanto (S. 219)
Lektorat: Caroline Eckmann
Umschlaggestaltung: Jonathan Bachmann
Herstellung und Satz: Michael Matl
Druck und Bindung: Beltz Bad Langensalza GmbH, Bad Langensalza
Printed in Germany

Weitere Informationen zu unseren Autoren und Titeln finden Sie unter: www.beltz.de

Inhalt

Danksagungen

Für die englischsprachige Originalausgabe

Die Ideen für dieses Buch sind über viele Jahre im Austausch mit einer großen Zahl von Menschen entstanden. Einige von ihnen verdienen eine besondere Erwähnung: Judith Carters Ermutigungen und Kommentare waren eine große Hilfe, nicht zuletzt durch ihre unaufdringliche Fachkompetenz beim Koordinieren der Pilotprojekte für den Norfolk County Council und ihren Einsatz, den Index im Rahmen der aktuellen Evaluationsvorgaben für Schulen anwendbar zu machen. Sue Buckingham hat mir die »Rechte des Planeten« nahegebracht, die ich erst abgelehnt, dann aber doch aufgenommen habe. Anna McIvor, Mark Skipper, Myriam Thomachot und Margaret Parker von Transitions Cambridge haben mir ihre Zeit und Fachkompetenz zur Verfügung gestellt. Die Erfahrung und Anmerkungen von Stephen Scoffham, Gill Hope, Jill Matthews und Jonathan Barnes von der Canterbury Christ Church University haben mich darin bestärkt, dass die Arbeit am Curriculum theoretisch und praktisch wertvoll ist. Ines Boban, Andreas Hinz und Barbara Brokamp haben in Deutschland lange mit dem Index gearbeitet und mich an ihren Erfahrungen und Perspektiven teilhaben lassen, ebenso Kari Nes an ihrer Arbeit in Norwegen. Kari Nes hat die Inhalte von Curricula hinterfragt und damit einen ebenso besonderen Beitrag zu einer europäischen Tradition der Didaktik geleistet wie Barbara Brokamp mit ihren interessanten Ideen zum Indexprozess und die Unterstützung durch Prozessbegleiter*innen. Susan Harts Vorschläge und vor allem ihre Zustimmung zu meiner Herangehensweise waren wichtig. Em Williams hat hilfreich insistiert, dass ich über Geschlechterbinarität noch einmal nachdenke, und Artemi Sakellariadis hat den Schreibprozess mit kritischen Kommentaren begleitet. Auch Jannie Brightman, Mary Young, Jane Carpenter, Alison Peacock, Peter Pope, Hannah Booth, Kathie Booth, Ben Greig, Astrid Graven, Mark Antopolski, Nigel Pickford und Pat Yarker haben hilfreiche Kommentare gegeben. Denise Knowelden hat punktgenau beim Redigieren geholfen.

Schulen im Index-Pilotprojekt in Norfolk

- Vorschuleinrichtung: Clover Hill
- Infant schools (Primarschulen für Kinder bis 7 Jahre): Colman, Costessy, Lodge Lane, Recreation Road
- Junior schools (Primarschulen für Kinder zwischen 7 und 11 Jahren): Caister, Edward Worlledge, Lingwood, St. Michael's, Wroughton
- Primary schools (Primarschulen für Kinder von 4 bzw. 5 bis 11 Jahren): Bignold, Bishop's, Bluebell, Cawston, Colby Ditchingham Fairstead, Hapton, Heartsease, Roydon, Sporle, Tacolneston, Terrington St John, Tilney St Lawrence, Walpole Highway, Whitefriars, Wicklewood
- Secondary schools (Sekundarschulen für Schüler*innen von 11 bis 16 oder 18 Jahren): Broadland High, Downham Market High, Hewett Comprehensive, Hobart High, King Edward VII High, Springwood High
- Förder-/Sonderschulen: Churchill Park, Sidestrand

Für die deutschsprachige Adaption

Als eine Gruppe von Wissenschaftler*innen aus der Sozial- und Bildungsforschung sowie Fachleuten für inklusive Bildung und inklusive Schulentwicklungsprozesse aus Deutschland, Österreich, der Schweiz und Südtirol haben wir uns zum Ziel gesetzt, den »Index for Inclusion« (2016) für deutschsprachige Bildungssysteme zu adaptieren und verfügbar zu machen. Wir danken dem Autor des Werks, Tony Booth, für die vertrauensvolle Zusammenarbeit.

Caroline Eckmann, Bonn, hat den Index mit hoher Kompetenz und persönlichem Engagement lektoriert. Sarah Klein und Erik Zyber vom Beltz Verlag haben die Entstehung des Index professionell und engagiert begleitet.

Die Montag Stiftung Jugend und Gesellschaft in Bonn, Aktion Mensch e.V., Bonn, die Lechler Stiftung in Stuttgart, die Freudenberg Stiftung in Weinheim a. d. Bergstraße und Pro Infirmis in Zürich haben die umfangreiche Zusammenarbeit der Herausgeber*innen-Gruppe finanziell unterstützt. Ebenso wollen wir uns bei unseren Hochschulen, der Universität Paderborn, der Pädagogischen Hochschule Niederösterreich, der Freien Universität Bozen und der Technischen Hochschule Köln bedanken.

Die Adaption an die Entwicklungen, Strukturen und Begrifflichkeiten der verschiedenen deutschsprachigen Gebiete haben viele Personen unterstützt:

In Deutschland standen uns Barbara Brokamp von der Montag Stiftung Jugend und Gesellschaft und Jo Jerg von der Evangelischen Hochschule Ludwigsburg als kritische Freund*innen mit ihren reichen Erfahrungen in der Arbeit mit dem Index jederzeit mit Rat und Tat und ihren Beiträgen zur Verfügung. Timm Albers und Simone Seitz von der Universität Paderborn sind wir nicht nur für ihre finanzielle Unterstützung des Projekts, sondern auch für die inhaltlichen Anregungen dankbar.

Die österreichische Perspektive im Index wurde durch Irene Gebhardt und Angela Gredler aus Wiener Neudorf sowie Andrea Holzinger und David Wohlhart aus Graz, die alle seit vielen Jahren mit dem Index arbeiten, mit ihren wertvollen Beiträgen ergänzt und bereichert.

Die Begegnung mit Menschen, die gefährdet oder von Ausschluss betroffen sind, die Zusammenarbeit mit Schulen, die Vielfalt als Herausforderung und Chance nutzen, mit Lehrpersonen, Eltern, (ehem.) Studierenden der PH Luzern und namentlich Hermann Flükiger, Esther Steinmann und Caroline Sahli Lozano unterstützten Bruno Achermann in Nottwil/Luzern, Schweiz.

In Südtirol gab es ein ganzes Team: Susanne Abram, Edith Brugger-Paggi, Veronika Frick, Sigrun Falkensteiner und Vanessa Macchia haben gemeinsam mit Heidrun Demo die Anpassungen des Index an das Südtiroler Bildungssystem erarbeitet. Ihre Anmerkungen und Veränderungsvorschläge boten uns unschätzbare Anregungen für die Adaption in alle deutschsprachigen Bildungssysteme.

Neben den genannten Personen und Institutionen gab es noch viele weitere Kolleg*innen, Freund*innen und Familien, ohne die dieser Index so nicht zustande gekommen wäre. Sie können hier nicht namentlich angeführt werden. Wir sind ihnen allen sehr dankbar.

Hintergründe

Zur vierten englischsprachigen Auflage

Der *Index für Inklusion* wurde zum ersten Mal im Jahr 2000 mit dem Untertitel »developing learning and participation in schools« veröffentlicht. Mel Ainscow und Mark Vaughan hatten das erste Team zur Entwicklung des Index zusammengestellt. In ihrer finalen Fassung war die erste Auflage besonders geprägt durch die Arbeit von Tony Booth und seinen Kolleg*innen an der Open University, Patricia Potts und Will Swann, die Inklusion verbunden haben mit dem Aufbau eines Systems, das die Kontinuität und kommunale Einbindung von Vorschul-, Primar- und Sekundarbereich gewährleistet, sowie durch Mel Ainscow und seine Arbeit in der Schulentwicklung.

Die englische und die walisische Regierung statteten alle Primar-, Sekundar- und Sonder-/Förderschulen sowie die lokalen Bildungsbehörden mit dem Index aus. 2004 und 2006 erschienen eigene Ausgaben des Index für die frühkindliche Bildung und Erziehung (Booth/Ainscow/Kingston 2004, 2006). Neben der Erweiterung auf Kleinkinder und Säuglinge wurden die Ausgaben um den Aspekt des Wohlbefindens von Kindern, Jugendlichen und Erwachsenen sowie um den Aspekt des Spiels erweitert.

Auch wenn der Index für Schulen in England entstanden ist, spiegeln seine Ideen breit gestreute Erfahrungen aus vielen Ländern wider. Gespräche mit Kolleg*innen aus der ganzen Welt sind hier mit eingeflossen. Der Index geht davon aus, dass wir Weiterentwicklung in der Bildung dann erreichen können, wenn wir uns dem Lernen und Lehren und den Beziehungen widmen und nicht nur den Leistungen und Ergebnissen. In vielen Ländern ist das Konzept des Index für die Weiterentwicklung von Schule und Bildungseinrichtungen anerkannt – Übersetzungen und Adaptionen gibt es in circa 50 Ländern. Ein internationales Team hat mit Unterstützung der UNESCO untersucht, wie man Versionen für wirtschaftlich arme Gegenden in Ländern des Globalen Südens entwickeln könnte (Booth/Black-Hawkins 2001, 2005).

Die dritte, 2011 veröffentlichte Auflage des Index habe ich stark überarbeitet und der UN-Dekade der Biodiversität 2011-2020 gewidmet. Zehn Jahre Erfahrung aus England und anderen Ländern sind hier eingeflossen (Rustemier/Booth 2005). Es wurde ein Rahmen von inklusiven Werten eingeführt, der auf die Frage antwortet: »Wie wollen wir zusammenleben?« Verschiedene werteorientierte Programme und Maßnahmen in den Bereichen Ökologische Nachhaltigkeit, Staats- und Weltbürgerschaft, Gewaltfreiheit, Demokratische Bildung und Gesundheitsförderung wurden in das Konzept integriert. Als Grundbestandteile von Bildung wurden die Achtung der Umwelt sowie die lokale und globale Pflege gewaltfreier Beziehungen eingeführt. Der Index fordert dazu auf, einen Dialog über die Lerninhalte bzw. die Inhalte eines Lehrplans/Curriculums zu führen. Es wird versucht, die Frage »Was müssen wir wissen, um gut zusammenleben zu können?« aus aktueller Sicht und mit Blick auf das 21. Jahrhundert zu beantworten. So konnte der Index seinen Anspruch, die Bedeutung inklusiver Werte für alle Aspekte von Schule zu berücksichtigen, besser erfüllen als vorher.

In der vierten Auflage habe ich nur noch kleine Änderungen vorgenommen. Die inklusiven Werte werden noch stärker betont. So wird klarer, dass der *Index für*

Inklusion bei der Entwicklung von Schule alle Erwachsenen, Kinder und Jugendlichen und alle Aspekte von Schule einbezieht. Es geht bei Inklusion eben nicht, wie viele immer noch denken, um eine spezielle Gruppe von Kindern mit einem zugeschriebenen sonderpädagogischen Förderbedarf oder individuellen Bildungsbedarf. Dem vorherrschenden »output-orientierten« Verständnis von Entwicklung, das in England und anderen Ländern das Nachdenken über eine Verbesserung von Schule viele Jahre dominiert hat, wird eine Entwicklung »nach inklusiven Werten« entgegengesetzt. Das Ziel: nachhaltige Ergebnisse zu erzielen, die weit über einen »Output« hinausgehen.

Die Werte werden jetzt in einer dreidimensionalen Struktur gezeigt, die keine Hierarchisierung beinhaltet. Mit dem Begriff der »Wertekompetenz« will ich darauf hinweisen, dass es wichtig ist, die Zusammenhänge zwischen Werten und Handeln zu erforschen. Ich habe inklusive und exkludierende Werte einander gegenübergestellt. Letztere nehmen viele Kolleg*innen in ihrer Schule wahr. Es ist die Aufgabe einer Schulentwicklung, inklusive Werte in Handeln umzusetzen und sich gleichzeitig von exkludierenden Werten zu lösen. Ich gebe auch Anregungen dazu, wie eine Orientierung nach inklusiven Werten dabei helfen kann, externe Vorgaben kritisch zu reflektieren und Handlungsspielräume zu identifizieren und inklusiv zu gestalten.

Der Index wird durch eine Website ergänzt (indexforinclusion.org), die Informationen zur Anwendung des Index in England und vielen anderen Ländern sowie weitere Ressourcen und Feedback-Möglichkeiten enthält.

Tony Booth

Zur deutschsprachigen Ausgabe 2017

Erstmals wurde der *Index for Inclusion* 2003 von Ines Boban und Andreas Hinz für deutschsprachige Schulen übersetzt, bearbeitet und herausgegeben. Im Anschluss daran entstanden weitere Index-Adaptionen in Deutschland für andere Bildungsbereiche und Sozialräume: der »Index für Inklusion in Kindertageseinrichtungen« (GEW 2006, 2015), »Inklusion vor Ort – Der Kommunale Index für Inklusion – ein Praxishandbuch« und »Inklusion ist machbar! Das Erfahrungshandbuch aus der kommunalen Praxis« (Montag Stiftung Jugend und Gesellschaft 2011, 2018).

Der Einsatz der genannten Index-Versionen in der Praxis und Forschung in deutschsprachigen Bildungssystemen hat sich kontinuierlich ausgeweitet: In der Zentralregion Steiermark, Österreich, wird der *Index für Inklusion* flächendeckend in Schulen eingesetzt. Der Monitoring-Ausschuss (zur Umsetzung der UN-Behindertenrechtskonvention) in Tirol empfiehlt den Index zur Schulentwicklung heranzuziehen. In Deutschland wird er von den Schulämtern verschiedener Länder als Material zur Selbstevaluation für Schulen empfohlen. Es wurde eine Fortbildung für die Qualifizierung von Prozessbegleiter*innen für inklusive Entwicklungen auf der Basis des *Index für Inklusion* entwickelt (Montag Stiftung Jugend und Gesellschaft 2015). Sie wurde inzwischen von fast 200 Personen besucht, die nun ihrerseits regionale, nationale und internationale Netzwerke gründen, inklusive Prozesse begleiten und Fortbildungen anbieten. In Südtirol hat die Fakultät für Bildungswissenschaften der Freien Universität Bozen eine dreijährige Aktionsforschung zur Anwendung des Index an deutschen, italienischen und ladinischen Schulen durchgeführt (Brugger-Paggi et al. 2013).

Das Vorhaben, die vierte Auflage des *Index für Inklusion* von Tony Booth für alle deutschsprachigen Bildungssysteme zu adaptieren, begann im Mai 2015. Es wurde unter anderem durch das Projekt *Index für Inklusion in der Bildung* (2011-2014) angestoßen, das von Andreas Hinz und Ines Boban geleitet wurde und an dem der Großteil der Herausgeber*innen des vorliegenden Index beteiligt war.

Die Kerngruppe des Adaptionsprojekts bestand aus sechs Personen mit professionellen Expertisen in unterschiedlichen Bereichen der Bildungsforschung und langjährigen Erfahrungen bei der Gestaltung inklusiver Bildungsprozesse in Deutschland, Österreich, der Schweiz, Südtirol und darüber hinaus. Es war das erste Mal, dass bei einer deutschsprachigen Adaption des Index die verschiedenen Bildungssysteme der Länder direkt von einer oder mehreren Personen vertreten wurden. Mit dem Autor Tony Booth bestand über die gesamte Projektlaufzeit ein enger Austausch und auch von verschiedenen anderen Kolleg*innen erhielt das Projekt große Unterstützung.

Unser Vorhaben, eine Adaption des Index für den deutschsprachigen Bildungsbereich zu erstellen, wurde kontinuierlich von einer Frage begleitet: Was können wir tun, damit der Index in den verschiedenen deutschsprachigen Bildungssystemen verstanden wird und dort inklusive Entwicklungen unterstützen kann?

Diese Frage bot uns eine Orientierung im Umgang mit verschiedenen Spannungsfeldern während des Projekts: Zum einen verbindet sich mit einer Adaption der Anspruch, möglichst dicht am Originaldokument zu bleiben und gleichzeitig inhaltliche Veränderungen, Ergänzungen und Streichungen soweit vorzunehmen, dass der Text im jeweiligen bildungspolitischen und sprachlichen Kontext anschlussfähig und verständlich ist. Zum anderen bestand die internationale Dimension des Projekts nicht nur in einer deutschsprachigen Adaption, sondern auch in der Berücksichtigung der verschiedenen deutschsprachigen Systeme. Beispielsweise haben sich in Südtirol (und Italien allgemein), im Zuge der gesetzlichen Verankerung eines inklusiven Bildungssystems, Begrifflichkeiten und Rahmenbedingungen entwickelt, die sich sehr stark von jenen in Ländern mit einem Sonderschulsystem unterscheiden. Es galt für uns, diesen internationalen Unterschieden einerseits Rechnung zu tragen und sie andererseits zu überbrücken, um eine gemeinsame Verständigung und Verständlichkeit zu erzielen.

Dort, wo wir keinen einheitlichen Begriff für alle Schulsysteme gefunden haben, sind alternative Begriffe mit Schrägstrich angegeben. An anderen Stellen sind Konzepte mit spezifischen Bedeutungen für ein oder mehrere Schulsysteme in Fußnoten oder in den Schlüsselbegriffen (siehe Anhang, S. 214) näher erläutert.

Textpassagen, die keinen Bezug zu deutschsprachigen Gegebenheiten haben und spezifische Merkmale des englischen Systems darstellen, wurden gestrichen. Praxisbeispiele und Fotos wurden in den meisten Fällen aus deutschsprachigen Kontexten ergänzt. Außerdem sind einzelne Absätze zur inklusiven Prozessbegleitung und zu inklusiven Bildungsentwicklungen im Sozialraum hinzugekommen, da sie einen wesentlichen Bestandteil der Arbeit mit dem Index in deutschsprachigen Regionen ausmachen.

Nach vielen Gesprächen haben wir uns, dem englischen Original folgend, dazu entschieden, den Fokus der Adaption auf inklusive Entwicklungen in Schulen beizubehalten, trotz des bereits genannten, in einigen Systemen bestehenden engen Zusammenhangs von Kindergarten und Schule. Es hätte einen zu weitreichenden Eingriff in diesen Index bedeutet, ihn auf andere Bildungsbereiche und -einrichtungen auszuweiten und ihren spezifischen Gegebenheiten und Begrifflichkeiten angemessen Rechnung zu tragen. Für die Arbeit mit diesem Index in anderen Bildungsbereichen und -einrichtungen können die Fragen und Indikatoren in Teil 4 von den Beteiligten selber angepasst werden. Bei einigen Fragen haben wir dies bereits getan, sodass sie übergreifend für Schule und Kindergärten oder für non-formale Bildungsangebote einsetzbar sind. Wir möchten dazu ermutigen, bei Bedarf weitere Anpassungen für den jeweiligen, spezifischen Kontext vorzunehmen. Dies kann dazu beitragen, Übergänge inklusiv zu gestalten, Bildungsangebote zu vernetzen und Bildungsräume zu öffnen.

Dem Anliegen der Autoren des *Index for Inclusion* folgend haben wir weitgehend darauf verzichtet, weitere theoretische Perspektiven und Verweise auf wissenschaftliche Diskurse und Literatur im Text zu ergänzen. Der Index soll in erster Linie ein anwendungsbezogener Leitfaden zur Unterstützung inklusiver Prozesse in der pädagogischen Praxis sein. Die Autoren möchten die Beteiligten zur kritischen Reflexion der Kulturen, Strukturen und Praktiken in ihren Einrichtungen und gemeinsam getragenen Entwicklungen auf der Basis inklusiver Werte anregen. Zugleich kann eine Index-Frage bereits ausreichen, um einen Dialog über Barrieren und Ressourcen für Partizipation zu initiieren, in den die Beteiligten ihre theoretischen Perspektiven einbringen können, ohne dass diese im Index beschrieben sein müssen.

Die vorliegende Adaption des *Index für Inklusion* versucht, die Vielfalt der deutschsprachigen Bildungssysteme und ihrer inklusiven Entwicklungen abzubilden. Deshalb kann es Inhalte, Indikatoren, Fragen und Begrifflichkeiten geben, die Sie aus Ihrem Schulsystem nicht kennen oder die Ihnen ungewöhnlich vorkommen. Das haben wir selber im Laufe des Projekts immer wieder erlebt und dabei gleichzeitig das Potenzial unserer unterschiedlichen Perspektiven erfahren: Sie haben uns angeregt, die eigenen, bekannten Gegebenheiten kritisch zu hinterfragen und uns für neue Gedanken zu öffnen. Mit der im Text immer wieder verwendeten Ich- und Wir-Form werden die Leser*innen im Übrigen von den Autoren und nicht von den Herausgeber*innen angesprochen.

Wir hoffen nun, dass Sie dieser Index dazu ermutigt und dabei unterstützt, miteinander über Inklusion, Ihre unterschiedlichen Erfahrungen und Sichtweisen, in Dialog zu treten und gemeinsam, für Sie und Ihre Einrichtung Entwicklungen auf der Basis inklusiver Werte zu gestalten.

Zur 2. korrigierten und aktualisierten deutschsprachigen Ausgabe 2019

Wir haben eine Reihe von Rückmeldungen zur 1. Auflage 2017 erhalten. Dies hat uns veranlasst, in der 2. Auflage wenige Veränderungen vorzunehmen, z. B. sprachliche Präzisierungen und Korrekturen (Indikatoren und Fragebögen). Einige Rückmeldungen zur Berücksichtigung aktueller Themen (z. B. Digitalisierung, Fluchtbewegungen) haben wir ebenfalls aufgenommen.

*Die Herausgeber*innen*

Erste Schritte

Dieses Buch ist ein umfassender Leitfaden zur Weiterentwicklung Ihrer Schule. Kolleg*innen aus Deutschland haben mit vielen Ideen dazu beigetragen, andere von der Arbeit mit den Index-Materialien zu überzeugen. Manche Schulen nutzen den Index, um die Entwicklung der gesamten Schule von Anfang an zu unterstützen, andere starten mit kleinen Entwicklungsprojekten. Kleine Veränderungen können zu großen werden und die gesamte Schule einbeziehen, wenn die Vorteile der Arbeit mit dem Index für alle sichtbar werden.

Die folgenden Punkte sind eine Anregung für den Start – sie stammen leicht abgewandelt und ergänzt aus einer Liste, die in Deutschland für die Arbeit mit den Index-Materialien erstellt wurde (Barbara Brokamp, vgl. auch Montag Stiftung Jugend und Gesellschaft 2011). Punkt 9 stammt von australischen Kolleg*innen, die in Queensland mit dem Index arbeiten (Suzanne Carrington und Robin Robinson), sowie aus der Zusammenarbeit mit Schulen in Norfolk. Weitere Ideen, wie man in die Arbeit mit dem Index einsteigt, werden in Teil 3 vorgestellt.

1. Fangen Sie an. An einer beliebigen Stelle anzufangen, zum Beispiel mit einer einzelnen Frage, ist besser, als nicht anzufangen.
2. Dokumentieren Sie Ihre Arbeit mit Notizen und Fotos.
3. Binden Sie Gleichgesinnte ein.
4. Wenn Sie selbst keine leitende Funktion haben, versuchen Sie jemanden aus der Leitungsebene für Ihr Anliegen zu gewinnen.
5. Fragen Sie junge Menschen oder Erwachsene, mit denen Sie sonst nicht regelmäßig im Gespräch sind, was sie an der Schule verändern würden.
6. Beginnen Sie mit einer kleinen Veränderung, die Sie selbst veranlassen können.
7. Erstellen Sie eine Liste von aktuellen Initiativen und Programmen an Ihrer Schule. Wie könnte man sie mithilfe des Index verbinden?
8. Schauen Sie sich den Werterahmen in Teil 2 des Index an. Was könnten Sie an Ihrer Schule verändern, damit sie diese Werte besser widerspiegelt?
9. Denken Sie an eine Veränderung, die Sie oder andere gerne vornehmen würden. Vielleicht ist sie in einem Entwicklungsplan schon vorgesehen. Finden Sie dazu den wichtigsten Indikator. Wenden Sie ihn an, um Ihren Plan zu präzisieren.
10. Falls Sie alleine arbeiten, suchen Sie sich jemanden, der oder die bereits mit dem Index gearbeitet hat und Sie unterstützen kann.

Teil 1

Der Index im Überblick

*»Durch den Index wurde mir gezeigt, wie man Unterstützung anders verstehen kann: jede Strategie, die von der Schule eingesetzt wird, um der Vielfalt der Schüler*innen gerecht zu werden. Dies hat für mich den Schwerpunkt der Diskussion völlig verschoben: von der Besonderung zur Normalität.«*

Andrea Siviero, Lehrer an einer Mittelschule, Südtirol

»Der für mich wichtigste Aspekt in der Arbeit mit dem Index ist, dass er dazu anregt, über vermeintlich Alltägliches nachzudenken.«

Maria Horstmann, Schulleitung, Sankt Augustin, Deutschland

»Die Auseinandersetzung mit den Index-Fragen zu Beginn jeder Konferenz bewirkte ein Bewusstwerden und die Entwicklung einer gemeinsamen Linie. Wir sind eine Gemeinschaft geworden, die ganze Schule ist ein Team!«

Marion Brandl, Direktorin der Volksschule Wiener Neudorf, Österreich

»Der Kontakt zu den Bildungseinrichtungen ist enger geworden, das Bewusstsein, wie wichtig der persönliche Kontakt ist, auch – und die Stimmung und Grundhaltung, die sich aufgrund der Indexarbeit in den Bildungseinrichtungen entwickelt, überträgt sich auch auf die Verwaltung.«

Helga Reinsperger, Amtsleiterin, Wiener Neudorf, Österreich

»In musikpädagogischem Handeln verstecken sich viele unbewusst diskriminierende Mechanismen, die einer Tradition von ›Das wurde schon immer so gemacht‹ folgen. Die Fragen aus dem Index für Inklusion helfen dabei, eine Gesprächskultur zu entwickeln, um diese vorbehaltlos und zielgerichtet aufdecken und reflektieren zu können.«

Thorsten Neubert, Musikpädagoge, Köln, Deutschland

»Der Index macht deutlich, worauf es in inklusiven Entwicklungsprozessen ankommt: Es geht darum, sich auf einen Prozess einzulassen, und nicht darum, eine Checkliste abzuarbeiten.«

Constanze Fuchs, Förderschullehrerin und Inklusionsberaterin, Frankfurt am Main, Deutschland

»Bei der Arbeit mit dem Index wird klar, wie tief und wie breit Inklusion in der Bildung greift. Die Erfahrung zeigt, dass der Dialog schon über wenige, gut ausgewählte Fragen Werte klären und ganz bedeutende Schritte ermöglichen kann.«

Bruno Achermann, Prozessbegleiter, Nottwil/Luzern, Schweiz

»Ich weiß, warum ihr uns diese Fragen stellt: Ihr wollt, dass wir alle gut lernen können! Lesen dann alle, was wir auf die Fragen antworten? Die Lehrer, die Eltern? Das ist toll!«

Enrico, Schüler einer Grundschule, Nordrhein-Westfalen, Deutschland

Wie kann der Index Sie bei der Schulentwicklung unterstützen?

Der *Index für Inklusion* ist eine Materialsammlung zur Reflexion, Selbstevaluation und Entwicklung aller Aspekte einer Schule; von den Personen zu den Räumen und Schulgeländen bis hin zum schulischen Umfeld. Der Index fördert eine breite Teilhabe an der Entwicklung und Umsetzung von Plänen zu inklusiven Veränderungen.

Bei Inklusion geht es vor allem darum, inklusive Werte zu verankern. Inklusive Entwicklungen erfordern den Dialog über eine gemeinsame Werteorientierung. Dieser schließt alles ein, was in der Schule und ihrem Umfeld geschieht.

Wie verändern sich Schulen?

Schulen verändern sich laufend, aus allen möglichen Gründen in alle mögliche Richtungen. Nur wenige dieser Veränderungen geschehen aufgrund eines gemeinsam verantworteten Plans, dem sich alle verpflichtet fühlen. Manche Vorhaben stehen möglicherweise nicht im Einklang mit einer Entwicklung nach inklusiven Werten. Folgende Beispiele bieten einen Anlass zur kritischen Reflexion:

Gehen alle Veränderungen, die an Ihrer Schule vorgenommen werden, in die gleiche Richtung?

Was ist eine inklusive Entwicklung?

Wir erkennen eine Veränderung als Entwicklung oder Verbesserung an, wenn sie unseren Werten entspricht. Sie wird zu einer inklusiven Veränderung, wenn sie von inklusiven Werten geleitet ist.

Richtig handeln bedeutet immer, das Handeln an inklusiven Werten auszurichten. Wenn Sie Ihr Handeln an Werten ausrichten, ist das ein konkreter und praxisnaher Schritt für die Entwicklung Ihrer Schule.

Werte sind tief sitzende Überzeugungen, die unser Handeln leiten. Wir erkennen unsere eigenen Werte und die der anderen daran, wie wir handeln, und nicht daran, was wir sagen. Schöne Worte sind keine Werte, aber sie können Überschriften für Werte werden, wenn wir sie mit echten Überzeugungen verbinden und entsprechend handeln.

Ein Werterahmen oder Werteuniversum gibt eine Antwort auf die Frage: »Wie wollen wir zusammenleben?« Mithilfe von Indikatoren und Fragen wird versucht, inklusive Werte zu konkretisieren und damit das pädagogische Handeln wirksam zu machen und zu reflektieren.

Dimensionen, Bereiche und Indikatoren des Index

Dimension A: Inklusive Kulturen schaffen

A1: Gemeinschaft bilden

1. Jede*r fühlt sich willkommen.
2. Das Schulpersonal arbeitet konstruktiv zusammen.
3. Kinder und Jugendliche arbeiten konstruktiv zusammen.
4. Schulpersonal und Schüler*innen gehen respektvoll miteinander um.
5. Die Mitglieder des Schulpersonals und Eltern/Erziehungsberechtigte kooperieren.
6. Schulpersonal und schulische Gremien arbeiten konstruktiv zusammen.
7. Die Schule ist ein Modell für demokratisches Zusammenleben.
8. Die Schule öffnet den Blick für die wechselseitigen Beziehungen zwischen Menschen weltweit.
9. Erwachsene, Kinder und Jugendliche gehen auf unterschiedliche Formen von Geschlechtsidentität ein.
10. Die Schule und ihr lokales Umfeld unterstützen sich gegenseitig in ihrer Entwicklung.
11. Das Schulpersonal verbindet das Bildungsangebot in der Schule mit den Lebenswelten der Schüler*innen.

A2: Inklusive Werte verankern

1. Die Schulgemeinschaft verständigt sich über gemeinsame inklusive Werte.
2. Die Schulgemeinschaft setzt sich für die Achtung der Menschenrechte ein.
3. Die Schulgemeinschaft setzt sich für den Schutz der Umwelt ein.
4. Inklusion wird als Möglichkeit gesehen, die Teilhabe aller zu entwickeln.
5. An jedes Kind und jede*n Jugendliche*n werden hohe Erwartungen gestellt.
6. Alle Kinder und Jugendlichen erfahren die gleiche Wertschätzung.
7. Die Schulgemeinschaft tritt jeder Form von Diskriminierung entgegen.
8. Die Schulgemeinschaft setzt sich für ein gewaltfreies Miteinander und eine friedliche Konfliktlösung ein.
9. Die Schulgemeinschaft unterstützt Kinder, Jugendliche und Erwachsene bei der Entwicklung einer positiven Beziehung zu sich selbst.
10. Die Schulgemeinschaft trägt zur Gesundheit und zum Wohlbefinden der Kinder, Jugendlichen und Erwachsenen bei.

Dimension B: Inklusive Strukturen etablieren

B1: Eine Schule für alle entwickeln

1. Die Schule entwickelt sich partizipativ weiter.
2. Die Schule hat ein inklusives Verständnis von Leitung.
3. Personalentscheidungen sind transparent und vermeiden jede Form von Diskriminierung.
4. Die Kompetenzen und Kenntnisse des Schulpersonals sind bekannt und werden genutzt.
5. Die Schule unterstützt neues Schulpersonal, sich in der Schule einzuleben.
6. Die Schule nimmt alle Kinder und Jugendlichen aus ihrem Einzugsbereich auf.
7. Die Schule unterstützt neu angekommene Kinder und Jugendliche, sich in der Schule einzuleben.
8. Die Schule organisiert Lerngruppen so, dass die Vielfalt abgebildet und das Lernen aller unterstützt wird.
9. Die Schule begleitet die Übergänge von Schüler*innen.
10. Die Schule ist für alle Menschen barrierefrei zugänglich.
11. Gebäude und Schulgelände sind so gestaltet, dass sie die Teilhabe aller unterstützen.
12. Die Schule verringert ihren CO_2-Fußabdruck und ihren Wasserverbrauch.
13. Die Schule trägt zur Müllvermeidung bei.

B2: Unterstützung für Vielfalt organisieren

1. Die Schule reflektiert den Unterstützungsbegriff und koordiniert die verschiedenen Formen der Unterstützung.
2. Fort- und Weiterbildungen unterstützen das Schulpersonal, auf die Vielfalt der Schüler*innen einzugehen.
3. Ressourcen zum Sprachenlernen stärken die Mehrsprachigkeit der Einzelnen und der ganzen Schule.
4. Die Schule unterstützt Kontinuität in der Begleitung von Kindern und Jugendlichen in Fremdunterbringung.
5. Die Schule reflektiert ihren Umgang mit einem zugeschriebenen sonderpädagogischen Förderbedarf bzw. individuellen Bildungsbedarf kritisch und setzt entsprechende Maßnahmen inklusiv um.
6. Die Schule versteht den Umgang mit herausforderndem Verhalten als ein gemeinsames Anliegen aller Beteiligten.
7. Die Schule vermeidet es, Ausschluss als Konsequenz von Regelverstößen einzusetzen.
8. Die Schule erkennt die Gründe für das Fernbleiben von Schüler*innen und entwickelt Strategien, um allen einen regelmäßigen Schulbesuch zu ermöglichen.
9. Die Schule setzt sich aktiv gegen Mobbing ein.

Dimension C: Inklusive Praktiken entwickeln

C1: Curricula für alle erstellen

1. Die Kinder und Jugendlichen erkunden die Zyklen von Nahrungserzeugung und Nahrungsverbrauch.
2. Die Kinder und Jugendlichen erkunden die Bedeutung von Wasser.
3. Die Kinder und Jugendlichen beschäftigen sich mit Kleidung und Schmuck.
4. Die Kinder und Jugendlichen erforschen den Bereich »Wohnen und Gebäude«.
5. Die Kinder und Jugendlichen beschäftigen sich mit Mobilität und Migration von Menschen.
6. Die Kinder und Jugendlichen setzen sich mit Gesundheit und Beziehungen auseinander.
7. Die Kinder und Jugendlichen befassen sich mit der Erde, dem Sonnensystem und dem Universum.
8. Die Kinder und Jugendlichen setzen sich mit ökologischen Zusammenhängen auseinander.
9. Die Kinder und Jugendlichen erforschen Energieressourcen.
10. Die Kinder und Jugendlichen befassen sich mit Kommunikation, Kommunikationstechnologien und Digitalisierung.
11. Die Kinder und Jugendlichen befassen sich mit Literatur, Kunst und Musik und werden selbst kreativ.
12. Die Kinder und Jugendlichen setzen sich mit dem Thema »Arbeit« und der Entwicklung eigener Interessen auseinander.
13. Die Kinder und Jugendlichen setzen sich mit Fragen der Ethik, Politik und Macht auseinander.

C2: Das Lernen orchestrieren

1. Die Lernaktivitäten werden mit Blick auf die Vielfalt aller Schüler*innen geplant.
2. Die Lernaktivitäten stärken die Teilhabe und Verantwortungsübernahme der Schüler*innen.
3. Die Schüler*innen werden zu selbstbewusstem, kritischem Denken ermutigt.
4. Die Schüler*innen gestalten ihr eigenes Lernen aktiv mit.
5. Die Schüler*innen lernen voneinander und miteinander.
6. Die Schüler*innen entwickeln ein Verständnis für Gemeinsamkeiten und Unterschiede zwischen Menschen.
7. Rückmeldungen und Bewertungen stärken die Lernprozesse und Leistungen aller Schüler*innen.
8. Der Umgang miteinander beruht auf gegenseitiger Achtung.
9. Die Mitglieder des Schulpersonals planen, gestalten, reflektieren im Team und lernen voneinander.
10. Das Schulpersonal entwickelt gemeinsame Ressourcen, die das Lernen unterstützen.
11. Das zusätzliche Personal setzt sich für das Lernen und die Teilhabe aller Schüler*innen ein.
12. Hausaufgaben tragen zum Lernen aller Kinder und Jugendlichen bei.
13. Aktivitäten, die über das formale Lernen hinausgehen, sind für alle Kinder und Jugendlichen zugänglich.
14. Die Ressourcen im Umfeld der Schule sind bekannt und werden genutzt.

Beispiel für einen Indikator

C2.3 bedeutet

C ist die **Dimension** »Inklusive **Praktiken** entwickeln«
2 ist der 2. Bereich »Das Lernen orchestrieren«
3 ist der 3. **Indikator** des 2. Bereichs

Zu jedem Indikator oder Entwicklungsziel gibt es mehrere **Fragen**, die den Inhalt genauer definieren und Anregungen für Entwicklungen geben.

C2.3 Die Schüler*innen werden zu selbstbewusstem, kritischem Denken ermutigt.

C2.4 Die Schüler*innen gestalten ihr eigenes Lernen aktiv mit.

Jeder Indikator beginnt mit Querverweisen zu anderen Indikatoren.

a) Unterstützen sich die Mitglieder des Schulpersonals gegenseitig, selbstbewusst und kritisch zu denken?
b) Besteht Einigkeit darüber, dass Dialog am besten funktioniert, wenn Status- und Machtunterschiede ausgeklammert werden?
c) Zeigen die Mitglieder des Schulpersonals, dass sie andere Sichtweisen respektieren und wertschätzen?
d) Lernen Kinder, Jugendliche und Erwachsene, ihre Meinung selbstbewusst und ohne Aggression zu vertreten?
e) Wird eine aktive Dialogkultur gefördert, damit jede*r auch Meinungen hört, die von den eigenen abweichen, und sich darin übt, eigene Meinungen auszudrücken?
f) Werden die Schüler*innen ermutigt, eigene Ansichten und Gefühle zu wichtigen lokalen, nationalen und internationalen Ereignissen zu entwickeln und zu äußern (z. B. wenn ihr Land Krieg führt oder sich in einem Land eine Katastrophe ereignet hat)?
g) Werden die Schüler*innen ermutigt, herausfordernde Fragen zu stellen?
h) Ist allen bewusst, dass unterschiedliche Meinungen wichtig sind, um eine Frage zu klären und zu einer gemeinsamen Lösung zu finden – auch wenn die Meinungen stark voneinander abweichen?
i) Lernen die Schüler*innen, Widersprüche in ihrer eigenen Argumentation und der anderer zu erkennen?
j) Lernen Kinder, Jugendliche und Erwachsene, ihre eigenen Argumente und die von anderen abzuwägen?
k) Erkennen die Schüler*innen, wann die Richtigkeit einer Behauptung oder eines Arguments belegt werden muss?
l) Experimentieren die Schüler*innen, wie sie Beispiele benutzen können, um ihren Argumenten Gewicht zu verleihen?
m) Lernen die Schüler*innen, wie sie mit sorgfältig ausgewählten Beispielen die Grenzen von Verallgemeinerungen aufzeigen können?
n) Stellen die Schüler*innen Fragen wie zum Beispiel »In welchem Ausmaß?« und »Unter welchen Umständen?«, wenn behauptet wird, etwas sei »nun einmal so« (z. B. wenn es um Unterschiede zwischen den Geschlechtern geht)?
o) Erkennen die Schüler*innen, dass Argumente manchmal unhinterfragt für wahr gehalten werden (auch wenn sie es nicht sind), nur weil sie einer Autorität zugeschrieben werden?
p) Lernen Kinder, Jugendliche und Erwachsene, die Überzeugungen und Werte zu erkennen, die verschiedenen Meinungen zugrunde liegen?
q) Machen sich die Schüler*innen bewusst, welchem Druck sie ausgesetzt sind, auf bestimmte Weise zu denken und zu handeln?
r) Lernen die Schüler*innen, die Meinungen, die sie äußern, sorgfältig zu begründen?
s) Werden alle Teilnehmenden an einer Diskussion darin unterstützt, ihre Selbstachtung zu erhalten?
t) Unterstützen Mentor*innen (Kinder, Jugendliche und Erwachsene) andere darin, ihre Ansicht einzubringen?
u) Wird besonders darauf geachtet, dass auch die zu Wort kommen, denen es schwerfällt, vor anderen zu sprechen?

Hier können Sie Ihre eigenen Fragen ergänzen.

Unterstützung für die Entwicklung eines Curriculums

Neu im *Index für Inklusion* (2017) ist der Entwurf eines Curriculums für das 21. Jahrhundert im Bereich C1.[1] Das Curriculum ist in 13 Lernbereiche unterteilt, die aus einer Ergänzung und Kombination tradierter Fächer bestehen. Mit diesem Vorschlag können bestehende Curricula/Lehrpläne erweitert bzw. ergänzt werden,[2] damit sie besser an die Erfahrungswelt von Kindern, Jugendlichen und ihren Familien anschließen. Die Bereiche ergeben sich aus den im Index vertretenen Werten, Leitlinien und Grundhaltungen.

Es ist ein offenes und anschlussfähiges Curriculum, das überall auf der Welt Anwendung finden kann. Wissen wird dort so organisiert, dass es für alle passt, innerhalb und außerhalb der Schule, ein Leben lang. Es gibt eine Antwort auf die Frage: »Was müssen wir wissen, um gut zusammenleben zu können?«

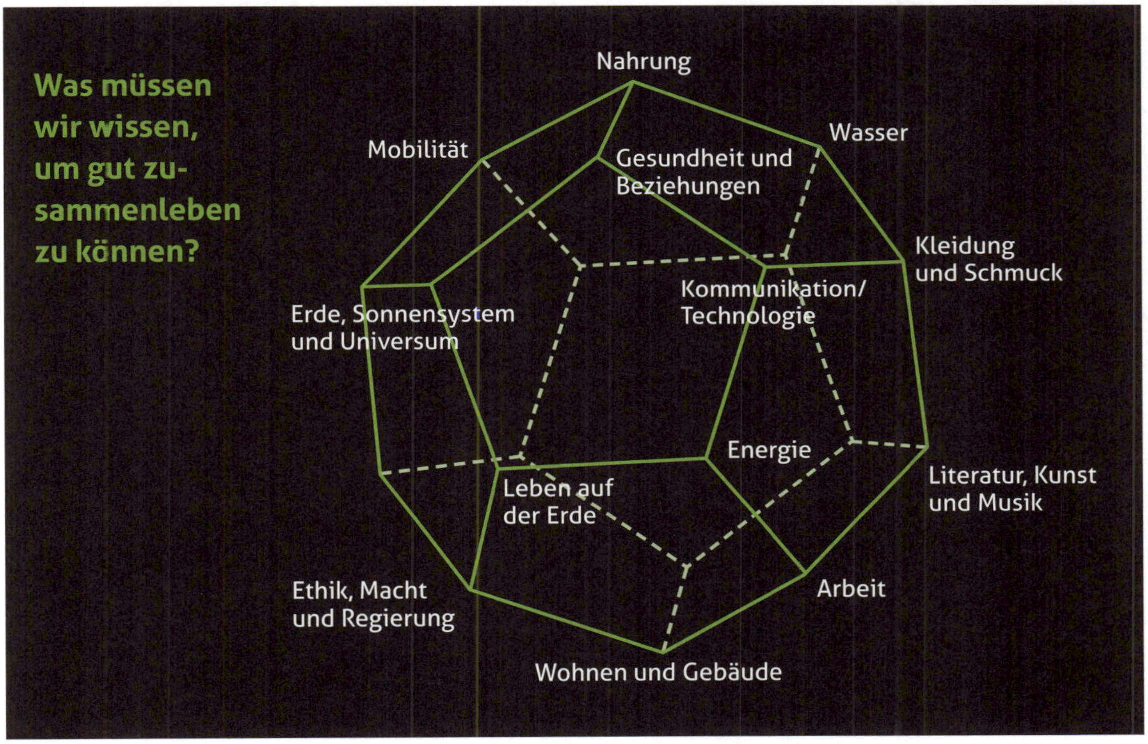

Abbildung 1: Themen eines Curriculums für das 21. Jahrhundert

1 Anmerkung für Leser*innen in der deutschsprachigen Schweiz: Im »Lehrplan 21« sind viele Anregungen, die im Bereich C1 des Index vorgeschlagen werden, bereits umgesetzt und konkretisiert. Gerade deshalb lohnt sich die Auseinandersetzung mit dem Bereich C1.

2 Durch die verbindende Perspektive der Lernbereiche stellt das neue Curriculum auch für den deutschsprachigen Raum eine Anregung dar (vgl. auch Braunsteiner/Hinz/Jerg 2017).

Werteorientierte Ansätze in der Schulentwicklung zusammenführen

Schulen und Bildungseinrichtungen verbinden ihre Entwicklung mit verschiedenen Aktivitäten, die sich an ähnlichen Werten orientieren wie der Index. Der Index hilft, diese Aktivitäten in einem ganzheitlichen Ansatz zusammenzuführen – wie ein Baum, der seine Kraft aus vielen verschiedenen Wurzeln zieht.

Das Zusammenführen von pädagogischen Aktivitäten und Projekten verhindert das so oft überfordernde Nebeneinander von Einzelaktionen. Es spielt keine Rolle, ob diese Verbindung als »Inklusion«, »Umsetzung inklusiver Werte in Handeln«, »Demokratische Erziehung und Bildung« oder mit anderen Begriffen bezeichnet wird. Wichtiger ist, dass die Verbindung dieser Aktivitäten und ihre Ausrichtung an gemeinsamen Werten klar werden und sich gegenseitig unterstützen. Wir finden es wichtig, dass Schulen die Entwicklung an inklusiven Werten ausrichten. Weniger wichtig ist, ob sie dabei vorrangig den *Index für Inklusion* verwenden.

Wie können Sie mit dem Index arbeiten?

Sie können die Arbeit mit dem Index an jeder Stelle beginnen: mit Veränderungen in der Praxis, bei denen Sie Werte in Handeln umsetzen; mit einzelnen Indikatoren und den dazugehörigen Fragen, die Ihnen wichtig oder durch eine Evaluation aufgefallen sind und anhand derer Sie weitere Schritte überlegen wollen; mit einer einzelnen Frage, um einen Dialog anzuregen; mit dem Wunsch, bestimmte Aspekte des Curriculums zu überarbeiten oder um unterschiedliche Maßnahmen an Ihrer Schule sinnvoll zusammenzuführen.

Der Index regt dazu an, Schulpersonal, Kinder und Jugendliche, Familien und Schulgremien vielfältig an der Selbstevaluation und Entwicklung zu beteiligen. Eine solche Erweiterung von Partizipation ist selbst schon Teil einer inklusiven Entwicklung. Durch sie kann aus der Schulgemeinschaft und ihrem Umfeld eine große Menge an Wissen und Energie zum Handeln mobilisiert werden.

Sie können an jedem beliebigen Punkt beginnen, aber am besten kann der Index seine Wirkung entfalten, wenn er die Planung von Beginn an unterstützt und in die weiteren Abläufe für die Planung und Entwicklung integriert wird.

Der Index ist in drei Dimensionen unterteilt, die die Entwicklung einer Schule oder Einrichtung markieren:

- **Kulturen** spiegeln Beziehungen und tief verankerte Werte und Überzeugungen wider. Eine Veränderung der Kulturen ist für eine nachhaltige Entwicklung unabdingbar.
- **Strukturen** beschäftigen sich mit der Frage, wie die Schule geführt und organisiert wird und wie sie verändert werden kann.
- **Praktiken** beschreiben, wie und welche Lernbereiche und Lernarrangements gemeinsam entwickelt werden.

Jede Dimension ist in zwei Bereiche unterteilt. Die Dimensionen und ihre Bereiche können einen Rahmen für die Planung bilden, sodass alle Bereiche berücksichtigt werden, die für eine nachhaltige Entwicklung wichtig sind.

Dimension A: Inklusive Kulturen schaffen
A1: Gemeinschaft bilden A2: Inklusive Werte verankern
Dimension B: Inklusive Strukturen etablieren
B1: Eine Schule für alle entwickeln B2: Unterstützung für Vielfalt organisieren
Dimension C: Inklusive Praktiken entwickeln
C1: Curricula für alle erstellen C2: Das Lernen orchestrieren

Abbildung 2: Planungsrahmen

Wie kann der Index Schulen für den Umgang mit externen Vorgaben stärken?

Alle Schulen sind verpflichtet, externe strukturelle Vorgaben zu erfüllen, die zum Teil im Widerspruch zu inklusiven Entwicklungen stehen und von den Beteiligten als Druck empfunden werden können. Der Index kann Schulen dabei unterstützen, externe Anforderungen kritisch vor dem Hintergrund inklusiver Werte zu reflektieren, mit ihnen umzugehen und den Druck abzubauen.

Ressourcenzuweisung durch Kategorisierung

In vielen Schulsystemen erhalten Kinder und Jugendliche aufgrund der Zuweisung zu einer Kategorie, die oft defizitorientiert ist, das Recht auf zusätzliche Ressourcen für ihren Bildungsweg. Im Kontext inklusiver Entwicklungen stellt dies einen Widerspruch dar und übt Druck auf alle Beteiligten aus. Auf der einen Seite wird die systemische Entwicklung von Schulkulturen und einer Schulorganisation angestrebt, die das Lernen und die Teilhabe aller Schüler*innen unterstützt; auf der anderen Seite verlangt das Schulsystem, dass eine Kategorisierung beibehalten wird, weil damit die Zuweisung notwendiger Ressourcen (z. B. Zusatzpersonal, Geld, Arbeitszeit, Material) verbunden ist. Der Index unterstützt Schulen darin, Wege zu entwickeln, wie das Denken in Kategorien lediglich in der vom Schulsystem vorgegebenen Dokumentation zum Ausdruck kommt, ohne sich in strukturellen, pädagogischen und didaktischen Entscheidungen der Schule widerzuspiegeln.

Standardisierte Testverfahren

Der Einsatz von standardisierten Testverfahren (z. B. PISA) als eine mögliche Form der externen Evaluation von Schulsystemen ist im Sinne der Inklusion aus mindestens drei Perspektiven problematisch. Erstens werden durch dieses Instrument nicht die Lernergebnisse aller Schüler*innen erhoben: Aufgrund des Standardverfahrens, das Differenzierung ausschließt, um Zuverlässigkeit zu sichern, werden manche Gruppen von Schüler*innen ausgeschlossen. Zweitens vermitteln Testverfahren eine implizite Botschaft über Kompetenzhierarchien: Den getesteten Kompetenzen wird ein höherer Stellenwert zugeschrieben als den anderen. Drittens geht der Ansatz der Testverfahren von dem Prinzip aus, dass ein einheitlicher Leistungsvergleich möglich ist, was dem Konzept heterogener Lerngruppen widerspricht. Der Index kann die Verwendung alternativer, z. B. formativer und systemischer Evaluationsverfahren in Schulen anregen. Auch das kann helfen, die Ergebnisse der Testverfahren im Kontext anderer Evaluationsergebnisse zu relativieren und den Blick für die Verbindung individueller und kontextueller Einflüsse auf Lernentwicklungen zu schärfen.

Beurteilung durch Noten

Nach dem inklusiven Verständnis sollte Bewertung eine grundsätzlich formative Funktion haben und somit den Lernprozess durch regelmäßiges, auf individuell vereinbarte Ziele bezogenes Feedback begleiten. Dagegen fördert die Vergabe von Noten, die in vielen Schulsystemen verwendet werden, primär den Vergleich mit anderen Schüler*innen. Durch Ziffernoten wird oft die Tendenz unterstützt, Bewertungen nicht an der individuellen Lernentwicklung (Individualnorm) auszurichten, sondern an einer vermeintlichen Objektivität und am Vergleich mit der Gruppe (Sozialnorm). Der Index kann Schulen dabei unterstützen, die exkludierende Wirkung der Vergabe von Noten durch die Einführung alternativer Möglichkeiten der Leistungsdokumentation – wie zum Beispiel des Portfolios – in Grenzen zu halten.

Schulinspektionen, Schulaufsicht, Schulevaluation

Schulinspektionen sind mittlerweile ein international verbreitetes und etabliertes externes Evaluationsverfahren zur Qualitätssicherung in Schulen. Nicht selten löst eine anstehende Inspektion Verunsicherung und die Befürchtung aus, den vorgegebenen Qualitätskriterien nicht zu entsprechen. Der Index als partizipatives Selbstevaluationsinstrument kann dabei helfen, die Kriterien der Schulinspektion mit der individuellen Entwicklung der Einzelschule in Einklang zu bringen. Des Weiteren ist es nach einer Schulinspektion möglich, mithilfe des Index vielfältige Ideen zur Umsetzung der Empfehlungen in der Schule zu entwickeln und die Beteiligten dafür zu motivieren.

Verpflichtende Erstellung von Entwicklungsplänen oder Schulprogrammen

Entwicklungspläne werden nicht immer als unterstützende Vorgabe gesehen, weil die Entwicklung mit einer Rechenschaftslegung verbunden ist. Entwicklungspläne oder Schulprogramme können jedoch so formuliert werden, dass alle Beteiligten – Schulpersonal, Kinder, Jugendliche und ihre Familien – sie nachvollziehen und als motivierend erleben. Dazu müssen nicht die behördlichen Verfahren genutzt werden.

Externe Vorgaben können aber auch stärken, wenn eine Behörde die Entwicklung einer Region mit dem Index vorsieht und gemeinsam mit den Schulen den Gebrauch des Index und entsprechende Unterstützung beschließt (der Index wird z. B. in der Modellregion Zentralraum Steiermark/Österreich – und darüber hinaus – flächendeckend genutzt; vgl. BMBF 2015; Holzinger/Wohlhart 2016; Gasteiger Klicpera 2016). Kinder und Jugendliche in die Schulentwicklung einzubeziehen und Prioritäten gemeinsam zu klären, kann sehr anregend für das Lernen und Unterrichten sein. Entwicklungspläne können dabei auch als Bild angelegt und von Erwachsenen, Kindern und Jugendlichen gemeinsam gestaltet werden. Kolleg*innen aus der Ukraine haben das in einem Index-Workshop umgesetzt.

Inklusion als »Mode«

In einigen deutschsprachigen Ländern ist Inklusion in den letzten Jahren, auch aufgrund einer veränderten Gesetzeslage infolge der Unterzeichnung der UN-Behindertenrechtskonvention, zu einem Schlüsselwort geworden, das in keinem Leitbild oder Schulprogramm fehlen darf. Auf der einen Seite hat das für einen Impuls in Richtung Inklusion gesorgt; auf der anderen Seite hat es aber auch Druck ausgeübt und zu vereinfachten Lösungen verführt. Es besteht die Gefahr einer verengten Interpretation des Begriffs, die Inklusion auf einige Schülergruppen und auf die Platzierung in das Regelschulsystem reduziert. Durch den Index lernen Schulen eine breit angelegte, komplexe Vision von Inklusion kennen und erhalten methodische Hinweise, die reflektierte, tief greifende und partizipative Entwicklungen unterstützen und somit einer Verwässerung des Begriffs entgegenwirken.

Teil 2

Ein ganzheitlicher Ansatz für die Entwicklung Ihrer Schule

Inklusion heißt für uns, inklusive Werte in aktives Handeln umzusetzen. In Teil 2 stellen wir einen umfassenden Ansatz für inklusive Schulentwicklung vor. Wir haben einen Rahmen mit inklusiven Werten entwickelt, der als Grundlage für eine wertegeleitete und praxisnahe Schulentwicklung dienen kann. Er gibt eine Antwort auf die Frage: »Wie wollen wir zusammenleben?« Die Werte ergänzen wir mit einer Reihe pädagogischer Leitlinien. Auch die Inhalte des Lernens sind im Index ein Thema. Wir stellen Ideen für ein Curriculum vor, das unser Wissen für das 21. Jahrhundert neu gliedert und eng mit den Werten, Leitlinien und Grundhaltungen des Index verbunden ist. Es ist die Antwort auf die Frage: »Was müssen wir wissen, um gut zusammenleben zu können?« Eine solche neue Sicht auf die Inhalte schließt eine Lücke, die in der Diskussion um eine wertegeleitete Entwicklung und inklusives Lernen schon lange besteht.

In den Index sind auch andere wertegeleitete Ansätze für Schulentwicklung eingeflossen, die Themen wie Menschenrechte, demokratische Teilhabe, ökologische Nachhaltigkeit, Weltbürgerschaft, Gesundheitsförderung, Gewaltfreiheit und Nichtdiskriminierung behandeln. Hier gibt es viele Gemeinsamkeiten, und die Umsetzung gelingt dann am besten, wenn diese Aktivitäten in einem übergreifenden Ansatz, wie ihn der Index bietet, zusammengeführt werden.

Die Leitgedanken »Barrieren für Lernen und Teilhabe«, »Ressourcen zur Unterstützung von Lernen und Teilhabe« und »Unterstützung von Vielfalt« geben Anhaltspunkte, um das in einer Schule bereits vorhandene Wissen gemeinsam zu entdecken und neue Ideen für den weiteren Weg zu entwickeln. Wir stellen Ihnen die Materialien des Index für die Selbstevaluation vor, die nach drei Dimensionen gegliedert sind: Kulturen, Strukturen und Praktiken. Sie enthalten jeweils Indikatoren und Fragen, die einladen darüber nachzudenken, was inklusive Werte für das Handeln in allen Bereichen einer Schule sowie in ihrem Umfeld bedeuten. Sie helfen, weitere Barrieren und Ressourcen zu entdecken. Es gibt verschiedene Fragebögen, die zusammen mit den anderen Materialien dazu beitragen, auf der Grundlage des bereits vorhandenen Wissens eine genaue Bestandsaufnahme der aktuellen Prozesse zu erstellen und einen Plan für inklusive Entwicklungen aufzustellen und umzusetzen. Der Index verbindet eine systematische Planung von Schulentwicklung mit der konkreten Umsetzung vor Ort, wenn Erwachsene, Kinder und Jugendliche gemeinsame Werte aktiv in der Gemeinschaft leben.

Überblick

Ein Leitfaden für Schulentwicklung nach inklusiven Werten

Der *Index für Inklusion* bietet einen bestätigenden Weg der Selbstreflexion und Weiterentwicklung und damit eine Alternative zu herkömmlichen Verfahren, die sich auf Kontrolle, Konkurrenz und Angst vor Versagen gründen. Der Index ermöglicht es Ihnen, Ihre Schule in Zusammenarbeit mit anderen und im Rahmen Ihrer eigenen Vorgaben und Leitlinien weiterzuentwickeln. Er kann vielfältig eingesetzt werden: Er hilft, das Denken zu ordnen, individuelles und gemeinsames Handeln anzuregen und die Entwicklung von Schule und Umfeld zu planen. Er kann von allen Beteiligten genutzt werden. Er kann einen neuen Dialog darüber anregen, was Kinder und Jugendliche heute in der Schule und darüber hinaus lernen.

Die Materialien sind so angelegt, dass sie das reiche Wissen und die Erfahrung von Schulpersonal, Kindern, Jugendlichen und ihren Familien mit einbeziehen, die jeweils eine eigene Perspektive auf die Einrichtung und mögliche Verbesserungsvorschläge haben. Die Arbeit mit dem Index ermöglicht es, diese vielfältigen Ressourcen zu teilen und gemeinsam etwas zu bewegen. Das Material ist umfangreich und bietet zahlreiche Anregungen. Jede*r kann damit arbeiten und die nächsten Schritte für die Entwicklung einer (Bildungs-)Einrichtung definieren. Unabhängig davon, wie inklusiv eine Schule bereits ist: Der Index kann kontinuierlich eingesetzt werden, um Lernen und Teilhabe für alle weiterzuentwickeln und exkludierende Kräfte weiter abzubauen, denn das sind Prozesse, die nie abgeschlossen sind.

Auf den ersten Blick wirkt der Umfang der im Index enthaltenen Ideen und Anregungen überwältigend. Sobald man aber beginnt, sich mit einem oder mehreren Punkten zu befassen, wird klar, warum es diesen Umfang braucht. Wie bei einem Reiseführer für eine Stadt oder ein Land kann man auch im Index Stellen auswählen, die einen interessieren – und sich andere Stellen für später aufheben, wenn die ersten bereits erkundet sind. Der Index kann dann dabei helfen, gemeinsam die nächsten Schritte für die Weiterentwicklung zu definieren, einen Plan aufzustellen und ihn umzusetzen. Der Startpunkt ist flexibel: So wie manche Menschen eine Reise vorher nicht genau planen, sondern einfach losfahren und vor Ort die Gegend entdecken, kann man auch im Index einen beliebigen Punkt finden, der einen interessiert – selbst wenn es nur eine einzelne Frage ist –, und von dort aus die Selbstreflexion und weitere Aktivitäten starten.

Der Index ist keine weitere Einzelinitiative, sondern ein Weg, um Schulen entlang inklusiver Werte weiterzuentwickeln. Er ist kein Gegenprogramm zum Erreichen von Leistung, sondern zielt auf die Leistungen von allen Kindern, Jugendlichen und Erwachsenen, die durch Kooperation und den Fokus auf das Lern- und Unterrichtsumfeld gefördert werden. Er unterstützt ein aktives Lernen, bei dem Kinder und Jugendliche das Gelernte mit ihren eigenen Erfahrungen verbinden und sich mit der Wirklichkeit ihrer Lebenswelt beschäftigen. Er liefert praktisches Material, um darüber nachzudenken, was es für alle Aspekte von Schule bedeutet, inklusive Werte in Handeln umzusetzen: Lernbereiche, Teamräume, Arbeitsplätze, Schulgelände, aber auch die Beziehungen innerhalb der Schule, zu den Familien von Kindern und Jugendlichen und dem lokalen Umfeld. Der Index zielt auf Veränderungen in den Schulkulturen als Basis für nachhaltige Entwicklungen.

Manche Schulen stellen im Eingangsbereich ihr Leitbild und andere Urkunden oder Auszeichnungen aus, um zu zeigen, dass sie bei Themen wie Umwelt und Nachhaltigkeit, der Förderung von Rechten, Gesundheit und guter Organisation etwas Besonderes erreicht haben. Aber ist so etwas wie eine Auszeichnung für Inklusion nicht ein Widerspruch? Die beste Belohnung ist es, inklusive Werte in die Tat umzusetzen. Ein Zertifikat sollte nicht den Eindruck erwecken, dass eine Schule das Ziel ihrer inklusiven Entwicklung bereits erreicht hat. Schulen verändern sich laufend; Schulpersonal, Kinder und Jugendliche kommen und gehen; neue Formen der Ausgrenzung entstehen; neue Ressourcen werden mobilisiert.

Inklusion ist ein Prozess, der nie endet. Eine Schule wird dann inklusiv, wenn sie sich für einen Entwicklungsweg entschieden hat, der von inklusiven Werten geleitet ist. Wir finden es daher gut, wenn Schulen Etappen auf ihrem Weg mit dem Index feiern, indem sie ihre Leistungen mit Beiträgen von Schulpersonal, Eltern und Erziehungsberechtigen, Kindern und Jugendlichen dokumentieren und präsentieren.

Zum Dialog einladen

Das Herzstück des Index ist ein Katalog mit vielen Fragen. Jede einzelne dieser Fragen kann der Beginn intensiver Reflexionen sein und weitere Fragen und Antworten nach sich ziehen. Die Materialien im Index geben nicht vor, was Menschen denken oder tun sollen – sie sind dazu da, den Dialog zu fördern. Auf diese Weise können die Beteiligten gemeinsam Antworten und Lösungsansätze finden, neue Aspekte entdecken und andere Perspektiven einnehmen. Der Dialog ist das grundlegende Element der Arbeit mit dem Index und aller inklusiven Entwicklungen. Es geht um einen kreativen Prozess, der auf Vertrauen, Ehrlichkeit und Gleichberechtigung basiert. Die Beteiligten entwickeln ein gemeinsames Verständnis und entdecken ihre individuellen Fähigkeiten, Erfahrungen und Perspektiven als Ressourcen für inklusive Prozesse. Im Dialog mit anderen zu stehen ist ein Versuch, die Sichtweisen der Dialogpartner*innen nachzuvollziehen, z. B. durch Zuhören und Beobachten. Das verlangt, die eigene Perspektive zeitweise zu verlassen. Das Vertraute wird für eine Weile fremd und das Fremde vertraut (making »what is strange familiar and what is familiar strange«; Booth/Ainscow 1998, S. 5). Alle Perspektiven stehen gleichberechtigt nebeneinander und werden gemeinsam erkundet. »Dialog« ist etwas anderes als »Diskussion«. In der Diskussion konkurrieren die Perspektiven der Beteiligten mit dem Ziel, die eigene Perspektive durchzusetzen (vgl. Bohm 1996). Auch wenn es »sanfte« Diskussionen gibt, ist diese Unterscheidung bedeutsam. Der Index regt nicht nur einen Dialog zwischen Erwachsenen, Kindern und Jugendlichen innerhalb der eigenen Bildungseinrichtung an, sondern auch darüber hinaus, beispielsweise mit Menschen aus der Umgebung der Schule und anderen (Bildungs-)Einrichtungen. Durch die Sicht von außen können Reflexionsprozesse verstärkt und neue Ideen entwickelt werden. Es entsteht nicht zuletzt das motivierende Gefühl, auf dem Weg nicht allein zu sein.

Inklusion verstehen

Inklusion steht im Index für eine Weiterentwicklung von Schule und Gesellschaft nach inklusiven Werten. Sie ist verbunden mit demokratischer Teilhabe in der Schule und darüber hinaus. Es geht nicht um einen Teilbereich von Bildung, der mit bestimmten Kindern und Jugendlichen zu tun hat. Es geht darum, Entwicklungen so zu gestalten, dass sie das Lernen und die Teilhabe aller unterstützen: der Kinder, Jugendlichen und ihrer Familien, des Schulpersonals und der Mitglieder der Schulgremien sowie der Menschen aus dem Umfeld der Schule. Inklusion in der Bildung bedeutet:

- inklusive Werte in die Praxis umsetzen
- jedes Leben und jeden Tod als gleichwertig ansehen
- alle so unterstützen, dass sie sich zugehörig fühlen
- die Teilhabe in den Lern- und Lehraktivitäten, im Zusammenleben an der Schule und zwischen benachbarten Schulen erhöhen
- die Schule für das Schulpersonal, die Familien und Erziehungsberechtigten sowie die Kinder und Jugendlichen weiterentwickeln
- Ausgrenzung, Diskriminierung und Barrieren für Lernen und Teilhabe abbauen
- aus dem Abbau von Barrieren für einige Kinder lernen, was allen Kindern zugutekommt
- Kulturen, Strukturen und Praktiken so auf Vielfalt ausrichten, dass alle gleichermaßen wertgeschätzt werden
- Bildung und Erziehung auf reale Gegebenheiten beziehen, lokal und global
- Unterschiede zwischen Kindern und Erwachsenen als Ressourcen für das Lernen betrachten
- das Recht der Kinder auf eine Bildung von hoher Qualität an ihrem Wohnort anerkennen
- die Entwicklung von schulischen Gemeinschaften und Werten ebenso fördern wie die Schulleistungen
- Beziehungen zwischen Schulen und ihrem sozialen Umfeld fördern
- erkennen, dass Inklusion in der Bildung ein Aspekt von gesellschaftlicher Inklusion ist

Abbildung 3: Inklusion in der Bildung

Jeder Mensch hat sein eigenes Verständnis von Inklusion. Komplexe Konzepte wie Inklusion lassen sich nicht in einem einzigen Satz fassen. Viele Menschen verstehen Inklusion besser, wenn sie sich mit den Indikatoren und Fragen aus dem Index beschäftigen. Ein gemeinsames Verständnis von Inklusion kann leichter entstehen, wenn man sich mit den Auswirkungen in der Praxis auseinandersetzt anstatt mit abstrakten Ideen und ohne eine Vorstellung von der praktischen Umsetzung.

Abbildung 3 fasst wichtige Punkte unseres Inklusionsverständnisses zusammen. Inklusion ist für uns ein kontinuierlicher Prozess aktiver Teilhabe mit dem Ziel, partizipative Strukturen zu schaffen und inklusive Werte in Handeln umzusetzen. Dazu gehören in jedem Fall eine stärkere Partizipation aller an den Kulturen, Gemeinschaften und Lernprozessen einer Einrichtung vor Ort sowie der Abbau aller Formen von Ausgrenzung und Diskriminierung. Wir müssen Kindern und Jugendlichen zuhören und versuchen, in ihrem Sinne zu handeln. Genauso geht es auch um die Familien der Kinder und Jugendlichen sowie um das gesamte Personal der Schulen. Wir glauben nicht, dass ein Einsatz für die Teilhabe von Kindern und Jugendlichen möglich ist, wenn die Erwachsenen, die mit ihnen arbeiten, selbst bei wichtigen Punkten ihres Arbeitslebens kein Mitspracherecht haben. Dabei denken viele immer noch, dass Inklusion die Teilhabe von »Kindern und Jugendlichen mit Beeinträchtigung« bedeutet oder von Schüler*innen, denen ein sonderpädagogischer Förderbedarf bzw. individueller Bildungsbedarf[3] zugeschrieben wird. Das ist problematisch. Denn Inklusion könnte man ebenso gut auf andere Gruppen beschränken, bezogen auf Alter, Geschlecht, sexuelle Orientierung, ethnische Herkunft, soziale Schicht oder Beeinträchtigung. Das wird auf den Seiten 56–62 erklärt, wo es um die Beseitigung von Barrieren für Lernen und Teilhabe geht.

Auch der Begriff »soziale Inklusion« ist verwirrend. In England wird er im Zusammenhang mit Schüler*innen verwendet, denen »Verhaltensschwierigkeiten« zugeschrieben werden. Eine Lehrperson, die an einem Forschungsprojekt beteiligt war, stellte sich und eine Kollegin so vor: »Ich bin zuständig für Inklusion bzw. sonderpädagogischen Förderbedarf – und meine Kollegin für soziale Inklusion bzw. schlecht erzogene Jungs« (Ainscow/Booth/Dyson 2006). Die Vorstellung, »Inklusion« auf eine Gruppe und »soziale Inklusion« auf eine andere zu beziehen, führt nicht weiter. International werden dem Begriff mehrere Bedeutungen zugeschrieben, z. B. wird soziale Inklusion verstanden als Inklusion im außerschulischen Bereich oder als soziales Ziel bei der Integration von Kindern und Jugendlichen mit Beeinträchtigung an Schulen. Wenn Inklusion nur auf Menschen mit Beeinträchtigungen bezogen wird, suggeriert das, die Ausgrenzung, die diese Menschen erleben, sei nicht sozialer Art, sondern entstehe ganz natürlich durch ihre Beeinträchtigung. Jedoch sind alle Formen von Inklusion und Ausgrenzung sozialer Art, da sie aus der Interaktion zwischen Menschen und ihrem Umfeld entstehen.

Inklusion zu stärken bedeutet, Exklusion zu reduzieren. Dazu gilt es, aktiv gegen exkludierende Kräfte vorzugehen, die Teilhabe behindern. Weil wir uns für ein stimmiges Gesamtkonzept für die Weiterentwicklung von Schule einsetzen, verwenden wir die Begriffe in unserem Verständnis. In anderen Zusammenhängen können die Begriffe aber auch anders besetzt sein. In England und ebenso in deutschsprachigen Schulsystemen wird der Begriff »Exclusion« (Ausschluss) z. B. auch für den gesetzlich vorgesehenen zeitweiligen oder dauerhaften »disziplinarischen Schulausschluss« aufgrund von Verletzungen der Schulregeln verwendet. Der Schulverweis von Kindern und Jugendlichen aus disziplinarischen Gründen kennzeichnet im Allgemeinen eine bestimmte Phase im Verlauf eines Ausschlussprozesses.

Eine Verbesserung der Teilhabe für alle kann nicht erreicht werden, wenn man sich auf Einzelne konzentriert. Wenn Einzelne exkludierenden Kräften ausgesetzt sind oder waren, wird ihre Teilhabe so lange eingeschränkt bleiben, bis die Schule sich umfassend für Vielfalt einsetzt und alle wertschätzt. Es genügt nicht, wenn wir von unseren Systemen und Schulen verlangen, die Vielfalt von Kindern und Jugendlichen abzubilden. Das kann dazu führen, dass in und zwischen Schulen Konkurrenz und Abwertung entstehen. Schulen können zum Beispiel auf Vielfalt reagieren, indem sie Kinder und Jugendliche nach Leistung,

3 Durch ein offizielles Feststellungsverfahren zugeschriebener individueller »Bedarf«, der differenzierte Bildungsmaßnahmen und gegebenenfalls auch Bildungsziele zuweist. Die Bezeichnung der Kategorie variiert international in den unterschiedlichen Bildungssystemen.

Beeinträchtigung, Religion oder Vermögen auswählen oder sortieren. Eine Verteilung nach Leistung in und zwischen Schulen wird dadurch unterstützt, dass Kinder bereits von einem sehr frühen Alter an mit Leistungszuschreibungen etikettiert werden. Das legt die Erwartungen an die künftigen Leistungen fest und wirkt sich auch auf die Eigenerwartung der Kinder und Jugendlichen aus. Schulen, die alle gleichermaßen wertschätzen, heißen alle Kinder und Jugendlichen aus ihrem Einzugsbereich willkommen. Inklusion hängt also auch mit der Entwicklung einer gemeinsamen Schule für alle zusammen; mit einer umfassenden Bildung, vom Kindergarten über die Grundschule bis zum Sekundarbereich.

Inklusion will, dass Menschen sich wohlfühlen und Einrichtungen sich öffnen. Vor allem bedeutet Inklusion das Umsetzen inklusiver Werte in Handeln. Wenn Schulentwicklung mit der praktischen Umsetzung von Werten verknüpft wird, kann dies zu einer wirklichen Veränderung von Schulen führen. Wenn Inklusion nicht mit echt empfundenen Werten verbunden ist, kann ihre Umsetzung als bloße Modeerscheinung oder Befolgung einer Anweisung angesehen werden.

Gemeinsame Werte entwickeln

Werte geben Orientierung und regen zum Handeln an. Sie treiben uns an, geben uns eine Richtung, definieren ein Ziel. Wir können nicht wissen, ob wir das Richtige tun oder getan haben, wenn wir nicht sehen, wie unser Handeln und unsere Werte zusammenhängen. Alles Handeln, das sich auf andere bezieht, basiert auf Werten. Jede Aktion sagt etwas aus über unsere Haltung, ob wir es merken oder nicht. Wir sagen damit: »Das ist der richtige Weg.« Wenn wir Werte zur gemeinsamen Orientierung definieren, sagen wir etwas darüber aus, wie wir jetzt und in Zukunft zusammenleben und voneinander lernen wollen. Werte sind Teil von Kulturen. Wenn Menschen an Schulen einen gemeinsamen Werterahmen entwickeln und verstehen, wie diese Werte mit ihrem konkreten Handeln zusammenhängen, können Veränderungen an Strukturen und Praktiken nachhaltiger wirken.

Die meisten Schulen verfügen bereits über ein Leitbild. Das Besondere an den Werten des Index ist, dass sie dazu da sind, konkret in der Praxis zu wirken und eine treibende Kraft für Schulentwicklung zu sein. Den Zusammenhang von Werten und Handeln zu erkennen, ist ein Schritt, der direkt in die Praxis führt: Wir erkennen, was wir als Nächstes tun und wie wir das Handeln anderer verstehen können. Der Index lädt Sie ein, Ihre Schule aktiv entlang von Werten zu entwickeln, hinter denen Sie selbst stehen – und nicht anhand von Programmen und Maßnahmen, die andere auf Basis eigener Werte entwickelt haben, die Sie vielleicht sogar ablehnen.

Wir haben uns bemüht, einen Rahmen von Werten zusammenzustellen, die gemeinsam inklusive Entwicklungen von Schule und Bildung unterstützen. Herausgekommen ist eine Liste mit folgenden Begriffen: Gleichheit, Rechte, Teilhabe, Gemeinschaft, Gleichberechtigung in der Vielfalt, Nachhaltigkeit, Gewaltfreiheit, Vertrauen, Mitgefühl, Ehrlichkeit, Mut, Freude, Liebe, Hoffnung/Optimismus, Schönheit und Weisheit. Jeder dieser Begriffe steht für einen Wert, der nur durch eine genauere Beschreibung seiner Bedeutung (wie wir sie weiter unten geben) zu verstehen ist. Jeder Wert umfasst ein Handlungsfeld und Anliegen im Bereich der Bildung und der Gesellschaft im weiteren Sinne. Die Liste ist das Ergebnis zahlreicher Gespräche mit Kolleg*innen, Schüler*innen und anderen Personen, in Großbritannien und weltweit. Die Entscheidung, die zusammenhängenden Werte »Ehrlichkeit«, »Vertrauen« und »Mut« aufzunehmen, fiel zum Beispiel nach einer Workshop-Reihe zu einer früheren Auflage des Index. Kolleg*innen mit Führungsaufgaben haben dort erzählt, wie sie an ihrer Schule den Mut entwickelt haben, sich Schwächen und Stärken ehrlich zu stellen. Dabei hat ihnen eine gemeinsame Aufgabe im Workshop geholfen, bei der sie sich darauf verlassen konnten, dass der bzw. die andere unterstützend und nicht mit Kritik oder Vorwürfen reagiert.

Viele haben uns gesagt, dass ihnen die Werteblume auf Seite 17 sehr gut gefällt. Wir wollen aber auch eine andere Darstellung zeigen, eine dreidimensionale Struktur inklusiver Werte wie in Abbildung 4. Er zeigt das Bild eines alles umfassenden Universums von Werten, in dem Bedeutungen interagieren und sich gegenseitig ergänzen.

In der vorherigen Auflage des Index haben wir gesagt, dass einige Werte stärker zu einer inklusiven Entwicklung beitragen können als andere. Das sehen wir jetzt anders. In vielen Gesprächen, die wir in den letzten Jahren an Schulen geführt haben, waren wir überrascht, wie unterschiedlich die Werte sind, die Menschen auswählen, um darüber nachzudenken, wie sie sie in aktives Handeln umsetzen können. Am Ende dieser Gespräche kamen wir meist zu dem Ergebnis, dass alle Werte zusammenhängen. Wenn Sie bei einem Wert unsicher sind, ob er dazugehört, stellen Sie sich die Bildung ohne ihn vor: Was wäre Bildung ohne Vertrauen, Ehrlichkeit, Mut, Mitgefühl, Freude, Liebe, Hoffnung oder Schönheit? Es ist gut, wenn Schulen sich bemühen, Orte zu sein, die Humanität leben. Gleichzeitig kann man sich nicht für eine umfassende Inklusion an Schulen einsetzen und dann auf Werte wie Gleichheit, Rechte, Teilhabe und Gemeinschaft verzichten. Rechte sind selbstverständlich, wenn Gleichheit ernst genommen wird. Sie

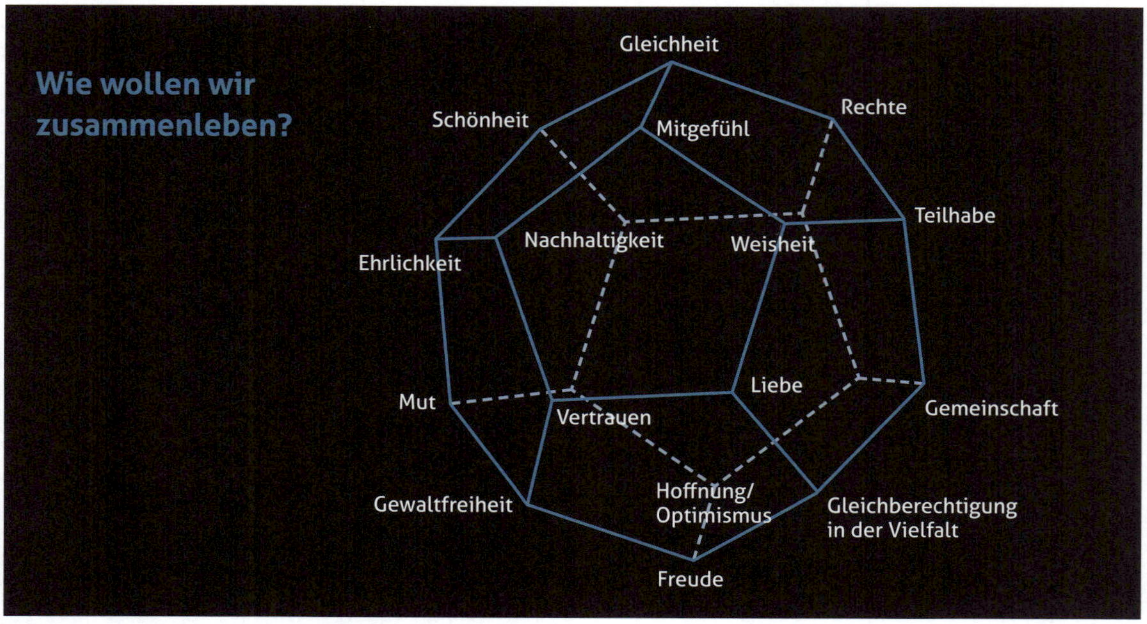

Abbildung 4: Ein Rahmen inklusiver Werte

sind ein eigener Wert, weil die Menschenrechte ein wichtiges Argument sind, um die Gleichwertigkeit von Menschen und die Bekämpfung von Diskriminierung zu begründen.

Während wir an dieser Auflage gearbeitet haben, gab es auch die Rückmeldung, dass das Engagement für ökologische Nachhaltigkeit und die Reduzierung der Umweltzerstörung, wie sie aktuell durch die Erderwärmung stattfindet, mit Inklusion nichts zu tun haben. Das kann damit zusammenhängen, dass wir gewöhnt sind, Themen separat in Schubladen zu behandeln, was an sich schon exklusiv gedacht ist. Aber wenn man darüber nachdenkt, wie wichtig eine gesunde Umwelt für das Überleben heutiger und zukünftiger Generationen ist, wird der Zusammenhang klar. Der Anstieg des Meeresspiegels wird große Landflächen weltweit vernichten, wenn es nicht gelingt, die globale Erwärmung deutlich zu reduzieren. Ganze Ortschaften mit Häusern, Schulen und Lebensarten sind bedroht. Für uns sind deshalb bestimmte Werte wie Nachhaltigkeit eine Grundhaltung und fester Bestandteil der inklusiven Entwicklung von Schulen.

Gleichheit

Gleichheit und verwandte Begriffe wie Fairness und Gerechtigkeit stehen im Mittelpunkt inklusiver Werte. Ungleichheit, Unfairness und Ungerechtigkeit sind Formen von Ausgrenzung. Gleichheit bedeutet nicht, dass alle Menschen gleich sind oder gleich behandelt werden, sondern dass jede Person als gleich*wertig* behandelt wird. Das hat Folgen für die Art und Weise, wie Erwachsene, Kinder und Jugendliche in der Schule miteinander umgehen. Kinder und Jugendliche müssen so auf Schulen und innerhalb von Schulen und Klassen auf Gruppen verteilt werden, dass (ab)wertende Hierarchien vermieden werden. Das wirkt sich auch auf die Leitung und Organisation von Schulen aus. Ein inklusives Verständnis von Gleichheit bedeutet, gleiche Chancen zu gewähren trotz ungleichen Status, Wohlstands und ungleicher Lebensbedingungen. Es bedeutet, durch individuelle Maßnahmen vorhandene Ungleichheiten abzubauen.

Wenn man sieht, wie viele Menschen Ungleichheiten im Wohlstand und bei den Lebensbedingungen in unserem Land und weltweit akzeptieren, ist klar, dass es zu Inklusion unterschiedliche Meinungen gibt. Oft verhalten sich Menschen nicht so, als ob ihnen »jedes Leben und jeder Mensch gleich viel wert« seien. Nicht nur, weil sie sich mehr um die ihnen nahestehenden Menschen sorgen, sondern weil das Leiden von Menschen außerhalb ihrer Familie, ihres Viertels oder Landes für sie kein Grund ist, sich für den Abbau von Ungleichheit einzusetzen.

Rechte

Die Bedeutung von Rechten ergibt sich aus dem Gedanken der Gleichheit. Menschen sind gleichwertig, weil sie die gleichen Rechte haben. Mit den Menschenrechten lässt sich begründen, dass jeder Mensch das gleiche Recht hat, frei von Not zu sein und frei über sein Handeln zu entscheiden. Jeder Mensch hat das Recht auf Nahrung, Unterkunft, Schutz und Versorgung sowie auf bürgerliche Teilhabe. Wenn eine Handlung zu Ungleichheit führt, kann sie nicht recht sein. Das Recht auf Wahlfreiheit oder das Recht auf Eigentum haben ihre Grenzen da, wo sie die Ungleichheit anderer in der Ausübung ihrer Rechte verstärken. Kinder und Jugendliche haben ein Recht auf kostenlose öffentliche (das heißt staatlich zur Verfügung gestellte) Bildung von hoher Qualität an ihrem Wohnort. Das Fördern von Menschenrechten in der Bildung ist gut für die Entwicklung gegenseitiger und fürsorglicher Beziehungen.

Manche verbinden mit Rechten auch Pflichten, aber das ist ein Irrtum. Rechte sind nicht an ein bestimmtes Verhalten gebunden. Rechte gelten bedingungslos, wir haben diese Rechte, weil wir Menschen sind. Rechte können sich jedoch gegenseitig widersprechen, wenn z. B. das Recht auf Sicherheit eines Menschen die Freiheit eines anderen einschränkt. Wie die Gleichheit werden natürlich auch Rechte in der Praxis nicht immer eingehalten, obwohl sie in Dokumenten der Vereinten Nationen hinterlegt und wir zu ihrer Einhaltung verpflichtet sind. Weltweit werden diese Rechte immer wieder verletzt, und es wird zu wenig unternommen, um Verletzungen zu verfolgen. Wer über die Rechte von Menschen nachdenkt, kommt schnell auf die Frage, wie andere Lebewesen behandelt werden und ob nicht alle Lebensformen und sogar der Planet selbst ein Recht auf Unversehrtheit haben (siehe Seite 218). International werden die Menschenrechte durch das Child Rights Education Toolkit (UNICEF 2014) für Schulentwicklungen herangezogen.

Teilhabe

Die Teilhabe von Mitarbeiter*innen und Schulpersonal, Kindern, Jugendlichen und ihren Familien ist in Bildungseinrichtungen häufig nicht vorgesehen. Teilhabe bedeutet mehr, als nur dabei zu sein – und doch fängt es damit an. Teilhabe besteht aus zwei Elementen, einer teilhabenden Handlung oder Aktion und einer teilhabenden Person. Teilhabe findet nicht nur dann statt, wenn eine Person sich an gemeinsamen Tätigkeiten beteiligt, sondern auch, wenn sie sich einbezogen und akzeptiert fühlt. Teilhabe bedeutet, mit anderen zusammen zu sein und zusammenzuarbeiten. Es bedeutet, aktiv am Lernen teilzuhaben. Beteiligt zu sein an den Entscheidungen über das eigene Leben, auch die Bildung betreffend, verbunden mit Ideen wie Demokratie und Freiheit. Das schließt das wichtige Recht ein, *nicht* zu partizipieren und seine Unabhängigkeit gegenüber anderen zu behaupten, indem man »Nein« sagt. Das kann auch Mut erfordern. Wenn wir uns dessen bewusst sind, was unsere Handlungen, Absichten und Gefühle auslöst und kennzeichnet, kann uns das helfen, aktiv teilzuhaben. Zur Teilhabe gehört der gleichberechtigte Dialog mit anderen. Deshalb ist es wichtig, Status- und Machtunterschiede gezielt außen vor zu lassen. Die Teilhabe wächst, wenn das Zusammenwirken mit anderen uns in der Wahrnehmung unserer eigenen Identität bestärkt, wenn wir um unserer selbst willen akzeptiert und geschätzt werden.

Gleichberechtigung in der Vielfalt

Inklusiver Respekt bedeutet, andere wertzuschätzen, sie gut zu behandeln und den Beitrag anzuerkennen, den sie durch ihre Persönlichkeit und ihr positives Wirken in einer Gemeinschaft leisten. Es bedeutet nicht, sich Personen aufgrund von Status oder Autorität unterzuordnen. »Vielfalt« bezieht sich auf sichtbare und unsichtbare Unterschiede und Ähnlichkeiten zwischen Menschen: Vielfalt meint die Unterschiedlichkeit des gemeinsamen Menschseins. Vielfalt schließt alle ein, nicht nur diejenigen, die von einer scheinbaren Normalität abweichen.

Der Begriff wird fälschlicherweise manchmal so verwendet, dass Vielfalt mit »Anderssein« assoziiert wird – die anderen, die nicht so sind wie wir. Gruppen und Gemeinschaften erscheinen als homogen, wenn bestehende Unterschiede nicht gesehen werden.

Ein inklusives Verständnis von Vielfalt begrüßt es, wenn Gruppen vielfältig zusammengesetzt sind. Es respektiert die Gleichwertigkeit von anderen, unabhängig davon, ob sie als unterschiedlich wahrgenommen werden. In diesem Verständnis ist Vielfalt eine kostbare Ressource für das Leben und Lernen – und nicht ein Problem, das es zu lösen gilt. Demgegenüber steht eine selektive Sichtweise, die auf Einheitlichkeit setzt, indem Menschen kategorisiert, eingeteilt und Gruppen zugeordnet werden, die hierarchisch wertend zusammengestellt sind. Die Wertschätzung von Vielfalt hat jedoch auch Grenzen. Sie verlangt nicht, dass wir das zerstörerische Verhalten von Menschen gegenüber anderen oder der Umwelt oder ihr Verletzen von Rechten akzeptieren oder wertschätzen, auch wenn dies ein fester Bestandteil ihrer Persönlichkeit ist.

Zu einem inklusiven Verständnis von Vielfalt gehört es, zu erkennen, dass es weitreichende und zerstörerische Folgen hat, wenn wir Anderssein und Fremdheit mit Minderwertigkeit gleichsetzen, und sich dagegen zu wehren. Wenn so etwas tief in eine Kultur eindringt, kann das zu schlimmen Diskriminierungen führen, bis hin zum Völkermord.[4]

Gemeinschaft

Wenn wir eine Gemeinschaft bilden wollen, müssen wir anerkennen, dass wir in einer Beziehung mit anderen leben und auf Freundschaften angewiesen sind, um uns wohlzufühlen. Gemeinschaft entsteht durch Kulturen, die zur Zusammenarbeit anregen. In einem inklusiven Verständnis von Gemeinschaft gehen Bindungen und Verpflichtungen über die Familie und Freunde hinaus und bilden ein allgemeines Gefühl von Zusammengehörigkeit. Dazu gehören auch ein Gefühl der Verantwortung für andere, gemeinwirtschaftliches, bürgerschaftliches und weltbürgerschaftliches Engagement sowie die Anerkennung von globalen Wechselbeziehungen. Eine inklusive Schulgemeinschaft zeigt modellhaft, was es bedeutet, als Bürger*in verantwortungsvoll und aktiv zu sein, mit Rechten, die auch außerhalb der Schule respektiert werden. Inklusive Gemeinschaften sind immer offen für Mitglieder, die sie bereichern und die zu ihrer Weiterentwicklung beitragen. In der Bildung gehört dazu die Entwicklung guter Beziehungen in Schulen sowie zwischen Schulen und ihrem Umfeld. In einer Gemeinschaft zählen kooperatives, kollegiales und solidarisches Handeln; so wird nachvollziehbar, dass sich Institutionen dann besonders gut entwickeln können, wenn Menschen gemeinsam aktiv werden.

---

4 vgl. dazu Primo Levi (2010): »Viele von uns, Einzelne oder Völker, unterliegen der bewussten oder unbewussten Vorstellung ›Jeder Fremde ist ein Feind‹. Meistens liegt diese Überzeugung am Boden der Gemüter wie eine latente Infektion; sie manifestiert sich nur in vereinzelten, nicht unkoordinierten Handlungen und bildet kein Gedankensystem. Doch wenn es dazu kommt, dass das unausgesprochene Dogma in den Rang einer wichtigen Prämisse eines Syllogismus erhoben wird, dann steht am Ende des logischen Prozesses das Lager. Das heißt, das Ergebnis einer mit rigoroser Kohärenz bis zu ihren äußersten Folgen getriebenen Weltsicht: solange es diese Sicht gibt, bedrohen uns diese Konsequenzen. Möge die Geschichte der Vernichtungslager uns allen wie ein Unheil verkündendes Alarmsignal klingen.«

Nachhaltigkeit

Das wichtigste Ziel von Bildung und Erziehung ist es, Kinder und Jugendliche lokal und global auf ein nachhaltiges Leben in nachhaltigen Gemeinschaften und Umgebungen vorzubereiten. Ein Engagement für inklusive Werte bedeutet auch, sich für das Wohlbefinden zukünftiger Generationen einzusetzen. Wenn wir über Inklusion sprechen, taucht immer wieder die Frage auf: »Inklusion in was?« Schulen, die sich inklusiv weiterentwickeln, unterstützen eine nachhaltige Entwicklung des Lernens und der Teilhabe aller sowie den dauerhaften Abbau von Ausgrenzung und Diskriminierung. Sie vermeiden unkoordinierte und kurzfristige Veränderungen sowie die Beteiligung an Programmen und Initiativen, die nicht eng mit ihren langfristigen Zielsetzungen zusammenhängen. Ökologische Nachhaltigkeit ist ein wichtiger Bestandteil von Inklusion. Umweltzerstörung, Entwaldung und Erderwärmung bedrohen die Lebensqualität von uns allen und beeinträchtigen bereits heute überall auf der Welt das Leben von Millionen Menschen. Schulen, die sich inklusiv entwickeln, müssen sich damit befassen, wie sie die natürliche und physische Umwelt auf dem Schulgelände und darüber hinaus erhalten können. Ein ökologisches Bewusstsein (»ökologische Kompetenz«) sollte aus guter Kenntnis und Achtung vor der Natur entstehen und nicht aus Angst vor Katastrophen. Dazu gehören auch die Hoffnung und der Optimismus, dass Gefahren bewältigt werden können. Wenn Veränderungen nachhaltig wirken sollen, müssen sie in die Kulturen einer Schule integriert werden, um langfristig zur Ausbildung einer neuen Identität zu führen.

Gewaltfreiheit

Gewaltfreiheit erfordert zuzuhören, andere Standpunkte zu verstehen und die Überzeugungskraft von Argumenten abzuwägen – auch die der eigenen. Kinder, Jugendliche und Erwachsene müssen Fähigkeiten im Aushandeln, Vermitteln und Lösen von Konflikten entwickeln. Erwachsene sollten Gewaltfreiheit vorleben. In einer Gemeinschaft von Gleichberechtigten werden Auseinandersetzungen im Dialog beigelegt, nicht durch das Ausüben von Druck aufgrund von Status oder körperlicher Überlegenheit. Das bedeutet nicht, Widerspruch zu vermeiden und Meinungsverschiedenheiten zu unterdrücken. Sie sind vielmehr ein Anlass, um nachzudenken und kreativ zu werden (Dewey 1922, in: Boydston 1988, S. 207).[5] Es kommt zu Mobbing, wenn Menschen ihre Macht missbrauchen, um andere körperlich oder psychisch zu erniedrigen. Das Belästigen oder Mobben von Menschen aufgrund von ethnischer Herkunft, Geschlecht, Beeinträchtigung, Alter, sexueller Orientierung, Weltanschauung und Religion ist immer eine Form von Gewalt. Eine Verpflichtung zur Gewaltfreiheit kann es erfordern, bestehende Strategien zur Konfliktbewältigung, die mit bestimmten männlichen Rollenbildern verbunden sind, zu hinterfragen und andere Wege anzubieten, um eine stabile männliche Identität zu entwickeln. In diesem Zusammenhang sind auch Vorstellungen wie »das Gesicht verlieren«, »den Respekt verlieren« und, damit verbunden, »Rache-

5 Siehe auch den Beitrag im DEWEY-L archive von Richard Hake (2005): »Conflict is the gadfly of thought. It stirs us to observation and memory. It instigates invention. It shocks us out of sheep-like passivity, and sets us at noting and contriving.« Singemäß übersetzt: »Konflikt ist der Störenfried der Gedanken. Er regt uns zu Betrachtung und Reflexion an. Er aktiviert unsere Fantasie. Er reißt uns aus der unmündigen Passivität, lässt uns erkennen und eine Lösung finden.«

pläne schmieden« aufzugeben. Selbstbehauptung und Aggression müssen in ein Gleichgewicht gebracht werden. Wut ist ein wichtiges Zeichen dafür, wie stark Gefühle gegenüber einer Person oder einer Situation sind, sie muss aber in produktive Bahnen gelenkt werden und darf nicht zu aggressivem Verhalten führen. Institutionelle Gewalt oder institutionelles Mobbing entsteht, wenn die Menschlichkeit und die Würde von Personen innerhalb einer Einrichtung nicht respektiert und Menschen instrumentalisiert werden. Das kann passieren, wenn Schulen oder andere Bildungseinrichtungen so mit wirtschaftlichen Interessen geführt und so auf Ergebnisse fokussiert sind, dass das Wohlbefinden der Schüler*innen und des Schulpersonals vernachlässigt wird. Gewaltfreie Einrichtungen entwickeln sich im Einklang mit den Bedürfnissen der in ihnen lebenden Menschen, der Umwelt und der sie umgebenden Gemeinschaft.

Vertrauen

Vertrauen fördert die Teilhabe und die Entwicklung von Beziehungen und stabilen Persönlichkeiten. Vertrauen ist notwendig, um selbstverantwortliches und -organisiertes Lernen und eine Kultur des Dialogs zu ermöglichen. Bildung kann Kindern und Jugendlichen helfen, Vertrauen zu Menschen außerhalb ihrer Familien aufzubauen, indem man auch darüber spricht, wie sichere und unsichere Begegnungen mit anderen aussehen können. Besonders wichtig ist das für Kinder und Jugendliche, die sich zu Hause nicht sicher fühlen oder die durch Erfahrungen mit alltäglicher Diskriminierung bereits Misstrauen entwickelt haben. Vertrauen hängt eng mit Verantwortung und Zuverlässigkeit zusammen. Vertrauen ist notwendig, um Selbst- und gegenseitige Achtung in einem professionellen Umfeld zu entwickeln. Je weniger Vertrauen Menschen erfahren, desto weniger entwickeln sie selber Vertrauen (O'Neill 2002). Wenn schwierige Themen, die die pädagogische Entwicklung behindern können, erkannt und angesprochen werden sollen, muss man darauf vertrauen können, dass andere zuhören und fair reagieren. Menschen sagen dann offen, was sie denken, wenn sie sich darauf verlassen können, dass andere ein Gespräch mit Respekt führen, ohne den eigenen Vorteil zu suchen.

Ehrlichkeit

Ehrlichkeit ist nicht nur das freie Aussprechen von Wahrheit. Ehrlichkeit bedeutet, Falschheit zu vermeiden und nicht etwas anderes zu tun, als man zu tun vorgibt. Ehrlichkeit bedeutet auch Versprechen zu halten. Unehrlichkeit hat oft mehr mit dem gezielten Vorenthalten von Informationen zu tun als mit direktem Lügen. Informationen bewusst zurückzuhalten oder andere zu täuschen kann die Teilhabe von Menschen behindern. Es kann ein Mittel von Menschen mit Macht sein, um Menschen mit weniger Macht zu beherrschen. Ehrlichkeit hängt zusammen mit Glaubwürdigkeit und Offenheit, hat aber auch mit Mut und Vertrauen zu tun. Es ist schwieriger, ehrlich zu sein, wenn es Mut erfordert, und einfacher, wenn man darauf vertrauen kann, von anderen unterstützt zu werden. Ehrlichkeit in der Bildung heißt, mit jungen Menschen das Wissen über die Wirklichkeit vor Ort und weltweit zu teilen; sie zu ermuntern, sich gut über alles um sie herum zu informieren, damit sie jetzt und in Zukunft begründete Entscheidungen treffen können. Dazu gehört auch, junge Menschen zu ermutigen, unbequeme Fragen zu stellen und bereit zu sein, Fehler oder die Grenzen des eigenen Wissens einzugestehen.

Mut

Mut ist oft nötig, um sich gegen Konventionen, Macht und Autorität oder die Meinung und Kultur der eigenen Gruppe zu stellen, um selbst zu denken und die eigene Meinung zu äußern. Manchmal muss man besonderen Mut aufbringen, um für sich oder andere einzustehen, wenn eine Kultur der gegenseitigen Unterstützung nicht vorhanden ist oder untergraben wurde. Wie viel Mut nötig ist, um seine Meinung zu äußern, hängt von der eigenen Persönlichkeit ab und davon, wie sehr man sich scheut, in der Öffentlichkeit zu sprechen.

Das sogenannte »Whistleblowing« (das Hinweisen auf Missstände in der eigenen Organisation) – auch auf die Gefahr hin, persönliche Entwicklungschancen, den Arbeitsplatz und Freundschaften zu verlieren – erfordert immer Mut. »Whistleblowing« gilt bei Menschen, die in einer Organisation Macht haben, vielleicht als illoyal. Inklusive Loyalität bezieht sich jedoch auf die ganze Gemeinschaft – auch auf ihre schwächsten Mitglieder. Mut ist notwendig, um Diskriminierung entgegenzuwirken, indem man sie erkennt, anspricht und dagegen vorgeht.

Freude

Inklusive Werte zielen auf eine ganzheitliche Entwicklung von Menschen, ihre Gefühle und Emotionen, die Förderung des Geistes, die Freude am Lernen und an Beziehungen. Schulen und Bildungseinrichtungen werden als Orte gesehen, an denen man gerne »ist« und sich aufhält – und nicht nur in Hinblick auf die Zukunft etwas »wird«. Freude in der Bildung unterstützt das Lernen durch Spiel, Leichtigkeit und gemeinsamen Humor. Es macht Spaß, neue Interessen, Kenntnisse und Fähigkeiten zu entwickeln, was umgekehrt dazu beiträgt, dass sie nachhaltig wirken. Bildungseinrichtungen, die Leistungen in einem eng begrenzten Rahmen anstreben oder ihre Rolle darin sehen, persönlichen Status und wirtschaftliche Vorteile zu sichern, können freudlose, humorlose Orte sein, die Erwachsene, Kinder und Jugendliche in ihrer Entfaltung eher behindern und Unlust sowie Rückzug bewirken können.

Mitgefühl

Mitgefühl bedeutet, das Leid von anderen zu verstehen und es lindern zu wollen. Man muss sich über das Ausmaß von Diskriminierung und Leid lokal und global informieren und bereit sein, sich mit den Sichtweisen und Gefühlen anderer Menschen auseinanderzusetzen. Mitgefühl verbindet das persönliche Wohlbefinden mit der Sorge um das Wohlergehen aller – was nicht bedeutet, dass man sich besser fühlt, wenn es allen gleich schlecht geht. Echtes Mitgefühl reagiert bei Regelverletzungen nicht mit Strafe, sondern mit Anteilnahme und Einfallsreichtum. Kommt es in Beziehungen mit Kindern und Jugendlichen zu Krisen, müssen Erwachsene Verantwortung übernehmen. Auch wenn das Verhältnis zwischen einem Kind oder Jugendlichen und der Schule stark angegriffen zu sein scheint, müssen professionelle Lehrpersonen immer weiter fragen: Wie kann dieser junge Mensch am besten unterstützt werden, damit er an dieser

Schule Beziehungen aufbaut und sich auf das Lernen einlässt? Ein mitfühlendes professionelles Handeln bedeutet, dass Fehler unabhängig vom Status einer Person zugegeben und Entschuldigungen angenommen werden, dass Wiedergutmachung und Verzeihen möglich sind.

Liebe

Mitgefühl ist eng verbunden mit den Werten »Liebe« und »Fürsorge«. Liebe als »eine tief empfundene Fürsorglichkeit, die keine Gegenleistung erwartet«, ist eine wichtige Motivation vieler pädagogischer Fachkräfte und Grundlage ihrer beruflichen Identität (Noddings 2005). Es bedeutet, andere Menschen dabei zu unterstützen, sie selbst zu sein und zu werden, und zu wissen, wie Menschen sich entwickeln können, wenn sie Wertschätzung erfahren. Es fördert das Gefühl von Identität und Zugehörigkeit und unterstützt damit die Teilhabe. Die Bereitschaft, für andere zu sorgen und für sich selbst sorgen zu lassen, ist die Grundlage für das Bilden von Gemeinschaften, die durch gegenseitige Verbundenheit und gemeinsame Aktivitäten zusammengehalten werden. Für Pädagog*innen sind Liebe und Fürsorge Werte, die auch einseitig funktionieren. Sie sind verpflichtet, sich um alle Kinder und Jugendlichen ihrer Einrichtung gleich zu kümmern, unabhängig davon, wie viel sie davon an Wärme, Dankbarkeit oder Fortschritten zurückbekommen.

Hoffnung/Optimismus

Werte wie Hoffnung oder Optimismus gehören ebenfalls zur professionellen Aufgabe von Lehrpersonen und zur persönlichen Aufgabe von Eltern und Erziehungsberechtigten: Kinder und Jugendliche müssen erleben, dass es möglich ist, schwierige persönliche, lokale, nationale oder globale Situationen positiv zu beeinflussen, und dass Menschen in ihrem Leben oder dem anderer Veränderungen bewirken können. Das heißt nicht, dass wir uns den realen Problemen in der Welt oder zynischen Motiven von Menschen nicht stellen und nur das Gute sehen wollen. Hoffnung und Optimismus verlangen danach, sich der Wirklichkeit zu stellen, um gezielt aktiv werden zu können. Eine klare Vorstellung von inklusiven Werten kann dabei eine Orientierung für gemeinsames Handeln sein und Menschen mit ähnlichen Werten aus unterschiedlichen Kontexten zusammenbringen. So wird die Kollektivkraft gestärkt, um gemeinsam gegen die lokal und global wirksamen, starken exkludierenden Kräfte vorzugehen. Veränderungen zugunsten von Mensch und Umwelt werden so wahrscheinlicher. Hoffnung fördert die Möglichkeit einer nachhaltigen Zukunft, in der Menschen sich entfalten können.

Schönheit

Schönheit ist ein Anliegen, das kontrovers aufgenommen werden könnte. Schönheit ist relativ und liegt im Auge des bzw. der Betrachtenden. Außerdem werden bestimmte Vorstellungen von Schönheit auf eine Art und Weise vermarktet, die auf viele Menschen unterdrückend und ausgrenzend wirkt. Dennoch müssen wir alles dafür tun, die Umgebung unserer Schulen schön zu gestalten, denn das wirkt sich auf das Wohlbefinden von allen aus. Schönheit ist auch Teil unseres

Werterahmens, weil viele Menschen besondere pädagogische Erfolge, wie eine bestimmte Abfolge von Lernschritten, als etwas Schönes empfinden oder in motivierenden Begegnungen oder kleinen Beobachtungen Momente von Schönheit erleben. Mit der Aufnahme dieses Begriffes ermöglichen wir es Menschen, Werte mit ihrem Verständnis von persönlicher Erfüllung zu verbinden. Schönheit kann in einer freundlichen Geste liegen, in einem kleinen Moment, in dem die Verbindung zwischen Menschen über Eigeninteressen hinaus wirkt, in einem gemeinsamen Akt der Unterstützung zur Einforderung von Rechten, wenn Menschen ihre Stimme finden und einsetzen. Schönheit ist da, wenn jemand etwas liebt, das er oder eine andere Person geschaffen hat, in Anerkennung von Kunst und Musik. Inklusive Schönheit findet sich abseits von Stereotypen in der Vielfalt der Menschen und der Vielfalt der Natur.

Weisheit

Weisheit heißt, aus verschiedenen Handlungsoptionen zu wählen, indem wir die Gründe und die Folgen abwägen; wir nehmen uns Zeit zum Nachdenken und suchen nach anderen Perspektiven, bevor wir uns über eine Person oder eine Situation eine Meinung bilden; wir denken über unsere Erfahrungen und die von anderen nach, um Fehler nicht noch einmal zu machen; wir lösen Konflikte durch Vermittlung, Dialog und Wiedergutmachung anstatt durch Strafen, Druck und Macht. Wir lernen, weise zu sein, indem wir Werte mit unserem Handeln verbinden und versuchen, entsprechend der Werte zu handeln, die wir vertreten; unsere Argumente und Entscheidungen basieren auf Werten, Vernunft und Tatsachen; wir sind uns der Grenzen unseres Wissens bewusst und erkennen das Wissen von anderen an, von Kindern wie von Erwachsenen; wir fragen nach und hören zu; wir wissen, dass wir aus Körper und Geist bestehen und Teil der Natur sind; wir bemühen uns, schwierige Realitäten in uns selbst und der Welt nicht zu leugnen, sondern uns ihnen zu stellen, um Verbesserungsmöglichkeiten zu finden; wir nehmen vorherrschende Denkweisen nicht als selbstverständlich hin; wir stellen Verbindungen her zwischen Gedankenwelten, die sonst nicht zusammen gesehen werden; wir finden heraus, was für uns in unserem und für andere in ihrem Leben wichtig ist; wir versuchen, Wissen aufzubauen, das uns hilft, mit anderen gut zusammenzuleben – zu Hause, in unseren Stadtvierteln, Schulen, Gesellschaften und auf unserem Planeten.

Reaktionen auf die inklusive Werteorientierung im Index

Die von uns zusammengestellten Werte sind nicht als Rezept gedacht, sondern als Einladung zum Dialog. Nicht jede*r wird mit diesem Werterahmen voll übereinstimmen. Es kann sein, dass man mit den allgemeinen Beschreibungen dieses »Werteuniversums« übereinstimmt, aber einzelne Werte anders benennen würde, damit sie mehr mit dem eigenen Denken, den eigenen Beweggründen und Erfahrungen zusammenpassen. Beim ersten Blick auf unsere Werte vermissen manche Menschen wahrscheinlich Werte, die ihnen besonders wichtig sind, wie »Verantwortung«, »Freiheit« oder »Zusammenarbeit«. Sie würden andere Begriffe wählen, auch wenn sie bei näherem Hinsehen feststellen, dass ihre Anliegen durchaus abgedeckt sind – »Freiheit« zum Beispiel durch »Rechte« und »Teilhabe«, »Verantwortung« und »Zusammenarbeit« durch »Gemeinschaft«.

Umgekehrt kann es sein, dass jemand andere Werte vertritt. Dabei geht es auch ums Detail. Menschen haben unterschiedliche Ansichten darüber, wie stark die Ungleichheit zwischen Menschen abgebaut und die Teilhabe von Menschen in Schule und Gesellschaft gefördert werden sollte. Eine ausführliche Beschreibung von inklusiven Werten und ihrer Bedeutung bringt diese Unterschiede hervor. Je genauer wir unsere Werte im Einzelnen beschreiben, desto wahrscheinlicher ist es, dass sich die Unterschiede verschiedener Standpunkte abzeichnen.

Eine gemeinsame Werteorientierung kann aus dem Dialog zwischen Schulpersonal, Kindern und Jugendlichen, Familien und Schulgremien hervorgehen. Sie kann in Form einfacher Aussagen, wie in Abbildung 5, formuliert sein, die leichter zugänglich sind als unser Werterahmen. Sie kann Überschriften enthalten, wie die in Abbildung 6 gezeigten Werte einer Grundschule in London (Werte der Harbinger School, Tower Hamlets, London). Eine andere Schule, die mit dem Index arbeitet, hat rund um den Begriff »Respekt« ihren Verhaltenskodex ausgearbeitet: Selbstrespekt, Respekt für andere, Respekt für Umwelt und Eigentum (Verhaltenskodex, Dereham St. Nicholas Junior School, Norfolk). Eine genauere Beschäftigung mit der Bedeutung der Werte ist nötig, wenn Kinder, Jugendliche und Erwachsene ihr Handeln daran ausrichten und die Werte die Komplexität des Schullebens abbilden sollen.

- Wir möchten, dass alle fair behandelt werden und sich als Teil einer Gemeinschaft fühlen.
- Wir kümmern uns um Kinder und Erwachsene in der Schule.
- Wir finden es schön, herauszufinden, was wir gemeinsam haben und wo wir uns unterscheiden.
- Wir wissen, dass wir mit Menschen auf der ganzen Welt verbunden sind – durch den Handel und weil wir auf demselben Planeten leben.
- Es macht uns betroffen, wenn Menschen unter Hunger, Krankheit und Armut leiden.
- Wir lernen voneinander und geben unser Wissen weiter.
- Wir bringen das zu Hause und in der Schule Gelernte in einen Zusammenhang.
- Wir lösen Probleme, indem wir einander zuhören und gemeinsam Lösungen suchen.
- Wenn wir sehen, dass etwas nicht richtig ist, sprechen wir es an.
- Wir freuen uns an all den verschiedenen Pflanzen und Tieren auf der Welt.
- Wir versuchen, Energie zu sparen und Müll zu vermeiden.
- Wir helfen, die Lebensbedingungen an unserer Schule und auf der Welt zu verbessern.

Abbildung 5: Werte in unserer Schule

Gemeinschaft	Wohlbefinden	Lernen
Wir sehen eine vielfältige Gemeinschaft, die gern zusammenarbeitet. Wir nehmen wahr, dass Menschen sich mit einem guten Gefühl einbringen. Wir spüren eine hohe Teilhabe. Wir fühlen uns wertgeschätzt und zu Hause.	Wir sehen mitfühlendes Handeln. Wir nehmen zuversichtliche, mutige Stimmen wahr. Wir erleben, dass alle gehört werden. Wir fühlen uns sicher und geschützt.	Wir sehen, dass alle mit Freude lernen. Wir erleben Zeiten der Ruhe und Zeiten, in denen viel los ist. Wir erleben Zuversicht und versuchen selber zuversichtlich zu sein. Wir sind stolz auf persönliche und schulische Erfolge.

Abbildung 6: Harbinger School – unsere Werte

Es ist jedoch klar, dass Menschen oft nach Werten handeln, die sich von den hier beschriebenen inklusiven Werten radikal unterscheiden. Längst nicht alle Menschen verhalten sich so, als ob jedes Leben und jeder Tod gleich viel zählten, ob im eigenen Umfeld, im eigenen Land oder in anderen Ländern. Dafür gibt es viele Beispiele. Manche Menschen suchen mehr als andere nach Rache und Vergeltung für das, was sie als ungerecht empfinden; oder sie streben bedingungslos nach Geld und anderem Besitz, aus kurz gedachten, eigennützigen Zielen.

Es ist wichtig, auch Handlungsmotive als Werte zu verstehen, die wir negativ finden, denn es gibt ganz verschiedene Wertesysteme, und alle geben eine Antwort auf die Frage: »Wie wollen wir zusammenleben?« Neben inklusiven Werten versuchen wir in Abbildung 7 ein System von – wie wir es nennen – exkludierenden Werten darzustellen, obwohl die dort angegebenen Begriffe nicht Gegenteile von inklusiven Werten sind. Werte wie diese sind an vielen Schulen wirksam. Exkludierende Werte ersetzen hier inklusive Werte: Aus Gleichheit wird Hierarchie, aus gelebten Rechten werden theoretische Möglichkeiten, aus Teilhabe wird der Konsum von Dingen und »Wissen«, aus der Verpflichtung zu einer zunehmend offenen Gemeinschaft wird die Zugehörigkeit zu einer bestimmten Gruppe, aus der Wertschätzung von Vielfalt wird der Wunsch nach Monokultur, aus ökologischer Nachhaltigkeit wird die fortgesetzte Ausbeutung von Ressourcen, aus Gewaltfreiheit wird Diskriminierung, aus Vertrauen die Überwachung durch laufendes Beobachten, Bewerten und Überprüfen, aus Aufrichtigkeit wird die Sorge um das eigene Image, aus Mut wird die Konformität mit einer Mehrheits- oder offiziellen Meinung, aus Freude am Lernen wird das Streben nach Belohnung und das Erteilen oder Umgehen von Strafen, aus Mitgefühl wird Eigeninteresse, aus Liebe Autorität, aus Hoffnung/Optimismus wird Fatalismus, aus Schönheit wird Effizienz und aus Weisheit die Ausübung von Macht.

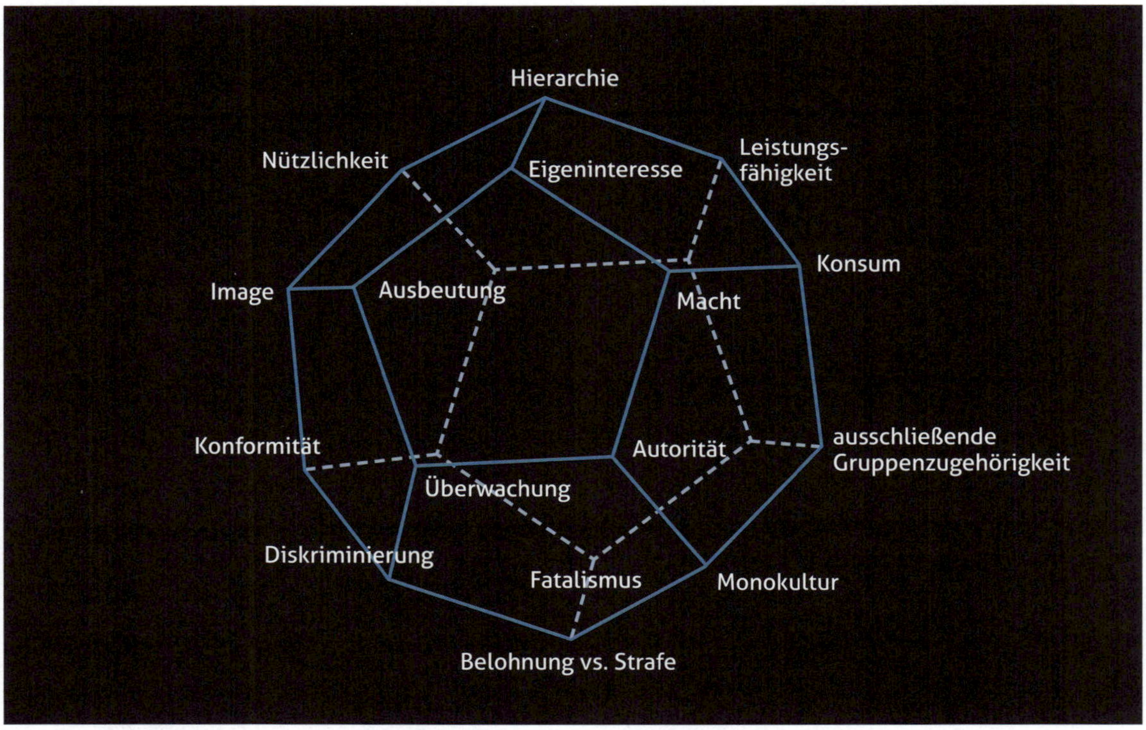

Abbildung 7: Exkludierende Werte und Werte, die bei Missbrauch im Widerspruch zu Inklusion stehen können

Ein Bewusstsein für wertegeleitetes Handeln entwickeln

Um inklusive Werte in Handeln umzusetzen, müssen wir das Handeln auf inklusive Werte ausrichten und von exkludierenden Werten lösen. Wir nennen das ein »Bewusstsein für wertegeleitetes Handeln« oder eine »Wertekompetenz« entwickeln, um zu beschreiben, wie Menschen herausfinden, was es für ihre Schule bedeuten kann, einen Wert und seine Umsetzung ernst zu nehmen. Schulpersonal, Schulgremien, Eltern, Kinder und Jugendliche arbeiten dabei zusammen. Sie wählen einen Wert aus, der sie interessiert, denken darüber nach, was er bedeutet, und befragen sich gegenseitig, was sich an den Prozessen in ihrer Schule ändern würde, wenn sie diesen Wert in aktives Handeln umsetzen. (siehe Teil 3, Arbeitsanregung 6, Seite 79). Im Rahmen von kooperativen Strategien können Schulen mit »Lernspaziergängen« (»Learning walks«) arbeiten, um das Lernen zu unterstützen. Eine Schule, mit der wir zusammengearbeitet haben, hatte die Idee, »Werte-Spaziergänge« (»Values walks«) durchzuführen, bei denen Erwachsene, Kinder und Jugendliche sich die Aktivitäten, das Gebäude und die Aushänge der Schule anschauen, dabei die Werte notieren, die ihnen auffallen, und sich dann darüber austauschen. Andere Schulen haben einen »Werte-Tag« für Kinder und Jugendliche organisiert und waren überrascht, wie anspruchsvoll junge Menschen über Werte diskutieren.

> *»Ich liebe dein Buch (...). Ich habe mit meiner Familie darüber gesprochen (...). Es handelt davon, wie die Schule ein besserer Ort werden kann (...), wenn man sich gegenseitig liebt und jeder Freunde hat; und wenn man aus einem anderen Land kommt, ist es ok, weil die Leute sich einfach mit dir anfreunden können (...). Es geht darum, was für dich wichtig ist (...) und wie du deine Familie liebst.«*
>
> Travis, 8 Jahre, während eines Aktionstages bei der Arbeit mit den Werten

Verbindungen finden zu anderen wertebasierten Ansätzen

Mit dem Index wollen wir Schulentwicklung an inklusiven Werten ausrichten. Dabei gibt es Gemeinsamkeiten mit anderen wertebasierten Ansätzen, wie Brahma Kumaris' »Living Values« oder Imaginor, eine Organisation, die sich in ihren Materialien ebenfalls auf »lebendige Werte« bezieht (Hawkes 2003; Farrer 2000). In Abbildung 8 werden die Werte des Index jenen der beiden anderen Programme gegenübergestellt. Die Aussagekraft ist begrenzt, solange die Bedeutung der einzelnen Begriffe nicht genau erklärt wird. Trotz Überschneidungen gibt es aber zwei Werte, die in den anderen Listen nicht vorkommen: Teilhabe und Nachhaltigkeit. Die einzigen gemeinsamen Werte, die in allen drei Listen vorkommen, haben mit Gemeinschaft, Respekt und Aufrichtigkeit zu tun. Den Wert der Gewaltfreiheit haben wir in den Index aufgenommen, nachdem wir uns mit den »Living Values« beschäftigt hatten. Heute ist er für uns eine Grundhaltung und fester Bestandteil von inklusiver Bildung. Bei den »Living Values« geht man davon aus, dass Werte universell sind, während wir sie, in verschiedenen Zusammenhängen, die jeweils das Handeln unterschiedlicher Gruppen von Menschen beeinflussen, strittig sehen. Der Index ist in seiner Form einzigartig, weil er mit seinen 70 Indikatoren und 2 000 Fragen konkrete Wege aufzeigt, wie Werte in der Praxis wirken können.

Auch die beiden anderen Ansätze fordern Erwachsene, Kinder und Jugendliche dazu auf, eine Wertekompetenz zu entwickeln: Sie stellen dazu jeden Monat einen Wert in den Mittelpunkt, der dann in allen formalen und nicht-formalen Aktivitäten betrachtet wird. Einige Schulen nutzen diesen Ansatz, um gemeinsam mit dem Schulpersonal und den Kindern und Jugendlichen einen eigenen Werterahmen zu vereinbaren. Oft gelten die vereinbarten Werte dann vor allem für die Kinder und Jugendlichen, um ihr Verhalten zu verbessern. Unsere Werte, wie die der anderen beiden Ansätze, gelten für alle.

Index	Imaginor	Living Values
Gleichheit	Gerechtigkeit	Verantwortung
Rechte	Freundschaft	Freiheit
Gemeinschaft	Respekt	Zusammenarbeit
Gleichberechtigung in der Vielfalt	Ausdauer/ Beharrlichkeit	Toleranz
Nachhaltigkeit	Vertrauen	Respekt
Teilhabe	Mitgefühl	Demut
Vertrauen	Verzeihen	Frieden
Mitgefühl	Dankbarkeit	Ehrlichkeit
Gewaltfreiheit	Wahrhaftigkeit	Liebe
Ehrlichkeit	Mut	Glück
Mut	Großzügigkeit	Einfachheit
Schönheit	Dienen	Einheit
Liebe		
Freude		
Hoffnung		
Weisheit		

Abbildung 8: Werte im Vergleich

Pädagogische Leitlinien berücksichtigen

Inklusive Werte haben Auswirkungen darauf, wie und was wir lernen und wie wir Lernprozesse gestalten (vgl. Braunsteiner/Jerg 2017). Inklusive Werte können die Grundlage für pädagogische Leitlinien sein, das heißt Regeln, die eine Anleitung geben für das Lernen in einem Umfeld der Vielfalt. Bei einigen ist das relativ einfach: Die Werte »Freude«, »Fürsorge« und »Teilhabe« wirken sich auf die Gestaltung von Lernen und Lernangeboten aus, wie die Indikatoren und Fragen im Index zeigen. Wir haben aber die Erfahrung gemacht, dass es hilfreich ist, weitere inklusive Leitlinien zu definieren, die sich nicht direkt aus den Werten des Index ergeben, bei der Entwicklung unserer Schulen aber eine Rolle spielen. Wie die Werte des Index sind auch diese Leitlinien nach vielen Jahren des Nachdenkens und Nachlesens entstanden, um inklusive Entwicklungen in der Schule zu unterstützen. Während unseren Werten die allgemeine Frage zugrunde liegt: »Wie wollen wir zusammenleben?«, antworten die Leitlinien konkreter auf die Frage: »Wie wollen wir zusammen lernen?« Für Abbildung 9 haben wir eine lange Liste von Leitlinien so lange zusammengestrichen, bis die nun enthaltenen Punkte als Anleitung zum Handeln übrig geblieben sind.

Wie einzelne Werte sind auch die Leitlinien *mögliche* Ausgangspunkte, um über die Weiterentwicklung von Bildung nachzudenken. Die Idee, dass Schulen unmittelbare und lebenslange Aktivitäten und Interessen fördern sollen, ist ein Thema, das sich durch den gesamten Index zieht. Es ist ein Ziel der Schule, bei Kindern und Jugendlichen Interessen zu entwickeln, die zu einem aktiven Leben beitragen.

Anforderungen an Bildung und Erziehung

- Kindern und Erwachsenen sind in dem, was sie erreichen können, keine Grenzen gesetzt.
- Das Lernen baut auf persönlichen und gemeinsamen Erfahrungen auf.
- Lernen findet auch in außerschulischen Räumen statt.
- Vielfalt wird als Ressource für das Lernen genutzt.
- Es wird eine Fähigkeit zum Dialog entwickelt.
- Theoretisches Wissen baut auf der Entwicklung praktischer Fähigkeiten auf.
- Praktische Fähigkeiten und akademisches Wissen gelten als gleichwertig.
- Einsichten aus verschiedenen Fächern und Themenbereichen werden in einen Zusammenhang gebracht.
- Konstruktive Beziehungen werden als wichtig an sich und für das Lernen angesehen.
- Es ist anerkannt, dass eine gefestigte Persönlichkeit wichtig für das Lernen und Wohlbefinden ist.
- Lernen ist mit Emotionen verbunden.
- Schulische Aktivitäten sind mit dem sozialen, kulturellen, politischen und wirtschaftlichen Leben außerhalb der Schule verbunden.
- Ereignisse vor Ort werden im Zusammenhang mit dem Weltgeschehen gesehen.
- Es werden unmittelbare und lebenslange Aktivitäten und Interessen gefördert.
- Ein Wohlbefinden in der Gegenwart wird als genauso wichtig angesehen wie die Vorbereitung auf die Zukunft.
- Es wird anerkannt, dass das Lernen in der Kindheit und Jugend unsere Persönlichkeit und unsere Aktivitäten im späteren Leben prägt.
- Der Entfaltung des Spielens und des Lernens wird mehr Aufmerksamkeit geschenkt als Leistungen und Ergebnissen.
- Schulen werden als Unterstützung für alle in ihrem Umfeld gesehen.
- Aktives, demokratisches Engagement wird auf lokaler und globaler Ebene gefördert.
- Die gegenseitige Abhängigkeit von Menschen, Tieren, Pflanzen und Umwelt wird hervorgehoben.

Abbildung 9: Inklusive pädagogische Leitlinien: Lernen in einem Umfeld der Vielfalt

Inklusive Grundhaltungen beachten

Werte und Leitlinien sind relativ »weiche« Mittel, um eine Verpflichtung auszudrücken und zu beschreiben, wie und was wir lernen und wie wir Lernprozesse gestalten wollen. Manchmal will man die Verbindlichkeit stärker betonen. Theodor Adorno hat gegen Ende seines Lebens in einer Rede darüber gesprochen, welche Rolle die Erziehung spielen muss, um die Lehren aus dem Holocaust angemessen abzubilden: »Die Forderung, dass Auschwitz nicht noch einmal sei, ist die allererste an Erziehung. Sie geht so sehr jeglicher anderen voran, dass ich weder glaube, sie begründen zu müssen noch zu sollen. Ich kann nicht verstehen, dass man sich mit ihr bis heute so wenig abgegeben hat« (Adorno 2003; erstmals als Radiovortrag am 18. April 1966 gehalten).

Adorno verwendet den Holocaust als Metapher für zerstörerische, menschenverachtende Konflikte in der Welt, zu deren Vermeidung Bildung und Erziehung etwas beitragen können. Seine Forderung: Wir haben das Wissen, dass Gesellschaften in die Barbarei abrutschen können, und wir müssen es nutzen, um die Erziehung unserer Kinder anders zu gestalten. Der Index enthält Indikatoren, die unmittelbar mit den Werten »Gewaltfreiheit« und »Gleichberechtigung in der Vielfalt« zusammenhängen und die eng mit Adornos Anliegen verbunden sind.

Ebenso unabdingbar ist es, dass Menschen ein neues Verhältnis zu ihrer Umwelt finden, um die eigene Lebensgrundlage zu erhalten, und dass wir Rassismus und andere Konflikte vermeiden. Wir müssen lernen, welche Auswirkungen unser Konsumverhalten hat und wie wir es verändern können. Die Texte und Veröffentlichungen z. B. der Agenda 2030 der UNESCO und der Agenda 21 der UNCED nennen Nachhaltigkeit als zentrales gesellschaftliches Thema. Das zeigt, wie wichtig es ist, Nachhaltigkeit zu einem Leitprinzip für Curricula und Lehrpläne zu machen und diese insgesamt zu überarbeiten, wie dies in England bereits gefordert wird:

»Nachhaltige Entwicklung ist ein Querschnittsthema für das nationale Curriculum (...). Ein Curriculum, das darauf ausgerichtet ist, (...) eine Zukunft zu schaffen, in der man nicht alles als gegeben hinnimmt, (...) unterscheidet sich von dem, was aktuell an vielen Schulen gelehrt wird« (Department for Children, Schools and Families 2009).

Auf der Basis von inklusiven Werten, Leitlinien und Grundhaltungen haben wir die Inhalte und Themen für Curricula und Lehrpläne neu aufbereitet – als Neuordnung des Wissens für das 21. Jahrhundert.

Curricula und Lehrpläne neu gestalten

Welche Auswirkungen haben inklusive Werte, Leitlinien und Grundhaltungen darauf, wie und was wir lernen? Wenn Werte aussagen, wie wir zusammenleben wollen, dann sagen Curricula und Lehrpläne, was wir lernen können, um das zu erreichen. Schon in früheren Auflagen des Index weisen wir darauf hin, dass es im Index um die Wirkung inklusiver Werte für alle Aspekte von Schule geht. Dabei fehlte ein wichtiger Aspekt: wie sich nämlich unsere Werte auf die Inhalte des Lernens auswirken. Nachdem sich bei der Entwicklung von Curricula und Lehrplänen in vielen Ländern[6] lange nichts bewegt hat, schien es unmöglich, über Alternativen nachzudenken, die den Vorgaben der Regierung etwas entgegensetzen würden.

Wir versuchen, diese Lücke zu schließen. Vorschläge für ein neues Curriculum oder einen neuen Lehrplan sind in dieser überarbeiteten Auflage des Index in einem Bereich der Dimension C enthalten (siehe Seiten 146–199). Wir hoffen, dass daraus ein Dialog darüber entsteht, was inklusive Curricula und Lehrpläne ausmacht, was warum in Schulen gelehrt werden sollte und was angemessene Lernbereiche für das 21. Jahrhundert sind. Wir halten es für notwendig, die Art

6 Wie nach der Einführung des Nationalen Curriculums in England Ende der 1980er Jahre oder in Deutschland und Österreich die Lehrpläne nach Einführung der Bildungsstandards.

und Weise, wie Wissen und Kompetenzen in Schulen strukturiert sind, zu ändern, wenn Bildung dazu beitragen soll, die massiven ökologischen und sozialen Probleme auf nationaler und globaler Ebene zu lösen. Wir hoffen, dass unsere Ideen etwas in Bewegung setzen und zusammen mit anderen Ideen, die in dieselbe Richtung gehen, etwas bewirken.

Der Begriff »Curriculum« besteht aus zwei Elementen: Er kann für Lernziele, geplante Lernaktivitäten und ihre Einteilung in einzelne Fächer stehen; zugleich kann damit alles gemeint sein, was Kinder, Jugendliche und Erwachsene durch ihre Erfahrungen im Schulalltag lernen. Die Frage, wie wir lernen, ist Teil dieses informellen Curriculums. Es eröffnet Kindern, Jugendlichen und Erwachsenen die Möglichkeit, die weniger informellen Aspekte eines Lehrplans, die oft eine große Wirkung haben können, zu beeinflussen. Ein Beispiel: Der Index stellt bestehende gesellschaftliche Hierarchien infrage, die Kindern und Erwachsenen einen festen Platz zuweisen. Damit fördert er den Austausch über die Frage, wie Bildung und Erziehung dazu beitragen können, soziale Konstellationen nicht einfach zu reproduzieren, sondern zu verändern.

Wir haben uns auch gefragt, was inklusive Werte, Leitlinien und Grundhaltungen sowie unsere Erfahrungen und Erkenntnisse aus der Literatur für die formalen Aspekte eines Curriculums oder Lehrplans bedeuten, das heißt für die Struktur und Inhalte des Lernens. Unser Werterahmen regt an, darüber nachzudenken, wie ein Curriculum oder ein Lehrplan aussehen muss, um an die Erfahrungen der Kinder und Jugendlichen und ihrer Familien anzuknüpfen – ein wichtiger Schritt, um Barrieren für Lernen und Teilhabe an Schulen zu beseitigen. Wir wollten ein Instrument für Erwachsene, Kinder und Jugendliche an Schulen entwickeln, mit dem Kinder und Jugendliche ihr Leben besser gestalten können und das sie darauf vorbereitet, in ihrem Land und global aktive Bürger*innen zu werden; ein Instrument, das für die Menschenrechte steht, nachhaltiges Handeln fördert und Menschen weltweit verbindet; das die unterschiedliche Wertschätzung akademischer, praktischer und beruflicher Bildung abbaut und Kindern und Jugendlichen die Realitäten dieser Welt nahebringt, z. B. wie Menschen Geld verdienen.

Wir haben Anregungen aus vielen Gesprächen mit Lehrpersonen und anderen Kolleg*innen mitgenommen. Auf einen Entwurf, der an den Grundbedürfnissen »Nahrung«, »Wasser«, »Bekleidung«, »Unterkunft«, »Gesundheit« und »Versorgung« ausgerichtet war, hat sich ein Kollege aus Hong Kong gemeldet und uns die Grundbedürfnisse des Menschen nach dem chinesischen Politiker Sun Yatsen[7] erklärt: Nahrung, Bekleidung, Unterkunft und Transport. Durch diesen Hinweis wurde das wichtige Thema »Mobilität und Migration« mit aufgenommen und das Curriculum um die Frage erweitert: »Wann, warum und wie bewegen sich Menschen an ihren Orten und weltweit?« Das Thema umfasst alle Arten von Verkehr, Handel und Migration innerhalb eines Landes und zwischen Ländern. Damit können sich Curricula und Lehrpläne mit einer der wichtigsten inklusiven Fragen für alle befassen: »Was ist eine ethisch vertretbare Einwanderungspolitik?« Kindern und Jugendlichen kann ein solches Thema helfen, sich darüber Gedanken zu machen, welche Ausmaße von Misstrauen Menschen erleben, die vor Krieg oder Armut fliehen und Asyl oder Arbeit in einem neuen Land suchen.

7 Chinesischer Staatsmann; wird als Gründer des modernen China verehrt (1866-1925).

Beim Erstellen von Curricula und Lehrplänen zeigt sich, wie wir – Erwachsene, Kinder und Jugendliche – unser Lernen und unser Wissen über die Welt einteilen. Deshalb sind Curricula und Lehrpläne nicht nur ein Bestandteil der formalen Schulbildung, sondern stehen für das Wissen aller Menschen. Sie sind die Ressource, die Lehrpersonen und Bürger*innen einsetzen, um die Bildung von Kindern und Jugendlichen zu unterstützen.

Auf globalen Rechten basierendes Curriculum	Traditionelles Curriculum
Nahrung	Mathematik
Wasser	Sprache und Literatur
Kleidung	Moderne Fremdsprachen
Wohnen und Bauen	Physik
Mobilität und Migration	Chemie
Gesundheit und Beziehungen	Biologie
Umwelt	Geografie
Energie	Geschichte
Kommunikation und Kommunikationstechnologie	Design und Technik
Literatur, Kunst und Musik	Kunst
Arbeit und Tätigkeiten	Musik
Ethik, Politik und Macht	Religion
	Sport
	Persönlichkeitsbildung, Gesundheit und Sozialpädagogik

Abbildung 10: Lernbereiche verschiedener Curricula im Vergleich

Curricula und ihre Lernbereiche

Abbildung 10 stellt die Lernbereiche von zwei verschiedenen Curricula gegenüber. Die rechte Seite zeigt einen herkömmlichen Fächerkanon. Seit rund hundert Jahren finden sich diese Fächer an fast allen Schulen. Wenn man sich überlegt, wie diese Fächer entstanden sind, kommt man darauf, dass sie wohl nicht das Ziel hatten, das Interesse aller Kinder und Jugendlichen von heute zu wecken, sondern eine damals ausgewählte Elite auf eine traditionelle Hochschulbildung vorzubereiten. Die linke Seite zeigt die Lernbereiche eines rechtebasierten, globalen und nachhaltigen Curriculums. Es sind keine untergeordneten Themen, vielmehr haben sie denselben Status wie herkömmliche Fächer oder Fachbereiche.

Die Lernbereiche auf der linken Seite von Abbildung 10 zeigen allgemeine Belange von Menschen auf der ganzen Welt. Sie könnten dazu genutzt werden, ein Curriculum bzw. einen Lehrplan für Städte und Dörfer in China, Burma oder dem Kongo zu erstellen, genauso wie in Deutschland, Österreich, der Schweiz und Südtirol. Sie schaffen eine Verbindung zwischen den Menschen an diesen Orten und ihren Lebensumständen. Ein Curriculum bzw. ein Lehrplan auf dieser Grundlage spricht Menschen aller Altersgruppen an, in Kindergarten bzw. Kita und Vorschule[8], Primar-, Sekundarbereich und Hochschule. Es sind Lernberei-

8 In den verschiedenen deutschsprachigen Gebieten werden diese Begriffe sehr unterschiedlich verwendet.

che, die die gemeinsamen Erfahrungen aller Kinder und Jugendlichen abbilden, unabhängig von ihren Leistungen. Sie haben auch mit den Menschen im Umfeld einer Schule zu tun und können dazu beitragen, dass sich die Familien aller Kinder und Jugendlichen stärker einbringen. Tätigkeiten und Arbeit werden gemeinsam behandelt, sodass die Schule Kindern und Jugendlichen vermittelt, bezahlte Arbeit als eine Tätigkeit neben anderen erfüllenden Tätigkeiten im Leben zu sehen. Indem das Curriculum die verschiedenen Arten von Arbeit berücksichtigt, die Menschen ausüben, kann es dazu beitragen, die Trennung zwischen beruflicher und akademischer Bildung aufzuheben.

Das rechtebasierte Curriculum in Abbildung 10 wird anhand von Indikatoren und Fragen in Dimension C, Bereich 1 ausgeführt: »Curricula für alle erstellen« (siehe Abbildung 11). Wenn Sie diesen Bereich kurz durchblättern wollen: Für jeden Indikator gibt es einführende Hinweise, die erweitert und an die Gegebenheiten jeder Schule angepasst werden können. Zwischenüberschriften helfen, die Fragen jedes Indikators zu gliedern, dadurch setzt sich dieser Bereich von den anderen Bereichen deutlich ab. In der Folge entsteht der Entwurf eines Curriculums oder Lehrplans in den Dimensionen des Index, der detailliert genug ist, um als Schule daraus einen eigenen Plan zu erstellen – und zurückzukehren zu der Art und Weise, wie Schulen vor der Einführung nationaler Curricula und Lehrplan-Vorgaben gearbeitet haben. Wir haben alle Bereiche im Gespräch mit Expert*innen und auch die umfangreiche Fachliteratur überprüft.

- Die Kinder und Jugendlichen erkunden die Zyklen von Nahrungserzeugung und Nahrungsverbrauch.
- Die Kinder und Jugendlichen erkunden die Wichtigkeit von Wasser.
- Die Kinder und Jugendlichen beschäftigen sich mit Kleidung und Schmuck.
- Die Kinder und Jugendlichen erforschen den Bereich »Wohnen und Gebäude«.
- Die Kinder und Jugendlichen beschäftigen sich mit Mobilität und Migration von Menschen.
- Die Kinder und Jugendlichen setzen sich mit Gesundheit und Beziehungen auseinander.
- Die Kinder und Jugendlichen befassen sich mit der Erde, dem Sonnensystem und dem Universum.
- Die Kinder und Jugendlichen setzen sich mit ökologischen Zusammenhängen auseinander.
- Die Kinder und Jugendlichen erforschen Energieressourcen.
- Die Kinder und Jugendlichen befassen sich mit Kommunikation und Kommunikationstechnologie.
- Die Kinder und Jugendlichen befassen sich mit Literatur, Kunst und Musik und werden selbst kreativ.
- Die Kinder und Jugendlichen setzen sich mit dem Thema »Arbeit« und der Entwicklung eigener Interessen auseinander.
- Die Kinder und Jugendlichen setzen sich mit Fragen der Ethik, Politik und Macht auseinander.

Abbildung 11: Indikatoren für Dimension C, Bereich 1: Curricula für alle erstellen

Dennoch kann es Punkte geben, die Sie hier vermissen oder nicht passend formuliert finden. Wir freuen uns über Ihre Rückmeldung unter: info@indexforinclusion.org.

Jeder Bereich verbindet lokale und globale Anliegen, ethische und politische Fragen, Vergangenheit, Gegenwart und Zukunft (Nes 2003; Kari Nes beschreibt eine Diskussion über ein werteorientiertes Curriculum, das in Norwegen entwickelt wurde). Bei vielen Themen gibt es einen wirtschaftlichen Zusammenhang. Häufig gehen Regierungen davon aus, dass sie die Wirtschaft durch bessere PISA-Ergebnisse in Mathematik, Naturwissenschaften und Sprachen voranbringen. Doch das ist fraglich, denn die Lerninhalte an Schulen haben nur wenig damit zu tun, wie Wirtschaft bei uns funktioniert. Wir müssen darüber nachdenken, was wirtschaftliche Aktivitäten zum Wohlbefinden von Menschen und zu einer gesunden Umwelt beitragen.

Die Form unseres Curriculums orientiert sich an der Tradition, die Lernaktivitäten von Kindern aus ihrer gemeinsamen Erfahrungswelt abzuleiten. Umweltfragen spielen dabei eine besondere Rolle. Wir ermuntern Schulen, ein bestimmtes Gewässer als Thema zu wählen, einen Bach oder Fluss in der Nähe und in einem anderen Teil der Welt.[9] Wer sich mit anderen Flüssen beschäftigt, erfährt auch etwas über das Leben und das Klima vor Ort, vielleicht sogar über die dort bestehenden Konflikte und ihre Ursachen.

Bestehende Curricula und Lehrpläne anpassen

Auch im deutschsprachigen Raum erweitern Schulen ihre Curricula und Lehrpläne durch fächerübergreifende Aktivitäten und Themen, wie wir sie auf der linken Seite von Abbildung 10 vorschlagen. Viele Schulen haben solche Themen bereits in ihre Curricula oder Lehrpläne aufgenommen, zum Beispiel, wenn es um bürgerschaftliches Engagement, Nachhaltigkeit oder Gesundheitsförderung geht. Fächerübergreifende Themen, Projekte und Problemlösungen stellen sie in einen globalen Zusammenhang. Schulen organisieren Umwelttage und Nachhaltigkeitswochen, engagieren sich im Rahmen der UN-Dekade »Bildung für nachhaltige Entwicklung«, nutzen Sportevents und Theaterprojekte, um sich mit weltweiten Phänomenen wie Finanzen, Ernährung, Macht und Regieren auseinanderzusetzen, oder Technologieprojekte, um über Recycling und den nachhaltigen Umgang mit Energie zu informieren. Diese Schulen können unser Material nutzen, um herkömmliche Curricula und Lehrpläne noch besser mit dem Leben und den Erfahrungen der Kinder und Jugendlichen zu verbinden und sich in den weniger beachteten Bereichen wie »Kleidung und Schmuck« oder »Mobilität und Migration« von neuen Ideen inspirieren zu lassen.

Curricula für das 21. Jahrhundert gestalten

In Abbildung 10 gibt es zwei Pfeile. Sie zeigen, dass die von uns aufgestellten alternativen Lernbereiche auch das Wissen bestehender Curricula und Lehrpläne enthalten. Physik und Chemie sind beteiligt, wenn wir die Erde, das Sonnensystem und das Universum erforschen. Aber auch in anderen Bereichen kommen sie zum Tragen – Physik zum Beispiel beim Thema »Energie«. Biologie spielt eine Rolle, wenn es um Nahrungskreisläufe oder Gesundheit geht – und natürlich, wenn wir

9 Die Idee, sich auf einen lokalen Fluss zu beziehen, stammt aus Stone und Barlow (2005). Damit wird die Praxis der Maori gewürdigt, bei einer förmlichen Vorstellung zunächst den eigenen Fluss als Quelle des eigenen Lebens zu nennen.

das Leben auf der Erde und alles, was damit zusammenhängt, verstehen wollen. Jede Schule findet es wichtig, dass Kinder und Jugendliche lesen, schreiben und rechnen können. Lesen und Schreiben findet sich in unserem System im Bereich »Kommunikation« sowie fächerübergreifend in allen weiteren Bereichen.

Geschichte ist in allen Bereichen enthalten, weil es wichtig ist, Vergangenheit, Gegenwart und Zukunft miteinander zu verbinden. Bei der Überprüfung des Curriculums für die Grundschule im Jahr 2009 hat die britische Historical Association das so formuliert: »Wir unterstützen (...) die Entwicklung eines flexibleren, weniger stark reglementierten Nationalen Curriculums, das Fächer wie Geschichte als Mittel zum Lernen einsetzt« (Independent Review of the Primary Curriculum 2009, S. 14).

Auch Mathematik wird zu einem übergreifenden Thema. Manche glauben, dass Mathematik als separates Fach gelehrt werden müsse, weil mathematisches Wissen hierarchisch geordnet und deshalb nur schwer zu verstehen sei, wenn man es auf verschiedene Fächer verteilte. Gleichzeitig wird kritisiert, dass Kinder nicht motiviert sind, sich mathematisches Wissen anzueignen, und auf einem niedrigen Leistungsniveau bleiben, wenn Mathematik als Fach ohne Bezug zur realen Welt gelehrt wird.

Was können Vorschläge für eine Änderung des Curriculums erreichen?[10]

Wir erwarten nicht, dass unsere Vorschläge direkt in öffentliche Curricula und Lehrpläne einfließen. Unsere Ideen können aber dazu beitragen, dass ein Dialog entsteht. Wir wissen, dass unser Curriculum viel mehr als traditionelle Lehrpläne an das anschließt, was Menschen außerhalb der Schule und auf späteren Bildungswegen lernen. Es ist der Anfang eines Versuchs, das Leben, die Erfahrung und die Zukunft unserer Kinder und Jugendlichen mit einer inklusiven Perspektive zu durchdringen. Die Curricula und Lehrpläne für Schulen müssen sich ändern. Das ist für uns genauso klar wie die Einsicht, dass die Menschen sich aus der Abhängigkeit vom Öl befreien und erkennen müssen, dass wir für die endlichen Ressourcen Sorge tragen müssen. Diese globalen Herausforderungen hängen alle miteinander zusammen. Wir glauben weiter daran, dass wir sie bewältigen können.

Aktivitäten bündeln

Mithilfe des Index lassen sich verschiedene Aktivitäten zur Umsetzung inklusiver Werte bündeln. So wird verhindert, dass sich die Umsetzung von Inklusion in viele Einzelaktionen und Initiativen aufsplittet. Abbildung 12 zeigt eine Liste von pädagogischen Projekten, die sich an Schulen finden und unter der Überschrift einer inklusiven Schulentwicklung zusammenfassen lassen.

10 In der Schweiz wurde ab 2016 der Lehrplan 21 eingeführt. Eine ganze Reihe von Anregungen und Vorschlägen sind in diesem neuen Lehrplan bereits umgesetzt. Gerade deshalb ist die inklusive Perspektive des Index für die Arbeit mit dem Lehrplan 21 anregend und weiterführend.

- Wertebasierte Bildung und Erziehung
- Bildungsentwicklung/Schulentwicklung
- Demokratische Bildung
- Staatsbürgerliche Erziehung/Global Citizenship
- Rechtebasierte Bildung und Erziehung
- Gesamtschulische Erziehung und Bildung
- Gewaltfreie Kommunikation
- Friedenserziehung
- Gesundheitsfördernde Schulen
- Kinderfreundliche Schulen (UNICEF)
- Bildung für alle
- Geistige, moralische, soziale und kulturelle Bildung
- Soziales und emotionales Lernen
- Erziehung zur Nichtdiskriminierung/vorurteilsbewusste Bildung und Erziehung
- Gleichheit in der Bildung
- Nachhaltigkeitspädagogik – Umwelterziehung, Bildung für nachhaltige Entwicklungen
- Lernen außerhalb des Klassenzimmers
- Waldschule
- Kooperatives Lernen
- Erfahrungsgestütztes Lernen
- Philosophieren mit Kindern
- Dialogisches Lernen
- Innovatives Denken
- Lernen ohne Leistungseinstufung
- Offene Lernformen
- Metakognitives Lernen

Abbildung 12: Ansätze für die inklusive Entwicklung von Schule und Bildung

Mit diesen Ansätzen unterstützt eine Schule die demokratische Bildung und Erziehung zum staats- und weltbürgerlichen Engagement auf der Grundlage der Menschenrechte. Schulen können andere Akteur*innen in ihrem Umfeld ansprechen, man kann gemeinsam vorgehen und sich gegenseitig unterstützen. Das ist der beste Beitrag, den Schulen für den inneren Zusammenhalt einer Gemeinschaft leisten können. Wenn sie Barrieren zwischen einzelnen Gruppen abbauen, fördern sie die Gesundheit und das Wohlergehen von Kindern, Jugendlichen und Erwachsenen. Die Schulen werden ein Teil der internationalen Bewegung zur Schulentwicklung, wie z. B. der UNICEF-geförderten »kinderfreundlichen Schule« oder dem von der UNESCO eingesetzten weltweiten Aktionsprogramm für Qualität in der »Bildung für alle«. Sie integrieren »geistige, moralische, soziale und kulturelle Bildung« sowie »soziales und emotionales Lernen«, um Beziehungen und Lernen zu gestalten. Schulen bemühen sich, jegliche Form der Diskriminierung über die gesetzlichen Vorschriften zur Gleichstellung hinaus abzubauen. Lern- und Unterrichtsaktivitäten vermitteln eine Grundhaltung zum Umweltschutz, die Kinder und Jugendliche in Beziehung zu ihrer lokalen und globalen Umwelt setzt und auch danach fragt, wie die Schule selbst mit ihrem Grundstück, mit Energie, Lebensmitteln und Müll umgeht. Alle diese Aspekte haben etwas mit dem Curriculum und Lehrplan einer Schule zu tun. Die Waldschule kann eine Möglichkeit sein, um ein Gefühl für die Umwelt zu entwickeln, gemeinsam Dinge zu durchdringen und Gefahren neu einschätzen zu lernen. Die Wichtigkeit des »Lernens außerhalb des Klassenzimmers« anzuerkennen bedeutet, Lernen mit Erfahrung zu verbinden. Das erweitert die Bezüge und

Verbindungen, die Kinder und Jugendliche in ihrem Denken, Sprechen, Schreiben und künstlerischen Ausdruck herstellen. Sowohl Kinder und Jugendliche als auch Erwachsene entwickeln ihre Fähigkeit zum kritischen Denken, was durch Gespräche im Rahmen des forschenden Lernansatzes »Philosophieren mit Kindern« unterstützt werden kann. Wenn Schulen ihre schuleigenen Kulturen, Strukturen und Praktiken hinterfragen und Barrieren sichtbar machen, anstatt die Schwierigkeiten von Kindern und Jugendlichen nur mit einem zugeschriebenen sonderpädagogischen Förderbedarf oder individuellen Bildungsbedarf zu begründen, setzt das wichtige Ressourcen frei. Diese können fantasievolle Wege aufzeigen, um bestehende Barrieren im Fortschritt der Kinder und Jugendlichen zu beseitigen, wie es beim »Innovativen Denken« der Fall ist. In solchen Lernszenarien werden Kinder und Jugendliche nicht einfach nach Leistungen »kategorisiert« – denn das führt zu einem Hierarchiedenken untereinander sowie zu Unzufriedenheit, beschränkten Erwartungshaltungen und einer negativen Beeinflussung der kindlichen Persönlichkeit.

In der Überschrift zu Abbildung 12 »Ansätze für die inklusive Entwicklung von Schule und Bildung« steht der Begriff »inklusiv« als übergeordneter Begriff für einen Werterahmen, der verschiedene Bildungsaktivitäten unterstützt. Es können andere Begriffe genutzt werden, um einen umfassenden Ansatz mit denselben Zielen zu bezeichnen – z. B. »demokratisch«, »wertebasiert«, »nachhaltig« oder »antidiskriminierend«. Es ist nicht wichtig, welcher Begriff diese Funktion übernimmt. Es muss aber klar sein, dass alle Aktivitäten nur gemeinsam erfolgen können.

Viele Organisationen bieten Programme oder Initiativen zu einem oder mehreren der in Abbildung 12 genannten Bereiche, um Schulen oder Bildungseinrichtungen bei ihrer Entwicklung zu unterstützen. Lehrpersonen, die an solchen Programmen teilnehmen, sind in der Regel selbst dafür verantwortlich, die jeweiligen Inhalte und Ergebnisse in ihre Pläne für das Lernen zu integrieren. Viele dieser Programme sind gut aufgestellt und bieten wertvolle Anregungen. Ob sie nachhaltig wirken, ist dagegen fraglich, wenn an einer Schule nicht bereits die Räume und die feste Absicht vorhanden sind, sie in die bestehenden Lernaktivitäten zu integrieren. Das Timing ist dann meist entscheidend: Wenn eine Anregung zum richtigen Zeitpunkt kommt und bereits in Gang gesetzte Entwicklungen voranbringt, kann sie ihren festen Platz in der Schule finden. Nachhaltig wirken können auch kleinere Innovationen, die die Lehrpersonen selbst recherchiert und in ihren Lehr- und Stundenplan integriert haben. Der Index zeigt, wie verschiedene solcher Aktivitäten miteinander verbunden werden können.

Rechte als Lernbereich

Der Index fördert Entwicklungen nach dem Modell des von UNICEF Großbritannien initiierten Rights Respecting Schools Award, bettet diese aber in umfassende Veränderungen in den Kulturen, Strukturen und Praktiken von Schule ein, die zu nachhaltigen Veränderungen führen können. Möglicherweise sind Rechte nicht an allen Schulen ein vertrauter Lernbereich; daher enthalten die Seiten 215–218 eine Einführung in Menschenrechtsdokumente, und auf Seite 218 werden die »Rechte der Mutter Erde« behandelt, die mit dem Indikator A2.3 in Verbindung stehen: »Die Schule fördert die Achtung der Unversehrtheit der Umwelt«.

Barrieren, Ressourcen und Unterstützung

»Barrieren für Lernen und Teilhabe«, »Ressourcen zur Unterstützung von Lernen und Teilhabe« und »Unterstützung von Vielfalt« sind zentrale Konzepte des *Index für Inklusion*. Sie können helfen, das gemeinsame Wissen von Kindern, Jugendlichen und Erwachsenen bestmöglich einzusetzen und zu nutzen. Die Fragen in Abbildung 13 bringen diese Begriffe zusammen. Setzt man sie in einem partizipativen Prozess und in Verbindung mit der Entwicklung inklusiver Werte ein, können aus ihnen Ideen für die Evaluation, Planung und Umsetzung hervorgehen – auch ohne die Indikatoren und Fragen in Teil 4 des Index. Es kann schwierige Themen geben, die der Entwicklung einer Schule entgegenstehen und die nicht angesprochen werden, obwohl sie jedem bekannt sind. Diese Themen werden immer präsent bleiben, auch wenn man versucht, sie zu ignorieren.

Barrieren für Lernen und Teilhabe

In Schulen gibt es viele Stellen, an denen Barrieren für das Lernen entstehen können: Gebäude, Außenbereich, Struktur und Organisation, Beziehungen zwischen Kindern, Jugendlichen und Erwachsenen, die Art und Weise des Lernens. Barrieren kann es auch außerhalb der Schule geben, innerhalb der Familien und des Stadtteils sowie im Rahmen nationaler und internationaler Ereignisse oder Vorgaben. Wir sollten Barrieren für Lernen und Teilhabe aber nicht nur an Stellen sehen, auf die wir wenig Einfluss haben oder für die wir nicht zuständig sind. Wenn wir schulische Barrieren abbauen wollen, sollten wir die Stellen finden, auf die das Schulpersonal, die Kinder und Jugendlichen und ihre Familien einwirken können, vor allem dann, wenn sie es gemeinsam tun. Bestehende Barrieren für Lernen und Teilhabe zu finden bedeutet nicht, der Schule Fehler nachzuweisen. Inklusion ist ein Prozess, der nie abgeschlossen ist. Es ist Teil dieses Prozesses, die Beschränkungen für Teilhabe und Lernen nach und nach gemeinsam aufzudecken und zu beseitigen. Es ist immer ein positiver Schritt, Barrieren zu entdecken und Pläne zu entwickeln, wie man sie abbauen kann.

Eine Alternative für den Begriff »sonderpädagogischer Förderbedarf/individueller Bildungsbedarf«

Die Zuschreibung »mit sonderpädagogischem Förderbedarf/individuellem Bildungsbedarf« ist ersetzbar, wenn eine Schule an den »Barrieren für Lernen und Teilhabe« arbeitet und so dazu beiträgt, die vielen Herausforderungen zu bewältigen. Die verbreitete Idee, schulische Probleme von Kindern und Jugendlichen mit einer solchen Zuschreibung und bestimmten Einzelmaßnahmen bewältigen zu können, stößt schnell an ihre Grenzen. Individuelle Beeinträchtigungen von Kindern und Jugendlichen als Hauptursache für ihre Schwierigkeiten anzusehen, verstellt den Blick auf die Barrieren in allen anderen Bereichen und Strukturen von Schule – und auf die Schwierigkeiten, die andere Kinder und Jugendliche ohne Zuschreibung haben können. Kinder und Jugendliche werden so vor allem mit einem Blick auf ihre »Defizite« gesehen und nicht ganzheitlich als Menschen, die verschiedenen exkludierenden Kräften ausgesetzt sind. Ein personenzentrierter Ansatz mit einer lebensweltbezogenen Sichtweise kann den

Blick auf die Ressourcen (Stärken und Fähigkeiten) jedes einzelnen Kindes oder Jugendlichen lenken und konkrete Handlungsoptionen ermöglichen.

- Welche Barrieren für Lernen und Teilhabe gibt es in der Schule und ihrem Umfeld?
- Wer erfährt Barrieren für Lernen und Teilhabe?
- Wie können die Barrieren für Lernen und Teilhabe abgebaut werden?
- Welche Ressourcen gibt es, um Lernen und Teilhabe zu unterstützen?
- Wie können zusätzliche Ressourcen mobilisiert werden, um Lernen und Teilhabe zu unterstützen?
- Wie sollen Ressourcen eingesetzt werden, um Lernen und Teilhabe zu unterstützen?

Abbildung 13: Barrieren, Ressourcen und Unterstützung

Bei der Kategorisierung von Kindern und Jugendlichen als »Schüler*innen mit sonderpädagogischem Förderbedarf/individuellem Bildungsbedarf« wird oft nicht beachtet, dass in dieser Kategorie bestimmte Gruppen (zugeordnet nach Geschlecht, sozialer Schicht und ethnischer Herkunft) überproportional vertreten sind. Beispielsweise erhalten in England mehr als doppelt so viele Jungen wie Mädchen die Zuschreibung »mit sonderpädagogischem Förderbedarf/individuellen Bildungsbedarf« (Office for standards in education 2010). Ein ähnliches Ungleichgewicht besteht bei Kindern, die zwar nicht als Lernende »mit sonderpädagogischem Förderbedarf/individuellem Bildungsbedarf« gelten, aber ein relativ niedriges Leistungsniveau oder sogenannte Verhaltensschwierigkeiten[11] aufweisen. Dieses Verhältnis hat sich über Jahrzehnte wenig verändert, wurde aber in der Praxis kaum beachtet. Es zeigt, dass es einen Zusammenhang gibt zwischen der Zuschreibung von schulischen Problemen, dem Geschlecht und der Art und Weise, wie an Schulen gelernt wird. Barrieren können nur dann abgebaut werden, wenn man mit dem Thema »Geschlechterzugehörigkeit« anders umgeht. Der Index regt Schulen an, darüber nachzudenken, wie sie Formen von Männlichkeit und Weiblichkeit oder andere Gender-Identitäten unterstützen können.

Kindern und Jugendlichen einen sonderpädagogischen Förderbedarf bzw. individuellen Bildungsbedarf zuzuschreiben führt häufig dazu, dass die Erwartungen an sie sinken. Wenn gleichzeitig andere Kinder und Jugendliche als besonders talentiert oder hochbegabt etikettiert werden, entsteht ein Bewertungsmuster, nach dem Kinder und Jugendliche als »unterhalb der Norm«, »normal« und »oberhalb der Norm« eingestuft werden. Das trifft auch zu, wenn Kinder und Jugendliche beide Zuschreibungen erhalten – sowohl »mit sonderpädagogischem Förderbedarf/individuellem Bildungsbedarf« als auch »hochbegabt«. Viele Schulen setzen sich stark dafür ein, alle Kinder und Jugendlichen unabhängig von solchen Zuschreibungen wertzuschätzen, sowie ihr Lernen zu unterstützen und kämpfen dagegen, wie Kinder und Jugendliche durch solche Etikettierungen wahrgenommen werden.

Wir sollten gut nachdenken, bevor wir jemandem einen sonderpädagogischen Förderbedarf bzw. individuellen Bildungsbedarf zuschreiben – oder eine der Abkürzungen wie »ADHS« (Aufmerksamkeitsdefizit-/Hyperaktivitätsstörung) und »LRS« (Lese-Rechtschreib-Schwäche), die weitere Kategorien von

11 Deutschland: Beeinträchtigung in der sozial-emotionalen Entwicklung.

»Normabweichungen« darstellen. Ein Kind auf eine Abkürzung oder ein Etikett zu reduzieren, wie es in der Praxis oft vorkommt, ist besonders respektlos.

Wenn Kinder und Jugendliche nicht der Leistungsnorm entsprechen, wird recht stereotyp mit der Erstellung von individuellen Förderplänen oder Bildungsplänen und einer intensiveren Begleitung durch unterstützendes Personal reagiert. Allein diese Maßnahme kann die gegenseitigen Beziehungen zu anderen Kindern, Jugendlichen und Erwachsenen erheblich beeinträchtigen. Das Festhalten am Modell einer Eins-zu-eins-Begleitung für Kinder und Jugendliche mit Schwierigkeiten zeigt, wie mächtig das Konzept des sonderpädagogischen Förderbedarfs bzw. des individuellen Bildungsbedarfs immer noch ist und wie es das kreative Nachdenken über passende Unterstützungsangebote verhindert, obwohl es genügend Empfehlungen und Informationen zu anderen Herangehensweisen gibt.

Das Konzept des sonderpädagogischen Förderbedarfs wurde in der Praxis von Behörden und Schulen teilweise durch den Begriff der »besonderen erzieherischen Bedürfnisse/besonderen Bildungsbedürfnisse« abgelöst. Dadurch werden zwar die Konzepte und Maßnahmen für alle Kinder und Jugendlichen, die an ihren Schulen von Ausgrenzung bedroht sind, zusammengeführt. Der Fokus liegt aber weiter auf individuellen Lösungen anstatt darauf, in den Kulturen, Strukturen und Praktiken einer Einrichtung als Ganzes Barrieren abzubauen und Ressourcen zu mobilisieren.

Die Perspektive, dass Schulprobleme durch die »Beseitigung von Barrieren für Lernen und Teilhabe« überwunden werden können, hat sich in den Jahren nach der Einführung des *Index für Inklusion* im Jahr 2000 – auch durch seinen Einfluss – weiter verbreitet. Auch offizielle Dokumente machen inzwischen davon Gebrauch. Das hat aber nicht dazu geführt, dass alte Denkmuster infrage gestellt werden. Der Druck, den Begriff »sonderpädagogischer Förderbedarf/individueller Bildungsbedarf« weiter zu verwenden, ist nach wie vor da. Auch wenn sie gesetzlich nicht dazu verpflichtet sind, wird Schulen geraten, eine Person als »Koordinator*in für Kinder mit besonderen erzieherischen Bedürfnissen« zu benennen (Department for Education, Department of Health 2015). Die alternativen Begriffe und die damit verbundene Veränderung der Rolle als »Koordinator*in für Lernunterstützung«, »Koordinator*in für Lernentwicklung« oder »Koordinator*in für inklusive Entwicklungen« sind vorzuziehen. Durch die offenere Bezeichnung kann ein kreativeres und flexibleres Handeln beim Abbau von Barrieren für Lernen und Teilhabe gefördert werden.

Wenn Lehrpersonen einen eigenen Weg finden wollen, mit der Verschiedenheit von Kindern und Jugendlichen umzugehen, sollten sie die Begrifflichkeiten »sonderpädagogischer Förderbedarf/individueller Bildungsbedarf« oder »besondere erzieherische Bedürfnisse/besondere Bildungsbedürfnisse« nur dann nutzen, wenn offizielle Anlässe, z. B. im Zusammenhang mit der Zuweisung von Ressourcen, dies unausweichlich machen. Es ist gleichzeitig möglich, ein neues Denken, das von Barrieren für Lernen und Teilhabe ausgeht, in den Kulturen, Strukturen und Praktiken ihrer Schule einzuführen. Das Nachdenken darüber, wie verschiedene Begriffe verwendet werden, ist wichtig, wenn man verhindern will, dass alte Denkmuster sich weiter halten. Die Aussage »ein Kind, das Barrieren für Lernen und Teilhabe erlebt« kann leicht verkürzt werden zu »ein Kind mit Barrieren« – eine beschönigende Umschreibung für »ein Kind mit besonderen erzieherischen Bedürfnissen/besonderen Bildungsbedürfnissen«.

Das medizinische und das menschenrechtliche Modell von Behinderung

Werden Herausforderungen, die Kinder und Jugendliche erleben, mit »Barrieren für Lernen und Teilhabe« beschrieben statt mit dem Begriff »sonderpädagogischer Förderbedarf/individueller Bildungsbedarf«, verändert sich die Perspektive. Gestützt wird diese Perspektive durch die UN-Behindertenrechtskonvention. Die Konvention bricht mit der Vorstellung, bei einer Behinderung handle es sich um eine individuelle Beeinträchtigung, wie es das medizinische Modell von Behinderung vermittelt. Das medizinische Modell von Behinderung betrachtet die individuelle körperliche, psychische oder kognitive Beeinträchtigung als Abweichung von einer »Norm« und reagiert darauf mit Diagnose, Therapie und Förderung im Sinne einer Minderung der individuellen Ursachen von Behinderung. Das menschenrechtliche Modell von Behinderung hingegen – heute offizielles Modell der europäischen Behindertenpolitik – ist auf die äußeren gesellschaftlichen Bedingungen gerichtet und die Zugangsbarrieren, die aussondern und diskriminieren. Mit dem Fokus auf Menschen, die behindert werden, als Menschenrechtssubjekte und dem Blick auf die Umwelt und die Gesellschaft mit ihren exkludierenden Strukturen und verletzenden Verhaltensweisen werden Benachteiligungen nicht mehr mit einer Beeinträchtigung erklärt, sondern mit Ausgrenzungsmechanismen. Das menschenrechtliche Modell sieht behinderte Menschen nicht als Objekte der Sozialpolitik (wie es z.B. am sozialen Modell von Behinderung kritisiert wird), sondern als Bürgerrechtssubjekte und berücksichtigt dabei das exkludierende Potenzial von Kategorisierungsprozessen, die hinter »Behinderung« stecken (vgl. Amirpur 2016).

Schulen können vielleicht nicht viel tun, um Kindern und Jugendlichen Beeinträchtigungen zu ersparen (auch wenn die Prävention für Krankheiten und ein sicheres Umfeld für einige Kinder und Jugendliche Beeinträchtigungen verhindern kann). Sie können aber entscheidend dazu beitragen, Barrieren abzubauen, die Kindern, Jugendlichen und auch Erwachsenen mit Beeinträchtigung aufgrund diskriminierender Haltungen und Handlungen sowie in Form institutioneller Barrieren im Weg stehen. Sie sind gesetzlich verpflichtet, angemessene Vorkehrungen zur Unterstützung der Teilhabe von Kindern mit Beeinträchtigung zu treffen (Artikel 24, 2c-e UN-Behindertenrechtskonvention). Es kann für die Veränderung der Kulturen einer Schule viel bedeuten, wenn auch im Schulpersonal Menschen mit Beeinträchtigungen willkommen sind.

Institutionelle Diskriminierung

Wenn Institutionen so organisiert sind oder geführt werden, dass sie Barrieren für die Teilhabe bestimmter Personengruppen aufbauen, entstehen »institutionelle Diskriminierungen«. Der Macpherson-Bericht, der den Mord an dem schwarzen Teenager Stephen Lawrence und die Rolle der Polizei untersucht, weist auf den »institutionellen Rassismus« in den Reihen der britischen Polizei sowie im Bildungs-, Gesundheits- und Sozialwesen hin, obwohl Diskriminierung natürlich nicht auf den öffentlichen Sektor beschränkt ist (Macpherson 1999). Institutioneller Rassismus wurde 40 Jahre zuvor in den USA nach einer Definition von Stokely Carmichael beschrieben als diskriminierende Behandlung »durch nicht hinterfragte Vorurteile, Unwissenheit, Gedankenlosigkeit und rassistische Stereotypisierung, die Angehörige ethnischer Minderheiten benachteiligen« (ebd., Absatz 6.34). Institutionelle Diskriminierung ist jedoch mehr als Rassismus. Sie umfasst alles, was Menschen aufgrund von individuellen Merkmalen wie Armut, Geschlecht, Beeinträchtigung, Klasse, ethnischer Herkunft, sexueller Orientierung, Religion, Überzeugungen und Alter durch Institutionen an Benachteiligung erfahren. Institutionelle Diskriminierung ist tief in den Kulturen verankert und beeinflusst die Art und Weise, wie Menschen wahrgenommen und behandelt werden.

Für institutionelle Diskriminierung sind alle Mitglieder einer Institution verantwortlich. Selbst wenn Mitarbeiter*innen erst später in eine solche Institution hineinkommen und dann unter dem bestehenden Druck handeln, ist jeder Mensch immer noch verantwortlich für jede daraus entstehende Diskriminierung und Verletzung durch diskriminierende Praktiken, die er unreflektiert übernimmt. Institutionelle Diskriminierung schafft Barrieren für die Teilhabe und kann im Bildungswesen eine Barriere für das Lernen sein. Ständige Diskriminierungen können zu negativen Bildungsbiografien und mangelnder Qualifizierung führen, sodass die Betroffenen weniger Chancen haben, einen Arbeitsplatz zu finden. In der Folge kann es sein, dass die Zusammensetzung der Lehrpersonen an einer Schule für ihren Einzugsbereich nicht repräsentativ ist. Der Weg der Inklusion kann bedeuten, sich in einem schmerzhaften Prozess den eigenen diskriminierenden Praktiken, Haltungen und institutionellen Kulturen zu stellen.

Diskriminierung (aufgrund individueller Merkmale) wie Rassismus, Sexismus, Genderismus, Klassismus, Homophobie, Transphobie, Behindertenfeindlichkeit, Altersdiskriminierung und Diskriminierung aufgrund von Religion und Überzeugungen haben ihre gemeinsame Wurzel in der Intoleranz gegenüber dem Anderssein und in der Ausübung von Macht, um Ungleichheiten zu etablieren oder aufrechtzuerhalten. Da die meisten Menschen es eher kennen, über Sexismus und Rassismus zu diskutieren als über Behindertenfeindlichkeit, ist ihnen weniger bewusst, wie Institutionen und Menschen zur Konstruktion von Behinderung beitragen. Wenn in einer Schule die Ausgrenzung von Kindern und Jugendlichen wegen einer Beeinträchtigung oder der Zuschreibung von »Lernschwierigkeiten« unkritisch und allgemein akzeptiert wird, kommt das einer institutionellen Diskriminierung gleich.

Intoleranz gegenüber Anderssein und Vielfalt verweist auf eine Monokultur, in der Institutionen oder Personengruppen eine bestimmte Lebensweise und entsprechende Identität als einzig akzeptable Lebensweise definieren. Wenn Menschen sich in monokulturellen Institutionen nicht akzeptiert fühlen, können sie diese Zurückweisung als Rassismus, Behindertenfeindlichkeit, Sexismus usw. empfinden. Seit Beginn des 21. Jahrhunderts sprechen sich europäische Politiker*innen, aber auch viele Menschen und Organisationen, die sich durchaus den Abbau von Ungleichheit zum Ziel gesetzt hatten, gegen »Multikulturalismus« aus. Sie sind der Ansicht, dass der Multikulturalismus als Weg, Menschen verschiedener Ethnien zusammenzubringen, gescheitert sei. Durch die Ablehnung einer bestimmten Form von Multikulturalismus fördern sie jedoch bewusst oder unbewusst die Fortsetzung des Monokulturalismus und die institutionelle Diskriminierung, die dieser erzeugt.

Der Index hilft Schulen bei der Entwicklung einer komplexen, durch Antidiskriminierungsstrategien unterstützten offenen Multikulturalität. Solche Strategien können sich auf offizielle staatliche Instrumente stützen. Alle Anforderungen können in den Kontext einer Schule übertragen werden, die sich entschlossen für die Wertschätzung der Vielfalt und Verschiedenheit ihrer Mitglieder einsetzt. Antidiskriminierungsstrategien werden dann angewendet, um die gemeinsamen Werte der Schule zu fördern – und nicht, um staatliche Vorschriften einzuhalten.

Ressourcen für die Unterstützung von Lernen und Teilhabe

Barrieren für Lernen und Teilhabe abzubauen bedeutet auch, Ressourcen zu mobilisieren. Wenn gemeinsame Werte klar herausgearbeitet und in der Schulgemeinschaft geteilt werden, ist das eine wichtige Ressource für die Schule. Sie gibt eine gemeinsame Richtung für die Entwicklung vor, hilft bei Entscheidungen und trägt zur Lösung von Konflikten bei. Die inklusiven Werte sind ein kontinuierlicher Impuls, um die Teilhabe am Lernen und am übrigen Schulleben zu verbessern. Auch das Zusammenführen verschiedener werteorientierter Aktivitäten einer Schule in ein gemeinsames Konzept wird zur Ressource, weil so Klarheit und Kohärenz entstehen. Wie die Barrieren sind auch die Ressourcen in allen Aspekten von Schule zu finden: in Kulturen, Strukturen und Praktiken, Gebäuden, Ausstattungen, Büchern, Computern, dem Personal, Kindern und Jugendlichen, Eltern und Erziehungsberechtigten, Gemeinschaften und Schulgremien.

Es gibt immer mehr Ressourcen für die Unterstützung von Lernen und Teilhabe als in einer Schule bereits genutzt werden. Schulen haben ein umfangreiches Wissen darüber, was das Lernen und die Teilhabe von Kindern und Jugendlichen behindert. Es gehört zu den wichtigsten Zielen des Index, Schulen dabei zu unterstützen, dieses Wissen für ihre Weiterentwicklung zu nutzen. Der Gedanke, dass Vielfalt eine Ressource für das Lernen sein kann, ist in allen Indikatoren zur Zusammenarbeit von Kindern, Jugendlichen und Erwachsenen enthalten. Die Ressourcen der Kinder und Jugendlichen mit ihrer Fähigkeit, ihr Lernen und Spielen selbst zu steuern und sich beim Spielen und Lernen gegenseitig zu unterstützen, werden oft viel zu wenig genutzt – ebenso wie das Potenzial der Lehrpersonen, sich gegenseitig in ihrer Entwicklung zu unterstützen.

Die Vorschläge für ein neu gegliedertes Curriculum oder einen Lehrplan auf der Basis einer inklusiven Orientierung stellen für jeden Bereich lokale und globale Bezüge her. Schulen finden hier Anknüpfungspunkte, um lokale Ressourcen für das Curriculum bzw. den Lehrplan zu nutzen. Da sich die neuen Vorschläge eng auf das Leben der Kinder und Jugendlichen und das Leben der Menschen vor Ort beziehen, werden das Umfeld und seine Menschen selbst zu einer Ressource. Die Schule und ihre Lernräume öffnen sich lokal und global zu ihrem Umfeld.

Sozialraum und Gemeinwesen

Inklusive Prozesse in Bildungseinrichtungen nachhaltig zu entwickeln geht weit über das Wirken in der Schule hinaus. Die inklusionsorientierte Schule versteht sich als ein Bezugs- und Vernetzungsort im Gemeinwesen. Die existierenden Milieus in der Schulumgebung mit ihrem kulturellen und sozialen Leben werden wahrgenommen, um die Verbindung zwischen dem Schulleben und den Lebenswelten der Schüler*innen und ihren Familien herstellen zu können. Dazu bedarf es durchlässiger Vernetzungsstrukturen und Kooperationen mit Akteur*innen aus dem nahen Umfeld, sollen die inklusiven Ideen nicht an den Schultüren enden. Der »Kommunale Index für Inklusion« (Montag Stiftung Jugend und Gesellschaft 2011) bietet hier in Ergänzung wichtige Fragestellungen zur Kooperation im Gemeinwesen.

Den Umgang mit Vielfalt unterstützen

Solange die Ursache für die Schwierigkeiten von Kindern und Jugendlichen in ihren je »besonderen« Bedürfnissen gesehen wird, liegt es nahe, über Unterstützung in Form von zusätzlichem Personal nachzudenken, das mit einzelnen Kindern und Jugendlichen arbeitet, damit diese ihre Probleme in den Griff kriegen. Wir verstehen unter Unterstützung sehr viel mehr: Dazu gehören alle Aktivitäten, die eine Schule befähigen, auf die Vielfalt der Kinder und Jugendlichen einzugehen und alle gleichermaßen wertzuschätzen. Alle Bemühungen, Barrieren für Lernen und Teilhabe zu erkennen und abzubauen sowie Ressourcen zu mobilisieren, sind Unterstützung.

Auch die UN-Behindertenrechtskonvention verlangt, dass „Menschen mit Behinderungen gleichberechtigt mit anderen in der Gemeinschaft, in der sie leben, Zugang zu einem inklusiven und hochwertigen Unterricht" haben. Es soll „innerhalb des allgemeinen Bildungssystems die notwendige Unterstützung geleistet werden, um wirksame Bildung zu ermöglichen" (vgl. UN-BRK, Art. 24, 2b und d).

Nach unserer Definition sind inklusive Entwicklungen des ganzen Systems zentrale Unterstützungsmaßnahmen. Dies bedeutet, dass die Unterstützung alle betrifft: das Schulpersonal, Lehrpersonen, Kinder und Jugendliche und ihre Familien. Wenn Lernaktivitäten die Teilhabe aller Kinder und Jugendlichen unterstützen, nimmt der Bedarf an individueller Unterstützung ab. Es handelt sich um Unterstützung, wenn Lehrpersonen die unterschiedlichen Ausgangslagen, Interessen, Erfahrungen und Lernstile aller Kinder berücksichtigen. Unterstützung kann auch bedeuten, dass Kinder und Jugendliche sich gegenseitig helfen. Die individuelle Unterstützung einzelner Kinder oder Jugendlicher sollte immer darauf ausgerichtet sein, ihre Unabhängigkeit zu fördern, indem sie ihre Lernfähigkeit verbessern.

Materialien für die Selbstevaluation

Die Weiterentwicklung einer Schule entlang gemeinsam definierter Werte oder durch das Auffinden von Barrieren, Ressourcen und Unterstützungsmöglichkeiten kann mehr oder weniger systematisch erfolgen. Einzelpersonen, Gruppen oder ganze Schulen können daran arbeiten. Die Dimensionen und Bereiche, Indikatoren, Fragen und Fragebögen des Index bieten dabei eine Unterstützung. Sie tragen dazu bei, im gemeinsamen Austausch herauszufinden, was Erwachsene, Kinder und Jugendliche bei der Weiterentwicklung ihrer Schule als Nächstes in Angriff nehmen möchten. Sie können auch systematisch genutzt werden, um eine Selbstevaluation vorzunehmen, einen inklusiven Entwicklungsplan aufzustellen oder umzusetzen. Falls noch nicht geschehen, können Sie einen Blick auf die Liste der Indikatoren auf den Seiten 18–19 und die Indikatoren mit den Fragen in Teil 4 werfen, um zu sehen, wie sie aufgebaut sind und wie die Indikatoren als Überschriften die Fragen gliedern, die diese wiederum mit Inhalt füllen.

Dimensionen und Bereiche

Die Selbstevaluation einer Schule mithilfe der Materialien aus dem Index ermittelt Entwicklungspotenziale anhand von drei miteinander verbundenen Dimensionen (vgl. dazu auch S. 23):

- Inklusive Kulturen schaffen
- Inklusive Strukturen etablieren
- Inklusive Praktiken entwickeln

In Abbildung 14 wird deutlich, wie die drei Dimensionen zusammenhängen. Abbildung 15 fasst die Inhalte der drei Dimensionen zusammen.

Die Erfahrung bei der Arbeit mit dem Index in vielen Schulen zeigt, dass diese drei Dimensionen als sehr wichtig angesehen werden, um die Entwicklung einer Schule zu planen. Obwohl jede Dimension für einen wichtigen Entwicklungsschwerpunkt steht, gibt es Überschneidungen. Allein an den Praktiken kann sich zeigen, wie Kulturen und Strukturen wirken. So wie man Werte anhand konkreter Handlungen erkennen kann, spiegeln sich Strukturen und Strategien in der Praxis vor Ort. Strukturell verändert sich nichts, solange es keine klare Absicht gibt, es auch in der Praxis umzusetzen. Ohne eine Umsetzungsstrategie bleiben interne Regeln und Konzepte leere Worte, die höchstens auf Besucher wirken.

Abbildung 14: Die Dimensionen des Index für inklusive Schulentwicklung

Dimension A: Inklusive Kulturen schaffen

Bei dieser Dimension geht es darum, eine Gemeinschaft zu bilden, die sicher und anerkennend, kooperativ und anregend ist, die willkommen heißt und alle wertschätzt. Es werden gemeinsame inklusive Werte entwickelt und dem gesamten Schulpersonal, den Kindern und Jugendlichen, Eltern und Erziehungsberechtigten, den Mitgliedern der schulischen Gremien, Initiativen und Gruppen im Umfeld sowie allen zugänglich gemacht, die in und mit der Schule zusammenarbeiten. Die Werte inklusiver Schulkulturen bieten Orientierung bei Entscheidungen über Strukturen und tägliche Praktiken, sodass sich die Schule in einem kontinuierlichen und ganzheitlichen Prozess weiterentwickelt. Wenn die Schule Veränderung in ihrer Kultur verankert, kann es gelingen, dass alle Beteiligten sie verinnerlichen und an neue Mitglieder weitergeben.

Dimension B: Inklusive Strukturen etablieren

Diese Dimension stellt sicher, dass Inklusion als Leitbild alle Ebenen einer Schule durchdringt und alle einbezieht. Kinder, Jugendliche und das Schulpersonal werden von Anfang an zur aktiven Teilhabe angeregt. Die Schule wird darin bestärkt, alle Kinder und Jugendlichen in ihrem Einzugsbereich aufzunehmen und Aussonderungsdruck zu minimieren. Dabei helfen alle Aktivitäten, die die Schule befähigen, auf die Vielfalt der Kinder, Jugendlichen und Erwachsenen einzugehen und alle wertzuschätzen. Alle Arten der Unterstützung werden in einem zentralen Rahmen zusammengeführt, der die Teilhabe aller und die Entwicklung der Schule als Ganzes absichern soll.

Dimension C: Inklusive Praktiken entwickeln

Bei dieser Dimension geht es um die Entwicklung von Lernprozessen, die die inklusiven Werte und Strukturen der Schule widerspiegeln. Auf die Bedeutung der inklusiven Werte für die Gestaltung des Lernens wird im Bereich »Curricula für alle erstellen« (siehe Seiten 146–199) näher eingegangen. Diese Dimension verbindet das Lernen mit den lokalen und globalen Erfahrungen der Kinder, Jugendlichen und Erwachsenen und bezieht Fragen nach den Rechten und der Nachhaltigkeit mit ein. Lernen wir so orchestriert, dass es wie in einem Orchester der Vielfalt aller Menschen gerecht wird.[12] Die Schüler*innen werden dazu angeregt, aktive und kritische Lernende zu sein. Sie werden selbst als Ressource für das gemeinsame Lernen angesehen. Die Erwachsenen arbeiten zusammen und übernehmen die Verantwortung für das gemeinsame Lernen und das Lernen aller Kinder und Jugendlichen.

Abbildung 15: Beschreibung der Dimensionen des Index

Die Bedeutung von Kulturen

Wir haben die Dimension der Kulturen auf der Grundlinie des Dreiecks in Abbildung 14 platziert, um ihre Bedeutung hervorzuheben. Strukturen und Praktiken können nur dann eine nachhaltige Wirkung entfalten, wenn sie sich auch in den Kulturen einer Schule abbilden. Kulturen wirken nachhaltig. Sie können eine Weiterentwicklung von Gemeinschaften, Institutionen und Systemen er-

12 »Eine gute Klasse, das ist kein im Gleichschritt marschierendes Regiment, sondern ein Orchester, das an einer gemeinsamen Symphonie arbeitet. Und wenn in deinem Orchester eine kleine Triangel sitzt, die nur ting-ting von sich zu geben versteht, oder eine Maultrommel, die nichts als boing-boing macht, dann geht es darum, dass sie es im richtigen Augenblick und so gut wie möglich tun, dass sie eine erstklassige Triangel und eine großartige Maultrommel werden, und dass sie stolz auf den wertvollen Beitrag sind, den sie zum Ganzen leisten. Da durch die Lust am Zusammenspiel jeder Fortschritte macht, versteht am Ende auch die kleine Triangel etwas von Musik, vielleicht auf weniger glänzende Weise als die erste Geige, aber sie versteht und kennt dieselbe Musik« (Pennac 2009, S. 123 f.).

möglichen, ihnen aber auch entgegenstehen. Kulturen entscheiden darüber, ob Veränderungen angenommen oder abgelehnt werden.

Kulturen sind relativ dauerhafte Formen des Zusammenlebens, die von Gemeinschaften gebildet werden und diese wiederum selbst bilden. Kulturen etablieren sich und drücken sich aus durch Sprache und Werte, gemeinsame Geschichte und Geschichten, Wissen, Fertigkeiten, Überzeugungen, Texte, Kunst, Gegenstände, formelle und informelle Regeln, Rituale, Systeme und Institutionen. Kulturen können Machtunterschiede etablieren, verstärken oder infrage stellen. Kulturen vermitteln ein kollektives Gefühl dafür, wie etwas gemacht wird und gemacht werden sollte. Sie tragen zur Identitätsbildung bei: Menschen finden sich in den Aktivitäten ihrer Gruppe wieder und fühlen sich bestätigt. Die Identifikation mit den Aktivitäten einer Gruppe motiviert dazu, neu Hinzugekommenen die gemeinsame Lebensweise zu zeigen. Wie Identitäten entstehen auch Kulturen durch vielfältige Einflüsse und Wechselwirkungen und sind daher komplex. Sie spiegeln Einflüsse auf die Menschen wider und umfassen in der Regel ein Netz sich überschneidender Subkulturen. Wir verwenden den Begriff »Kulturen« im Plural, um diese Vielfalt abzubilden. Wir vermeiden Begriffe wie »Ethos« oder »institutionelles Klima« einer Schule, weil sie eine einschränkende Sichtweise enthalten können, wenn nämlich das Bild einer Schule eher von der Leitungsebene kommt und nicht die gemeinsame Erfahrung aller widerspiegelt.

Kulturen enthalten explizite oder implizite Regeln für den Umgang mit Besucher*innen und Externen. Inklusive Kulturen ermutigen uns anzuerkennen, dass viele unterschiedliche Lebensweisen und Identitäten nebeneinander bestehen können, dass die Kommunikation zwischen ihnen bereichernd ist und es erfordert, Machtunterschiede beiseitezulassen. Wenn Flexibilität und Abwechslung bei Aktivitäten ausgeschlossen sind, besteht die Gefahr, dass jegliche Veränderung von den Mitgliedern der Gemeinschaft als Identitätsverlust wahrgenommen und abgelehnt wird. Inklusive Kulturen, die auf gemeinsamen Werten beruhen, sind offen für neue Mitglieder und daher immer bereit für Veränderungen.

Jede Dimension des Index ist in zwei Bereiche unterteilt, wie der Planungsrahmen in Abbildung 16 und auf Seite 67 zeigt. Dieser Rahmen kann das Gerüst für einen Schulentwicklungsplan bieten. Schulen können überlegen, was sie in den einzelnen Bereichen verändern wollen, um die Schulentwicklung insgesamt voranzutreiben.

Indikatoren und Fragen

Die Indikatoren und Fragen in Teil 4 machen den größten Teil des Index aus. Mit ihnen wollen wir Antworten auf die Frage geben: »Was bedeuten inklusive Werte für die Aktivitäten in allen Bereichen und Aspekten einer Schule?« Die Indikatoren sind Vorschläge für Entwicklungsziele. Jeder Bereich enthält bis zu 14 Indikatoren. Sie können genutzt werden, um bestehende Vorgehensweisen zu reflektieren und daraus Schwerpunkte für die weitere Entwicklung abzuleiten. Die Indikatoren dienen als Überschriften für wichtige Ziele, die eine Schule mit ihren inklusiven Entwicklungen erreichen will. Manchmal wird die Wichtigkeit eines Themas, wie z. B. Herkunft oder Beeinträchtigung, dadurch deutlich, dass es sich nicht in einem einzelnen, sondern in allen Indikatoren abbildet. Das Thema der Geschlechtsidentitäten wird in einem eigenen Indikator behandelt, kommt aber auch an vielen anderen Stellen vor. Dadurch, dass Themen übergreifend in den Fragen vorkommen, wird die Möglichkeit eingeschränkt, sich bei den Entwicklungszielen nur auf einzelne Indikatoren zu berufen.

Die Fragen füllen die Indikatoren mit Bedeutung. Sie laden dazu ein, über einen bestimmten Indikator nachzudenken und sich das dazu in der Schule vorhandene Wissen bewusst zu machen. Sie schärfen die aktuelle Selbstevaluation einer Schule, bieten zusätzliche Ideen für Entwicklungsmaßnahmen und dienen als Kriterien, um die erzielten Fortschritte zu bewerten. Vielen Menschen wird der praktische Nutzen des Index klar, sobald sie sich näher mit den Fragen befassen. Einige Schulen gehen bei der Arbeit mit dem Index von einer oder wenigen Fragen aus, die eine Gruppe von Kolleg*innen gemeinsam ausgewählt hat. Indikatoren und Fragen können verwendet werden, um einen Dialog über Werte und das Zusammenwirken von Werten und Handeln anzuregen.

Sie können am Ende jedes Fragenblocks eigene Fragen formulieren. Indem sie vorhandene Fragen anpassen und verändern sowie eigene hinzufügen, können Erwachsene, Kinder und Jugendliche an jeder Schule ihre eigene Version des Index erstellen.

Einige Indikatoren und Fragen betreffen Themen, über die Schulen nicht allein entscheiden, sondern die in die Zuständigkeit der Schulaufsicht bzw. der Behörden fallen – wie Zugänge zu Gebäuden, Lehrpläne, Gesundheit und Pflege oder die Aufnahmekriterien einer Schule. Wir hoffen, dass Schulen, Schulaufsicht und Behörden konstruktiv zusammenarbeiten, um in diesen Fragen gemeinsam zu entscheiden, wie die Teilhabe aller Schüler*innen eines Schulbezirks oder Einzugsgebiets am gemeinsamen Lernen stattfinden kann.

Wenn das Schulpersonal und die Schulgremien zu dem Schluss kommen, dass sie sich mit einigen Indikatoren im Moment nicht beschäftigen möchten

oder diese nicht in die von der Schule gewünschte Richtung gehen, können sie die Materialien ihren Bedürfnissen entsprechend anpassen. Sie sollten aber keine Anpassungen vornehmen, um unbequemen Herausforderungen aus dem Weg zu gehen, vor die sie einzelne Fragen oder Indikatoren stellen.

In manchen Schulen sind einige Indikatoren und Fragen aufgrund der Ausrichtung der Schule nicht anwendbar. So nehmen etwa Mädchen- und Jungenschulen sowie viele konfessionelle Schulen grundsätzlich nicht alle Schüler*innen ihres Einzugsbereichs auf. Auch solche Schulen wollen sich jedoch inklusiv weiterentwickeln und können die Indikatoren und Fragen so anpassen, dass sie zu ihrer Situation und ihren Zielsetzungen passen. Als die englischsprachige Ausgabe des Index zum ersten Mal erschienen ist, war nicht vorhersehbar, dass auch Sonder- oder Förderschulen ihn zur Weiterentwicklung nutzen würden. Der Index fordert die Schulen klar und deutlich auf, alle Kinder und Jugendlichen in ihrem Einzugsgebiet aufzunehmen. Daher hat eine ganze Reihe von Förder- und Sonderschulen ihn genutzt, um interne Einschränkungen der Teilhabe von Kindern und Jugendlichen und des Schulpersonals abzubauen.

Inklusive Kulturen schaffen	
Eine Gemeinschaft bilden	Inklusive Werte verankern
Inklusive Strukturen etablieren	
Eine Schule für alle entwickeln	Unterstützung koordinieren
Inklusive Praktiken entwickeln	
Curricula für alle erstellen	Das Lernen orchestrieren

Abbildung 16: Planungsrahmen

Fragebögen

Es gibt in Teil 5 des Index vier Fragebögen, mit denen eine Schule in den Dialog gehen und sich darüber austauschen kann, welche Schwerpunkte in der Schulentwicklung für Kinder und Jugendliche, Eltern und Erziehungsberechtigte, Schulgremien und Schulpersonal gegeben sind. Der erste Fragebogen bezieht sich auf die Indikatoren und richtet sich an alle am Schulleben Beteiligten. Er sollte zusammen mit den entsprechenden Fragen verwendet werden, damit die Bedeutung der einzelnen Indikatoren klar wird. Drei weitere Fragebögen richten sich an Eltern und Erziehungsberechtigte sowie an Kinder und Jugendliche. Wie die Indikatoren und Fragen wurden die Fragebögen unter dem Gesichtspunkt zusammengestellt, was der Werterahmen des Index für eine Schule bedeutet. Dazu gab es viele Ideen, und die Fragebögen wurden schnell sehr lang, sodass wir sie kürzen mussten. Es war anregend, wie gut die Werte sich in praktische Aussagen übersetzen lassen. Schulen können diese Fragebögen kürzen oder für ihre Zwecke anpassen.

Mit den Materialien arbeiten

Auf die Anwendung der Fragebögen gehen wir im nächsten Teil näher ein, wo es um den Einsatz des Index in partizipatorischen Prozessen geht. Dabei ist klar, dass es *die* richtige Anwendung nicht gibt. Eine inklusive Schulentwicklung kann entstehen, weil ein Interesse an den Werten besteht, verschiedene Aktivitäten integriert werden sollen, die Inhalte geplanter und bestehender Curricula und Lehrpläne auf dem Prüfstand stehen, der Umgang mit Schulproblemen anhand von teilhabe- und ressourcenorientierten Konzepten überdacht werden soll oder man sich fragt, welche Rolle die Kulturen einer Schule bei der nachhaltigen Umsetzung bzw. Ablehnung von Veränderungen spielen. Alle diese Aktivitäten können auch einzeln stattfinden. Aber sie alle haben die Entwicklung der Indikatoren und Fragen des Index veranlasst und geprägt. Deshalb stellen wir sie hier zusammen als Materialien für die Selbstevaluation, die es Schulen ermöglichen, das Bestehende zu hinterfragen und Veränderungen zu reflektieren, die inklusive Entwicklungen in Gang setzen.

Teil 3

Mit dem Index arbeiten

In Teil 3 geben wir Ihnen Anregungen, wie Sie mit den Materialien des Index arbeiten können. Die früheren Ausgaben wurden in unterschiedlichen Kontexten auf vielfältige Weise genutzt. Der *Index für Inklusion* wird als Ideengeber und Inspirationsquelle in vielen Zusammenhängen verwendet, zur inklusiven Entwicklung von Kindergärten, Schulen und vielen anderen Bildungseinrichtungen, in der Lehrer*innenaus- und -weiterbildung, aber auch um ganze Studiengänge an Hochschulen und Universitäten inklusiver zu gestalten.

An Schulen kann man den Index zum Beispiel einsetzen, um sich gemeinsam zu einer Umsetzung inklusiver Werte zu verpflichten und einen umfassenden inklusiven Entwicklungsplan zu erstellen, der in Kooperation mit allen an der Schule Beteiligten erarbeitet und umgesetzt wird. Eine andere Möglichkeit ist es, den Index nur in einem ausgewählten Bereich der Schule oder in der Zusammenarbeit mit einer bestimmten Person anzuwenden. Das kann wiederum einen Austausch in Gang setzen, der in der Folge zu einer weiterreichenden Verbreitung und Vertiefung inklusiver Werte in der Schule führt. Wie auch immer der Index genutzt wird: Das Ziel sollte eine nachhaltige Entwicklung und nicht die Durchführung eines »Inklusionsprojekts« sein.

Systemische Schulentwicklung schreitet nie linear voran, das gilt auch für eine Schulentwicklung nach inklusiven Werten. Trotzdem wird hier ein einfacher Entwicklungszyklus vorgestellt. Im konkreten Fall wird jede Schule auf ihre Art und Weise und aus verschiedenen Gründen von diesem Vorgehen abweichen; jedoch ist dieser Zyklus als vielfach erprobter Vorschlag zur Orientierung hilfreich. Der schrittweise inklusive Aufbau von Schulen ist ein komplexer Vorgang, der sich nicht beliebig planen und voraussehen lässt – aber die gemeinsame Arbeit lohnt sich!

Wir haben in diesen Teil 3 kurze Erfahrungsberichte von Menschen aufgenommen, die bereits mit dem Index gearbeitet haben. Wie alles in diesem Buch sind diese Berichte als Anregung gedacht, nicht als Beispiel für eine »perfekte Umsetzung«.

Überblick

Schulentwicklung nach inklusiven Werten

Wenn Sie anfangen, sich mit dem Index zu beschäftigen, sind Sie bereits auf dem Weg zu einer Entwicklung nach inklusiven Werten. Sie denken darüber nach,

- wie Ihnen der Index bei der Lösung Ihrer wichtigsten Anliegen helfen kann,
- wie Sie Ihr Handeln mit inklusiven Werten, Leitlinien und Grundhaltungen verbinden,
- wie Sie Barrieren überwinden und Ressourcen mobilisieren,
- wie Sie Programme und Initiativen bündeln und
- wie Sie mit anderen in der Planung und Umsetzung von Entwicklungen zusammenarbeiten können.

Die Indikatoren und Fragen des Index unterstützen diese Aktivitäten, wie Abbildung 17 zeigt. Das untere Feld erinnert daran, dass jede Entwicklung ein Ergebnis der Zusammenarbeit von Erwachsenen, Kindern und Jugendlichen ist und ihnen gemeinsam gehört. Die Abbildung zeigt die Verbindung mit einem methodischen Vorgehen, in dem die inklusiven Werte und Konzepte des Index jeden Moment der Praxis vor Ort beeinflussen.

Abbildung 17: Eine inklusive Entwicklung mit dem Index für Inklusion unterstützen

Der Prozess einer werteorientierten Entwicklung kann wie in Abbildung 18 als Kreislauf dargestellt werden. Weitere Vorschläge, den Organisationsentwicklungsprozess inklusiv zu gestalten, machen Brokamp/Achermann (2017). An Schulen, die sich kontinuierlich weiterentwickeln, können Aktivitäten verschiedener Phasen auch gleichzeitig stattfinden. In Phase 1 lernt das Team, wie es mit dem Index arbeiten kann – einschließlich einer Anwendung des Werterahmens. Wir haben jeder Phase bestimmte Aufgaben zugeordnet, die wir im Folgenden weiter ausführen.

Phase 1: Die Arbeit mit dem Index beginnen

- Beginnen Sie, wo und wie Sie können.
- Bilden Sie eine Planungsgruppe.
- Holen Sie sich Unterstützung.
- Arbeiten Sie inklusiv.
- Dokumentieren Sie Ihre Arbeit und die Ergebnisse.
- Nutzen Sie die Indikatoren und Fragen.
- Sprechen Sie über Werte.
- Entwickeln Sie eine gemeinsame Sprache.
- Überprüfen Sie Veränderungen und Entwicklungen an der Schule.
- Bündeln Sie Programme und Projekte.
- Nutzen Sie den Planungsrahmen.
- Beseitigen Sie Barrieren für eine Einführung des Index.

Phase 2: Gemeinsam eine Richtung finden

- Informieren und sensibilisieren Sie alle an der Schule Beteiligten.
- Machen Sie die Materialen des Index für alle zugänglich.
- Organisieren Sie einen Pädagogischen Tag.
- Denken Sie über die Ergebnisse des Pädagogischen Tages nach: Was ist wichtig?
- Planen Sie die nächsten Schritte.
- Beteiligen Sie Kinder und Jugendliche.
- Finden Sie heraus, was Eltern, Bezugspersonen und Personen aus dem Umfeld der Schule denken.
- Definieren Sie Schwerpunkte für die Entwicklung.
- Etablieren Sie einen regelmäßigen Austausch im Alltag.

Phase 3: Einen Plan erstellen

- Integrieren Sie die Schwerpunkte in den Entwicklungsplan.

Phase 4: Den Entwicklungsplan umsetzen

- Beginnen Sie mit der Umsetzung.
- Achten Sie auf eine nachhaltige Entwicklung.

Phase 5: Die Entwicklung evaluieren

- Evaluieren und feiern Sie Fortschritte.
- Reflektieren Sie die Arbeit mit dem Index.
- Überlegen Sie die nächsten Schritte.

Abbildung 18: Phasen einer Schulentwicklung mit dem Index

Phase 1: Die Arbeit mit dem Index beginnen

Beginnen Sie, wo und wie Sie können

Am Anfang der Arbeit mit dem Index steht oft das Bedürfnis, pädagogische Herausforderungen oder schwierige Situationen gemeinsam zu bewältigen. Nicht selten ist es der Auftrag einer (Schul-)Behörde bzw. der Schulleitung, die inklusive Entwicklung anzustoßen.

Der Impuls für die Entwicklung einer Schule kann von erfahrenen Kolleg*innen kommen. Aber auch Eltern, Mitglieder schulischer Gremien oder die Schüler*innenvertretung können den Anstoß geben, ebenso wie eine schulinterne Fortbildung. Erfahrungsbericht 1 zeigt, wie die Beschäftigung mit einer Index-Frage in einer Lehrer*innenfortbildung zur Einbeziehung von Schüler*innen und Eltern geführt hat. In der Folge wurde ein gemeinsames Leitbild zu Inklusion entwickelt.

Erfahrungsbericht 1: Mit einer Index-Frage beginnen

Auftakt einer schulinternen Fortbildung zum Thema »Wir wollen alle Kinder gemeinsam unterrichten!« mit einer Index-Frage, die passend zur Situation in den Leitsatz umformuliert wurde: »Alle Mitarbeiterinnen und Mitarbeiter, Schülerinnen und Schüler sowie Eltern entwickeln eine gemeinsame Philosophie der Inklusion.« Und schon waren wir mitten im Thema! Bisher waren Schülerinnen und Schüler in diese Überlegungen nicht einbezogen; die Eltern nur insofern, als sie darüber informiert worden waren, dass dieses Thema ansteht.
Parallel zum eigentlichen Thema der Fortbildung führte die Beschäftigung mit der Index-Frage dazu, dass sowohl mit den Eltern als auch mit den Schülerinnen und Schülern ein Prozess zur gemeinsamen Entwicklung eines inklusiven Leitbildes begonnen wurde. Damit wurde die eigentliche Voraussetzung und Grundlage für den gemeinsamen Unterricht aller Kinder geschaffen – und gleichzeitig ein Klima der gegenseitigen Wertschätzung im Schulentwicklungsprozess.

Wilfried W. Steinert, Bildungsexperte (Fortbildung, Prozessbegleitung, Beratung, Autor)

Bilden Sie eine Planungsgruppe

Unter einer Planungsgruppe verstehen wir eine Gruppe von Akteur*innen, die sich besonders für inklusive Veränderungsprozesse in ihrer Schule oder Bildungseinrichtung einsetzt und dazu den *Index für Inklusion* nutzt. Als Initialmaßnahme kann es sinnvoll sein, mit einer kleinen Gruppe zu beginnen. Inklusion und die Nutzung des Index (in ganz unterschiedlichen Formen) sind in der Umsetzung wirksamer, wenn sich die zentrale Steuerungs-, Lenkungs- oder Koordinierungsgruppe, legitimiert durch alle Mitglieder der Schulgemeinde, verantwortlich für diesen Prozess fühlt. Das bedeutet, dass möglichst auch Mitglieder der Schulleitung in dieser Gruppe vertreten sind.

Das Abgleichen von inklusiven Werten und laufenden Maßnahmen ist wirkungsvoller, wenn es nicht nachträglich erfolgt, sondern von vornherein der Filter »Inklusive Werte« auf Planungen und Konzepte bzw. deren Verwirklichung gelegt wird.

Ein erstes Ziel der Arbeit mit dem Index ist es, einen umfassenden Ansatz für inklusive Entwicklungen an der Schule kennenzulernen. Die Einrichtung einer Planungsgruppe, die parallel zu bestehenden Evaluations- und Entwicklungsaufgaben aktiv ist, bedeutet zusätzliche Arbeit für die Schule. Es stellt sich die Frage, wie dies vermieden werden könnte und wie die Aktivitäten gut koordiniert und nachhaltige Veränderungen erreicht werden können.

Manchmal wird die Arbeit mit dem Index von Mitgliedern einer Planungsgruppe für die Schulentwicklung angeregt. In diesem Fall müsste die Gruppe erweitert werden. Wichtig ist, dass die Gruppe die Vielfalt der Schulgemeinschaft in Hinsicht auf verschiedene Herkünfte und Geschlechter abbildet. Im Verlauf der Arbeit können weitere Personen aufgenommen werden. In einer großen weiterführenden Schule können auch mehrere Teams gebildet werden, die mit einer zentralen Planungsgruppe zusammenarbeiten.

Die Index-Materialien sollten allen Mitgliedern der Gruppe zur Verfügung stehen. Schulen können alle Materialien für ihren Gebrauch kopieren, digital zur Verfügung stellen und z. B. auf einem Computer im Eingangsbereich der Schule oder im Aufenthaltsraum für alle Mitglieder der Schulgemeinschaft zugänglich machen.

Holen Sie sich Unterstützung

Es kann hilfreich sein, sich von jemandem beraten und begleiten zu lassen, der bereits Erfahrung mit der Anwendung oder Einführung des Index an Schulen hat. Eine erfahrene Person kann helfen, eine Entwicklung in Gang zu bringen und die Beteiligten für den Prozess zu gewinnen. Sie kann den Zugang zu den Materialien im Index erleichtern und Bedenken wegen zusätzlicher Arbeitsbelastungen

abbauen. Das kann dazu beitragen, den gemeinsamen Prozess einer werteorientierten Entwicklung in der Schule auf den Weg zu bringen.

An manchen Orten gibt es ausgebildete Prozessbegleiter*innen für die Arbeit mit dem *Index für Inklusion* (vgl. dazu Erfahrungsbericht 2). Es ist hilfreich, sich auf dem Weg zu einer inklusiven Schule oder Bildungseinrichtung von Externen begleiten zu lassen.

Erfahrungsbericht 2: Die Rolle von externen Prozessbegleiter*innen

Ein über Jahre erprobtes Konzept zur Qualifizierung von Prozessbegleiter*innen wurde 2015 von der Montag Stiftung Jugend und Gesellschaft in Bonn veröffentlicht (MSJG 2015). Darin sind viele praktische Hinweise für Trainer*innen enthalten. Es ist geeignet, Fortbildungsinstitute und Träger dabei zu unterstützen, zukünftige Prozessbegleiter*innen zu qualifizieren, damit möglichst viele Systeme professionell begleitet werden können.

Es hat sich bewährt, wenn Begleiter*innen nicht nur inklusiv denken und handeln und den Index kennen, sondern auch über das Know-how systemischer Beratung und Begleitung verfügen. Prozessbegleiter*innen können Ressourcen des Systems und Potenziale der Menschen im System wahrnehmen, sie sind es gewohnt, mit sehr unterschiedlichen Perspektiven und Bedenken umzugehen, und achten immer darauf, dass die jeweiligen Einrichtungen ihre eigenen – zu ihnen passenden – Lösungswege entwickeln. Sie sind nicht verstrickt in die Geschichte der Institution oder Schule und haben keine (heimlichen) eigenen Interessen. Sie handeln immer im Interesse der Weiterentwicklung des Systems, tragen zu einer solidarischen und transparenten Kommunikationskultur bei, kennen Beteiligungsverfahren und aktivierende Methoden, um wirklich partizipative Prozesse zu unterstützen.

Barbara Brokamp, Montag Stiftung Jugend und Gesellschaft

Manche finden es hilfreich, einen »kritischen Freund« oder eine »kritische Freundin« in die Index-Gruppe mit aufzunehmen. Auch das kann eine externe Person sein, die die Schule gut kennt und sich zugleich fördernd und fordernd einbringt. Kritische Freund*innen können zum Beispiel Lehrpersonen anderer Schulen, Bildungsberater*innen, Mitglieder von Schulgremien, Psycholog*innen und Bildungswissenschaftler*innen sein. Eine Grund- und eine weiterführende Schule haben zum Beispiel entschieden, die Arbeit mit dem Index dafür zu nutzen, enger zusammenzuarbeiten. Dazu haben sie jeweils eine Person der anderen Schule als kritische*n Freund*in benannt.

Eine schulexterne Person sollte die Abläufe über einen längeren Zeitraum begleiten können. Es ist auch möglich, dass die Mitglieder der Planungsgruppe die Rolle kritischer Freund*innen übernehmen. Dies kann besser sein, als eine externe Person hinzuzuziehen, die sich nicht über längere Zeit an der Entwicklung beteiligen kann. Alle Mitglieder der Gruppe können sich gegenseitig behutsam darauf hinweisen, ihre Einschätzungen und Ergebnisse gut zu belegen.

Arbeiten Sie inklusiv

Inklusion ist nicht nur das Ziel inklusiver Prozesse, sondern auch der Weg dahin. Kritische*r Freund*in zu werden, von der Diskussion zum Dialog überzugehen – das sind inklusive Prozesse. Die Planungsgruppe sollte selbst ein

Modell für inklusive Praxis in der Schule sein. Dazu gehört, gut zusammenzuarbeiten, jedem unabhängig von Geschlecht, Herkunft oder Status Gehör zu schenken und sich dafür einzusetzen, dass niemand die Gruppe dominiert. Die Mitglieder müssen das Gefühl haben, dass sie den anderen vertrauen können und dass es möglich ist, frei und in gegenseitigem Vertrauen zu sprechen. Jede*r sollte sich so äußern, dass es zum Dialog einlädt. Meinungsunterschiede sollten als Ressource angesehen werden, die die Gruppe in ihrem Denken voranbringen kann.

Dokumentieren Sie Ihre Arbeit und die Ergebnisse

Es ist wichtig, den Prozess zu dokumentieren, um die Fortschritte der letzten drei, sechs oder zwölf Monate reflektieren zu können. Stellen Sie sich vor, dass Sie andere mit diesen Nachweisen über die gemachten Fortschritte informieren wollen. Das können Protokolle von Treffen und Meetings sein, Gedanken, Fragen, Fotos, Videos. Im weiteren Verlauf der Arbeit können verschiedene Personen zu einer solchen Dokumentation beitragen. Konkrete Angaben sind wichtig, auch darüber, welche Indikatoren und Fragen genutzt werden, um die Entwicklung anzuregen. Die Arbeit mit dem Index kann an einer Schule einen zusätzlichen Schub bekommen, wenn Lehrpersonen, die ein Studium oder eine Weiterbildung machen, ihre Erfahrungen mit dem Index in Abschluss- oder Projektarbeiten einfließen lassen und sich dann mit Kolleg*innen darüber austauschen. Die Fragen in Abbildung 19 können helfen, Entwicklungsschritte jeder Art zu dokumentieren.

- Was war das Handlungsfeld oder das Anliegen?
- Wer war beteiligt?
- Wie war die Situation vor Anwendung des Index?
- Was wurde unternommen?
- Welche Veränderungen haben sich durch die Arbeit mit dem Index ergeben?
- Womit lassen sich diese Veränderungen belegen?
- Welche Barrieren gab es?
- Wie wurden sie überwunden?

Abbildung 19: Welche Veränderungen wurden als Folge der Arbeit mit dem Index vorgenommen?

Nutzen Sie die Indikatoren und Fragen

Es kann sinnvoll sein, beim ersten Treffen direkt den Kern des Index mit seinen Indikatoren und Fragen vorzustellen. Erfahrungsbericht 3 beschreibt, wie die Index-Beauftragte einer Musikschule am Anfang jeder Sitzung mit einer Index-Frage arbeitete und wie es dazu gekommen ist. Beharrlichkeit und Regelmäßigkeit sind wichtige Schlüssel zum Erfolg. Im Erfahrungsbericht 4 wird die Bedeutung des Dialogs erkennbar: »Das Nachfragen regt sorgfältige Gespräche an, lässt sie tiefer gehen und hinter die erste, vermeintlich klare Antwort blicken«.

Erfahrungsbericht 3: Der Realität ins Auge sehen

Ich bin Lehrerin und Inklusionsbeauftragte an einer Musikschule. Vor sieben Jahren hatten sich alle 23 Kolleg*innen bereit erklärt, gemeinsam an der inklusiven Entwicklung der Schule zu arbeiten und unter anderem in jeder Konferenz eine Frage aus dem Index zu thematisieren. In einer der ersten Konferenzen – am Schulschluss – stand folgende Frage am Ende der Tagesordnung: »Wird die Förderung von Kooperation als genauso wichtig angesehen wie die Bestärkung von Individualität?« Sie löste leider keinen Dialog über den Inhalt aus, sondern Kommentare zur Formulierung der Frage und zur Unverständlichkeit der Fremdwörter – mit relativ aggressiven Untertönen. Für mich war deutlich zu spüren, dass keine Bereitschaft für ein ernsthaftes Hinterfragen da war. Ich war verärgert und enttäuscht und verließ wütend die Konferenz. Das bewirkte zwar einerseits ein abruptes Ende der Konferenz und ein schlechtes Gewissen meinerseits, löste aber auch Betroffenheit und einen Nachdenkprozess bei den Kolleg*innen aus. Wenn mir etwas so wichtig war, musste doch etwas dran sein! Der Schulleiter war nun überzeugt davon, dass er dem Thema höhere Priorität geben und die Index-Frage immer an den Beginn unserer Konferenzen stellen sollte, und ich überlegte während der Sommerferien immer wieder, was es noch bräuchte, um die Auseinandersetzung mit den Index-Fragen für alle zu einer Bereicherung zu machen. In der ersten Konferenz zu Beginn des Schuljahres besprachen wir im Team noch einmal die Bedeutung einer inklusiven Entwicklung für unsere Schule und kurz auch das Wesen der Fragen. Dann startete ich einen neuen Versuch: »Voller Mut und voller Vertrauen in euch alle stelle ich dieselbe Index-Frage heute noch einmal.« Diesmal – und auch all die Jahre weiterhin – war das Ergebnis ein fruchtbarer Dialog.

Angela Gredler, Musikschule Wiener Neudorf, Österreich

Erfahrungsbericht 4: Die Antwort hinter der Antwort – Selbstreflexion durch Dialog

»Betrachten sich alle Erzieher*innen und Kinder gegenseitig zugleich als Lernende und Lehrende?« In der Sitzung eines begleiteten Prozesses mit dem Index für Inklusion in einer Kindertagesstätte wird diese Frage zunächst einhellig beantwortet: Ja – natürlich ist das so! Wir sind alle Lernende, wir lernen jeden Tag. Plötzlich stutzt eine Kollegin: Kann es sein, dass die Kinder uns Erwachsene auch als lernend betrachten? Können wir das wissen? In welchen Äußerungen zeigen die Kinder das – und wie zeigen wir, wenn wir etwas gelernt haben? Das Nachfragen regt sorgfältige Gespräche an, lässt sie tiefer gehen und hinter die erste, vermeintlich klare Antwort blicken. Die Beteiligten sind neugierig auf die Perspektive der Kinder zu dieser Frage und beginnen sich zu überlegen, wie sie sich als Lernende einbringen können. Im Stuhlkreis wird erzählt, was Einzelne heute gelernt haben – dabei teilen auch die Erwachsenen den Kindern mit, was sie gelernt haben. Auch im Dialog mit einzelnen Kindern können Erzieher*innen ausdrücken, wann sie lernen. Erkennen, dass alle gemeinsam lernen – Tag für Tag –, lässt die Lernenden als gleichwertig erkennen.

Andrea Platte, aus einer Prozessbegleitung mit dem Index für Inklusion in einer Kindertageseinrichtung in NRW, Deutschland

Bei ihrer Arbeit mit dem Index entwickelte Judith Carter, Beraterin eines Projekts in Norfolk, die »Fünf-Minuten-Einführung in den Index«. Dabei geht sie zunächst nicht auf die Fülle der Themen im Index ein, die auf den ersten Blick überfordern kann, sondern stellt direkt sein Hauptanliegen vor: nämlich Schulpersonal, Schulgremien, Kinder, Jugendliche und ihre Familien dabei zu unterstützen, in den ihnen wichtigen Bereichen aktiv zu werden. Wenn Menschen sehen, dass der Index sie in ihren Anliegen unmittelbar unterstützt, fühlen sie sich bestärkt, ihn in die langfristige Planung einzubeziehen. Es ist gut, wenn die Mitglieder des Teams, die die Arbeit mit dem Index koordinieren, sich damit vertraut machen. Der kurze Überblick über die Struktur des Index in Abbildung 20 und die vorgeschlagene Arbeitsanregung 1 können dabei helfen.

2 000 Fragen

70 Indikatoren

3 Dimensionen

16 inklusive Werte

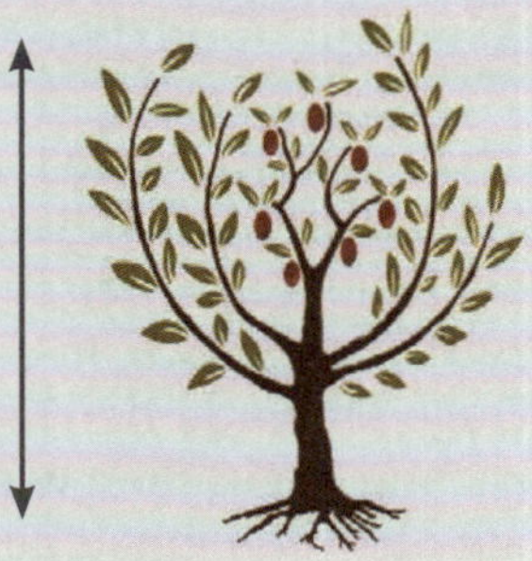

Abbildung 20: Die Struktur des Index – von den Werten zum Handeln

Arbeitsanregung 1: Eine Fünf-Minuten-Einführung in den Index

Schauen Sie sich den Werterahmen auf Seite 34 an. Er ist die Grundlage für den Index. Ziel der Arbeit mit dem Index ist es, diese Werte in aktives Handeln umzusetzen. Gehen Sie nun zu den Indikatoren auf den Seiten 18–19 und schauen Sie sich an, wie sie in Dimensionen und Bereiche gegliedert sind. Wählen Sie einen Indikator aus, der ein wichtiges Anliegen oder besonderes Interesse für die Entwicklung Ihrer Schule enthält, und gehen Sie dann zu den entsprechenden Fragen, um Ihren Eindruck zu vertiefen.

Arbeitsanregung 2: Lieblingsfragen

Die Mitglieder der Planungsgruppe können sich vor dem ersten Treffen einige Indikatoren und Fragen in Teil 4 des Index anschauen und für die Diskussion eine Lieblingsfrage auswählen, die ein wichtiges Thema ihrer Schule betrifft. Jedes Gruppenmitglied kann seine Frage vorstellen und erklären, warum sie wichtig ist. Alternativ dazu kann die Person, welche die Gruppe leitet, drei oder mehr Fragen aus verschiedenen Teilen des Index auswählen, von denen sie denkt, dass sie zum Gespräch anregen und den Beteiligten helfen können, die Index-Materialien besser kennenzulernen. Einige der Anwender*innen haben die Erfahrung gemacht, dass die Gespräche oft zu den für die Schule wichtigen Herausforderungen führen, unabhängig davon, welche Frage gewählt wird.

Arbeitsanregung 3 bietet die Gelegenheit, über den Einsatz der Fragebögen zu sprechen. Eine detaillierte Auswertung von Fragebögen mit Grafiken, Diagrammen und Tabellen kann sehr zeitaufwendig sein und den Start der Entwicklungsarbeit verzögern. Wenn die Fragebögen für Gespräche mit dem Schulpersonal, den Eltern, Kindern und Jugendlichen genutzt werden sollen, ist es wichtiger, die Entwicklungsschwerpunkte der Befragten auszuwerten als den gesamten Fragebogen. Alle Fragen sind so formuliert, dass ihre Beantwortung mit »Ja« als positive Einschätzung der Schule betrachtet werden kann. Manchmal stellen die Beteiligten ihre Schule inklusiver dar, als sie tatsächlich ist. Wenn dann die Gruppenmitglieder Vertrauen entwickeln und ehrlich zueinander sind, kann der Eindruck entstehen, dass Inklusion an ihrer Schule abnimmt. Aus diesem Grund können die Index-Fragebögen nur bedingt zur Bewertung von Fortschritten in der Inklusionsentwicklung genutzt werden.

Arbeitsanregung 3: Fragebogen mit Indikatoren nutzen, um Schwerpunkte für die Entwicklung zu finden

Ziel dieser Arbeitsanregung ist es, mithilfe der Indikatoren aus dem Index herauszufinden, mit welchen Themen sich eine Schule intensiver befassen möchte. Die komplette Liste der Indikatoren (S. 18–19) gibt es auch als Fragebogen (S. 204–207). Sie können die Fragebögen einzeln beantworten, Ihre Antworten mit anderen aus aus der Planungsgruppe vergleichen und sich über die Unterschiede austauschen. Bei jedem Indikator gibt es fünf Antwortmöglichkeiten: »stimme vollständig zu«, »stimme eher zu«, »lehne eher ab«, »lehne vollständig ab« und »benötige mehr Information/weiß nicht«. Alternativ können die Indikatoren auf Karten geschrieben und den jeweiligen Antworten zugeordnet werden. Am Ende des Fragebogens ist Platz, um drei Dinge aufzuschreiben, die Ihnen an Ihrer Schule am besten gefallen bzw. die Sie gerne ändern würden. Die Planungsgruppe sollte sich austauschen und darüber diskutieren, welche Prioritäten es für die Entwicklung der Schule gibt.

Arbeitsanregung 4: Eine Haltung finden zu Bereich C1: Curricula für alle erstellen

Die Planungsgruppe überlegt, wie es zu den Indikatoren in Bereich C1 steht. Hier kann es Unterschiede zwischen Primar- und Sekundarstufe geben, obwohl beide an Lehrplanvorgaben gebunden sind. Die Gruppe kann dazu die Argumente für ein alternatives Curriculum auf den Seiten 48–53 in Teil 2 anschauen.

- Inwieweit bieten die Indikatoren und Fragen in Bereich C1 einen sinnvollen Weg, um Lernbereiche oder ein Curriculum zu planen?
- Inwieweit können Aspekte von C1 genutzt werden, um ein herkömmliches Curriculum zu verbessern?
- Wie kann der Index genutzt werden, um die Beteiligten zum Dialog über Lernbereiche anzuregen?

Arbeitsanregung 5: Belege für Entwicklung finden

Die Planungsgruppe wählt einen Indikator aus, bei dem die Schule gut abschneidet, und einen, bei dem es noch Raum für Entwicklung sieht. Die Mitglieder versuchen, Nachweise zu finden, die diese Einschätzung belegen. Sie können die Fragen zu den jeweiligen Indikatoren nutzen, um Anhaltspunkte für mögliche Belege zu finden.

Arbeitsanregung 6: Weitere Indikatoren und Fragen prüfen

Diese Aufgabe kann zwischen den Treffen erfolgen. Alle Mitglieder der Planungsgruppe machen sich dazu mit den Indikatoren und Fragen des Index vertraut, wenn sie das nicht bereits getan haben. Manche Fragen werden einen Aspekt der Schule betreffen, der sich leicht verändern lässt, während andere Fragen dazu anregen, über tief greifende und umfassende Veränderungen nachzudenken. Sie können Ihre Gedanken beim nächsten Treffen mit der Gruppe teilen.

Sprechen Sie über Werte

Wenn Sie sich mit den Indikatoren und Fragen beschäftigen, kommen in der Regel auch die Werte zur Sprache, selbst wenn sie als Thema nicht vorgesehen waren. Gespräche über die Werte lassen sich anhand des Indikators A2.1 weiterführen: »Alle an der Schulgemeinschaft Beteiligten verständigen sich über gemeinsame inklusive Werte.« Die Gruppe kann überlegen, wie der Werterahmen auf den Seiten 33–46 in die Werte einer Schule in Abbildung 6 (S. 43) übersetzt wurde.

Arbeitsanregung 7: Werte und Handeln

Die Planungsgruppe teilt sich auf und jede Untergruppe sucht sich einen Wert, mit dem sie sich näher auseinandersetzt. Der gewählte Wert wird in die Mitte eines Flipchartbogens geschrieben und jede Gruppe überlegt, was ihr Wert bedeutet und welche Handlungen in einer Schule, die diesen Wert vertritt, gefragt oder nicht gefragt sind (vgl. Erfahrungsbericht 5). Um den Wert herum wird festgehalten, was sich in den Lernbereichen und Teamräumen, im Umfeld der Schule sowie in den Beziehungen tun würde, wenn dieser Wert fest in den Kulturen der Schule verankert wäre. Die Ergebnisse dieses Austauschs können mit der Planungsgruppe geteilt werden. Folgende Fragen geben dabei Orientierung:

- Was würde sich an den Aktivitäten der Schule verändern, wenn sie sich auf eine Orientierung an inklusiven Werten verständigt?
- Inwieweit kann es Veränderungen im Handeln anregen, wenn das Schulpersonal unter sich und mit den Kindern und Jugendlichen über Werte spricht?

Erfahrungsbericht 5: Mit dem Index starten

»In der Auseinandersetzung mit den Werten habe ich langsam verstanden, was mit Inklusion gemeint ist!« So und ähnlich lautete der Tenor nach der breiten Auseinandersetzung mit den inklusiven Werten unmittelbar nach dem Start des Inklusionsprojekts Wiener Neudorf. Alle im Ort vertretenen Bildungseinrichtungen sowie die Gemeinde wollten zusammenarbeiten, um das Leben in den Bildungseinrichtungen und die Zusammenarbeit untereinander inklusiver zu gestalten. Die vorangegangene Beschäftigung mit Strukturen, Rahmenbedingungen und Begrifflichkeiten war vielen zu abstrakt und theoretisch. Das Einlassen auf inklusive Werte und ihre Bedeutung für unseren Alltag brachten Leben in das Ringen um Verständnis. Plakate mit Überschriften wurden angefertigt, wie »Anerkennung von Vielfalt ist für mich, wenn …«, »Teilhabe ist für mich, wenn …« oder »Gemeinschaft ist für mich, wenn …« usw. Eine erste Auseinandersetzung erfolgte im Index-Team, dem Steuerteam des Projekts mit Vertreter*innen aller Bildungseinrichtungen sowie der Eltern und der Gemeinde. In manchen Belangen war man sich grundsätzlich einig, bei Themen wie Teilhabe, Vielfalt und Gleichberechtigung entspann sich rasch ein angeregter Dialog. Immer wieder tauchte die Frage nach Grenzen auf. Erst die Besinnung auf eine gemeinschaftliche Verantwortung für den Abbau vorhandener Barrieren, auf Mut und andere ergänzende Werte brachte Entspannung und Erleichterung – und Vertrauen in die Wirksamkeit der inklusiven Werte. Anschließend wurden die Plakate in den einzelnen Einrichtungen so aufgestellt, dass Personal, Eltern und Kinder Zugang hatten und ihre Meinungen beisteuern konnten. Als Wanderplakate wechselten sie von Einrichtung zu Einrichtung und gaben immer wieder Anstoß zu Auseinandersetzung und Austausch. »Ist das denn inklusiv?« Diese Frage war nun immer öfter zu hören. Das Bewusstsein für Inklusion und eine kritische Auseinandersetzung mit dem gelebten Alltag waren geweckt. Heute, zehn Jahre später, ist das Projekt in der ganzen Gemeinde wirksam – wenn auch in unterschiedlicher Intensität – und der Index mit seinen vielen Fragen eine selbstverständliche Grundlage für Reflexion und Organisationsentwicklung.

Irene Gebhardt, Einblicke in das Projekt unter www.wiener-neudorf.gv.at/Inklusion

Entwickeln Sie eine gemeinsame Sprache

Es macht Sinn, sich über das Verständnis von Schlüsselbegriffen aus dem Index auszutauschen, bevor Sie sie mit anderen teilen. Die Arbeitsanregungen 8, 9 und 10 klappen am besten, wenn vorher alle die damit zusammenhängenden Indikatoren und Fragen gelesen haben. Einige Anwender*innen haben berichtet, dass sich ihr Verständnis von Inklusion, Barrieren, Ressourcen und Unterstützung von Vielfalt im Verlauf der Arbeit mit dem Index verändert und weiterentwickelt hat.

Arbeitsanregung 8: Was ist Inklusion?

Die Gruppe kann sich anhand von Indikator A2.4 darüber austauschen, was sie und was andere unter Inklusion verstehen: »Inklusion wird als Möglichkeit für die Entwicklung der Partizipation aller verstanden.« Dazu kann Abbildung 5 auf Seite 31 herangezogen werden. Dort sind verschiedene Aspekte von Inklusion aus dem Index abgebildet. Es bietet sich an, jeden Punkt kurz zu diskutieren. Der erste bezieht sich darauf, Inklusion als die Umsetzung von Werten in aktives Handeln zu verstehen, wie auf den Seiten 33–46 beschrieben.

Wenn über Inklusion gesprochen wird, treffen oft unterschiedliche Meinungen aufeinander. Wahrscheinlich sind nicht alle Beteiligten mit allen Aspekten des von den Autoren und Herausgeber*innen des Index vertretenen Inklusionsverständnisses einverstanden. Wir hoffen aber, dass es für alle nachvollziehbar ist, Inklusion als etwas zu sehen, das alle Kinder, Jugendlichen und Erwachsenen betrifft und das Veränderungen in den Kulturen, Strukturen und Praktiken einer Schule mit sich bringt. Wenn man sich darüber grundsätzlich einig ist, können weitergehende Meinungsunterschiede in der Gruppe stehen gelassen oder im Prozess aufgelöst werden.

Überprüfen Sie Veränderungen und Entwicklungen an der Schule

Der Index bietet die Chance, Entwicklungen an einer Schule zu überprüfen. Schulen haben dazu ganz unterschiedliche Ansätze. An einigen Schulen arbeitet eine große Gruppe relativ systematisch zusammen. In anderen Schulen wird die Planung schriftlich von wenigen oder einer einzelnen Person erstellt. Der Index ist für jede*n eine Hilfe, um darüber nachzudenken, was in den Entwicklungsplan geschrieben werden kann. Wir hoffen, dass Personen, die einen nicht-partizipativen Ansatz verfolgen, durch diese Auseinandersetzung ermutigt werden, die Beteiligung des Schulpersonals, der Schüler*innen und ihrer Familien auszuweiten und zu vertiefen, sodass ihr Wissen und ihre Ideen einen Beitrag zur inklusiven Entwicklung leisten können.

Arbeitsanregung 9: Barrieren und Ressourcen

Die Gruppe setzt sich mit den Konzepten »Barrieren für Lernen und Teilhabe« und »Ressourcen zur Unterstützung von Lernen und Teilhabe« auseinander, nachdem sie die Seiten 56–62 in Teil 2 des Index gelesen hat. Folgende Fragen können dabei helfen:

- Welche Barrieren für Lernen und Teilhabe gibt es in der Schule?
- Wer erlebt Barrieren für Lernen und Teilhabe?
- Welche Ressourcen zur Unterstützung von Lernen und Teilhabe existieren bei Erwachsenen, Kindern und Jugendlichen sowie im Umfeld der Schule?
- Wie können zusätzliche Ressourcen zur Unterstützung von Lernen und Teilhabe in der Schule mobilisiert werden?

Die Idee, Ressourcen bei Erwachsenen, Kindern und Jugendlichen sowie im Umfeld der Schule zu mobilisieren, wird im Index immer wieder hervorgehoben. Die Gruppe kann gemeinsam überlegen, wie sich diese Idee in den Indikatoren und Fragen spiegelt. Sie ist zum Beispiel curriculumsübergreifend in dem Gedanken enthalten, dass alle Inhalte in Bereich C1 lokal und global verbunden sein sollten oder dass alle eine Aufgabe haben, um zu Indikator A1.7 beizutragen: »Die Schule ist ein Modell für demokratisches Zusammenleben.«

Arbeitsanregung 10: Was ist »Unterstützung von Vielfalt«?

Auf Seite 62 wird ein umfassendes Verständnis von Unterstützung beschrieben: »Dazu gehören alle Aktivitäten, die eine Schule befähigen, auf die Vielfalt der Kinder und Jugendlichen einzugehen und alle gleichermaßen wertzuschätzen.« Die Gruppe kann sich dazu folgende Fragen stellen:

- Welche Aktivitäten zählen in dieser Schule als Unterstützung?
- Was bedeutet die Definition von Unterstützung im Index für die Arbeit des Schulpersonals?
- Was bedeutet die Definition von Unterstützung im Index für die Koordinierung der Unterstützung?

An den meisten Schulen gibt es vielfältige Veränderungen, die nicht im Schulentwicklungsplan stehen. Diese können schulintern initiiert oder eine Reaktion auf eine lokale oder landesweite Initiative sein, auf externe Vorgaben bzw. eine externe Evaluation oder Inspektion. Die Planungsgruppe kann diese Aktivitäten auflisten und überlegen, inwiefern sie eine inklusive Entwicklung unterstützen oder behindern und wie sie Teil des formalen Entwicklungsplans werden können.

Arbeitsanregung 11: Überprüfen der aktuellen Entwicklungsplanung

Die Gruppe kann sich die aktuelle Entwicklungsplanung vornehmen. Besprechen Sie die Verfahren, die für die Entwicklungsplanung an Ihrer Schule angewendet werden, indem Sie auf die Fragen zu Indikator B1.1 antworten: »Die Schule entwickelt sich partizipativ weiter.« Sie können über die Richtlinien in Abbildung 21 reflektieren und die Entwicklungsplanung in Ihrer Schule anhand der folgenden Fragen analysieren:

- Wie hat sich die Schule im letzten Jahr verändert und warum?
- Wie sieht der Inhalt des Entwicklungsplans aus und inwieweit spiegelt er die Veränderungen wider, die bereits stattgefunden haben und derzeit stattfinden?
- Welche Entwicklungsaktivitäten finden zurzeit statt, die nicht auf dem Plan stehen?
- Inwieweit sind die Prioritäten im Plan hilfreich, um inklusive Werte in Handeln umzusetzen und zu verankern?
- Wie wird der Plan umgesetzt?
- Wie könnten der Planungsprozess und -inhalt sowie die Umsetzung des Plans verbessert werden?
- Wie kann der Index dazu beitragen, die Planung zu verbessern?
- Wie kann ein Plan entwickelt werden, der für alle Erwachsenen, Kinder und Jugendlichen im Schulkontext zugänglich ist und sie motiviert?

Erfahrungsbericht 6 beschreibt, welche Dokumente einer Bildungseinrichtung auf der Folie inklusiver Werte und Entwicklungen mit Fragen des Index analysiert werden können. Die Vorschläge für die Praxis stammen von einer Pädagog*innengruppe aus Südtirol.

Erfahrungsbericht 6: Einsatz des Index bei der Analyse von Dokumentationen

Die inklusive Ausrichtung eines Sprengels[13] lässt sich daran ablesen, wie Informationen, Prozesse zur Entscheidungsfindung, Transparenz oder institutionelle Aktivitäten organisiert sind. Diese Punkte spielen auch im Index eine wichtige Rolle. Allen voran geben Leitbild und Schulprogramm einen Einblick in die pädagogische Grundausrichtung einer Institution.

»Erziehungskonzept unseres Sprengels
Wir fördern die Persönlichkeitsentwicklung der Kinder.
Die Schule fördert die Entfaltung der Persönlichkeit der Schülerinnen und Schüler und schafft die Rahmenbedingungen für ein ganzheitliches, fächerübergreifendes und dialogisches Lernen. Sie geht auf individuelle Stärken und Unterschiede ein, einschließlich jener, die durch Beeinträchtigungen bedingt sind, und schätzt sprachliche und kulturelle Vielfalt als Wert. (...)
Individuelle Unterschiede sehen wir als Bereicherung für die Gruppe. Die Kinder sollen voneinander und miteinander lernen. Das Lernen in verschiedenen Sozialformen ermöglicht das Einbringen eigener Stärken und vertieft das Gemeinschaftsgefühl.«
(Schulprogramm auf der Website www.unsereschule.it)

Mithilfe der Dimensionen und Indikatoren des Index kann auf Ebene des Sprengels und der einzelnen Institutionen ermittelt werden, was bezüglich der Umsetzung einer inklusiven Schule oder eines inklusiven Kindergartens bereits läuft:

a. Das Leitbild der Schule: Welche Aussagen zur Inklusion sind darin enthalten, welche Haltungen in Bezug auf Vielfalt sind zu erkennen?
b. Das Schulprogramm: Wie versucht man die Aussagen des Leitbilds im Alltag umzusetzen? (...)
c. Die Homepage der Schule: Woran erkennt man, dass an dieser Schule Vielfalt einen besonderen Platz einnimmt? Wie transparent ist die Information für alle Beteiligten? Werden alle Beteiligten angesprochen?
d. Jahrespläne der Klassenräte: Welche pädagogisch-didaktischen Maßnahmen sind vorgesehen, um Individualisierung und Personalisierung der Lernangebote und Lernwege zu ermöglichen? Ist ein gemeinsames inklusives Unterrichtskonzept erkennbar?
e. Informationen des Lehrerkollegiums – der Eltern: Sind die Informationen allen zugänglich, auch unter Berücksichtigung von Eltern, die nicht deutscher Muttersprache sind?
f. Arbeitsgruppen: Gibt es Arbeitsgruppen, die sich spezifisch mit dieser Thematik beschäftigen?
g. Inanspruchnahme von Unterstützungsformen: Welche Unterstützungsangebote gibt es, sind sie allen bekannt, welche werden genutzt?
h. Schulstufenübergreifende Koordinierung: Wird der Übergang von einer Bildungsstufe in die nächste so gestaltet, dass er für alle Kinder erfolgreich verläuft, dass sich alle Kinder und deren Eltern in der nächsten Bildungsstufe willkommen fühlen?
i. Sprache und Begriffe: Wird bei Mitteilungen darauf geachtet, dass Wertschätzung ausgedrückt wird, dass korrekte Begriffe verwendet werden?
j. Leitlinien/Abläufe: Sind immer wiederkehrende Abläufe klar geregelt und allen bekannt? Z.B. Einführung neuer Lehrpersonen zu Beginn und während des Schuljahres, Einschreibung neuer Schüler*innen nicht deutscher Muttersprache während des Schuljahres, Ausfall von Lehrpersonen, von Mitarbeiter*innen für Integration ...? (Vgl. Brugger-Paggi/Demo/Garber/Ianes/Macchia 2013, S. 127 f.)

13 Ein Schulsprengel bezeichnet in Südtirol eine größere schulische Institution, die aus mehreren Schulen (Schulstellen) besteht und von einer Führungskraft geleitet wird.

Was sollte der Plan enthalten?

- Inklusive Werte, an denen die Entwicklung ausgerichtet wird
- Prioritäten für die kurz-, mittel- und langfristige Entwicklung; dabei wird berücksichtigt:
  - Einbeziehung von Schulpersonal, Eltern/Erziehungsberechtigten, Kindern und Jugendlichen, weiteren wichtige Personen
  - vorhandenes Wissen, Erfahrungen und Selbsteinschätzung der Schulleitung
  - Anforderungen von außen
  - Prüfung der Zusammenhänge zwischen Einschätzung und Planung
  - Chancen und Möglichkeiten vor Ort
  - Notwendigkeit, Kulturen, Strukturen und Praktiken zu verbinden
  - Indikatoren und Fragen, die die Umsetzung unterstützen
  - Konkrete Anleitungen zum Handeln, wenn möglich mit folgenden Angaben:
    - Was ist zu tun?
    - Wer übernimmt für die anstehenden Aufgaben die Verantwortung?
    - Welche unterstützenden Ressourcen können mobilisiert werden?
    - Zeitplan

Überprüfung und Überarbeitung des Plans

- Ungefähr alle drei Monate durchführen
- Sollte neue Prioritäten berücksichtigen
- Sollte Belege für die Entwicklung enthalten

Abbildung 21: Tipps für einen wertegeleiteten Entwicklungsplan nach inklusiven Werten

Bündeln Sie Programme und Projekte

Schulen beteiligen sich aus verschiedenen Gründen an Programmen und Initiativen: Schulpersonal und Eltern setzen sich dafür ein, es gibt besondere Mittel oder eine Anweisung der Bildungsbehörden. Manchmal gelingt es solchen Projekten nicht, an bereits bestehende Maßnahmen und Entwicklungen anzuschließen. So kann es passieren, dass eine Förderung des »Lernens außerhalb des formalen Lernangebots« (Department for Education and Skills 2006) nicht darauf eingeht, dass das Schulpersonal bereits Maßnahmen ergriffen hat, um auf die Lernsituation der Schüler*innen zu Hause zu reagieren.

Arbeitsanregung 12: Synergien nutzen

Die Gruppe beschäftigt sich mit Maßnahmen, Initiativen und Programmen, die im letzten Jahr an der Schule stattgefunden haben und zukünftig im Rahmen des Entwicklungsplans oder unabhängig davon geplant sind. Folgende Fragen können dabei eine Orientierung geben:

- Inwieweit überschneiden sich Programme, Initiativen und Maßnahmen an unserer Schule?
- Wie können Programme und Initiativen besser koordiniert werden?
- Wie können Programme und Initiativen besser in die normalen Aktivitäten der Schule integriert werden?
- Wie kann eine Werteorientierung dazu beitragen, die Maßnahmen zu bündeln und ihre Umsetzung zu unterstützen?

Erfahrungsbericht 7 handelt von einer Schweizer Schule, in der verschiedene »Baustellen« so koordiniert und zusammengelegt werden konnten, dass für viele Beteiligte der Sinn und die Bedeutung schulinterner Evaluation erkennbar und für die inklusive Entwicklung brauchbar wurden.

Erfahrungsbericht 7: Die inklusive Schulentwicklung mit anderen Entwicklungsprojekten koordinieren

Auf der Sekundarstufe I (7. bis 9. Schuljahr) einer Schweizer Schule werden die Schüler*innen in mehreren Unterrichtsfächern (D, E, F und Math.) in drei verschiedenen Leistungsniveaus unterrichtet (erweiterte Ansprüche bis Grundanspruch A, B und C). Die kantonale Bildungspolitik hat den Auftrag gegeben, im kommenden Schuljahr alle Jugendlichen in Regelklassen gemeinsam zu beschulen. Es gibt in Zukunft keine separiert geführten Kleinklassen für Lernende mit sogenannten Lernschwierigkeiten, das heißt kein Leistungsniveau »D« mehr.
Das Team an der Schule wird von einem erfahrenen Prozessbegleiter für inklusive Schul- und Unterrichtsentwicklung begleitet. Frühzeitig wurde erkannt, dass ein Schlüssel für den erfolgreichen Umgang mit Heterogenität die bessere Zusammenarbeit und die gegenseitige Unterstützung der unterschiedlich qualifizierten Fachkräfte an der Schule ist. Dieser Gedanke wurde umgehend in das zu überarbeitende Leitbild aufgenommen: »Die verschiedenen Kinder und die Jugendlichen und das Personal mit ihren je eigenen Ressourcen unterstützen sich und lernen voneinander und miteinander!« Das Unterstützungssystem, das heißt die bereits verfügbaren personellen, institutionellen, finanziellen und materiellen Ressourcen, soll im Laufe des Schuljahres schrittweise besser bekannt gemacht und angemessen genutzt werden. Gleichzeitig soll in der Schule schrittweise ein »Schulinternes Unterstützungs- und Beratungsteam« (SUB) aufgebaut werden, das sich am kanadischen Modell der »Methods & Resource Teams« orientiert (vgl. dazu auch Köpfer 2013).
Wie so oft klagt das Team über die vielen »Baustellen« und die zusätzliche Belastung. Daher wird entschieden, die anstehende schulinterne Evaluation der kantonalen Auftraggeber mit dem Index-Prozess zu koordinieren. Im Rahmen der Jahresziele wird die interne Evaluation für die Standortbestimmung und Selbstevaluation genutzt:

a. Erfahrung mit kooperativen Lernformen im Unterricht,
b. Zusammenarbeit des Personals und
c. vorhandene personelle Ressourcen.

Die Gruppe »Schulinterne Evaluation« bekommt von der Schulleitung den schriftlichen Auftrag, in einer Selbstevaluation mit dem Index gemeinsam mit den Beteiligten mehrere Entwicklungsziele zu formulieren und Weiterbildungsvorschläge zu machen.
Statt einer »Trockenübung« (interne Evaluation), für die sich niemand recht engagieren mag, können so die personellen Kräfte in Dialogen mit allen Beteiligten für die Standortbestimmung und damit für die inklusive Schul- und Unterrichtsentwicklung ohne zusätzlichen Aufwand fruchtbar gemacht werden.

Bruno Achermann, Nottwil/Luzern, Schweiz

Nutzen Sie den Planungsrahmen

Auf Seite 67 ist ein Planungsrahmen abgebildet, den die Gruppe kopieren und nutzen kann, um Schwerpunkte für die Entwicklung festzuhalten. Überlegen Sie, wie Entwicklungen zu den einzelnen Dimensionen und Bereichen des Index ablaufen sollen, um langfristig wirken zu können. Ein Schwerpunkt kann als Thema formuliert werden, das einem oder mehreren Indikatoren, einer oder mehreren Fragen zugeordnet wird.

Arbeitsanregung 13: Schwerpunkte stärken, Maßnahmen planen

Ein Schwerpunkt einer Dimension kann Entwicklungen in anderen Dimensionen erfordern, um eine nachhaltige Wirkung zu erzielen. Entscheiden Sie sich z. B. in Dimension B für den Schwerpunkt, eine Anti-Mobbing-Strategie durchzuführen, sollten Sie auch die Beziehungsindikatoren aus Dimension A hinzuziehen.
Definieren Sie einen Schwerpunkt, z. B. aus den Ergebnissen der Fragebögen zu den Indikatoren, situieren Sie ihn in Ihrem Planungsrahmen und stellen Sie sich die folgenden Fragen:

- Welche Veränderungen müssen in den anderen Bereichen stattfinden, damit die Entwicklung nachhaltig wirken kann?
- Wie können die Entwicklungsschwerpunkte umgesetzt werden?

Arbeitsanregung 14: Wie kann der Index dazu beitragen, bereits im Entwicklungsplan oder im Schulprogramm enthaltene Maßnahmen umzusetzen?

Überlegen Sie in der Gruppe, wie eine Umsetzung der Maßnahmen, die im Entwicklungsplan oder Schulprogramm bereits vorgesehen sind, durch die Arbeit mit dem Index verbessert werden kann.

Beseitigen Sie Barrieren für eine Einführung des Index

Nach Sichtung der Materialien überlegt die Gruppe, wie sie den Index anderen Mitgliedern der Schulgemeinschaft vorstellen kann, welche Barrieren auftreten können und welche Strategien es gibt, um sie zu überwinden.

Phase 2: Gemeinsam eine Richtung finden

Informieren und sensibilisieren Sie alle an der Schule Beteiligten

Bevor konkrete Entscheidungen für die Planung fallen, sollte die Schulgemeinschaft über den Index informiert werden. Wie unten vorgeschlagen, bietet es sich an, einen »Pädagogischen Tag« zu organisieren. Ein oder mehrere Mitglieder Planungsgruppe, die mit den Index-Materialien vertraut sind, können die-Zusammenarbeit beispielhaft vorstellen. Es kann auch eine schulexterne Person hinzugezogen werden, bei der sich die Teilnehmenden offen äußern können, z. B. jemand von der lokalen Schulbehörde oder ein*e Kolleg*in von einer anderen Schule, die bereits mit dem Index gearbeitet hat. Man sollte den Teilnehmenden noch einmal versichern, dass niemand von ihnen erwartet, von heute auf morgen alles zu verändern. Der Index hilft vielmehr dabei, Schwerpunkte für die Schulentwicklung zu definieren sowie inklusive und gut aufeinander abgestimmte Veränderungen einzuleiten. Im Anschluss an diesen Tag kann die Planungsgruppe erweitert werden.

Darüber hinaus ist es sehr sinnvoll und oft sogar nötig, den Blick aus der Schule hinaus in den Stadtteil mit den Vernetzungspotenzialen zu erweitern, das Gespräch und Kooperationen zu suchen. Inklusive Schulen und insbesondere Ganztagsschulen erkunden und nutzen mit Erfolg den Sozialraum. Dabei ist das wachsende gegenseitige Verständnis von entscheidender Bedeutung.

Machen Sie die Materialen des Index für alle zugänglich

Gespräche über den Index zu führen ist einfacher, wenn alle Beteiligten Zugang zu den Materialien haben. Am besten wäre es, wenn jede*r ein Buchexemplar für sich organisieren könnte. Für alle, die ein Buch haben, gibt es auch Online-Materialien (siehe S. 4), auf die mehrere Personen zugreifen können. Sie können auf Ihren Rechnern, Laptops und Tablets mit dem Index arbeiten oder ihn Eltern, Bezugspersonen und anderen Beteiligten aus dem Umfeld der Schule zugänglich machen, die kein eigenes Exemplar haben. Es können auch Kopien von Fragebögen oder anderen Seiten erstellt werden, um sie im Gespräch oder in Meetings zu nutzen.

Organisieren Sie einen Pädagogischen Tag

Ein Pädagogischer Tag, an dem sich das gesamte Schulpersonal und Mitglieder der Schulgremien treffen, ist eine Möglichkeit, um die Gespräche zu vertiefen. In Abbildung 22 ist der Ablauf eines solchen Tages skizziert. Ein Pädagogischer Tag kann auch in Kooperation mit anderen Schulen stattfinden. Ziel ist es, sich über mögliche Schwerpunkte für die Schulentwicklung auszutauschen, die anschließend von der Planungsgruppe zusammengestellt, systematisiert und ausgewertet werden. Der Tag kann auch Impulse liefern, die der Entwicklung eine neue, zuvor nicht gesehene Richtung geben.

Zur Vorbereitung werden passende Arbeitsschritte ausgewählt und abgestimmt. Es wird entschieden, ob und wie ein Dialog über Werte und die Entwicklung eines Werterahmens angeregt werden soll, wie die Indikatoren eingeführt werden und ob der Fragebogen mit den Indikatoren, der Planungsrahmen und der Schulentwicklungsplan als Kopie vorliegen sollen. Sie können eine Fünf-Minuten-Einführung in den Index (Arbeitsanregung 1) anbieten, zu der alle eine Lieblingsfrage mitbringen können (Arbeitsanregung 2), oder die Planungsgruppe wählt selber Fragen aus, die wichtige Themen der Schule widerspiegeln. Die Planungen sollten auch vorsehen, die Ansichten verschiedener Gruppen festzuhalten.

Die Planungsgruppe kann aufgrund eigener Erfahrungen mit den Index-Materialien einschätzen, wie viel Zeit die anderen für die einzelnen Aufgaben benötigen. Das Team führt durch die Aufgaben, damit alle für den Tag geplanten Schritte stattfinden können.

Die Einführung in den Index, z. B. in Form einer gemeinsamen Präsentation, könnte mit der Illustration auf Seite 15 beginnen. Sie zeigt, wie der Index die Schulentwicklung unterstützen kann. Während dieser Präsentation kann auch über den Werterahmen und die Integration bestehender Maßnahmen und Initiativen diskutiert werden; ebenso über die Nutzung der Begriffe »Barrieren«, »Ressourcen« und »Unterstützung«.

9:00 – 9:30 Uhr	Einführung in den Index (Plenum)
9:30 – 10:30 Uhr	Lieblingsfragen (Arbeitsanregung 2) Mithilfe der Indikatoren wichtige Anliegen erkennen (Arbeitsanregung 3)
10:30 – 11:00 Uhr	Kaffee und Tee
11:00 – 11:30 Uhr	Werte und Handeln (Arbeitsanregung 7)
11:30 – 12:30 Uhr	Inklusion, Barrieren, Ressourcen und Unterstützung (Arbeitsanregungen 8, 9, 10)
12:30 – 13:30 Uhr	Mittagessen
13:30 – 14:30 Uhr	Prüfen der bestehenden Planung für die Schulentwicklung (Arbeitsanregungen 11, 12, 13)
14:30 – 15:30 Uhr	Austausch zu Schwerpunkten der Entwicklung und weitere Planung (Arbeitsgruppen, dann Plenum)
15:30 – 15:45 Uhr	Nächste Schritte
15:45 Uhr	Kaffee und Ausklingen

Abbildung 22: Pädagogischer Tag – Handeln nach inklusiven Werten

Denken Sie über Ergebnisse des Pädagogischen Tages nach: Was ist wichtig?

Nach der Beschäftigung mit den Indikatoren und Fragen aus dem Index können die Beteiligten in der Regel bestimmte Bereiche nennen, in denen sich die Schule ihrer Einschätzung nach als Ganzes weiterentwickeln sollte, oder auch Einzelpunkte, die sie selbst oder zusammen mit anderen direkt in Angriff nehmen wollen. Es kann auch Bereiche geben, für die noch weitere Klärungen nötig sind, bevor eine Entscheidung fallen kann. Andere Schwerpunkte zeichnen sich erst ab, wenn die Informationen aus den verschiedenen Gruppen zusammengestellt und die Information und Befragung der Beteiligten weiter ausgedehnt und abgeschlossen wurden.

Planen Sie die nächsten Schritte

Am Ende des Pädagogischen Tages wird kurz erklärt, wie mit den eingeholten Informationen und Einschätzungen weiter verfahren wird. Die Planungsgruppe schließt die Befragung von Schulpersonal und Schulgremien ab und stellt die Ergebnisse zusammen. Dabei können Bereiche definiert werden, für die mehr Informationen nötig sind, z. B. von Kindern und Jugendlichen, Eltern und Erziehungsberechtigten sowie anderen Personen aus dem Umfeld der Schule. Dazu gehört auch, Informationen von den Personen einzuholen, die nicht am Pädagogischen Tag teilnehmen konnten.

Beteiligen Sie Kinder und Jugendliche

Schulen, die mit dem Index arbeiten, erhalten aus der Befragung von Kindern und Jugendlichen wichtige Anregungen für Entwicklungsbereiche, die sie so vorher nicht gesehen haben, z. B. in Hinblick auf Barrieren für das Lernen und auf Ressourcen, um sie zu beseitigen. Und umgekehrt erleben sich auch die Kinder und Jugendlichen auf diese Weise als bedeutungsvoll für die Schule, wie Adanyas Aussage bestätigt: »Louise [Klassenlehrerin] weiß nicht viel über Kinder. Wir selbst sind Kinder, so kann sie sehen, was wir oft machen und was wir mögen. Das kann sie von uns lernen« (Plate 2012, S. 185; Übersetzung der Autorin). Von Kindern und Jugendlichen Informationen über die Schule einzusammeln kann auch Teil des Curriculums oder Lehrplans sein, z. B. in den Bereichen »Sprache«, »Naturwissenschaften« oder »Demokratiebildung«. Alle Kinder und Jugendlichen in der Schule sollten die Gelegenheit haben, sich zu beteiligen, auch wenn nicht mit allen ausführliche Gespräche geführt werden.

Fragebögen können dabei helfen, Informationen von Kindern und Jugendlichen einzusammeln. Am besten funktioniert das, wenn man sie in der Gruppe einsetzt, um gemeinsam ins Gespräch zu kommen. Zwei Fragebögen »Meine Schule« sind in Teil 5 enthalten, einer für ältere Grundschulkinder und Jugendliche, einer für jüngere Kinder. Beim Beantworten der Fragen brauchen Kinder gegebenenfalls Hilfe. Bei jüngeren Kindern kann es sinnvoll sein, jede Frage gemeinsam zu lesen und Unterstützung anzubieten, wenn sie mit der Sprache und den Anleitungen oder dem Eintragen ihrer Ideen am Schluss nicht zurechtkommen. Kinder und Jugendliche sollten dazu ermutigt werden, gut zu überlegen, ehrlich zu antworten und sich nicht danach zu richten, was den Erwachsenen oder den anderen Kindern gefallen könnte. Die Fragebögen können angepasst werden, z. B. für bestimmte Altersgruppen oder ausgerichtet auf bestimmte Themen.

Neben den Fragebögen gibt es weitere Möglichkeiten, um Kinder und Jugendliche zu ermuntern, etwas über ihre Schule zu erzählen, was ihnen gefällt oder nicht gefällt, was ihnen beim Lernen hilft oder sie behindert. Dabei ist es wichtig, sorgfältig und aufmerksam zuzuhören, was Kinder und Jugendliche sagen oder nicht sagen – das gilt auch für Erwachsene.

Auch Fotos von beliebten oder unbeliebten Orten in der Schule und ihrer Umgebung können helfen. Ebenso können Karten und Zeichnungen, Rollen-

spiele, Puppenspiele oder Reaktionen auf Geschichten, Filme und Theaterstücke ein Impuls sein, um Ideen für eine Verbesserung der Schule zu entwickeln. Alle können mitmachen und die Praxis vor Ort beobachten, dokumentieren und beschreiben, gemeinsam eine Bestandsaufnahme machen und Vorschläge für Veränderungen sammeln. In der Primarstufe und vor allem in der Sekundarstufe kann man Gruppen von Schüler*innen einen Tag lang begleiten, um besser zu verstehen, wie sie bestimmte Lehr- und Lernaktivitäten, das Schulgelände, Freundschaften, Lehrpersonen und Teammitglieder erleben. Die Erfahrungen der Kinder und Jugendlichen können z. B. in Form eines Mosaiks präsentiert werden (Clark/Moss 2005).

Im Erfahrungsbericht 8 beginnt das Lehrer*innen-Team einer Grundschule die Index-Arbeit mit den Fragebögen. Das führt in Dialogen zu Themen, die bisher – in einer Schule, die bereits viel Erfahrung mit Inklusion hat – nicht angesprochen bzw. bedacht wurden. In einem nächsten Schritt wird die Sichtweise der Kinder mithilfe modifizierter Fragebögen erhoben und veröffentlicht. Gleichzeitig wird die Arbeit mit solchen Indikatoren, die die Perspektive der Schüler*innen und Lehrer*innen vereinen, in den Schulentwicklungsplan aufgenommen.

Erfahrungsbericht 8: Mit Fragebögen in den Index eintauchen

Als Index-Team an der Volksschule Graz-Brockmann begannen wir die Arbeit mit dem Index mit dem Fragebogen zu den Indikatoren (Q1). »Wir entschieden uns dafür, die Fragen gemeinsam zu beantworten und die Aspekte genauer zu diskutieren, bei denen wir unterschiedlicher Meinung waren«, berichtet die Schulleiterin. Bei vielen Fragen mussten wir die entsprechenden Indikatoren zurate ziehen und zunächst einmal klären, was im Detail gemeint war. Unsere Schule hat schon lange Erfahrung mit Inklusion. Doch schon die Arbeit mit dem Fragebogen führte uns zu Themen, mit denen wir uns noch nicht wirklich befasst hatten. Nach der Diskussion im Team wollten wir als Erstes wissen, wie die Kinder an unserer Schule darüber denken. Das Team beschloss, den Fragebogen für die Schüler*innen an den Standort anzupassen, dabei gab es lebhafte Diskussionen: »Die Kinder werden viele Begriffe, wie z. B. ›gerecht‹, subjektiv sehr unterschiedlich verstehen«, »Manche Fragen klingen so, als wären sie auf eine bestimmte Person ausgerichtet. Dürfen wir die beibehalten?«, »Wie finden wir die richtige Sprache, damit die Kinder die Fragen verstehen?«, »Können die Kinder die Bedeutung der Fragen und Inhalte überhaupt richtig einschätzen?« Die Schulleiterin erzählt: »Es war zunächst nicht einfach für uns, den Kindern das Vertrauen entgegenzubringen, dass sie Fragen zur Inklusion kompetent beantworten können.« Der Fragebogen wurde schließlich erstellt und allen Kindern vorgelegt, wobei die ersten Klassen mündlich interviewt wurden. Das Ergebnis wurde in der Schule veröffentlicht.
Die Einschätzung der Inklusion an unserer Schule durch die Schüler*innen bestätigte uns grundsätzlich auf unserem Weg, löste aber auch eine intensive Auseinandersetzung im Kollegium aus. Die Schule war gerade dabei, ihre nächsten Ziele für die Schulentwicklung zu definieren. Der in Österreich verpflichtende Rahmen SQA (Schulqualität in der Allgemeinbildung) gibt der Schule die Möglichkeit, eigene Entwicklungsthemen zu definieren, die dann in Bilanz- und Zielvereinbarungsgesprächen mit der Schulaufsicht abgeglichen werden. »Der Index ist ein gutes Werkzeug für die Schulentwicklung. Die Fragen der Indikatoren sind gut gegliedert und detailliert ausgeführt. Wir haben daraus viele Denkanstöße für eine kritische Auseinandersetzung mit Schulentwicklung und mit Inklusion im Speziellen mitgenommen«, meint die Schulleiterin.

Maria Rossegger, Saskia Hödl, Claudia Schätzer, Volksschule Graz-Brockmann

Erfahrungsbericht 9: Der Index für Kids

Zwei Studierende der Technischen Hochschule Köln haben einen Index für Kinder entwickelt. Der Index für Kids soll die jungen Mitglieder unserer Gemeinschaft zu einem Austausch über das inklusive Miteinander anregen. Die beiden Autorinnen verstehen Kinder als Expert*innen ihrer Lebenswelt. Ihren Meinungen Gehör zu verschaffen und somit ihre Kompetenzen anzuerkennen, ist ihr Anliegen. Der von ihnen entwickelte und erprobte Index für Kids besteht aus bunten Spielkarten, auf denen eine Auswahl von Indikatoren und Fragen aus dem deutschsprachigen Index für Inklusion in eine einfache Sprache übersetzt wurde. So entstand ein übersichtliches und ansprechendes Material, das besonders für den Einsatz in Schulen und Kindertagesstätten geeignet ist.
Die Arbeit mit den Index-Karten zeigt, wie wichtig es ist, Kindern den Raum und die Zeit zu geben, von ihren Erfahrungen zu berichten. Über die Reflexion der eigenen Erlebnisse und das Mit-Teilen in der Gemeinschaft können die inklusiven Werte, die dem Index für Inklusion zugrunde liegen, von den Kindern mit Leben gefüllt werden.
Die Kinder unserer Gesellschaft sind im besonderen Maße von den Entscheidungen betroffen, die wir heute für morgen treffen. Denn sie werden es sein, die in Zukunft in dieser Gesellschaft leben. Aus diesem Grund plädieren die Autorinnen dafür, Kinder stärker in inklusive Entwicklungen einzubeziehen. »Wir, die Erwachsenen, wissen viel über das Kind, aber wir können uns irren. Das Kind allein weiß, ob es sich wohlfühlt oder nicht« (Korczak 1979).

Manuela Fischer-Rollbühler und Bernadette Vivier, Studierende an der TH Köln

Arbeitsanregung 15: Barrieren und Ressourcen in Bildern festhalten

Mit Digital- und anderen Kameras können Kinder und Jugendliche ihre Sicht der Schule zeigen. Beim Fotografieren können sie sich an folgenden Fragen orientieren:

- Was hilft dir beim Lernen?
- Was hindert dich am Lernen?
- Was gefällt dir an der Schule?
- Was würdest du gerne ändern?

Finden Sie heraus, was Eltern, Erziehungsberechtigte und Personen aus dem Umfeld denken

Gespräche mit Eltern oder Erziehungsberechtigten und weiteren Mitgliedern aus dem Umfeld der Schule vermitteln neue Perspektiven von Menschen, die sich über die Bildung von Kindern und Jugendlichen Gedanken machen. Nicht nur das: Es ist sehr wünschenswert, dass sich die Schule zu ihrer Umgebung hin öffnet, Kooperationen sucht und den Stadtteil bzw. das Umfeld vermehrt als Lernumgebung und Ressource nutzt.

In Teil 5 des Index gibt es dazu einen eigenen Fragebogen: »Die Schule meines Kindes«. Er kann wie die anderen Fragebögen verwendet werden, um mit den Bezugspersonen darüber ins Gespräch zu kommen, welche Barrieren und Ressourcen es an der Schule gibt.

Schulen haben auf verschiedenen Wegen versucht, Eltern und Erziehungsberechtigte zum Ausfüllen der Fragebögen zu ermuntern. Eine Schule hat das jährliche Sommerfest zum Anlass für eine Befragung genommen, eine andere Schule hat die Fragebögen während des Sprechtags verteilt und die Eltern konnten sie ausfüllen, während sie auf ihren Termin warteten. Die Eltern, die nicht zum Sprechtag gekommen sind, haben den Fragebogen per Post erhalten. Jeder Fragebogen hat außerdem an einer Verlosung teilgenommen.

Jede Schule hat eigene Ideen, wie die Partizipation der Eltern und Erziehungsberechtigten erhöht werden kann, vor allem wenn es bei Veranstaltungen in der Schule insgesamt eine eher schwache Beteiligung gibt. Es ist auch möglich, Erziehungsberechtigte außerhalb der Schule an einem anderen Ort zu treffen, wenn das die Wahrscheinlichkeit für eine Teilnahme erhöht. Es sollte verschiedene Angebote geben, wie Eltern sich einbringen können.

An einer Schule haben ein Elternvertreter und ein Mitglied der Planungsgruppe eine Übersetzung der Fragen für Eltern organisiert, deren Muttersprache nicht Deutsch ist, und in den Gesprächsrunden als Dolmetscher geholfen (vgl. Erfahrungsbericht 10). Andere Schulen haben untereinander Übersetzungen der Fragebögen ausgetauscht.

Treffen mit Eltern und Erziehungsberechtigten können auch dazu genutzt werden, mehr über ihre Einschätzung der Schule zu erfahren. Folgende Fragen können im Gespräch helfen:

- Was sind für Sie die Stärken der Schule?
- Was könnte das Lernen Ihres Kindes in dieser Schule verbessern?
- Was könnte getan werden, damit sich Ihr Kind an dieser Schule wohler fühlt?
- Was würden Sie an dieser Schule gerne verändern?

Die Fragebögen können von den Eltern schon ausgefüllt zum Treffen mitgebracht oder zur Nachbereitung ausgefüllt werden. Sie können auch dazu dienen, von denjenigen Eltern Informationen einzuholen, die nicht dabei sein konnten. Neben den Gesprächen mit den Eltern kann es sehr hilfreich sein, weitere Personen im Umfeld der Schule zu befragen. Die Schülerschaft kann eine andere Zusammensetzung haben als das Umfeld der Schule, z. B. im Hinblick auf Herkunft, Beeinträchtigung oder sozialen Status. Die Einbeziehung von Menschen aus dem Umfeld kann der Schule dabei helfen, mit der Umgebung der Schule in einen fruchtbaren Kontakt und Austausch zu kommen.

Erfahrungsbericht 10: Veränderungsimpulse

»Was hat Ihnen persönlich die Mitarbeit an diesem Projekt gebracht? Welche Entwicklung haben Sie in den drei Jahren Projektarbeit feststellen können?
Wir gehen bewusster an die Themen heran; mir kommen immer wieder einzelne Items in den Sinn, und so etwas speichert man in der Großhirnrinde ab. Man geht wesentlich überlegter an die Dinge heran und wertet die Mitglieder auf, beachtet vor allem die Rahmenbedingungen für Inklusion und nimmt die Evaluation sehr ernst.
So gestalte ich meine Elternabende jetzt mehrsprachig, teile das auch schon in der Einladung mit; das gelingt mir manchmal selbst, manchmal mithilfe von Kulturmediatoren; dadurch gelingt es auch Mütter einzubeziehen, die der deutschen Sprache noch nicht so mächtig sind. Insgesamt haben wir an unserer Schule sicher an die 25 Prozent an Kindern mit Migrationshintergrund. Hier gilt es insbesondere die Bedürfnisse der Kinder und der Eltern wahrzunehmen und ihnen gerecht zu werden, und dazu braucht es auch eine gewisse Haltung des Respekts und der Wertschätzung anderen Sprachen und Kulturen gegenüber.
(...) Es bringt einer Schule sehr viel, mit diesem Instrument zu arbeiten. Die Situationen an den Schulen sind sehr komplex, die Heterogenität nimmt zu, deshalb lohnt es sich auf alle Fälle, hier genauer hinzuschauen. Es ist die Zukunft.«

(Brugger-Paggi/Demo/Garber/Ianes/Macchia 2013, S. 162 ff.)

Definieren Sie Schwerpunkte für die Entwicklung

Bevor die Planung beginnt, müssen Sie die Schwerpunkte, die sich aus der Befragung aller Beteiligten ergeben haben, zusammenstellen und auswerten. Das geschieht am besten direkt, sobald die Informationen vorliegen. Informationen von Kindern und Jugendlichen, Eltern und Erziehungsberechtigten, Schulpersonal und Schulgremien können getrennt bearbeitet werden, damit die unterschiedlichen Perspektiven sichtbar bleiben und analysiert werden können. Es kann auch sinnvoll sein, die Angaben verschiedener Untergruppen des Schulpersonals, zum Beispiel von Erzieher*innen oder Lehrpersonen verschiedener Fächer, getrennt darzustellen.

Auch wenn der Prozess von einer externen Begleitung unterstützt wird, sollten das gesamte Schulpersonal, Eltern, Kinder und Jugendliche, Schulgremien sowie Vertreter*innen aus dem Umfeld der Schule ermutigt werden, sich an der Entwicklung zu beteiligen und sich dafür verantwortlich zu fühlen. Wenn die Verantwortung auf mehrere Menschen verteilt ist, fühlen sich auch andere angesprochen, bei der Entwicklungsarbeit mitzumachen.

Bevor die Schwerpunkte definiert werden, können weitere Informationen nötig sein. Bei der Befragung aller Beteiligten können Punkte auftauchen, die einer weiteren Klärung bedürfen. So kann man es sinnvoll finden, die Anwesenheit oder die Ergebnisse von Schüler*innen noch einmal nach Geschlecht oder Herkunft zu analysieren. Oder man fragt noch einmal gezielt bei neuen Mitgliedern der Schulgemeinschaft nach, ob ihr Einstieg gut verlaufen ist. Das Erheben weiterer Informationen kann in die Entwicklungsarbeit einfließen, zum Beispiel indem man die eigene Praxis gegenseitig beobachtet und reflektiert, um Lernprozesse zu verändern.

Die Planungsgruppe sorgt dafür, dass die Angaben weniger starker Gruppen nicht vernachlässigt werden und insbesondere die Stimmen der Kinder, Jugendlichen und Eltern in der Planung sichtbar sind. Die verschiedenen Prioritäten können in der Umsetzung einen sehr unterschiedlichen Aufwand an Zeit und Ressourcen erfordern.

Abbildung 23 zeigt beispielhafte Schwerpunkte von Schulen. Erfahrungsbericht 11 beschreibt die Ergebnisse eines Austauschs zu Entwicklungsschwerpunkten in einer Schule.

Etablieren Sie einen regelmäßigen Austausch im Alltag

Es gehört zur Entwicklung einer inklusiven Gemeinschaft, möglichst viele Menschen an der Planung zu beteiligen. Das sollte auch nach der ersten Phase des intensiven Austauschs beibehalten werden. Es ist wichtig, zu Beginn alle ausführlich zu befragen, genauso wichtig ist es, in der Folge vielfältige Möglichkeiten für eine nachhaltige Beteiligung anzubieten. Die Planungsgruppe überprüft, inwiefern die vorhandenen Strukturen die Mitsprache von Schulpersonal, Kindern und Jugendlichen, Eltern und Schulgremien ermöglichen und deren Ideen aufgreifen, um diese Strukturen zu erweitern. Solche Ideen können auch mit anderen Schulen oder über die lokale Schulbehörde ausgetauscht werden. Kinder und Jugendliche können in Projekten zum Thema »Sprache« oder »politische Bildung« daran arbeiten, sich besser einzubringen. Es kann ein Elternzimmer eingerichtet oder das Foyer einmal im Monat zu einem demokratischen Forum umfunktioniert werden. Teilhabe gehört zu den Grundwerten des Index. Die Indikatoren und Fragen enthalten viele Anregungen, wie Erwachsene, Kinder und Jugendliche mehr Mitspracherechte in ihrer Schule erhalten können.

- Begrüßungs- und Verabschiedungsrituale für Kinder, Jugendliche und das Schulpersonal einführen
- Weiterbildungen für das Schulpersonal anbieten, um das Lernen besser auf Vielfalt auszurichten
- Das Lernen verbinden mit dem Anbau von Gemüse auf dem Schulgelände, dem Kochen in der Schulküche und der Lebensmittelproduktion auf lokalen Bauernhöfen
- Den Zugang zur Schule für Kinder, Jugendliche und Erwachsene mit Beeinträchtigung verbessern
- Bestehende Unterstützungsangebote koordinieren
- Angebote einführen, damit Kinder, Jugendliche und Erwachsene die Werte der Schule besser kennenlernen
- Gemeinsame Weiterbildung für unterstützende Teammitglieder und Lehrpersonen anbieten
- Kooperatives Lernen bei Kindern und Jugendlichen entwickeln
- Mobbing zum Thema machen und die Anti-Mobbing-Strategie der Schule überprüfen
- Kinder und Jugendliche bei Entscheidungen zum Schulleitbild beteiligen
- Durch Lernangebote und Lernmaterialien eine positive Sicht auf ethnische Vielfalt vermitteln
- Die Kommunikation und Zusammenarbeit zwischen Schule und Eltern bzw. Erziehungsberechtigten verbessern

Abbildung 23: Beispiele für Entwicklungsschwerpunkte

Phase 3: Einen Plan erstellen

Integrieren Sie die Schwerpunkte in den Entwicklungsplan oder das Schulprogramm

Damit neue Maßnahmen an der Schule nachhaltig wirken, wird der Planungsgruppe den bestehenden Entwicklungsplan oder das Schulprogramm überprüfen und, wo nötig, Änderungen vorschlagen. Dafür ist eine enge Zusammenarbeit mit der Schulleitung und anderen erfahrenen Kolleg*innen wichtig. Verschiedene Interessen innerhalb der Schule und darüber hinaus sind abzuwägen. Dieses Aushandeln, um die Ziele der Schule mit inklusiven Werten zu verbinden, gehört zu den wichtigsten Aufgaben der Planungsgruppe.

Für jede neue Schwerpunktsetzung müssen Zeit, Ressourcen, Zuständigkeiten sowie der Fort- und Weiterbildungsbedarf geplant werden. Ein Mitglied der Gruppe kann die Aufgabe übernehmen, die Fortschritte der einzelnen Schwerpunkte zu überprüfen, für die Umsetzung des ganzen Plans sind jedoch alle gemeinsam verantwortlich.

Damit die Umsetzung später evaluiert werden kann, müssen Kriterien und Ziele formuliert werden. Die Fragen aus dem Index können dafür eine gute Grundlage bilden. Auch die Verbindungen zwischen einzelnen Indikatoren sind zu beachten, sodass die Fragen mehrerer Indikatoren genutzt werden können. Erfahrungsbericht 11 zeigt ein Planungsinstrument aus Südtirol.

Phase 4: Einen Plan umsetzen

Beginnen Sie mit der Umsetzung

Man muss nicht warten, bis ein fertiger Schulentwicklungsplan vorliegt, um mit der Entwicklung gemeinsamer Werte zu beginnen und sich z. B. zu überlegen, wie Personalressourcen genutzt werden oder wie sich das Lernen und die Gestaltung von Lernprozessen mit lokalen und globalen Zusammenhängen und Ereignissen verbinden lassen. In der Dokumentation der Arbeit mit dem Index kann das festgehalten werden. Die Erfahrungsberichte in diesem Kapitel zeigen, wie andere mit dem Index arbeiten. Weitere Berichte gibt es in Veröffentlichungen oder auf der Website www.indexforinclusion.org (Rustemier/Booth 2005).

Achten Sie auf eine nachhaltige Entwicklung

Für eine nachhaltige Entwicklung von Schwerpunkten ist es wichtig, kontinuierlich daran zu arbeiten. Gemeinsame Aktivitäten für eine inklusivere Ausrichtung der Schule können das Schulpersonal, schulische Gremien, Kinder, Jugendliche und Eltern mit einbeziehen und ihr Engagement sowie die Entwicklung nachhaltig stärken. Wenn neue Schwerpunkte etablierte Vorstellungen infrage stellen, kann einiger Aufwand nötig sein, um Widerstände zu lösen. Die Planungsgruppe kann dann den Dialog fördern und gegebenenfalls die Entwicklung anders gestalten, damit sie eine breite Unterstützung findet.

Erfahrungsbericht 11:
Index-Projekt: Planung von Prioritäten und entsprechenden Maßnahmen

Eine Schule hat das Thema »Beteiligungskultur« als einen Schwerpunkt für ihre inklusive Entwicklung ausgewählt. Die folgende Tabelle zeigt die damit verbundenen Prioritäten und die Maßnahmen, die zu ihrer Erreichung geplant sind. Das Planungsraster dient dazu,

- das Vorgehen genau zu beschreiben und in klare Arbeitsschritte zu strukturieren,
- Verantwortlichkeiten und Aufgaben klar zu definieren und aufzuteilen,
- einen Zeitplan zu erstellen,
- erzielte Veränderungen explizit zu machen,
- Evaluationsmöglichkeiten zu planen.

Indikator B1.2: »Neue Lehrpersonen werden darin unterstützt, sich in der Schule zurechtzufinden und wohlzufühlen.«

Entwicklungsbedarf	Detaillierte Informationen
Geplante Aktivität	Für die neuen Lehrpersonen und andere pädagogische Fachkräfte wird eine Informationsmappe erstellt mit Angaben über Schule, Aufgaben und Rollenbild.
Einzelschritte	• Gezieltes Sammeln der notwendigen Informationen über die Schule, Gremien, Abläufe, Termine • Hinweise auf Homepage, wichtige Links • Beschreibung der Berufsbilder • Spezifisches Infoblatt zu den einzelnen Schulstellen • Evaluationsfragebogen
Wer wird was tun?	AG auf Sprengelebene Vertreter der einzelnen Schulstellen
Bis wann?	Bis zu Beginn des Schuljahres
Was brauchen wir dazu?	• Gezielte Informationen • Klarsichtmappen für die gesammelten Informationen • Zeitgefäße
Erwartete Veränderung	• Neue Lehrpersonen finden sich schneller in der Schule zurecht • Zusammenarbeit verbessert sich • Missverständnisse wegen Informationsmangels werden reduziert
Evaluation	• Fragebogen • Interview

(Brugger-Paggi/Demo/Garber/Ianes/Macchia 2013)

Phase 5: Die Arbeit evaluieren

Evaluieren und feiern Sie Fortschritte

Das Mitglied der Planungsgruppe, das für einen Schwerpunkt im Entwicklungsplan verantwortlich ist, sorgt auch dafür, dass Fortschritte evaluiert, dokumentiert und die Schritte zur Umsetzung gegebenenfalls angepasst werden. Regelmäßig sollte über Fortschritte berichtet werden, in Newslettern, auf Versammlungen, in Teambesprechungen, Fortbildungen, auf Schulveranstaltungen, im Stuhlkreis in der Klasse oder Gruppe, im Kinderrat oder in der Schüler*innenverwaltung, auf Aushängen und im Internet, bei Einrichtungen im Umfeld der Schule. Inklusive Entwicklungen in den Kulturen einer Schule zeigen sich nicht nur in den geplanten Schwerpunkten. Sie werden auch sichtbar, wenn Menschen sich über die Fortschritte austauschen und Geschichten und Beobachtungen teilen, wie Werte in Handeln umgesetzt werden.

Andere Schulen, die den Index ebenfalls nutzen, können eingeladen werden, um die Erfolge eines Jahres gemeinsam zu feiern. Dabei können Mitglieder des Schulpersonals, Eltern, Kinder und Jugendliche, Mitglieder aus Schulgremien und aus dem lokalen Umfeld über ihre Erfahrungen in Wort und Bild berichten. Ein Foto dieser Präsentation kann im Eingangsbereich der Schule oder der jeweiligen Einrichtung ausgehängt werden.

Reflektieren Sie die Arbeit mit dem Index

Die Planungsgruppe kann nun die zurückliegende Arbeit mit dem Index reflektieren und Vorschläge machen, wie die inklusive Entwicklung der Schule bestmöglich unterstützt werden kann. Die Fragen in Abbildung 24 können dabei helfen. Bei diesem und dem nächsten Arbeitsschritt ist es besonders hilfreich, interne Beteiligte und Externe (Prozessbegleiter*innen, kritische Freund*innen, mit dem Prozess vertraute Supervisor*innen) zur Aufdeckung von blinden Flecken dabei zu haben.

- Bewertet die Gruppe ihre Zusammensetzung, die gleichberechtigte Teilhabe, die Verteilung der Aufgaben, den Austausch mit anderen und die Unterstützung der inklusiven Entwicklung als Erfolg?
- Hat der Index Veränderungen an der Schule bewirkt?
- Hat sich die Einstellung gegenüber inklusiveren Arbeitsformen an der Schule verändert?
- Hat der Index dazu beigetragen, dass über Werte gesprochen wird?
- Hat der Index dabei geholfen, Maßnahmen, Initiativen und Programme zusammenzuführen?
- Hat der Index dazu geführt, dass den Schulkulturen mehr Aufmerksamkeit geschenkt wird?
- Haben die Schlüsselkonzepte des Index (Inklusion, Barrieren und Ressourcen für Vielfalt, Unterstützung von Vielfalt) das Nachdenken über Strukturen und Praktiken beeinflusst?
- War der Entwicklungsprozess inklusiv? Welche weiteren Personen oder Gruppen können in den kommenden Jahren dazu beitragen?
- Haben die Indikatoren und Fragen dabei geholfen, Schwerpunkte zu finden, die bisher übersehen wurden?
- Haben die Dimensionen und Bereiche des Index bei der Planung der Schulentwicklung geholfen?
- Waren die Entwicklungen nachhaltig? Wie kann dieser Prozess verbessert werden?

Abbildung 24: Die Arbeit mit dem Index evaluieren

Überlegen Sie die nächsten Schritte

Die letzte Phase des Prozesses ist erreicht und fällt wahrscheinlich mit dem Ende eines Arbeitsjahres mit dem Index zusammen. In manchen Schulen wird ein Großteil des Schulpersonals nun mit dem Index vertraut sein. Neuen Mitgliedern wird der Prozess erklärt, wenn sie eine Einführung in die Kulturen, Strukturen und Praktiken der Schule erhalten. Beim Evaluieren der bisherigen Entwicklung spielen die Indikatoren und Fragen noch einmal eine wichtige Rolle. Aus diesem Schritt können sich neue Schwerpunkte für den nächsten Entwicklungszyklus ergeben.

Teil 4

Indikatoren und Fragen

In Teil 4 finden Sie die Indikatoren und Fragen. Die Fragen führen die Bedeutung der Indikatoren weiter aus und ermöglichen die ausführliche Selbstevaluation einer Schule oder Einrichtung. Eine Liste aller Indikatoren finden Sie in Teil 1 des Index auf den Seiten 18–19. In Teil 4 verweisen wir direkt unter einem Großteil der Indikatoren auf weitere Indikatoren, um die inhaltlichen Verbindungen in und zwischen den Dimensionen zu zeigen. Die Verweise auf andere Indikatoren sollen dazu anregen und ermutigen, eigene Zusammenhänge herzustellen, wenn Sie die Entwicklung Ihrer Schule planen. Jede Dimension ist am Rand der Seite farbig gekennzeichnet, ein Wechsel der Farbe zeigt eine neue Dimension an. Die Fragen sollen zum Nachdenken anregen, erheben jedoch keinen Anspruch auf Vollständigkeit. Es können sich weitere wichtige Fragen stellen, die Sie beim Erkunden der Kulturen, Strukturen und Praktiken Ihrer Schule aufnehmen möchten. Dafür ist am Ende jedes Indikators Platz.

Bereich 1 in Dimension C ist eine Ausnahme. Dieser Bereich beschreibt einen Vorschlag für ein Curriculum und enthält für jeden Indikator eine Reihe nicht nummerierter Fragen zur Gestaltung eines ganzen Lehr-Lernbereichs. Die Fragen sind Themenbereichen des jeweiligen Indikators zugeordnet, beginnen aber immer mit »Verbindung der lokalen und der globalen Ebene« und enden immer mit »Verbindung von Gegenwart, Vergangenheit und Zukunft«. Um Ihnen die Orientierung zu erleichtern, haben wir jeder Überschrift einen Buchstaben zugeordnet. Jeder Curriculumsbereich wird auf mindestens zwei Seiten behandelt.

Überblick

Dimension A: Inklusive Kulturen schaffen

A1: Gemeinschaft bilden

1. Jede*r fühlt sich willkommen.
2. Das Schulpersonal[14] arbeitet konstruktiv zusammen.
3. Kinder und Jugendliche arbeiten konstruktiv zusammen.
4. Schulpersonal und Schüler*innen gehen respektvoll miteinander um.
5. Die Mitglieder des Schulpersonals und Eltern/Erziehungsberechtigte kooperieren.
6. Schulpersonal und schulische Gremien arbeiten konstruktiv zusammen.
7. Die Schule ist ein Modell für demokratisches Zusammenleben.
8. Die Schule öffnet den Blick für die wechselseitigen Beziehungen zwischen Menschen weltweit.
9. Erwachsene, Kinder und Jugendliche gehen auf unterschiedliche Formen von Geschlechtsidentität ein.
10. Die Schule und ihr lokales Umfeld unterstützen sich gegenseitig in ihrer Entwicklung.
11. Das Schulpersonal verbindet das Bildungsangebot in der Schule mit den Lebenswelten der Schüler*innen.

A2: Inklusive Werte verankern

1. Die Schulgemeinschaft verständigt sich über gemeinsame inklusive Werte.
2. Die Schulgemeinschaft setzt sich für die Achtung der Menschenrechte ein.
3. Die Schulgemeinschaft setzt sich für den Schutz der Umwelt ein.
4. Inklusion wird als Möglichkeit gesehen, die Teilhabe aller zu entwickeln.
5. An jedes Kind und jede*n Jugendliche*n werden hohe Erwartungen gestellt.
6. Alle Kinder und Jugendlichen erfahren die gleiche Wertschätzung.
7. Die Schulgemeinschaft tritt jeder Form von Diskriminierung entgegen.
8. Die Schulgemeinschaft setzt sich für ein gewaltfreies Miteinander und eine friedliche Konfliktlösung ein.
9. Die Schulgemeinschaft unterstützt Kinder, Jugendliche und Erwachsene bei der Entwicklung einer positiven Beziehung zu sich selbst.
10. Die Schulgemeinschaft trägt zu Gesundheit und zum Wohlbefinden der Kinder, Jugendlichen und Erwachsenen bei.

14 Schlüsselbegriffe werden auf S. 214 erklärt.

A1.1 Jede*r fühlt sich willkommen.

A2.9 Die Schulgemeinschaft unterstützt Kinder, Jugendliche und Erwachsene bei der Entwicklung einer positiven Beziehung zu sich selbst.
B1.6 Die Schule nimmt alle Kinder und Jugendlichen aus ihrem Einzugsbereich auf.

a) Werden Menschen beim ersten Kontakt mit der Schule freundlich empfangen?
b) Entwickeln Schulpersonal,[15] Kinder und Jugendliche sowie ihre Familien in der Schule ein Gemeinschaftsgefühl?
c) Heißt die Schule alle Eltern/Erziehungsberechtigten und andere Mitglieder aus dem Umfeld willkommen?
d) Ist die Schule ein einladender Ort für Menschen, die vor kurzem aus anderen Landesteilen oder Ländern angekommen sind?
e) Grüßen sich Schulpersonal, Kinder/Jugendliche sowie Eltern/Erziehungsberechtigte gegenseitig freundlich und höflich?
f) Geben sich Mitglieder des Schulpersonals, Kinder/Jugendliche, Eltern/Erziehungsberechtigte und Mitglieder schulischer Gremien Mühe, die Namen der jeweils anderen zu lernen?
g) Hinterlassen Besucher*innen eine positive Stimmung in der Schule?
h) Wird die Qualität von Beziehungen als wichtiger angesehen, um Menschen willkommen zu heißen, als die Qualität der Gebäude und deren Einrichtung?
i) Heißt die Schule alle Kinder und Jugendlichen aus ihrem Umfeld willkommen, unabhängig von ihrem finanziellen und familiären Hintergrund, ihrer Abstammung und ihren Schulleistungen?
j) Bemüht sich die Schule, Menschen willkommen zu heißen, die möglicherweise Ausgrenzung und Diskriminierung erfahren haben, z. B. fahrende oder geflüchtete Menschen, Asylsuchende und Kinder oder Jugendliche mit Beeinträchtigungen?
k) Wird aus Schulmaterialien, Mitteilungen und Aushängen ersichtlich, dass an der Schule Menschen unterschiedlicher Herkunft und Lebenswirklichkeiten willkommen sind, auch wenn sie derzeit an der Schule nicht vertreten sind?
l) Wird aus den Informationen für Eltern/Erziehungsberechtigte und Stellenbewerber*innen deutlich, dass die Schule es wichtig findet, Kinder, Jugendliche und Schulpersonal mit vielfältigen Hintergründen und Interessen aufzunehmen?
m) Macht die Schule Informationen auf vielfältige Weise zugänglich und verständlich, z. B. durch Übersetzungen, in Braille, als Hörfassungen oder in Großdruck?
n) Werden bei Bedarf Übersetzer*innen für Gehörlose oder Menschen anderer Muttersprachen eingesetzt?
o) Spiegelt sich die Vielfalt der Schulgemeinschaft im Eingangsbereich der Schule wider?
p) Zeigt die Schule ihre Verbindungen mit anderen Teilen des Landes und der Welt, z. B. in Ausstellungen?
q) Ist der Eingangsbereich so gestaltet, damit die Erwachsenen, Kinder und Jugendlichen in der Schule Freude daran haben, und nicht, um die Schulaufsicht zu beeindrucken?
r) Werden auf Schildern und Aushängen stereotype Sprache und Klischees vermieden?
s) Gibt es positive Rituale, um neue Schüler*innen und Mitglieder des Schulpersonals willkommen zu heißen und ältere zu verabschieden, unabhängig vom Zeitpunkt und von der jeweiligen Person?
t) Fühlen sich die Kinder und Jugendlichen für ihre Räume und Lernbereiche verantwortlich?
u) Tragen alle Mitglieder der Schulgemeinschaft und des schulischen Umfelds eine gemeinsame Verantwortung für die Schule?
v) ...

15 Lehrpersonen, Erzieher*innen und weiteres pädagogisches Personal, Schulwarte, Hausmeister*innen, Personal der Schulküche und der Schulverwaltung

A1.2 Das Schulpersonal arbeitet konstruktiv zusammen.

C2.9 Die Mitglieder des Schulpersonals planen, gestalten, reflektieren im Team und lernen voneinander.
C2.10 Das Schulpersonal entwickelt gemeinsame Ressourcen, die das Lernen unterstützen.

a) Schafft das Schulpersonal eine Kultur der gleichberechtigten Zusammenarbeit für alle Menschen in der Schule?
b) Erkennt das Schulpersonal Barrieren für eine bessere Zusammenarbeit und versucht es, sie zu beseitigen?
c) Ist die Teamarbeit des Schulpersonals ein Modell für die Zusammenarbeit der Schüler*innen?
d) Können alle Mitglieder des Schulpersonals gut zuhören?
e) Zeigen die Mitglieder des Schulpersonals Interesse am Leben und an der Arbeit ihrer Kolleg*innen?
f) Arbeiten alle Mitglieder des Schulpersonals, sowohl Lehrpersonen als auch andere Mitarbeiter*innen, konstruktiv zusammen?
g) Gehen die Mitglieder des Schulpersonals unabhängig von ihrer beruflichen Rolle und ihrem Status respektvoll miteinander um?
h) Gehen die Mitglieder des Schulpersonals unabhängig von Geschlecht, sexueller Orientierung, ethnischer Herkunft oder Beeinträchtigung respektvoll miteinander um?
i) Fühlen sich alle Mitglieder des Schulpersonals wertgeschätzt und unterstützt?
j) Sucht das Schulpersonal in Gesprächen gemeinsam nach Lösungen, statt sich gegenseitig zu messen?
k) Können Mitglieder des Schulpersonals, die aus dem Umfeld der Schule kommen, ihre lokalen Kenntnisse einbringen?
l) Fühlen sich alle Mitglieder des Schulpersonals bei gemeinsamen sozialen Anlässen willkommen?
m) Tauschen sich Mitglieder des Schulpersonals regelmäßig über Aktivitäten in und außerhalb der Schule aus?
n) Erhalten besondere Ereignisse wie Geburten, Todesfälle, Eheschließungen und Verpartnerungen immer dieselbe Aufmerksamkeit, unabhängig von der Rolle und dem Status der jeweiligen Person?
o) Werden alle Mitglieder des Schulpersonals zu den Personalversammlungen eingeladen, nehmen sie daran teil und wirken sie mit?
p) Fühlen sich die Mitglieder des Schulpersonals frei, bei Versammlungen eine andere Meinung zu äußern?
q) Ist es für die Mitglieder des Schulpersonals normal, sich gegenseitig um Rat zu fragen?
r) Besprechen die Mitglieder des Schulpersonals sich untereinander, wenn sie Schwierigkeiten in Beziehungen mit Kindern oder Jugendlichen haben?
s) Nehmen es Mitglieder des Schulpersonals wahr, wenn Kolleg*innen gestresst sind oder Schwierigkeiten haben, und bieten sie ihre Unterstützung an?
t) Werden Schwierigkeiten in der Zusammenarbeit zwischen Kolleg*innen besprochen und konstruktiv gelöst?
u) Überlegen Mitglieder des Schulpersonals, wie Barrieren für die Zusammenarbeit beseitigt werden können, die entstehen, wenn viele Beschäftigte die Schule verlassen oder neu hinzukommen?
v) Stehen Mitglieder des Schulpersonals einander bei, wenn sie von anderen Kolleg*innen gemobbt werden?
w) Werden Personen, die zeitlich befristet an der Schule arbeiten, z. B. Vertretungspersonen, darin bestärkt, sich aktiv in das Schulleben einzubringen?
x) Werden die Schulpersonalvertretungen darin unterstützt, am Schulleben mitzuwirken?

A1.3 Kinder und Jugendliche arbeiten konstruktiv zusammen.

B1.7 Die Schule unterstützt neu angekommene Kinder und Jugendliche, sich in der Schule einzuleben.
C2.5 Die Schüler*innen lernen voneinander und miteinander.

a) Interessieren sich die Kinder und Jugendlichen untereinander dafür, wie sie leben und was sie lernen?
b) Erkennen Kinder, Jugendliche und Erwachsene Barrieren für eine bessere Zusammenarbeit von Schüler*innen?
c) Wissen Kinder und Jugendliche, dass es ihr eigenes Selbstwertgefühl stärkt, wenn sie andere akzeptieren und wertschätzen?
d) Werden unterstützende Freundschaften aktiv gepflegt?
e) Lernen Kinder und Jugendliche, gemeinsame Freund*innen zu haben, anstatt um Freund*innen zu konkurrieren?
f) Laden die Kinder und Jugendlichen andere zum Mitspielen ein, wenn sie sehen, dass jemand in den Pausen oder am Mittag niemanden zum Spielen oder Reden hat?
g) Ermutigen alle Mitglieder des Schulpersonals die Schüler*innen, in den Pausen sowie vor und nach dem Unterricht Beziehungen aufzubauen?
h) Wissen Kinder und Jugendliche, wie sie etwas von einem anderen Standpunkt aus sehen können?
i) Führen die Schüler*innen gemeinsame Aktivitäten aus ihrem Schulalltag außerhalb der Schule weiter?
j) Bitten sich die Schüler*innen gegenseitig um Hilfe?
k) Wissen Kinder und Jugendliche, wie sie anderen und andere ihnen helfen können?
l) Teilen die Kinder und Jugendlichen Wissen und Fähigkeiten gerne mit anderen?
m) Bieten sich die Schüler*innen gegenseitig Unterstützung an, ohne eine Gegenleistung zu erwarten?
n) Lehnen die Kinder und Jugendlichen Hilfsangebote höflich ab, wenn sie sie nicht benötigen?[16]
o) Freuen sich die Kinder und Jugendlichen über die Leistungen von anderen?
p) Werden gemeinsame Arbeiten von Schüler*innen in Ausstellungen genauso gewürdigt wie individuelle Leistungen?
q) Erkennen die Kinder und Jugendlichen die Leistungen von anderen an – unabhängig vom Leistungsniveau?
r) Verstehen die Schüler*innen, dass nicht alle Mitschüler*innen die Schulregeln gleich gut erfüllen können?
s) Sagen die Schüler*innen dem Schulpersonal Bescheid, wenn sie oder andere Unterstützung brauchen?
t) Haben die Kinder und Jugendlichen das Gefühl, dass es im Streitfall eine faire Lösung gibt?
u) Lernen Kinder und Jugendliche, wie sie Streitigkeiten untereinander fair lösen können?
v) Lernen Kinder und Jugendliche, sich für andere einzusetzen, die ihrer Meinung nach von anderen Kindern, Jugendlichen oder Erwachsenen ungerecht behandelt werden?

16 Diese Frage stammt aus Sapon-Shevin 1999.

A1.4 Schulpersonal und Schüler*innen gehen respektvoll miteinander um.

A2.9 Die Schulgemeinschaft unterstützt Kinder, Jugendliche und Erwachsene bei der Entwicklung einer positiven Beziehung zu sich selbst.
C2.8 Der Umgang miteinander baut auf gegenseitiger Achtung auf.

a) Werden alle respektvoll und mit dem gewünschten Namen in der richtigen Aussprache angesprochen?
b) Wird für alle das gewünschte Gender-Pronomen verwendet?
c) Sind die Schüler*innen für die Mitglieder des Schulpersonals Menschen wie sie und nicht weniger wichtig?
d) Sind die Mitglieder des Schulpersonals für die Schüler*innen Menschen wie sie und werden sie nicht als Feind*innen oder Unterdrücker*innen angesehen?
e) Achten Kinder, Jugendliche und Erwachsene die Privatsphäre der anderen?
f) Achten Kinder, Jugendliche und Erwachsene den Besitz der anderen?
g) Ist jede*r Schüler*in den Mitgliedern des Schulpersonals gut bekannt?
h) Spüren die Schüler*innen, dass die Lehrpersonen und andere Mitglieder des Schulpersonals sie mögen?
i) Gehen die Schüler*innen mit allen Mitgliedern des Schulpersonals respektvoll um, unabhängig davon, welche Rolle sie in der Schule haben?
j) Helfen die Schüler*innen dem Schulpersonal, wenn sie darum gebeten werden?
k) Bieten die Kinder und Jugendlichen Hilfe an, wenn sie sehen, dass sie benötigt wird?
l) Kümmern sich Schulpersonal und Schüler*innen gemeinsam um den Zustand des Schulgeländes?
m) Werden Einrichtungen für alle, wie Toiletten, Duschen und Spinde/Garderobe, in einem gutem Zustand gehalten?
n) Wissen Kinder und Jugendliche, zu wem sie gehen können, wenn sie ein Problem haben?
o) Können die Kinder und Jugendlichen darauf vertrauen, dass sie ernst genommen werden, wenn sie sagen, dass sie ein Problem haben?
p) Können die Kinder und Jugendlichen darauf vertrauen, dass sie Unterstützung bekommen, wenn sie Schwierigkeiten haben?
q) Werden alle Mitglieder der Schulgemeinschaft sowohl als Lernende als auch als Lehrende betrachtet?
r) Geht die Schulgemeinschaft mit herausragenden Ereignissen wie Geburten, Eheschließungen, Verpartnerungen, Todesfällen und schweren Erkrankungen, Scheidungen und Trennungen angemessen um?
s) Wird anerkannt, dass jede Person – nicht nur Mitglieder »ethnischer Minderheiten« – eine oder mehrere Kulturen hat?
t) Gibt es ein Bewusstsein dafür, dass innerhalb jeder Religion verschiedene Sichtweisen existieren und Vorschriften unterschiedlich streng eingehalten werden?
u) Werden Kinder, Jugendliche und Erwachsene dabei unterstützt zu akzeptieren, dass sie an manchen Tagen verletzt, deprimiert oder wütend sind?
v) Sprechen Mitglieder des Schulpersonals auch dann respektvoll mit den Schüler*innen, wenn sie verärgert oder frustriert sind?
w) Respektieren Mitglieder des Schulpersonals und Schüler*innen, dass private Gespräche vertraulich sind, solange sie anderen keinen Schaden zufügen?

A1.5 Die Mitglieder des Schulpersonals und Eltern/ Erziehungsberechtigte[17] kooperieren.

B1.1 Die Schule entwickelt sich partizipativ weiter.
Bereich C1 (lokale und globale Ebene verbinden)

a) Respektieren sich Eltern und Mitglieder des Schulpersonals gegenseitig – unabhängig von sozialer Stellung oder Status?
b) Haben alle Erziehungsberechtigten das Gefühl, dass ihre Kinder in der Schule wertgeschätzt werden?
c) Haben Mitglieder des Schulpersonals das Gefühl, dass Eltern ihre Arbeit wertschätzen?
d) Informiert die Schule die Erziehungsberechtigten regelmäßig darüber, was in der Schule passiert?
e) Werden Eltern umfassend und umgehend informiert, wenn es in der Schule ein relevantes Problem gibt?
f) Gibt es verschiedene Möglichkeiten für Erziehungsberechtigte, sich in die Schule einzubringen?
g) Werden die unterschiedlichen Beiträge, die Eltern in der Schule leisten können, gleichermaßen wertgeschätzt?
h) Greifen die Mitglieder des Schulpersonals auf ihre eigenen Erfahrungen als Erziehungsberechtigte zurück, um ihre Beziehungen zu den Eltern der Schüler*innen in der Schule zu verbessern?
i) Vermeidet es das Schulpersonal, Probleme von Schüler*innen auf bestimmte Familienkonstellationen zurückzuführen?
j) Erkennen die Mitglieder des Schulpersonals die Unterstützung der Schüler*innen durch ihre Eltern an, unabhängig davon, ob sie ständig mit beiden Erziehungsberechtigten zusammenleben?
k) Erfahren die Mitglieder des Schulpersonals etwas über die Vielfalt der erweiterten Familien der Schüler*innen?
l) Besprechen Mitglieder des Schulpersonals und Eltern, wie sie genannt werden möchten?
m) Vermeidet es das Schulpersonal, Eltern pauschal als »Mutter« oder »Vater« anzusprechen oder sie so zu bezeichnen?
n) Wissen Erziehungsberechtigte, an wen sie sich wenden können, um Probleme zu besprechen?
o) Haben Eltern das Gefühl, dass ihre Sorgen ernst genommen werden?
p) Werden alle Erziehungsberechtigten zu Gesprächen eingeladen und über die Bildung und Erziehung ihres Kindes informiert?
q) Sind Mitglieder der erweiterten Familie eingeladen, sich an der Bildung und Erziehung der Kinder und Jugendlichen zu beteiligen?
r) Vermeiden es die Mitglieder des Schulpersonals, die Eltern nur dann anzusprechen, wenn sie sich über das Verhalten ihres Kind beklagen wollen?
s) Findet ein regelmäßiger Informationsaustausch zwischen dem Zuhause und der Schule statt?
t) Gibt es einen Ort, an dem Erziehungsberechtigte sich treffen, austauschen und Tee, Kaffee oder etwas Kaltes trinken können?
u) Ermutigen sich Eltern gegenseitig zur Beteiligung an Schulaktivitäten, sodass sich niemand übergangen oder ausgegrenzt fühlt?
v) Geht es in den Gesprächen zwischen Schulpersonal und Erziehungsberechtigten darum, Wissen über die Kinder auszutauschen, und nicht nur darum, Informationen weiterzugeben?
w) Wissen die Eltern, wie sie das Lernen ihrer Kinder zu Hause unterstützen können?
x) Wird die Beteiligung der Erziehungsberechtigten dadurch erleichtert, dass Gespräche mit den Mitgliedern des Schulpersonals zu verschiedenen Zeiten und an verschiedenen Orten angeboten werden?
y) Beschäftigt sich das Schulpersonal damit, dass sich Eltern vor Besuchen in der Schule und Gesprächen mit Lehrpersonen fürchten könnten?
z) Gelingt es Mitgliedern des Schulpersonals, sich nicht von Erziehungsberechtigten bedroht zu fühlen, die ihrer Einschätzung nach einen höheren sozialen Status haben als sie selbst?

17 Aus Gründen der besseren Lesbarkeit wechseln wir ab: Dort, wo nur »Eltern« steht, sind auch »Erziehungsberechtigte« gemeint und umgekehrt.

A1.6 Schulpersonal und schulische Gremien[18] arbeiten konstruktiv zusammen.

A1.2 Das Schulpersonal arbeitet konstruktiv zusammen.
A1.5 Die Mitglieder des Schulpersonals und Eltern/Erziehungsberechtigte kooperieren.

a) Treffen sich Schulpersonal und schulische Gremien und lernen ihre Mitglieder sich gegenseitig kennen?
b) Hängen in der Schule Bilder von den Mitgliedern der schulischen Gremien mit Angaben zu ihren Interessen, Aufgaben und Funktionen?
c) Erhalten Mitglieder der schulischen Gremien die Informationen, die sie benötigen, um ihre Rolle zu verstehen und ihre Aufgaben gut zu erfüllen?
d) Verstehen die Mitglieder der schulischen Gremien, wie die Schule organisiert ist?
e) Kennen die Mitglieder des Schulpersonals und der Schulgremien ihre jeweiligen Aufgaben und Zuständigkeiten und sind sie sich darüber einig?
f) Werden neue Mitglieder in ihr neues Arbeitsfeld im Schulgremium eingeführt?
g) Spiegeln die Schulgremien die Zusammensetzung der Schulgemeinschaft wider?
h) Pflegen die Mitglieder des Schulpersonals, Schüler*innen, Eltern/Erziehungsberechtigte und Mitglieder der schulischen Gremien einen Dialog über eine gemeinsame Werteorientierung, auf deren Grundlage die Schulaktivitäten gestaltet werden?
i) Werden die Beiträge aller Mitglieder der Schulgremien gleichermaßen wertgeschätzt?
j) Sind die Sitzungen der Schulgremien gut organisiert, gibt es einen Zeitrahmen für jeden Tagesordnungspunkt (inklusive »weitere Themen«) sowie einen Zeitpunkt für das Sitzungsende?
k) Sprechen die Mitglieder der Schulgremien positiv über ihre Arbeit, sodass sich mehr Menschen für eine Mitwirkung in den Gremien interessieren?
l) Werden die Mitglieder dazu ermutigt, bei den Sitzungen eigene Anliegen einzubringen, die noch nicht auf der Tagesordnung stehen, und wird dafür ausreichend Zeit eingeräumt?
m) Gibt es einen angenehmen Rahmen mit Essen und Getränken für alle, die hungrig oder durstig zu den Sitzungen kommen?
n) Werden bei den Sitzungen der Schulgremien alle Mitglieder ermutigt, sich zu beteiligen?
o) Fühlen sich Mitglieder schulischer Gremien, die gleichzeitig zum Schulpersonal gehören, frei, eine eigene Meinung zu vertreten?
p) Werden Entscheidungen gegebenenfalls in geheimer Abstimmung getroffen?
q) Gibt es bestimmte Abläufe, wie Mitglieder der schulischen Gremien die Schule besuchen und zum Schulleben beitragen können?
r) Bemühen sich die Mitglieder der schulischen Gremien, die Kinder und Jugendlichen an der Schule kennenzulernen?
s) Sind die Fähigkeiten und Kenntnisse der Mitglieder schulischer Gremien bekannt und werden sie geschätzt und genutzt?
t) Fühlen sich alle Mitglieder der schulischen Gremien in die (Weiter-)Entwicklung von Konzepten für die Schule einbezogen?
u) Sind die Mitglieder der schulischen Gremien eingeladen, gemeinsam mit dem Schulpersonal an Fortbildungen teilzunehmen?
v) Stimmen Schulpersonal und schulische Gremien darin überein, wie die Schule auf Schwierigkeiten von Kindern und Jugendlichen reagiert und sie unterstützen könnte?
w) Bemühen sich die Mitglieder des Schulpersonals und der schulischen Gremien darum, Zuschreibungen wie den sonderpädagogischen Förderbedarf bzw. individuellen Bildungsbedarf auf ein Minimum zu reduzieren?
x) Stellen die Mitglieder des Schulpersonals und der schulischen Gremien einander zur Rede, wenn es zu diskriminierenden Äußerungen kommt?
y) …

18 Schulische Gremien unterscheiden sich je nach Bildungssystem. Manche bestehen nur aus Schulpersonal, andere auch aus Vertreter*innen der Eltern/Erziehungsberechtigten oder der lokalen Gemeinschaften.

A1.7 Die Schule ist ein Modell für demokratisches Zusammenleben.

B1.1 Die Schule entwickelt sich partizipativ weiter.
C1.13 Die Kinder und Jugendlichen setzen sich mit Fragen der Ethik, Politik und Macht auseinander.

a) Lernen alle in der Schule, gut miteinander auszukommen und aktive Staatsbürger*innen zu werden?
b) Gestalten Schulpersonal, Schüler*innen und ihre Familien bewusst eine Kultur der Teilhabe und der Zusammenarbeit?
c) Lernen die Kinder und Jugendlichen voneinander und von den Erwachsenen, was es heißt, aktive Bürger*innen zu sein?
d) Begrüßt das gesamte Schulpersonal die aktive Teilhabe von Kindern, Jugendlichen und Erwachsenen in der Schule?
e) Ist die aktive Beteiligung der Kinder, Jugendlichen und Erwachsenen in den Lernbereichen und Teamräumen, auf dem Schulgelände, vor und nach dem Unterricht, in Ausstellungen und bei schulischen Veranstaltungen deutlich zu erkennen?
f) Sprechen Kinder, Jugendliche und Erwachsene darüber, was Demokratie bedeutet?
g) Beschäftigen sich Kinder, Jugendliche und Erwachsene damit, wie stark ihre Schule demokratische Teilhabe fördert?
h) Verfügt die Schule über öffentliche Foren für den regelmäßigen Austausch von Erwachsenen, Kindern und Jugendlichen?
i) Würdigt die Schule Fortschritte in der Anerkennung von Rechten und Demokratie, einschließlich wichtiger Entwicklungen in ihrer eigenen Geschichte?
j) Können die Klassen sowie die gesamte Schulgemeinschaft in regelmäßigen Abständen über Fragen abstimmen, die für die Schule wichtig sind?
k) Haben alle Kinder und Jugendlichen die Möglichkeit, an der Schüler*innenmitverwaltung oder in einem Kinder- bzw. Jugendparlament mitzuwirken?
l) Sind alle Schüler*innen in Aufgaben eingebunden, die zur Schulentwicklung beitragen?

Mögliche Aufgaben und Projekte

Bäume pflanzen	Kunst schaffen und vermitteln	Schulgarten
Besuche von Vögeln und anderen Tieren auf dem Schulgelände dokumentieren	Menschen besuchen	Schulgelände gestalten und aufräumen
Bewerbungsgespräche führen	Müll reduzieren, z. B. durch abfallfreies Mittagessen	Schulgeschichten dokumentieren
Bibliothek betreuen	Netzwerktechniker*in	Schulkommunikation organisieren
Botschafter*in für Fremdsprachen etablieren	Neue Mitarbeiter*innen und Besucher*innen begrüßen	Schulteich pflegen
Energieverbrauch überwachen	Recycling	Spiele leiten
Entwicklung von Artenvielfalt fördern	Sammlungen und Ausstellungen der Schule betreuen	Sport unterrichten
Fundbüro leiten	Schach unterrichten	Theaterstücke aufführen
Gedichte, Blog oder Schulchronik schreiben	Schulbühne organisieren	Tiere pflegen
Kochen, Servieren, Abräumen	Schüler*innenzeitung herausgeben oder dafür schreiben	Unterhaltung für die lokale Gemeinde gestalten
Kompostieren	Schulführungen	Vorlesen
Konflikte lösen		

A1.8 Die Schule öffnet den Blick für die wechselseitigen Beziehungen zwischen Menschen weltweit.

Abschnitt C1 (lokale und globale Ebene verbinden)
C2.6. Die Schüler*innen entwickeln ein Verständnis für Gemeinsamkeiten und Unterschiede zwischen Menschen.

a) Werden die Beziehungen, die die Erwachsenen, Kinder und Jugendlichen in der Schule zu Menschen in aller Welt haben, genutzt, um ein Verständnis für die wechselseitigen Beziehungen zwischen den Menschen weltweit zu entwickeln?
b) Werden der Standort der Schule in der Region und im Land sowie ihre Verbindungen in alle Welt aus verschiedenen historischen und geografischen Perspektiven betrachtet und in Ausstellungen deutlich gemacht?
c) Haben die Kinder und Jugendlichen eine Vorstellung davon, wie sich die Beziehungen zwischen Menschen weltweit mit der Zeit verändern?
d) Ist den Kindern und Jugendlichen klar, dass sich das Leben der Menschen in einem Teil der Welt auf das der Menschen in einem anderen Teil auswirkt?
e) Erkunden die Kinder und Jugendlichen die Einflüsse aus aller Welt auf das, was sie lernen, die Wörter, die sie benutzen, die Kunstwerke, die sie sich ansehen, die Musik, die sie hören, die Energie, die sie verbrauchen, die Lebensmittel, die sie essen, die Zeitungen und Bücher, die sie lesen, die Sportarten und Spiele, die sie spielen und anschauen?
f) Zeigen Erwachsene, Kinder und Jugendliche, dass sie auch im Alltag als Weltbürger*innen leben und handeln?
g) Sind die Kinder und Jugendlichen gute Nachbar*innen für Menschen, die aus einem anderen Teil der Welt in ihr Land kommen?
h) Beschäftigen sich die Kinder und Jugendlichen mit konstruktiven bzw. repressiven Beziehungen zwischen verschiedenen Ländern?
i) Wird den Kindern und Jugendlichen vermittelt, was Rassismus bedeutet und wie sie die Beziehungen zwischen verschiedenen Menschen und Ländern beeinflussen?
j) Lernen die Kinder und Jugendlichen, wie Länder durch Handelsbeziehungen miteinander verbunden sind?
k) Suchen Erwachsene, Kinder und Jugendliche nach Möglichkeiten, um ethisch verantwortungsvoll einzukaufen?
l) Unterstützt die Schule bei ihren Einkäufen und Bankgeschäften einen fairen Handel?
m) Lernen die Kinder und Jugendlichen, was mit Darlehen und Hilfsgeldern geschieht, die wirtschaftlich armen Ländern gegeben werden?
n) Lernen die Kinder und Jugendlichen etwas über die Bedeutung des Waffenhandels in ihrem Land?
o) Verstehen die Kinder und Jugendlichen, dass sich die Aktivitäten von Unternehmen, Banken und Regierungen positiv oder negativ auf das Leben von Menschen weltweit auswirken können?
p) Unterhält die Schule Beziehungen zu einer Schule in einem wirtschaftlich armen Land?
q) Sorgt die Schule dafür, dass die Beziehungen zu Erwachsenen, Kindern und Jugendlichen in den Schulen, mit denen sie in Kontakt steht, auf Gleichheit, Respekt und gegenseitigem Austausch beruhen und nicht auf Wohltätigkeit?
r) Unterhält die Schule Beziehungen zu einer Schule in einer anderen – städtischen oder ländlichen – Gegend im selben Land?

A1.9 Erwachsene, Kinder und Jugendliche gehen auf unterschiedliche Formen von Geschlechtsidentität ein.

A2.9 Die Schulgemeinschaft unterstützt Kinder, Jugendliche und Erwachsene bei der Entwicklung einer positiven Beziehung zu sich selbst.
C1.6 Die Kinder und Jugendlichen setzen sich mit Gesundheit und Beziehungen auseinander.

a) Erkennen die Erwachsenen, Kinder und Jugendlichen an, dass sich nicht alle Menschen als entweder männlich oder weiblich verstehen?
b) Reflektieren die Mitglieder des Schulpersonals die Komplexität ihrer eigenen Identität als geschlechtliche Wesen?
c) Lassen die Mitglieder des Schulpersonals den Schüler*innen die Freiheit, eine Geschlechtsidentität zu entwickeln, mit der sie sich wohlfühlen?
d) Lernen die Kinder und Jugendlichen, dass man seine Geschlechtsidentität deutlich als männlich, weiblich oder transgender wahrnehmen kann, ohne dass das festlegt, wie man sich verhält, wie man seine Gefühle ausdrückt, was einen interessiert oder wie man mit Erfolgen umgeht?
e) Tauschen sich die Erwachsenen darüber aus, inwieweit sie eine stereotype Sicht auf Geschlechterrollen haben und wie ihre Sichtweisen die Kinder und Jugendlichen dabei einschränken können, ihre Geschlechtsidentität auszuleben?
f) Vermeiden es Erwachsene, Kinder und Jugendliche, andere darauf festzulegen, wie sie sich als Junge oder Mädchen verhalten sollen, z. B. indem sie Mädchen als »burschikos« etikettieren?
g) Bemühen sich die Erwachsenen, Kinder und Jugendlichen darum, Jungen nicht überproportional als »ungezogen« anzusehen oder bei ihnen »Lernschwierigkeiten« zu vermuten?
h) Verfügen die Erwachsenen, Kinder und Jugendlichen über eine geeignete Sprache, um über Gender, geschlechtliche Ambiguität und nicht festgelegte Geschlechtsidentität sowie über Männlichkeit und Weiblichkeit zu sprechen?
i) Führt das Schulpersonal alphabetische Listen für alle Schüler*innen statt beispielsweise separater Listen für Jungen und Mädchen?
j) Haben die Kinder und Jugendlichen die Möglichkeit, an gemischten sportlichen Aktivitäten und Sportunterricht teilzunehmen?
k) Stellen die Erwachsenen, Kinder und Jugendlichen infrage, dass Männer und Frauen verschiedene Rollen haben sollten – in der Schule, in anderen Arbeitsumfeldern, bei der Kinderbetreuung oder im Haushalt?
l) Wird die Arbeit von Erwachsenen, Kindern und Jugendlichen in der Betreuung und Pflege unabhängig von ihrem Geschlecht wertgeschätzt?
m) Vermitteln die Mitglieder des Schulpersonals allen Kindern und Jugendlichen unabhängig von ihrem Geschlecht, dass es für viele zu den wichtigsten und befriedigendsten Tätigkeiten im Leben gehört, sich als Eltern/Erziehungsberechtigte oder Bezugspersonen um Kinder zu kümmern?
n) Reflektieren die Kinder und Jugendlichen jeden Geschlechts, dass die Aufgabe, Kinder zu betreuen und großzuziehen, häufig zu den wichtigsten und befriedigendsten Tätigkeiten im Leben eines Menschen gehört?
o) Wird anerkannt, dass das Geschlecht für manche Menschen stärker identitätsprägend ist als für andere und dass sich ihre Bedeutung im Lauf der Zeit verändern kann, ähnlich wie die Zugehörigkeit zu einer Religion oder die ethnische Herkunft?
p) Bemühen sich Vorschulen, Grundschulen und Sekundarschulen aktiv darum, in unterschiedlichen Bereichen männliche Mitarbeiter einzustellen?
q) Falls es Schuluniformen gibt, vermeidet es die Schule, stereotype Rollenbilder zu bedienen?
r) Werden alle Schüler*innen dazu ermutigt, in Kleidungsstücken und Schuhen zur Schule zu kommen, in denen sie sich frei bewegen können?
s) Lernen die Kinder und Jugendlichen, nicht ein bestimmtes Geschlecht oder eine bestimmte Form von Männlichkeit oder Weiblichkeit als wichtiger anzusehen als andere?

A1.10 Die Schule und ihr lokales Umfeld unterstützen sich gegenseitig in ihrer Entwicklung.

Bereich C1 (lokale und globale Ebene verbinden)
C2.14 Die Ressourcen im Umfeld der Schule sind bekannt und werden genutzt.

a) Bezieht die Schule Menschen und Organisationen vor Ort in ihre Aktivitäten ein – z. B. ältere Menschen, Menschen mit Beeinträchtigungen, Geschäfte und Unternehmen oder verschiedene ethnische Gruppen?
b) Nutzt die Schule die vielfältigen Erfahrungen der Menschen in ihrem Umfeld bei der Gestaltung des Lernens?
c) Kommen die Menschen, Veranstaltungen und Unternehmen der Umgebung in der Schulzeitung vor?
d) Gibt es im Schulkalender Feste oder Thementage bzw. -wochen, in die auch die lokalen Gemeinschaften einbezogen werden?
e) Sind die lokalen Gruppen gleichberechtigt am Schulleben beteiligt, unabhängig von ihrem sozialen, religiösen oder ethnischen Hintergrund?
f) Fühlen sich die Angehörigen der lokalen Gemeinschaften der Schule verbunden, auch wenn sie keine Kinder haben, die diese Schule besuchen?
g) Bietet die Schule Musicals, Theatervorstellungen, Tanzveranstaltungen und Kunstausstellungen für die Menschen in ihrem Umfeld an?
h) Bietet die Schule Kurse an, beispielsweise in Kunst, Sprachen, Lesen, Schreiben und Rechnen, die sich die Eltern oder die Menschen im Umfeld der Schule wünschen?
i) Beteiligt sich die Schule an Veranstaltungen der lokalen Gemeinschaften?
j) Gibt es Pläne zur Entwicklung der Gemeinde, zu denen die Schule etwas beitragen kann?
k) Stimmt sich die Schule bei der Planung lokaler Aktivitäten mit den Organisationen vor Ort ab – z. B. mit Gemeinderäten, Kinder- und Jugendhilfe, der Polizei oder gemeinnützigen Einrichtungen?
l) Beteiligt sich die Schule an der Bereitstellung von Gesundheitsdiensten und sozialer Unterstützung für Menschen in ihrem Umfeld?
m) Können die Mitglieder lokaler Gruppierungen schulische Einrichtungen wie die Bibliothek, die Aula und die Cafeteria mitnutzen?
n) Wird in der Schulkantine Obst und Gemüse von örtlichen Erzeuger*innen und Händler*innen verwendet?
o) Erkennt und nutzt die Schule das lokale Umfeld als Ressource?
p) Hat die Schule in ihrem Umfeld einen guten Ruf?
q) Hat das Umfeld in der Schule einen guten Ruf?
r) Werden Menschen aus der Umgebung dazu ermutigt, sich auf Stellen an der Schule zu bewerben?
s) Unterstützt die Schule Umweltschutzprojekte vor Ort, z. B. zum Schutz von Bächen, Flüssen und Kanälen?
t) Arbeitet die Schule gemeinsam mit anderen daran, Bereiche der Gemeinde frei von Abfall zu halten?
u) Unterstützt die Schule die Anpflanzung von Bäumen?
v) Trägt die Schule zur Entwicklung von Grünflächen in ihrer Gemeinde bei, indem sie Bäume pflanzt oder Samen ausbringt?

A1.11 Das Schulpersonal verbindet das Bildungsangebot in der Schule mit den Lebenswelten der Schüler*innen.

A1.5 Die Mitglieder des Schulpersonals und Eltern/Erziehungsberechtigte kooperieren.
B1.7 Die Schule unterstützt neu angekommene Kinder und Jugendliche, sich in der Schule einzuleben.
Bereich C1 (lokale und globale Ebene verbinden)
C2.4 Die Schüler*innen gestalten ihr eigenes Lernen aktiv mit.

a) Kennen die Mitglieder des Schulpersonals die unterschiedlichen Familienkulturen und die familiären Hintergründe der Schüler*innen?
b) Nehmen die Mitglieder des Schulpersonals wahr, dass sich manche Schüler*innen in der Schule mehr zu Hause fühlen als andere?
c) Haben die Erwachsenen, Kinder und Jugendlichen ein Bewusstsein dafür, dass sich Menschen sehr unwohl fühlen, wenn ihre Kultur, Religion oder Identität nicht respektiert wird?
d) Sorgen die Erwachsenen dafür, dass sich alle Kinder und Jugendlichen mit ihren Lebenswelten gut repräsentiert fühlen, etwa in Materialien und Ausstellungen sowie dadurch, dass ihre lebensweltlichen Erfahrungen in Lernangebote einbezogen werden?
e) Wissen die Mitglieder des Schulpersonals, dass sich die Schule für einige Schüler*innen wie ein sicherer Hafen anfühlt – im Gegensatz zu ihrem Zuhause?
f) Ist den Erwachsenen bewusst, dass manche Kinder und Jugendlichen zu Hause Fertigkeiten und Interessen an den Tag legen, die sie in der Schule nicht zeigen, dass sie dort z. B. reden, scherzen, für jemanden sorgen, organisieren, kochen, lesen, zählen, zeichnen, werken, sammeln oder gärtnern?
g) Bestärken die Erwachsenen die Kinder und Jugendlichen darin, sämtliche Kenntnisse und Fertigkeiten, die sie zu Hause zeigen, auch für das Lernen und in den Beziehungen in der Schule zu nutzen?
h) Ist Erwachsenen, Kindern und Jugendlichen bewusst, dass es beim Kennenlernen einer anderen Person darauf ankommt, in einen Dialog zu treten, ohne dass man vorher alles über ihre Kultur oder familiäre Situation wissen muss?
i) Achtet das Schulpersonal darauf, Lernaktivitäten nicht nur auf die Schüler*innen auszurichten, die einen ähnlichen Hintergrund haben wie sie selbst?
j) Verstehen Mitglieder des Schulpersonals, die nicht im Umfeld der Schule wohnen, dass sie von Erwachsenen, Kindern und Jugendlichen vor Ort als Besucher*innen von außen angesehen werden?
k) Vermeiden es die Mitglieder des Schulpersonals, bei Schüler*innen aufgrund ihrer Herkunft von bestimmten Verhaltensweisen oder Überzeugungen auszugehen?
l) Ist Erwachsenen, Kindern und Jugendlichen bewusst, dass es Menschen, die ihre Familien und Freund*innen verlassen mussten, vielleicht nicht gut geht?
m) Ist Erwachsenen, Kindern und Jugendlichen bewusst, dass sich manche Menschen an ihrer Schule (z. B. geflüchtete Menschen und Asylsuchende) entwurzelt fühlen können?
n) Spiegeln die Schulkulturen die Geschlechter, sozialen Schichten, Ethnien, Abstammungen, familiären Verhältnisse und sexuellen Orientierungen von Schüler*innen, Eltern/Erziehungsberechtigten und Personal der Schule wider?
o) Werden wichtige Ereignisse im Leben der Kinder und Jugendlichen in einer Weise begangen, die ihre Kultur respektiert?
p) Werden bei der Duschordnung und beim Schwimmen möglicherweise kulturell geprägte Moralvorstellungen sowie persönliche Wünsche respektiert?
q) Ermutigen die Mitglieder des Schulpersonals die Kinder und Jugendlichen, an Vereinsaktivitäten und Veranstaltungen in der Nähe ihres Wohnorts teilzunehmen, auch wenn sich die Schule nicht in dieser Gegend befindet?

A2.1 Die Schulgemeinschaft verständigt sich über gemeinsame inklusive Werte.

Steht in Verbindung mit allen anderen Indikatoren.

a) Nehmen sich die Mitglieder des Schulpersonals, der schulischen Gremien, Eltern/Erziehungsberechtigte und Schüler*innen Zeit, um über Werte zu sprechen und darüber, wie sie sich auf das Handeln auswirken, welche Werte sie selbst haben und wie sich die Werte von Menschen unterscheiden?
b) Herrscht Einigkeit darüber, dass sich Werte vor allem im Handeln zeigen und weniger in Worten?
c) Sind in der Schule alle von der Gleichwertigkeit aller Menschen und ihrem Recht auf Teilhabe überzeugt?
d) Reflektieren die Erwachsenen, Kinder und Jugendlichen die Werte, die ihrer Arbeitsweise und ihrem Verhalten in der Schule zugrunde liegen?
e) Vermeiden es Erwachsene, Kinder und Jugendliche, davon auszugehen, dass alle in der Gemeinschaft dieselben Werte haben?
f) Besteht Einigkeit darüber, dass es Übung und Vertrauen erfordert, sich über die Werte, die dem eigenen Handeln zugrunde liegen, ehrlich zu äußern?
g) Wird gesehen, dass über Werte meist nur zum Teil Übereinstimmung besteht, da sich unterschiedliche Sichtweisen unter Umständen erst in vertiefenden Gesprächen zeigen?
h) Pflegen die Mitglieder des Schulpersonals, Schüler*innen, Eltern/Erziehungsberechtigte und Mitglieder der schulischen Gremien einen Dialog über eine gemeinsame Werteorientierung, auf deren Grundlage die Schulaktivitäten gestaltet werden?
i) Wird diese gemeinsame Werteorientierung genutzt, um Druck von außen, nach anderen Werten zu handeln, zu widerstehen?
j) Überprüfen die Mitglieder des Schulpersonals ihr Handeln anhand der gemeinsamen Werte und schlagen sie Veränderungen vor, wenn bestimmten Praktiken Werte zugrunde liegen, die sie ablehnen?
k) Besteht Einigkeit darüber, dass die Anwendung gemeinsamer Werte das Abwägen zwischen konkurrierenden Interessen erfordern kann, beispielsweise, wenn die Teilhabe eines Kindes die eines anderen Kindes einschränkt?
l) Machen die Erwachsenen, Kinder und Jugendlichen innerschulische und außerschulische Aktivitäten zum Thema, die mit der gemeinsamen Werteorientierung nicht vereinbar sind?
m) Werden Veränderungen in der Schule in Übereinstimmung mit der gemeinsamen Werteorientierung vorgenommen?
n) Werden die Werte in Diskussionen reflektiert und in ihrer Komplexität erfasst?
o) Verbinden die Mitglieder des Schulpersonals und die Schüler*innen mit einzelnen Werten der Schule auch konkrete Vorstellungen?
p) Wird darüber reflektiert, welche Grenzen nationale, globale und westliche Wertesysteme haben?
q) Macht die Schule ihre Werte öffentlich und ermutigt sie andere, mit dem Schulpersonal sowie den Schüler*innen auf der Grundlage dieser Werte zusammenzuarbeiten?
r) Gilt die gemeinsame Werteorientierung für alle Erwachsenen, Kinder und Jugendlichen gleichermaßen?
s) Gibt es ein Bewusstsein dafür, dass man sich aktiv dafür einsetzen muss, im Einklang mit den eigenen Werten zu handeln?
t) Besteht Einigkeit darüber, dass Menschen, die keiner Religion angehören, ebenso ausgeprägte Wertvorstellungen haben können wie die Anhänger der verschiedenen Religionen?
u) Besteht Einigkeit darüber, dass die Zugehörigkeit zu einer Religion oder einer bestimmten politischen Richtung nicht automatisch bedeutet, dass inklusive Werte verfolgt werden?
v) Steht das Handeln der Menschen innerhalb der Schule im Einklang mit ihrem Handeln außerhalb der Schule?
w) Besteht Einigkeit darüber, dass es zu den Aufgaben des Schulpersonals gehört, bestimmte Werte in die Praxis umzusetzen, z. B. indem sie sich um alle Schüler*innen gleichermaßen kümmern und sie in der Hoffnung auf eine gute Zukunft bestärken?
x) ...

A2.2 Die Schulgemeinschaft setzt sich für die Achtung der Menschenrechte ein.

A2.3 Die Schulgemeinschaft setzt sich für den Schutz der Umwelt ein.

a) Vermittelt die Schule die Überzeugung, dass alle Menschen die gleichen Rechte haben?
b) Spiegelt sich diese Überzeugung in der Art und Weise wider, wie Erwachsene, Kinder und Jugendliche miteinander umgehen?
c) Besteht Einigkeit darüber, dass die Grundlage dieser Rechte gemeinsame Werte wie Gleichheit, Mitgefühl und Respekt für Vielfalt sind?
d) Wird anerkannt, dass die Rechte einer Person nur dann eingeschränkt werden können, wenn ihre Ausübung direkt die Rechte einer anderen Person verletzen würde?
e) Wird anerkannt, dass die Einschränkung der Rechte einer Person, mit deren Handlungen wir nicht einverstanden sind (z. B. der Wahlrechte von Gefängnisinsassen), dazu führt, dass die Rechte aller Menschen weniger respektiert werden?
f) Verstehen Kinder, Jugendliche und Erwachsene die Achtung der Menschenrechte so, dass sie alle Menschen gleichermaßen wertschätzen, unabhängig von ihrem Hintergrund, ihren Ansichten und ihrer Identität?
g) Wird unter grundlegenden Rechten Folgendes verstanden: das Recht auf Nahrung, Kleidung, Unterkunft, Versorgung, Bildung, Sicherheit, freie Meinungsäußerung, bezahlte Arbeit, Einbeziehung in Entscheidungen sowie Achtung der Identität und Würde?
h) Lernen die Schüler*innen etwas über die Geschichte der Sklaverei und darüber, in welchem Ausmaß es sie in ihrem eigenen Land und weltweit immer noch gibt?
i) Lernen die Schüler*innen etwas über aktuelle und vergangene Menschenrechtskampagnen, in ihrem Land und anderswo?
j) Wird den Schüler*innen vermittelt, wie sie sich an Menschenrechtskampagnen beteiligen können?
k) Wird das Thema der Gerechtigkeit im eigenen Land sowie weltweit in Zusammenhang mit den Menschenrechten betrachtet?
l) Lernen die Schüler*innen, wie sich die Welt verändern würde, wenn es weniger Ungerechtigkeit gäbe?
m) Werden die Konzepte der Menschenrechte und der Weltbürgerschaft im Zusammenhang betrachtet?
n) Besteht Einigkeit darüber, dass die Ungleichheit in der Gesellschaft manchen Menschen die Möglichkeit nimmt, ihre grundlegenden Rechte wahrzunehmen?
o) Erfahren die Schüler*innen, dass Rechte oft nicht geachtet werden?
p) Wird der Frage nachgegangen, inwieweit Hunger und Krankheit in der Welt vermeidbar wären?
q) Erfahren die Schüler*innen etwas über Menschenrechtskonventionen wie die Allgemeine Erklärung der Menschenrechte oder die UN-Kinderrechtskonvention (siehe Anhang, S. 215-219)?
r) Beschäftigen sich Kinder, Jugendliche und Erwachsene damit, wie Menschenrechtskonventionen verbessert werden könnten?
s) Gehen Kinder, Jugendliche und Erwachsene der Frage nach, inwieweit sich die Menschenrechte in den Gesetzen ihres Landes wiederfinden?
t) Sind sich die Schüler*innen bewusst, dass die Menschenrechte in ihrem eigenen Land und in anderen Ländern verletzt werden, auch wenn Menschenrechtskonventionen unterzeichnet wurden und die Regierungen ihnen zugestimmt haben?
u) Wird anerkannt, dass alle Kinder und Jugendlichen das Recht haben, eine Schule an ihrem Wohnort zu besuchen?
v) Setzen sich Kinder, Jugendliche und Erwachsene für andere ein, die in der Schule ungerecht behandelt werden?
w) Finden Kinder, Jugendliche und Erwachsene Möglichkeiten, sich für andere einzusetzen, die in ihrem Land und anderen Teilen der Welt ungerecht behandelt werden?
x) Berufen sich Kinder, Jugendliche und Erwachsene auf die Menschenrechte, um Einspruch gegen Ungleichheit und Diskriminierung zu erheben – wie z. B. gegen Sexismus, Benachteiligung wegen der sozialen Herkunft, (antimuslimischem) Rassismus, Behindertenfeindlichkeit, Homo- und Transfeindlichkeit?
y) Trägt die Schulversammlung dazu bei, die UN-Kinderrechtskonvention bekannt zu machen?

A2.3 Die Schulgemeinschaft setzt sich für den Schutz der Umwelt ein.

A2.2 Die Schulgemeinschaft setzt sich für die Achtung der Menschenrechte ein.
C1.7 Die Kinder und Jugendlichen befassen sich mit der Erde, dem Sonnensystem und dem Universum.
C1.8 Die Kinder und Jugendlichen setzen sich mit ökologischen Zusammenhängen auseinander.

a) Achten Erwachsene, Kinder und Jugendliche die Rechte anderer Lebewesen und die der unbelebten Umwelt?
b) Gehen Erwachsene, Kinder und Jugendliche der Frage nach, wie ökologische Nachhaltigkeit gelebt werden kann, um Arten, Ökosysteme und Landschaften zu schützen?
c) Erkunden Erwachsene, Kinder und Jugendliche die Bedeutung der ökologischen Nachhaltigkeit im Sinne der Bewahrung und störungsfreien Entwicklung der Arten, Ökosysteme und Landschaften?
d) Befassen sich Erwachsene, Kinder und Jugendliche mit der Allgemeinen Erklärung der Rechte von Mutter Erde? (siehe Auszug auf S. 218)
e) Sind sich Erwachsene, Kinder und Jugendliche bewusst, wie sehr sie von einer gesunden Umwelt abhängig sind?
f) Sehen Erwachsene, Kinder und Jugendliche es als ihre Pflicht an, die Meere und Landflächen unseres Planeten zu erhalten?
g) Setzen sich Erwachsene, Kinder und Jugendliche mit der Auffassung auseinander, die Erde sei dazu da, um vom Menschen gezähmt, ausgebeutet und erobert zu werden?
h) Setzen sich Erwachsene, Kinder und Jugendliche mit der Auffassung auseinander, dass die Menschen mit anderen Lebewesen und der Umwelt im Gleichgewicht leben sollten?
i) Entwickeln Erwachsene, Kinder und Jugendliche eine eigene Meinung über ihr Verhältnis zur Umwelt?
j) Diskutieren Erwachsene, Kinder und Jugendliche darüber, Wirtschaftswachstum und Profit nur dann voranzutreiben, wenn es nicht auf Kosten der Umwelt geschieht?
k) Sind sich Erwachsene, Kinder und Jugendliche der Tatsache bewusst, dass die Menschheit sieben Planeten wie die Erde zum Überleben bräuchte, wenn alle Menschen so viel konsumieren würden wie die Einwohner der reichsten Länder?
l) Sind sich Erwachsene, Kinder und Jugendliche bewusst, dass viele Ressourcen auf der Erde begrenzt sind, Bildung, Kultur, Musik, Spiele, Informationen, Freundschaft und Liebe aber nicht?
m) Beschäftigen sich Erwachsene, Kinder und Jugendliche mit der Frage, ob Praktiken, die die Umwelt zerstören, Ressourcen ausreizen und den Fortbestand des Lebens gefährden, international als Verbrechen eingestuft werden sollten?
n) Beschäftigen sich Erwachsene, Kinder und Jugendliche mit der Frage, ob die Verschmutzung von Landflächen und Gewässern Straftaten sein sollten, auch wenn ein direkter Schaden für die Menschen nicht nachgewiesen werden kann?
o) Beschäftigen sich Erwachsene, Kinder und Jugendliche mit der Frage, wer die Landflächen, Meere, Flüsse und Seen auf der Erde besitzen darf?
p) Beschäftigen sich Erwachsene, Kinder und Jugendliche mit den Landnutzungsrechten indigener Völker, die keine formalen Verträge über Landeigentum besitzen?
q) Beschäftigen sich Erwachsene, Kinder und Jugendliche damit, was es bedeutet, wenn immer weniger Land für alle frei zugänglich ist – sowohl in ihrem eigenen Land als auch in anderen Ländern?
r) Beschäftigen sich Erwachsene, Kinder und Jugendliche mit der Frage, wer Luft und Wasser besitzt bzw. wer behauptet, sie zu besitzen?
s) Beschäftigen sich Erwachsene, Kinder und Jugendliche mit der Frage, wie sich Menschen gegen Umweltverschmutzung wehren können und was geschieht, wenn sie das tun?
t) Setzen sich Erwachsene, Kinder und Jugendliche mit der Verpflichtung jeder Generation auseinander, die Erde für kommende Generationen zu bewahren?
u) Beschäftigen sich Erwachsene, Kinder und Jugendliche mit den ökologischen Schulden, die die gegenwärtige Generation gegenüber der Erde und den kommenden Generationen ansammelt, und damit, dass sie diese Schulden »zurückzahlen« muss?
v) Erkennen Erwachsene, Kinder und Jugendliche, dass die ökologischen Schulden derjenigen, die am meisten konsumieren, am größten sind?
w) Beschäftigen sich Erwachsene, Kinder und Jugendliche mit der Tatsache, dass schon eine geringfügige zusätzliche Verschmutzung von Land, Gewässern und Luft erhebliche Auswirkungen haben kann?

A2.4 Inklusion wird als Möglichkeit gesehen, die Teilhabe aller zu entwickeln.

A2.1 Die Schulgemeinschaft verständigt sich über gemeinsame inklusive Werte.

a) Wird Inklusion als kontinuierlicher Prozess zur Entwicklung der Teilhabe für alle verstanden?
b) Wird Teilhabe als etwas verstanden, das über den Zugang zum gemeinsamen Leben und Lernen und die Wertschätzung des anderen hinausgeht?
c) Wird Inklusion als grundlegender Ansatz für die Weiterentwicklung der gesamten Schule verstanden sowie für die Weiterentwicklung des Bildungssystems und der Gesellschaft insgesamt?
d) Wird Inklusion als Ansatz gesehen, der sich sowohl mit der Förderung der Teilhabe Einzelner befasst als auch mit der Art und Weise, wie Schulen, Familien, die Umwelt und die Gesellschaft als Ganzes weiterentwickelt werden können, damit sie die Teilhabe aller fördern und unterstützen?
e) Wird Inklusion so verstanden, dass es dabei nicht nur um die Teilhabe von Kindern und Jugendlichen, sondern auch um die von Erwachsenen geht?
f) Geht es bei Inklusion um alle, und nicht nur um Schüler*innen mit Beeinträchtigungen oder um Schüler*innen mit einem zugeschriebenen sonderpädagogischen Förderbedarf bzw. individuellen Bildungsbedarf?
g) Vermeiden die Mitglieder des Schulpersonals, Barrieren für Lernen und Teilhabe vor allem auf Defizite oder Beeinträchtigungen der Schüler*innen zurückzuführen?
h) Wird gesehen, dass jede*r auf Barrieren für Lernen und Teilhabe stoßen kann?
i) Wird gesehen, dass es vom Kontext abhängt, wer auf Barrieren für Lernen und Teilhabe stößt?
j) Werden Barrieren für Lernen und Teilhabe als etwas gesehen, das alle Aspekte einer Schule betreffen kann – ihre Kulturen, Strukturen, Gebäude, Curricula und Ansätze für Lehren und Lernen?
k) Werden bestimmte Einstellungen zu den Zugangsmöglichkeiten zur Regelschulgemeinschaft infrage gestellt, z. B. die Behauptung, Kinder und Jugendliche mit schweren oder Mehrfachbeeinträchtigungen könnten nicht in Regelschulen unterrichtet werden?
l) Wird eine »inklusive Schule« als Schule verstanden, die auf dem Weg zur Inklusion ist, und nicht als eine, die bereits am Ziel angekommen ist?
m) Besteht Einigkeit darüber, dass es zu inklusiven Entwicklungen gehört, gegen Ausgrenzung und Diskriminierung vorzugehen?
n) Wird Ausgrenzung als ein Prozess verstanden, der im Klassenzimmer, auf dem Schulgelände und im Lehrer*innenzimmer beginnt und der dazu führen kann, dass ein Kind, ein*e Jugendliche*r oder ein*e Erwachsene*r die Schule verlässt?
o) Verstehen alle an der Schule Beteiligten, dass ausgrenzender Druck immer existiert und dass ihm entgegengewirkt werden muss?
p) Steht die Wertschätzung von Vielfalt und nicht die Anpassung an eine vermeintliche »Normalität« im Mittelpunkt?
q) Wird Vielfalt wertgeschätzt und als Ressource für das Lernen gesehen – und nicht als Problem?
r) Tragen alle den Entschluss, ungleiche Chancen in der Schule auf ein Minimum zu reduzieren?

A2.5 An jedes Kind und jede*n Jugendliche*n werden hohe Erwartungen gestellt.

C2.2 Die Lernaktivitäten stärken die Teilhabe und Verantwortungsübernahme aller Schüler*innen.
C2.7 Rückmeldungen und Bewertungen stärken die Lernprozesse und die Leistungen aller Schüler*innen.
C2.12 Hausaufgaben tragen zum Lernen aller Kinder und Jugendlichen bei.

a) Haben alle Erwachsenen, Kinder und Jugendliche das Gefühl, dass sie eine Schule besuchen, in der jede*r seine bestmöglichen Leistungen erreichen kann?
b) Wissen alle Kinder, Jugendlichen und Erwachsenen, dass es für das, was sie erreichen können, keine vorhersehbaren Grenzen gibt?
c) Unternimmt das Schulpersonal gemeinsame Anstrengungen, um etwaigen geringen Erwartungen an Kinder und Jugendliche etwas entgegenzusetzen?
d) Wissen Erwachsene, Kinder und Jugendliche, dass sie viel bessere Leistungen erbringen können, wenn sie sich als Menschen und in dem, was sie tun, wertgeschätzt fühlen?
e) Sind Erwachsene, Kinder und Jugendliche stolz auf ihre Leistungen?
f) Vermeiden die Mitglieder des Schulpersonals, Schüler*innen und ihren Familien ein Gefühl des Scheiterns zu vermitteln, indem sie Schüler*innen als »entwicklungsverzögert« bzw. »normabweichend« betrachten?
g) Werden die Leistungen der Schüler*innen für sich wertgeschätzt und nicht nur im Vergleich mit anderen?
h) Ist den Mitgliedern des Schulpersonals bewusst, dass Schüler*innen, die denken, dass sie in einem Unterrichtsfach »schlecht« sind, ihr ganzes Leben lang brauchen, um diese Einschätzung zu überwinden?
i) Vermeiden es die Mitglieder des Schulpersonals, die Leistungen von Schüler*innen mit denen von Geschwistern oder anderen Kindern und Jugendlichen aus ihrem Umfeld zu vergleichen?
j) Bemüht sich das Schulpersonal, keine negative Haltung gegenüber Schüler*innen zu entwickeln, die Schwierigkeiten mit bestimmten Lerninhalten haben?
k) Vermeiden es die Mitglieder des Schulpersonals, Schüler*innen aufgrund ihres gegenwärtigen Leistungsstandes ein bestimmtes Entwicklungspotenzial zuzuschreiben?
l) Vermeiden Schulpersonal und Schüler*innen den Gebrauch von abfälligen Bezeichnungen für geringe Leistungen?
m) Wirken Schulpersonal und Schüler*innen negativen Einstellungen sowie abfälligen Bezeichnungen gegenüber Kindern entgegen, die sich eifrig und begeistert am Unterricht beteiligen und gute Noten bekommen?
n) Vermeidet es das Schulpersonal, Schüler*innen einer Gruppe zuzuordnen, der sie einen »sonderpädagogischen Förderbedarf/individuellen Bildungsbedarf« oder ein »begrenztes Potenzial« zuschreibt?
o) Vermeidet es das Schulpersonal, Schüler*innen einer Gruppe zuzuordnen, der sie »besondere Begabungen« und im Vergleich zu anderen ein »größeres Potenzial« zuschreibt?
p) Vertreten die Mitglieder des Schulpersonals aktiv die Meinung, dass jede*r Begabungen und Talente hat?
q) Werden die Schüler*innen zu zentralen Prüfungen angemeldet, wenn sie so weit sind, und nicht, wenn sie ein bestimmtes Alter erreicht haben?
r) Geht man auf die Versagensängste von Kindern und Jugendlichen entlastend und unterstützend ein?

A2.6 Alle Kinder und Jugendlichen erfahren die gleiche Wertschätzung.

B1.8 Die Schule organisiert Lerngruppen so, dass die Vielfalt abgebildet und das Lernen aller unterstützt wird.

a) Tragen die vielfältigen Hintergründe der Erwachsenen, Kinder und Jugendlichen positiv zum Leben in der Schule und der Gemeinschaft bei?
b) Werden unterschiedliche Akzente und Dialekte als Bereicherung für die Schule und die Gesellschaft angesehen?
c) Spiegelt sich die Verpflichtung zur Wertschätzung der Sprachen aller Kinder und Jugendlichen in den Lernaktivitäten, in Arbeitsgemeinschaften und in Prüfungen wider?
d) Vermeiden es die Erwachsenen, bestimmte Kinder und Jugendliche anderen vorzuziehen, und achten sie darauf, sich nicht von Gefühlen der Abneigung gegen bestimmte Kinder und Jugendliche beeinflussen zu lassen?
e) Wird das Lernen von stillen Kindern und Jugendlichen genauso unterstützt wie das derjenigen, die sich aktiv beteiligen?
f) Vermeiden es die Erwachsenen, einzelne Kinder und Jugendliche zu beschämen?
g) Geht das Schulpersonal sensibel mit den familiären Konstellationen aller Schüler*innen um, wenn zum Beispiel über Ereignisse wie Muttertag oder Vatertag gesprochen wird?
h) Haben alle Kinder und Jugendlichen die Möglichkeit, an den Schulversammlungen und an Musik-, Theater- oder Tanzaufführungen teilzunehmen?
i) Werden strukturell unterschiedliche Familiensituationen gleichwertig und positiv wahrgenommen?
j) Vermeidet es das Schulpersonal, die Schüler*innen aufgrund ihres sozialen Status unterschiedlich wertzuschätzen?
k) Vermeidet es das Schulpersonal, einzelnen Schüler*innen aufgrund von Prüfungsergebnissen das Gefühl zu geben, mehr oder weniger wert zu sein als andere?
l) Berücksichtigt das Schulpersonal, dass Menschen mit unterschiedlichen Geschlechtsidentitäten in der Bildungseinrichtung präsent und für Bildungsangebote bedeutsam sind?
m) Vermeidet es das Schulpersonal, eine Religion als wichtiger darzustellen als andere oder als keine Religionszugehörigkeit?
n) Werden Schüler*innen, Mitglieder des Schulpersonals und Eltern/Erziehungsberechtigte mit Beeinträchtigungen in der Schule genauso positiv aufgenommen wie Personen ohne Beeinträchtigungen?
o) Werden die Anstrengungen von Schüler*innen mit geringeren Leistungen genauso häufig gewürdigt wie die von Schüler*innen mit guten Leistungen und guten Prüfungsergebnissen?
p) Werden in Berichten über Erfolge in der Schule und über die Schule hinaus die Leistungen aller Kinder und Jugendlichen berücksichtigt?
q) Werden die Arbeiten aller Schüler*innen in der Schule und den Klassenräumen ausgestellt?
r) Verlassen alle Schüler*innen die Sekundarschule mit einem anerkannten Abschlusszeugnis?
s) Werden die Leistungen von allen Kindern und Jugendlichen in gleicher Weise unterstützt und herausgestellt, unabhängig von ihrer Geschlechtsidentität?
t) Vermeidet es das Schulpersonal, Schüler*innen hierarchisch in »normale« Schüler*innen, Schüler*innen mit »sonderpädagogischem Förderbedarf/individuellem Bildungsbedarf« oder »Inklusionskinder« einzuteilen?

A2.7 Die Schulgemeinschaft tritt jeder Form von Diskriminierung entgegen.

A1.8 Die Schule öffnet den Blick für die wechselseitigen Beziehungen zwischen Menschen weltweit.
A1.9 Erwachsene, Kinder und Jugendliche gehen auf unterschiedliche Formen von Geschlechtsidentität ein.
A2.2 Die Schulgemeinschaft setzt sich für die Achtung der Menschenrechte ein.
A2.4 Inklusion wird als Möglichkeit gesehen, die Teilhabe aller zu entwickeln.
B2.9 Die Schule setzt sich aktiv gegen Mobbing ein.
C2.6 Die Schüler*innen entwickeln ein Verständnis für Gemeinsamkeiten und Unterschiede zwischen Menschen.

a) Wird gesehen, dass jeder Mensch empfänglich für Vorurteile ist und dass man sich aktiv darum bemühen muss, sie zu erkennen und abzubauen?
b) Beschäftigen sich die Erwachsenen damit, wie sie selbst zur Vielfalt stehen und welche Vorurteile sie haben, sodass sie die Kinder und Jugendlichen besser darin unterstützen können, ihre Vorurteile zu erkennen und abzubauen?
c) Entwickeln Erwachsene, Kinder und Jugendliche ein Bewusstsein dafür, in welchen Bereichen etwas gegen Diskriminierung getan werden muss?
d) Wird gesehen, dass Diskriminierung immer mit Machtmissbrauch zusammenhängt?
e) Wird anerkannt, dass die Wurzel institutioneller Diskriminierung in Kulturen und Strukturen liegt, die Angehörige bestimmter Gruppen abwerten oder auf andere Weise diskriminieren?
f) Wird anerkannt, dass eine Kultur, in der die gleichen Rechte der Verschiedenen als gemeinsamer Wert geteilt werden, der beste Weg ist, um Diskriminierung vorzubeugen und sie abzubauen?
g) Berufen sich umfassende Strategien zum Abbau jeglicher Form von Diskriminierung in der Schule auf Antidiskriminierungsgesetze?
h) Wird die Abwertung von Menschen aufgrund ihres Gewichts oder Aussehens als Diskriminierung erkannt und bekämpft?
i) Vermeidet es das Schulpersonal, den Eindruck zu vermitteln, dass in der Schule nur eine nationale Identität oder Lebensweise vorhanden ist?
j) Vermeiden Mitglieder des Schulpersonals eine stereotype Besetzung von Schüler*innen in schulinternen Theaterproduktionen (z. B. aufgrund des Geschlechts, der Haar- oder Hautfarbe)?
k) Gibt es ein Bewusstsein dafür, dass eine Kenntnis der Beeinträchtigungen von Kindern und Jugendlichen nur ein begrenzter Beitrag zur Entwicklung individueller Bildungsangebote ist?
l) Wird stereotypen Vorstellungen von Menschen mit Beeinträchtigungen, z. B. als »bemitleidenswert« oder »Helden im Kampf gegen ihr Schicksal« etwas entgegengesetzt?
m) Reflektieren Erwachsene, Kinder und Jugendliche, wie Behinderungen durch Interaktionen zwischen Menschen mit Beeinträchtigungen und ihrem Umfeld entstehen, aber auch wie sie durch diskriminierende Haltungen und institutionelle Barrieren verursacht sein können?
n) Wird anerkannt, dass die Nichtaufnahme von Kindern mit schweren Beeinträchtigungen in der Schule mehr durch Kultur, Einstellungen und Strukturen begründet ist als durch praktische Schwierigkeiten?
o) Vermeiden die Kinder und Jugendlichen den Gebrauch rassistischer, sexistischer, homo- oder behindertenfeindlicher und anderer diskriminierender Schimpfwörter?
p) Vermeidet die Schule den Einsatz von Filtersoftware, die den Zugang zu bestimmten Websites übermäßig einschränkt, z. B. zu Websites, die für lesbische, schwule, bisexuelle, transgender und intersexuelle Menschen relevant sind?

A2.8 Die Schulgemeinschaft setzt sich für ein gewaltfreies Miteinander und eine friedliche Konfliktlösung ein.

A1.9	Erwachsene, Kinder und Jugendliche gehen auf unterschiedliche Formen von Geschlechtsidentität ein.
B2.9	Die Schule setzt sich aktiv gegen Mobbing ein.

a) Wird Gewaltfreiheit als zwangsfreie Interaktion und Nichtvorhandensein physischer Auseinandersetzung verstanden?
b) Werden Konflikte in der Schule eher durch Gespräche gelöst als durch das Ausüben von Druck aufgrund von Statusunterschieden oder körperlicher Überlegenheit?
c) Leben die Erwachsenen einen gewaltfreien Umgang beispielhaft vor?
d) Lernen alle, auf Kritik an ihrer Meinung zu reagieren und darüber nachzudenken, wie man anders denken und handeln könnte?
e) Werden alle Mitglieder der Schulgemeinschaft in Verhandlungskompetenz, Konfliktlösung und Streitschlichtung geschult?
f) Werden Beleidigung, Diskriminierung, Belästigung und Mobbing als Formen von Gewalt verstanden?
g) Besteht Einigkeit darüber, dass es die Zusammenarbeit erleichtert, wenn sich Menschen als Person anerkannt fühlen?
h) Werden Diskussionen so angeleitet, dass sie nicht von einer einzelnen Person, einer Gruppe oder einem bestimmten Geschlecht dominiert werden?
i) Wird denjenigen, die häufig sehr wütend sind, geholfen, andere Wege zu finden, sich auszudrükken?
j) Werden Kindern und Jugendlichen Informationen über Aktivitäten wie Kampfsport gegeben, die helfen können, Selbstvertrauen und Selbstbewusstsein ohne Aggression zu entwickeln?
k) Unterstützen sich alle gegenseitig, in Diskussionen respektvoll auf die Beiträge anderer einzugehen?
l) Denken die Menschen darüber nach, wie ihre Gefühle anderen gegenüber die gemeinsame Interaktion beeinflussen?
m) Lernen die Schüler*innen anhand von Gedichten, Literatur, Musik, Theater und Puppenspiel, Gefühle besser zu verstehen?
n) Lernen die Schüler*innen, welche Konsequenzen der Wunsch nach Rache für andauernde individuelle und internationale Konflikte hat?
o) Diskutieren Kinder, Jugendliche und Erwachsene darüber, welche Formen von Gewaltdarstellung in Filmen und Computerspielen akzeptabel sind und welche nicht, und werden auch erniedrigende Beziehungspraktiken zwischen Männern und Frauen einbezogen?
p) Sind menschliche Ziele für die Schule wichtiger als wirtschaftliche Ziele?
q) Vermeidet es die Schule, die Schüler*innen als »Prüfungsfutter« zu behandeln?
r) Werden die Ursachen von Konflikten um Territorien, Identität und Ressourcen sowie Intoleranz gegenüber Verschiedenheit thematisiert, und wird besprochen, wie sich diese Konflikte mit friedlichen Mitteln entschärfen lassen?
s) Lernen die Kinder und Jugendlichen, die Dominanz eines Geschlechts über das andere infrage zu stellen?
t) Befassen sich die Kinder mit der Gewalt zwischen den Geschlechtern und damit, wie diese Gewaltmuster aufgebrochen werden können?
u) Wird der Frage nachgegangen, inwiefern bestimmte männliche Rollenbilder Gewalt gegen Männer und Frauen begünstigen?
v) Wird erkannt, welche Rolle Männer und Frauen dabei spielen, wenn Kinder aggressive männliche Verhaltensweisen entwickeln?
w) Erkunden Kinder und Jugendliche, was sie gewinnen bzw. verlieren, wenn sie sich einer Gang anschließen, und wie Gewalt zwischen Cliquen innerhalb und außerhalb der Schule vermieden werden kann?
x) Werden die Kinder und Jugendlichen dabei unterstützt, Aktivitäten außerhalb der Schule zu finden, die es unwahrscheinlicher machen, dass sie sich gewalttätigen Gangs anschließen?
y) Gibt es ein Bewusstsein dafür, dass Gewalt, die nach innen gerichtet wird, zu Depression oder Selbstverletzung führen kann?

A2.9 Die Schulgemeinschaft unterstützt Kinder, Jugendliche und Erwachsene bei der Entwicklung einer positiven Beziehung zu sich selbst.

A1.4	Schulpersonal und Schüler*innen gehen respektvoll miteinander um.
A2.10	Die Schulgemeinschaft trägt zur Gesundheit und zum Wohlbefinden von Kindern, Jugendlichen und Erwachsenen bei.
B2.9	Die Schule setzt sich aktiv gegen Mobbing ein.
C1.6	Die Kinder und Jugendlichen setzen sich mit Gesundheit und Beziehungen auseinander.

a) Bestärkt die Schule Erwachsene, Kinder und Jugendliche darin, Freude am Lernen und an Beziehungen zu haben?
b) Unterstützt die Schule Kinder, Jugendliche und Erwachsene dabei, vorherrschende Vorstellungen von Normalität zu überwinden?
c) Lernen die Kinder und Jugendlichen, dass es häufig vorkommt und in Ordnung ist, sich anders als andere zu fühlen?
d) Vermeiden es Erwachsene, Kinder und Jugendliche, Dünnsein überzubewerten?
e) Setzen Erwachsene, Kinder und Jugendliche stereotypen Schönheitsidealen in den Medien und in ihrem Umfeld etwas entgegen?
f) Empfinden Erwachsene, Kinder und Jugendliche die Vielfalt der Persönlichkeiten, Hintergründe, Herkünfte, Geschlechtsidentitäten und Weltanschauungen in ihrer Schule als Bereicherung?
g) Erleben Erwachsene, Kinder und Jugendliche, dass es in Ordnung ist, unterschiedliche Persönlichkeiten und Ansichten zum Ausdruck zu bringen?
h) Vermittelt die Schule, dass das Wohl jeder/s Einzelnen eng mit dem Wohl aller Menschen an der Schule, in ihrem Umfeld und in der ganzen Welt zusammenhängt?
i) Vermittelt die Schule, dass das Wohl jeder/s Einzelnen mit einer gesunden Umwelt zusammenhängt?
j) Wird etwas dafür getan, dass alle in der Schule Freund*innen haben?
k) Lernen die Schüler*innen durch den Umgang der Menschen in der Schule etwas über gesunde Beziehungen?
l) Setzt sich die Schule dafür ein, das Selbstwertgefühl von Kindern, Jugendlichen und Erwachsenen zu stärken, die Schwierigkeiten haben?
m) Ist Erwachsenen, Kindern und Jugendlichen bewusst, dass ein verletztes Selbstwertgefühl zu Leistungsabfall und einer Zunahme von Mobbing führen kann?
n) Ist Erwachsenen, Kindern und Jugendlichen klar, dass das Erscheinungsbild einer Person oder die Art, wie sie angesprochen wird, unter Umständen nicht das Geschlecht widerspiegelt, dem sie sich zugehörig fühlt?
o) Sind sich die Mitglieder des Schulpersonals bewusst, dass Einrichtungen mit klarer Geschlechterzuordnung, wie Toiletten oder Umkleiden, belastend für Schüler*innen sein können, die intersexuell oder transgender sind?
p) Zeigen Erwachsene, Kinder und Jugendliche Sensibilität für die Belastung, die Pubertät und Erwachsenwerden für die Geschlechtsidentität mancher Menschen bedeuten können?
q) Gibt es einen geräumigen, sauberen und geschützten Ort für hygienischen Bedarf?
r) Zeigen Erwachsene, Kinder und Jugendliche Sensibilität dafür, dass die Menstruation für manche sehr belastend ist?
s) Werden bei Schwangerschaften im Schulalter sowohl die Mädchen als auch die betreffenden Jungen begleitet?
t) Vermeidet die Schule eine Stigmatisierung von jugendlichen Eltern?
u) Sprechen Mitglieder des Schulpersonals und Schüler*innen mit der nötigen Sensibilität über den Tod, sodass alle wissen, wie sie sich gegenseitig unterstützen können, wenn ein Mitglied der Schulgemeinschaft stirbt?
v) Wird berücksichtigt, dass man durch den Tod eines Familienmitglieds oder einer nahestehenden Person viele Jahre lang belastet sein kann, ganz besonders an bestimmten Tagen wie dem Todestag?

A2.10 Die Schulgemeinschaft trägt zur Gesundheit und zum Wohlbefinden von Kindern, Jugendlichen und Erwachsenen bei.

A2.9	Die Schulgemeinschaft unterstützt Kinder, Jugendliche und Erwachsene bei der Entwicklung einer positiven Beziehung zu sich selbst.
C1.1	Die Kinder und Jugendlichen erkunden die Zyklen von Nahrungserzeugung und Nahrungsverbrauch.
C1.6	Die Kinder und Jugendlichen setzen sich mit Gesundheit und Beziehungen auseinander.

a) Befassen sich Erwachsene, Kinder und Jugendliche mit der Frage, welchen Beitrag eine intakte Umwelt, Spielen, angenehme Aktivitäten, die Abwesenheit von Stress, eine gute Ernährung sowie körperliche Fitness zur Gesundheit leisten?
b) Vermeiden es Erwachsene, Kinder und Jugendliche, andere als krank zu betrachten, nur weil sie vermeintlich anders sind als sie selbst?
c) Werden in der Schule, im Umfeld und in der weiteren Umgebung Barrieren für die Gesundheit erkannt?
d) Gibt es klar definierte Prozesse, wie Medikamente verteilt werden und wie die Medikamenteneinnahme der Kinder und Jugendlichen überwacht wird?
e) Sind Erwachsene, Kinder und Jugendliche in Erster Hilfe ausgebildet und wissen sie, wie sie in Notfällen reagieren müssen, beispielsweise bei Diabetes oder Epilepsie?
f) Gibt es einen ruhigen Ort, den Kinder, Jugendliche und Erwachsene aufsuchen können, wenn sie sich sehr unter Druck fühlen und mit jemandem sprechen möchten?
g) Werden Stress und Wut als Folge der schwierigen Lebensumstände mancher Kinder und Jugendlicher gesehen?
h) Erhalten die Kinder und Jugendlichen Gelegenheit, zu meditieren und etwas über Meditation zu lernen?
i) Gibt es Beratungsangebote für Kinder und Jugendliche, die verzweifelt sind oder regelmäßig in Wut geraten?
j) Gibt es einen Raum für medizinische Versorgung, Pflege und regelmäßige Physiotherapie?
k) Steht immer ausreichend Wasser zum Trinken zur Verfügung?
l) Lernen die Mitglieder des Schulpersonals, die Schüler*innen und ihre Familien, sich in der Schule und zu Hause gesund zu ernähren?
m) Gibt es Gelegenheiten zum Austausch über Gesundheitsprobleme wie z. B. Essstörungen?
n) Werden die Kinder und Jugendlichen darin bestärkt, den Werbebotschaften der Lebensmittelindustrie zu widerstehen, die zu einer ungesunden Ernährung verleiten?
o) Werden körperliche Aktivitäten gefördert – nicht nur, weil sie sich positiv auf die Gesundheit auswirken, sondern auch, weil sie Spaß machen?
p) Nehmen die Kinder und Jugendlichen regelmäßig an Lernaktivitäten außerhalb ihres Klassenzimmers teil, unter anderem auch im Freien?
q) Werden alle dazu ermutigt, an Sportunterricht und Spielen teilzunehmen, und werden dabei sowohl verschiedene Sportarten als auch Tanz, Aerobic, Kampfkünste, Tai Chi und Yoga angeboten?
r) Werden Kinder, Jugendliche und Erwachsene ermutigt, sich jeden Tag körperlich zu betätigen, zum Beispiel zu Fuß oder mit dem Fahrrad zur Schule zu kommen?
s) Fühlen sich die Kinder und Jugendlichen auf dem gesamten Schulgelände sicher?
t) Stehen Sicherheitsmaßnahmen und der Wunsch, die Kinder und Jugendlichen eigene Erfahrungen machen zu lassen, in einem ausgewogenen Verhältnis?
u) Wird überprüft, ob der Weg zur Schule Gefahren birgt, und werden diese Gefahren so weit wie möglich beseitigt?
v) Parken die Eltern ihre Autos in angemessener Entfernung von der Schule, wenn sie ihre Kinder zur Schule bringen und wieder abholen?
w) Lernen die Kinder und Jugendlichen, sicher Rad zu fahren?
x) Lernen die Kinder und Jugendlichen, wie sie soziale Netzwerke und andere Internetangebote sicher nutzen?

Dimension B: Inklusive Strukturen etablieren

B1: Eine Schule für alle entwickeln

1. Die Schule entwickelt sich partizipativ weiter.
2. Die Schule hat ein inklusives Verständnis von Leitung.
3. Personalentscheidungen sind transparent und vermeiden jede Form von Diskriminierung.
4. Die Kompetenzen und Kenntnisse des Schulpersonals sind bekannt und werden genutzt.
5. Die Schule unterstützt neues Schulpersonal, sich in der Schule einzuleben.
6. Die Schule nimmt alle Kinder und Jugendlichen aus ihrem Einzugsbereich auf.
7. Die Schule unterstützt neu angekommene Kinder und Jugendliche, sich in der Schule einzuleben.
8. Die Schule organisiert Lerngruppen so, dass die Vielfalt abgebildet und das Lernen aller unterstützt wird.
9. Die Schule begleitet die Übergänge von Schüler*innen.
10. Die Schule ist für alle Menschen barrierefrei zugänglich.
11. Gebäude und Schulgelände sind so gestaltet, dass sie die Teilhabe aller unterstützen.
12. Die Schule verringert ihren CO_2-Fußabdruck und ihren Wasserverbrauch.
13. Die Schule trägt zur Müllvermeidung bei.

B2: Unterstützung für Vielfalt organisieren

1. Die Schule reflektiert den Unterstützungsbegriff und koordiniert die verschiedenen Formen der Unterstützung.
2. Fort- und Weiterbildungen unterstützen das Schulpersonal, auf die Vielfalt der Schüler*innen einzugehen.
3. Ressourcen zum Sprachenlernen stärken die Mehrsprachigkeit der Einzelnen und der ganzen Schule.
4. Die Schule unterstützt Kontinuität in der Begleitung von Kindern und Jugendlichen in Fremdunterbringung.
5. Die Schule reflektiert ihren Umgang mit einem zugeschriebenen sonderpädagogischen Förderbedarf bzw. individuellen Bildungsbedarf kritisch und setzt entsprechende Maßnahmen inklusiv um.
6. Die Schule versteht den Umgang mit herausforderndem Verhalten als ein gemeinsames Anliegen aller Beteiligten.
7. Die Schule vermeidet es, Ausschluss als Konsequenz von Regelverstößen einzusetzen.
8. Die Schule erkennt die Gründe für das Fernbleiben von Schüler*innen und entwickelt Strategien, um allen einen regelmäßigen Schulbesuch zu ermöglichen.
9. Die Schule setzt sich aktiv gegen Mobbing ein.

B1.1 Die Schule entwickelt sich partizipativ weiter.

A1.4 Schulpersonal und Schüler*innen gehen respektvoll miteinander um.
A1.5 Die Mitglieder des Schulpersonals und Eltern/Erziehungsberechtigte kooperieren.
A1.6 Schulpersonal und schulische Gremien arbeiten konstruktiv zusammen.
A1.10 Die Schule und ihr lokales Umfeld unterstützen sich gegenseitig in ihrer Entwicklung.
A2.4 Inklusion wird als Möglichkeit gesehen, die Teilhabe aller zu entwickeln.
Bereich C1 (lokale und globale Ebene verbinden)

a) Gibt es einen Entwicklungsplan für die Schule und ihre Umgebung, der beim Schulpersonal, bei den Mitgliedern schulischer Gremien, Eltern und Erziehungsberechtigten sowie Kindern und Jugendlichen bekannt und anerkannt ist?
b) Werden die Schüler*innen, Eltern/Erziehungsberechtigten und Mitglieder der Schulgremien gefragt, welche Hindernisse für Lernen und Teilhabe sie sehen und wie man sie beseitigen könnte?
c) Werden Menschen aus dem Umfeld der Schule in die Überlegung einbezogen, wie sich die Schule und die lokalen Gruppierungen gegenseitig in ihrer Entwicklung unterstützen können?
d) Bilden Anregungen von Schulpersonal, Schüler*innen, Eltern/Erziehungsberechtigten sowie von Mitgliedern schulischer Gremien und lokaler Gruppierungen die Grundlage für die Entwicklung der Schule?
e) Verstehen Eltern/Erziehungsberechtigte, Schüler*innen und Mitglieder der Schulgremien diese Beteiligung als selbstverständlichen Teil ihres Engagements für die Schule?
f) Wird der Schulentwicklungsplan umgesetzt, regelmäßig überprüft und gegebenenfalls angepasst?
g) Gibt es eine regelmäßige Bestandsaufnahme, was sich in der Schule verändert hat und warum?
h) Diskutiert das Schulpersonal darüber, welche Veränderungen Teil des Entwicklungsplans waren und welche Veränderungen andere Ursachen hatten?
i) Sind sich die Mitglieder des Schulpersonals einig, dass man nur von einer gelungenen Weiterentwicklung sprechen kann, wenn die Veränderungen den vereinbarten Werten entsprechen?
j) Steigern Erwachsene, Kinder und Jugendliche ihren Einfluss auf die Entwicklung ihrer Schule, indem sie einen gemeinsamen Rahmen inklusiver Werte zugrunde legen?
k) Besteht Einigkeit darüber, dass eine kontinuierliche, nachhaltige Weiterentwicklung der Schule nur auf Basis gemeinsamer Werte verbunden mit konkreten Veränderungen der Kulturen, Strukturen und Praktiken in der Schule möglich ist?
l) Ist dem Schulpersonal bewusst, dass sich Barrieren für Lernen und Teilhabe, die Kinder und Jugendliche erleben, durch eine Verbesserung der Lehr- und Lernaktivitäten und -konzepte abbauen lassen?
m) Wird in der Schulgemeinschaft darüber nachgedacht, auf welche Weise die Kulturen in der Schule eine inklusive Entwicklung hemmen bzw. unterstützen?
n) Geht es bei der Weiterentwicklung der Schule vor allem darum, die Kulturen und Praktiken zu verbessern, und nicht darum, bei internen und externen Evaluationen besser abzuschneiden?
o) Gibt es für die Entwicklung inklusiver Strukturen klare Umsetzungsstrategien?
p) Werden die Auswirkungen der Maßnahmen auf die Kulturen und Praktiken in der Schule evaluiert und die Strukturen der Schule gegebenenfalls angepasst?
q) Tauschen sich Erwachsene, Kinder und Jugendliche mit anderen Schulen (möglicherweise in einem anderen Land) aus und besuchen sie diese, um sich in der Weiterentwicklung der Schulen und deren Umfeld gegenseitig zu unterstützen?
r) ...

B1.2 Die Schule hat ein inklusives Verständnis von Leitung.

A1.2 Das Schulpersonal arbeitet konstruktiv zusammen.
B1.4 Die Kompetenzen und Kenntnisse des Schulpersonals sind bekannt und werden genutzt.
C2.9 Die Mitglieder des Schulpersonals planen, gestalten, reflektieren im Team und lernen voneinander.

a) Besteht Einigkeit darüber, dass gute Führungskräfte nicht hierarchisch vorgehen, sondern auf Zusammenarbeit setzen?
b) Versucht die Schule zu verhindern, dass sich aus einer starren Hierarchie in der Schule Einschränkungen für die Beziehungen und das Lernen ergeben?
c) Sind wichtige Informationen über die Schule allen zugänglich, sodass der Schulbetrieb möglichst reibungslos weiterläuft, wenn jemand aus dem Kollegium oder die Schulleitung einmal nicht da ist oder die Schule verlässt?
d) Wird darauf verzichtet, eine unreflektierte Einhaltung von Anweisungen der Schulleitung oder staatlicher Stellen einzufordern?
e) Vermeidet es die Schulleitung, Anweisungen, die von außerhalb der Schule kommen, so weiterzugeben, als gebe es keine Möglichkeit mehr, sie an die Kulturen, Strukturen und Praktiken der Schule anzupassen?
f) Tragen die Leitungspersonen der Schule dazu bei, den bürokratischen Aufwand des Schulpersonals zu verringern?
g) Widersteht das Schulpersonal dem Druck, Dinge zu tun, die im Widerspruch zu ihren Werten stehen?
h) Achten Personen, die befördert wurden oder Koordinierungs- und Leitungsaufgaben haben, darauf, sich nicht so zu verhalten, als ob eine höhere Position automatisch mehr Wissen bedeute?
i) Achten die Leitungspersonen sorgfältig darauf, jede Form von Bevorzugung und Diskriminierung zu vermeiden?
j) Zeigen sich beförderte Personen nach wie vor bereit, Fehler einzugestehen?
k) Werden Entscheidungen auf der Grundlage von Argumenten gefällt und nicht aufgrund von Machtverhältnissen?
l) Werden die Kompetenzen des Schulpersonals bei der Entscheidungsfindung berücksichtigt?
m) Übernimmt das Personal in unterschiedlichen Positionen die Leitung von Treffen und sorgt es dafür, dass sich alle beteiligen können?
n) Sind die erfahrenen Lehrpersonen dazu bereit, weniger erfahrene Kolleg*innen bei Bedarf zu unterstützen und zu beraten, statt ihre Arbeit zu bewerten oder ihnen Vorschriften zu machen?
o) Wird von allen Erwachsenen, Kindern und Jugendlichen erwartet, dass sie eigenverantwortlich arbeiten bzw. dies lernen?
p) Wird Autorität eher mit Wissen, Weisheit und Kompetenz in Verbindung gebracht als mit einer bestimmten beruflichen Position?
q) Wird bei der Auswahl der Schulleitung und anderer Leitungspersonen berücksichtigt, wie gut sie die Mitglieder des Schulpersonals darin unterstützen, das Lernen in heterogenen Gruppen zu fördern?
r) Haben die Schulleitung und andere Leitungspersonen die Fähigkeit, den Dialog zwischen den Beteiligten zu unterstützen?
s) Hören die Mitglieder des Schulpersonals den Argumenten der anderen gut zu, bevor sie eine (möglicherweise andere) Meinung äußern?
t) Gibt es sanktionsfreie Verfahren zur Klärung von Konflikten?
u) Werden die Ressourcen in der Schule transparent und gerecht verteilt?

B1.3 Personalentscheidungen sind transparent und vermeiden jede Form von Diskriminierung.[19]

A1.2 Das Schulpersonal arbeitet konstruktiv zusammen.
B1.2 Die Schule hat ein inklusives Verständnis von Leitung.

a) Stehen zu besetzende Stellen allen innerhalb und außerhalb der Schule offen, die dafür infrage kommen?
b) Vermeiden es die Mitglieder des Schulpersonals, sich durch übertriebene Darstellung ihres Wissens und ihrer Erfahrung Vorteile zu verschaffen?
c) Akzeptiert die Schulgemeinschaft, dass Mitglieder des Schulpersonals in verschiedenen Lebensphasen sich mit unterschiedlicher Intensität an der Schulentwicklung beteiligen können?
d) Macht die Schule deutlich nach außen sichtbar, dass sie bei Stellenbesetzungen vorurteilsfrei vorgeht und dass Geschlecht, ethnische oder soziale Herkunft, Beeinträchtigungen, Alter, sexuelle Orientierung oder andere nicht relevante Aspekte dabei keine Rolle spielen?
e) Vermeidet es die Schule, Menschen bei der Stellenbesetzung zu diskriminieren, z. B. indem sie Jüngere bevorzugt, um niedrigere Gehälter zahlen zu können?
f) Spiegelt die Zusammensetzung des pädagogischen und nicht-pädagogischen Personals die gesellschaftliche Vielfalt im Umfeld der Schule wider?
g) Ermutigt und begleitet die Schule Personen dabei – unabhängig von Geschlecht, familiärer Situation, ethnischem Hintergrund oder weiteren Aspekten –, sich professionell weiterzuentwickeln?
h) Ist es für das Schulpersonal selbstverständlich, dass Männer die Betreuung kleiner Kinder übernehmen?
i) Werden alle, die sich auf eine Stelle bewerben möchten, dazu ermutigt?
j) Vermeiden es Schulleitung und andere Mitglieder des Schulpersonals, vor allem ihnen nahestehende Personen dazu zu ermutigen, sich um eine Beförderung zu bemühen?
k) Lässt sich die Schulleitung etwas einfallen, um Eltern/Erziehungsberechtigte und Schulpersonal davon zu überzeugen, wie wichtig und befriedigend die Arbeit in schulischen Gremien ist, sodass sich möglichst viele Menschen dafür bewerben?
l) Spiegeln die Beförderungen das Verhältnis der Geschlechter und der Erfahrungshintergründe der Mitglieder des Schulpersonals wider?
m) Spiegeln die leitenden Positionen die Zusammensetzung der Schulgemeinschaft wider?
n) Sind in dem Gremium, das über Stellenbesetzungen entscheidet, Mitglieder des Schulpersonals, der schulischen Gremien und der Schülermitverwaltung vertreten?
o) Falls es sich um eine konfessionelle Schule handelt: Wird bei Stellenbesetzungen eine Diskriminierung aufgrund des Glaubens verhindert?
p) Spiegelt das Gremium, das über Stellenbesetzungen entscheidet, das Verhältnis der Geschlechter, ethnischen Herkünfte und Erfahrungshintergründe in der Schulgemeinschaft wider?
q) Sind die Personalvertretungen/Gewerkschaften an der Erstellung von Leitlinien für Stellenbesetzungen und Beförderungen beteiligt?
r) Werden die Bewerber*innen gebeten, dem Schulpersonal, den schulischen Gremien, den Eltern/Erziehungsberechtigten sowie den Kindern und Jugendlichen eine Probe ihrer Arbeit zu geben?
s) Gibt es eine Strategie, um Barrieren für die Einstellung von Menschen mit Beeinträchtigungen abzubauen?
t) Ist es ein wesentliches Einstellungskriterium, ob die/der Bewerber*in Vielfalt wertschätzt?
u) Gibt es Vertretungen für abwesende Klassen- und Fachlehrpersonen sowie für anderes pädagogisches Personal?

19 Nach dem italienischen Staatsgesetz haben Schulen kein Entscheidungsrecht über die Einstellung von Personal.

B1.4 Die Kompetenzen und Kenntnisse des Schulpersonals sind bekannt und werden genutzt.

B1.2 Die Schule hat ein inklusives Verständnis von Leitung.

a) Interessieren sich die Mitglieder des Schulpersonals für das Wissen und die Erfahrung ihrer Kolleg*innen?
b) Werden Kompetenzen, Kenntnisse und Interessen des pädagogischen und nicht-pädagogischen Personals systematisch erfasst und als Ressource genutzt und wertgeschätzt?
c) Werden die Mitglieder des Schulpersonals an der Überlegung beteiligt, wie sich ihre Kenntnisse und Fertigkeiten am besten zum Nutzen der Schulgemeinschaft einsetzen lassen?
d) Fühlen sich Mitglieder des Schulpersonals ermutigt, ihre Fähigkeiten und Kenntnisse zu nutzen, um das Lernen der Kinder und Jugendlichen zu unterstützen?
e) Wird das Schulpersonal ermutigt, neue Fertigkeiten und Interessen zu entwickeln?
f) Wird das Schulpersonal ermutigt, neue Kenntnisse, Interessen und Fertigkeiten an andere weiterzugeben?
g) Bieten Mitglieder des Schulpersonals mit spezifischen Fertigkeiten und Kenntnissen anderen Hilfe an?
h) Achten die Mitglieder des Schulpersonals darauf, bei ihrer Arbeit mit heterogenen Gruppen die Fertigkeiten und Kenntnisse aller Kolleg*innen wie die von Sport- oder Kunstlehrer*innen nicht zu übersehen?
i) Entscheidet das Schulpersonal darüber, ob und welche externen Kompetenzen hinzugezogen werden sollen?
j) Tragen die verschiedenen von Mitgliedern des Schulpersonals gesprochenen Sprachen dazu bei, dass die Schule ihr Profil als Sprachen lernende Schule weiterentwickelt?
k) Besteht Einigkeit darüber, dass jeder Mensch andere persönliche und berufliche Stärken hat und dass das gut ist?
l) Treffen sich die Lehrpersonen und tauschen sie Ideen und Fachkompetenzen aus, um sich gegenseitig bei der Weiterentwicklung der eigenen Arbeit zu unterstützen und gemeinsam Lösungen für Probleme zu entwickeln?
m) Hören die Mitglieder des Schulpersonals einander zu, und regen sie sich zu unterschiedlichen Betrachtungsweisen der Schwierigkeiten von Kindern und Jugendlichen an, ohne zu bewerten?
n) Werden die unterschiedlichen Kulturen und sozialen Hintergründe der Mitglieder des Schulpersonals für die Entwicklung von Lernangeboten herangezogen?
o) Hat das Schulpersonal die Gelegenheit, von Unterrichtspraktiken und Erfahrungen in anderen Schulen zu lernen?
p) Werden Lehrpersonen aus der Umgebung mit Fachkompetenzen im Umgang mit spezifischen Bedarfen eingeladen, um ihr Wissen in Bezug auf das Lernen in heterogenen Gruppen und die Gestaltung von Lernangeboten an das Schulpersonal weiterzugeben?
q) Werden Lehrpersonen, die die Schule verlassen oder sie bereits verlassen haben, darum gebeten, ihre Ansichten über die Schule mitzuteilen, um daraus neue Erkenntnisse zu gewinnen?
r) Wird wahrgenommen, dass Mitglieder des Schulpersonals, die sich in Lebensalter und Berufserfahrung unterscheiden, unterschiedliche Perspektiven und Beiträge einbringen können?

B1.5 Die Schule unterstützt neues Schulpersonal, sich in der Schule einzuleben.

A1.2 Das Schulpersonal arbeitet konstruktiv zusammen.
C2.9 Die Mitglieder des Schulpersonals planen, gestalten, reflektieren im Team und lernen voneinander.

a) Gibt es ein Konzept, nach dem neue Mitglieder des Schulpersonals, freiwillige Helfer*innen, Mitglieder schulischer Gremien und ehrenamtlich in der Schule tätige Eltern und Erziehungsberechtigte in ihre Aufgaben eingeführt werden?
b) Motiviert dieses Angebot die neuen Mitglieder der Schule?
c) Werden neue Mitglieder des Schulpersonals mit allen notwendigen Informationen über die Schule versorgt – unter anderem über Schulkonzepte und den Entwicklungsplan für die Schule und ihr Umfeld?
d) Werden neue Mitglieder des Schulpersonals gefragt, welche zusätzlichen Informationen sie brauchen, und werden sie ihnen gegeben?
e) Werden alle neu eingestellten Mitglieder des Schulpersonals dazu eingeladen, vor ihrem offiziellen Arbeitsbeginn die Schule zu besichtigen?
f) Hat das neu angestellte Personal eine Bezugsperson, die es in den ersten Monaten begleitet?
g) Sind die Bezugspersonen/Mentor*innen in den ersten Wochen regelmäßig vor Ort oder per Telefon erreichbar, um Fragen zu beantworten?
h) Nimmt sich die Schulleitung so bald wie möglich Zeit für die neuen Mitglieder des Schulpersonals?
i) Werden neue Mitglieder des Schulpersonals offiziell von Vertreter*innen der schulischen Gremien begrüßt?
j) Werden neue Mitglieder des Schulpersonals offiziell von Vertreter*innen der Kinder und Jugendlichen begrüßt?
k) Werden neue Mitglieder des Schulpersonals ermutigt, sich bei Treffen, Versammlungen und Konferenzen einzubringen?
l) Werden neue Mitglieder des Schulpersonals dabei unterstützt, sich einzubringen, wenn das Schulpersonal sich trifft?
m) Erkennen Mitglieder des Schulpersonals eventuelle Schwierigkeiten neuer Kolleg*innen bei der Eingewöhnung in eine neue Stelle in einer vielleicht neuen Umgebung?
n) Laden die Mitglieder des Schulpersonals, die schon länger an der Schule sind, neue Kolleg*innen zu informellen Gesprächen und Begegnungen ein – besonders diejenigen, die neu in der Gegend sind?
o) Vermeiden es langjährige Mitglieder des Schulpersonals, neuen Kolleg*innen das Gefühl zu geben, dass sie nicht dazugehören, z. B. durch einen ausschließenden Gebrauch von »wir« und »uns«?
p) Zeigen die Mitglieder des Schulpersonals echtes Interesse an ihren neuen Kolleg*innen und daran, was sie zur Schule beitragen können?
q) Wird neuen Kolleg*innen vermittelt, dass ihre Anwesenheit und ihr Beitrag wichtig für die Schule sind?
r) Werden Kolleg*innen, die sich gerade beruflich weiterqualifiziert haben, unterstützt, ihre neuen Kompetenzen gut zu nutzen und weiterzugeben?
s) Können alle neuen Mitglieder des Schulpersonals an vorhandenen Strukturen für gegenseitige Unterstützung, Praxisbeobachtungen und Diskussionen über Möglichkeiten der Weiterentwicklung von Angeboten teilhaben?
t) Behandeln die fest angestellten Mitglieder des Schulpersonals Vertretungskräfte, Praktikant*innen und Unterrichtsassistent*innen als vollwertige Kolleg*innen?
u) Stellen die Perspektiven neuer Mitarbeiter*innen und Lehramtsstudierender auf die Schule eine wertvolle Ressource zum Erkennen möglicher Handlungsbedarfe dar, die aktiv genutzt wird?
v) Werden Kolleginnen und Kollegen, die nach längerer Abwesenheit in die Schule zurückkommen, darin unterstützt, ihre Rolle so einzunehmen, dass sie der aktuellen Struktur der Schule entspricht?

B1.6 Die Schule nimmt alle Kinder und Jugendlichen aus ihrem Einzugsbereich auf.[20] [21]

A2.6 Alle Kinder und Jugendlichen erfahren die gleiche Wertschätzung.

a) Ist der Wunsch, alle Kinder und Jugendlichen aus dem Einzugsgebiet aufzunehmen, als Schulleitlinie öffentlich sichtbar?
b) Spiegelt sich der umfassende und gemeinschaftliche Ansatz der Schule in ihrem Namen wider?
c) Werden alle Kinder und Jugendlichen im Einzugsbereich ermutigt, die Schule zu besuchen, unabhängig von Leistung, Beeinträchtigung oder Hintergrund?
d) Werden die Kinder von Fahrenden, die sich in der Gegend aufhalten, in der Schule ausdrücklich willkommen geheißen?
e) Bemüht sich die Schule, Barrieren für die Teilhabe verschiedener ethnischer Gruppen aus der Umgebung zu überwinden?
f) Werden Kinder von Asylsuchenden und geflüchteten Menschen ermutigt, die Schule zu besuchen?
g) Werden Kinder aus Familien, die nur vorübergehend in der Umgebung wohnen, ermutigt, die Schule zu besuchen?
h) Werden Familien aus der Umgebung, deren Kinder aktuell in Sonderschulen bzw. Förderschulen gehen, ermutigt, ihre Kinder in der Regelschule anzumelden?
i) Setzt sich das Schulpersonal dafür ein, dass Kinder und Jugendliche mit Beeinträchtigungen die Schule an ihrem Wohnort besuchen können?
j) Vermeidet das Schulpersonal, Kindern und Jugendlichen, die an einer anderen Schule Schwierigkeiten hatten, das Gefühl zu geben, sie seien nur vorübergehend an dieser Schule?
k) Nimmt die Schule Schüler*innen in staatlicher Obhut/Fremdunterbringung auf?
l) Macht die Schule öffentlich deutlich, dass sie »Kinder mit Betreuungsbedarf« an der Schule willkommen heißt?
m) Geht die Schule mit sensiblen Daten von Eltern/Erziehungsberechtigten, Geschwistern und Bekannten potenzieller Schüler*innen umsichtig um?
n) Falls die Schule eine konfessionelle Ausrichtung hat, die zu einer für die Gegend untypischen ethnischen Zusammensetzung führt: Arbeitet sie eng mit anderen Schulen aus der Umgebung zusammen?
o) Ist es auch in einer konfessionellen Schule für die Aufnahme relevanter, ob die Kinder und Jugendlichen in der Nähe wohnen, als welcher Religion sie angehören?
p) Vermeidet eine konfessionelle bzw. konfessionsgebundene Schule Beschränkungen bei der Einstellung von Schulpersonal aus bestimmten Religionsgruppen?
q) Falls die Schule eine bestimmte religiöse Ausrichtung hat: Bemüht sie sich darum, religiösen Spannungen entgegenzuwirken, z. B. indem sie nicht eine spezielle Richtung innerhalb des Christentums oder Islams bevorzugt?
r) Ist der Prozentsatz von Kindern und Jugendlichen aus der Umgebung an der Gesamtschülerzahl der Schule steigend?
s) Vergrößert sich die Vielfalt der Kinder und Jugendlichen aus der Umgebung in der Schule?

---

20 Nach dem italienischen Staatsgesetz sind Südtiroler Schulen und Kindergärten verpflichtet, alle Schüler*innen aus dem Einzugsgebiet aufzunehmen. Trotzdem ergeben sich durch die Einrichtung von Klassenzügen mit besonderer Ausrichtung und im Sekundarbereich durch die Profile der unterschiedlichen Schultypen implizite Voraussetzungen für die Aufnahme. In diesem Sinne kann der Indikator relevant sein.

21 In den meisten Kantonen der Schweiz gibt es keine freie Schulwahl.

B1.7 Die Schule unterstützt neu angekommene Kinder und Jugendliche, sich in der Schule einzuleben.

A1.3	Kinder und Jugendliche arbeiten konstruktiv zusammen.
A1.4	Schulpersonal und Schüler*innen gehen respektvoll miteinander um.
A2.6	Alle Kinder und Jugendlichen erfahren die gleiche Wertschätzung.
C2.5	Die Schüler*innen lernen voneinander und miteinander.

a) Können die Kinder und Jugendlichen die Schule besichtigen, bevor sie aufgenommen werden?
b) Hat die Schule ein Einführungsprogramm für Kinder und Jugendliche?
c) Werden die Kinder und Jugendlichen von allen Mitgliedern des Schulpersonals freundlich gegrüßt?
d) Gibt es ein Einführungsprogramm für die Kinder und Jugendlichen, unabhängig davon, wann sie an der Schule anfangen und woher sie kommen?
e) Hilft das Einführungsprogramm den Kindern und Jugendlichen und ihren Familien gut weiter, unabhängig davon, ob sie am Anfang oder im Laufe des Schuljahres kommen?
f) Befassen sich Schulpersonal, Kinder und Jugendliche damit, dass es schwierig sein kann, eine Gemeinschaft zu bilden, wenn jedes Jahr eine große Zahl an Kindern und Jugendlichen die Schule verlässt bzw. neu hinzukommt?
g) Werden neue Kinder und Jugendliche mit erfahreneren Kindern und Jugendlichen (als Pat*innen oder Tutor*innen) zusammengebracht?
h) Werden alle Kinder und Jugendlichen dabei unterstützt, sich in der Schule zu Hause zu fühlen?
i) Wird anerkannt, dass manche Kinder und Jugendliche mehr Schwierigkeiten bei der Eingewöhnung haben als andere?
j) Wird den Kindern und Jugendlichen das Gefühl gegeben, dass ihr Beitrag in der Schule vom ersten Schultag an wichtig ist?
k) Sind für die Eltern/Erziehungsberechtigten Informationen über die Schule sowie über das nationale und das lokale Bildungssystem verfügbar?
l) Berücksichtigt das Einführungsprogramm die Vielfalt der Kompetenzen und der zu Hause gesprochenen Sprachen?
m) Werden neue Kinder und Jugendliche am ersten Schultag von Erwachsenen, Kindern und Jugendlichen begrüßt, die sie bereits kennen?
n) Werden nach ein paar Wochen Schritte eingeleitet, um herauszufinden, wie weit sich die neuen Kinder und Jugendlichen in der Schule zurechtfinden und zuhause fühlen?
o) Gibt es Unterstützung für Kinder und Jugendliche mit Orientierungsschwierigkeiten, insbesondere, wenn sie zum ersten Mal in die Schule kommen?
p) Sind kinderfreundliche Karten oder Grundrisse der Schule für die Kinder und Jugendlichen verfügbar?
q) Ist für neue Kinder und Jugendliche klar, an wen sie sich wenden können, wenn sie Schwierigkeiten haben?
r) Können die Kinder und Jugendlichen daran mitwirken, das Einführungsprogramm weiterzuentwickeln?
s) Bemühen sich Erwachsene, Kinder und Jugendliche darum, die Namen der neuen Kinder und Jugendlichen zu lernen und richtig auszusprechen?
t) Wird den neuen Kindern und Jugendlichen gleich zu Beginn erklärt, welche Werte an der Schule gelebt werden und wie alle Menschen hier miteinander umgehen sollten?
u) Wird die Erfahrung, in eine neue Umgebung zu kommen, in den Lernangeboten thematisiert?

B1.8 Die Schule organisiert Lerngruppen so, dass die Vielfalt abgebildet und das Lernen aller unterstützt wird.

A2.6 Alle Kinder und Jugendlichen erfahren die gleiche Wertschätzung.

a) Werden alle Lerngruppen fair behandelt hinsichtlich Raumausstattung, Lage der Klassenräume, Zuweisung von pädagogischem Personal?
b) Wird vermieden, weniger hochwertige Räume, z. B. mobile Klassenräume, regelmäßig Kindern und Jugendlichen zuzuweisen, deren Status aufgrund von Alter, Leistung oder Beeinträchtigung als niedriger wahrgenommen wird?
c) Ist sich das Schulpersonal bewusst, welche Botschaften bezüglich Identität und Selbstachtung eine ungerechte Raumverteilung aussendet?
d) Sind sich die Mitglieder des Schulpersonals bewusst, welche Botschaften durch eine ungerechte Raumverteilung in der Schule verbreitet werden?
e) Sorgt das Schulpersonal dafür, dass die Kinder und Jugendlichen in heterogenen Gruppen mit- und voneinander lernen können?
f) Wird bei der Zusammenstellung von Lerngruppen auf die Wünsche der Kinder und Jugendlichen, auf Freundschaften und auf die Teilnahme anderer Kinder und Jugendlicher mit der gleichen Erstsprache geachtet?
g) Wird die Bildung von Lerngruppen nach Leistung bzw. Beeinträchtigung auf ein Mindestmaß beschränkt?
h) Vermeidet es die Schule, Kinder und Jugendliche aufgrund von Verhaltensauffälligkeiten in Gruppen zusammenzufassen, in denen sie einander weniger gut unterstützen können?
i) Falls es Leistungsgruppen gibt: Existieren Strategien zur Vermeidung negativer Auswirkungen wie Schulfrust und Stigmatisierung in den »unteren« Gruppen?
j) Falls es Leistungsgruppen gibt: Haben die Kinder und Jugendlichen regelmäßig die Möglichkeit, die Gruppe zu wechseln?
k) Vermeidet die Schule Einschränkungen des Curriculums (indem sie z. B. eine Fremdsprache weniger anbietet) für Schüler*innen, die zusätzlich LRS-Förderung erhalten oder die beispielsweise Deutschanfänger*innen sind?
l) Werden die Sitzordnungen von Klassen geändert, wenn Konflikte zwischen einzelnen Gruppen existieren?
m) Werden Kinder und Jugendliche angehalten, sich gegenseitig beim Lernen zu unterstützen?
n) Berücksichtigt die Schule ihre Verpflichtung, Kinder und Jugendliche mit und ohne Lernschwierigkeiten gemeinsam zu unterrichten?
o) Verstehen die Kinder und Jugendlichen in Gruppen mit einem unausgewogenen Verhältnis zwischen Jungen und Mädchen, dass es wichtig ist, sich gegenseitig zu respektieren und jede/n zu ermutigen, sich einzubringen?
p) Überlegt sich die Schule, einige nach Geschlechtern getrennte Gruppen zu bilden, wenn es in einem bestimmten Jahrgang ein großes Ungleichgewicht zwischen Jungen und Mädchen gibt?
q) Wird allen Kindern eine echte Auswahl erlaubt, wo es Wahlmöglichkeiten gibt?

B1.9 Die Schule begleitet die Übergänge von Schüler*innen.

C1.12 Die Kinder und Jugendlichen setzen sich mit dem Thema »Arbeit« und der Entwicklung eigener Interessen auseinander.

a) Respektiert das Schulpersonal den Beitrag der Personen, die in früheren Jahren mit den Kindern und Jugendlichen zusammengearbeitet haben – sei es an derselben, einer anderen Schule oder im Kindergarten?
b) Erstellen die Mitglieder des Schulpersonals gemeinsam ein Übergabeprotokoll, um es den neuen Lehrpersonen für ihre Arbeit zur Verfügung zu stellen?
c) Nutzt das am Schulwechsel von Kindern und Jugendlichen beteiligte Schulpersonal diese Gelegenheit, um Bildungs- und Erziehungskonzepte aus einer neuen Perspektive zu reflektieren?
d) Erkennt das Schulpersonal, dass die Kinder und Jugendlichen unter Umständen Hilfe benötigen, um nach den Prüfungen zum Abschluss einer Bildungsstufe wieder mit Freude weiter lernen zu können?
e) Gibt es klar formulierte und zugängliche Broschüren und Websites über die Schule, die stereotype Sprache vermeiden und von Kindern und Jugendlichen mitgestaltet werden?
f) Werden die Kinder und Jugendlichen vor dem Wechsel mit den Abläufen an der neuen Schule vertraut gemacht?
g) Erhalten die Eltern und Erziehungsberechtigten aussagekräftige Informationen über die Angebote und Ausrichtungen weiterführender Schulen?
h) Wird in den Lernangeboten an der bisherigen und an der neuen Schule das Thema »Schulwechsel« behandelt, z. B. mit der Erstellung von virtuellen Rundgängen, Lageplänen, Wochenplänen oder Theaterstücken zum Thema »Ortswechsel«?
i) Sprechen Schulpersonal, Kinder und Jugendliche beider Schulen bzw. Schulstufen darüber, inwieweit sich ihre Werte decken?
j) Gibt es ein Konzept zur Gestaltung der Übergänge?
k) Können Lernaktivitäten aus der alten Schule, z. B. eine Fremdsprache, in der neuen Schule weitergeführt werden, gegebenenfalls auch außerhalb des Lehrplans im Rahmen des non-formalen Angebots?
l) Veranstaltet die Schule Schnuppertage, sodass Lehrpersonen und Schüler*innen ihre neue Schule bereits vor dem Wechsel kennenlernen können?
m) Kommen Schüler*innen, die an eine andere Schule gewechselt sind, an ihre alte Schule, um andere Schüler*innen zum Thema »Schulwechsel« zu beraten?
n) Werden mögliche Bedenken bezüglich der Bildung von Freundschaften oder bezüglich Mobbings durch Lehrpersonen und Schüler*innen von der aufnehmenden Schule ausgeräumt?
o) Fördert die Schule Freundschaften zwischen Schüler*innen unterschiedlichen Alters, sodass sich niemand dadurch verunsichert fühlt, die oder der Jüngste oder Kleinste zu sein?
p) Wird bei der Weitergabe vertraulicher Informationen Sorgfalt gewahrt?
q) Werden Eltern/Erziehungsberechtigte von Kindern und Jugendlichen, denen ein sonderpädagogischer Förderbedarf/individueller Bildungsbedarf zugeschrieben wurde, am Ende der Grundschulzeit bei der Suche nach einer weiterführenden Regelschule am Ort unterstützt?
r) Wird anerkannt, dass es Kindern und Jugendlichen, die oft die Schule wechseln mussten, unter Umständen schwerer fällt, sich auf eine neue Situation einzustellen?
s) Verfolgen die Kinder und Jugendlichen ihre Interessen und Aktivitäten nach einem Schulwechsel und nach Ende der Schulzeit weiter?
t) Werden alle Kinder und Jugendlichen ermutigt, viele verschiedene weiterführende Bildungs- und Berufswege in Betracht zu ziehen?
u) Werden die Kinder und Jugendlichen dabei unterstützt, nach der Schulzeit unabhängig zu sein, indem sie etwas über Haushaltsführung, Kochen, Putzen, Gesundheit, Beziehungen, Waschen, Freizeit und Arbeit lernen?

B1.10 Die Schule ist für alle Menschen barrierefrei[22] zugänglich.

A1.1 Jede*r fühlt sich willkommen.
B1.6 Die Schule nimmt alle Kinder und Jugendlichen aus ihrem Einzugsbereich auf.
B1.11 Gebäude und Schulgelände sind so gestaltet, dass sie die Teilhabe aller unterstützen.

a) Gibt es einen Plan, die Zugänglichkeit der Schule im Hinblick auf Barrierefreiheit zu verbessern?
b) Ist der barrierefreie Zugang für Menschen mit Beeinträchtigung Teil des Schulentwicklungsplans?
c) Sind die Planungen für einen barrierefreien Zugang zur Schule Teil der allgemeinen Bemühungen, die Schule für Schulpersonal, Schüler*innen sowie Eltern/Erziehungsberechtigte mit Beeinträchtigungen attraktiv zu machen?
d) Sind die Planungen für einen barrierefreien Zugang zur Schule Teil der allgemeinen Bemühungen, den Besuch und die Nutzung der Schule und des Schulgeländes für Menschen, die behindert werden, möglichst angenehm zu gestalten?
e) Werden die Bedürfnisse von Menschen mit Beeinträchtigungen des Hörens und Sehens, von Menschen mit kleinen Kindern (auch mit Zwillingskinderwagen), von alten Menschen sowie von Menschen mit körperlichen Beeinträchtigungen bedacht?
f) Werden Menschen mit Beeinträchtigung verschiedener Altersstufen zur Zugänglichkeit der Schule befragt?
g) Werden Menschen mit Beeinträchtigung und Menschen verschiedener Altersbereiche an der Herstellung von Barrierefreiheit in der Schule beteiligt?
h) Wird anerkannt, dass Menschen mit ähnlichen Beeinträchtigungen (ob Schulpersonal oder Kinder und Jugendliche) unterschiedliche Ansichten darüber haben können, wie ihre Umgebung für sie zugänglicher gemacht werden kann?
i) Ist die Ausstattung verstellbar, sodass sie von Menschen unterschiedlicher Körpergröße und von Rollstuhlfahrer*innen leicht und sicher benutzt werden kann?
j) Werden alle Aspekte und Bereiche der Schule zugänglich gemacht, darunter Eingangsbereiche, Ausgänge, Lernbereiche, Flure, Toiletten, Gärten, Schulhöfe, Mensa, Schilder und Schaukästen?
k) Werden die Wege um die Schule herum so gestaltet, dass Menschen mit Beeinträchtigung sie gut bewältigen können, beispielsweise durch Beleuchtung, Farbkennung oder Leitstreifen auf dem Boden?
l) Wird bei der Gestaltung von Barrierefreiheit besonders darauf geachtet, dass die Würde von Kindern, Jugendlichen und Erwachsenen gewahrt bleibt?
m) Wird besonderes Augenmerk auf die Gestaltung der Alarm-, Sicherheits- und Evakuierungsverfahren gelegt?
n) Wurde die Schule so konzipiert, dass ihre Räumlichkeiten von Menschen mit Beeinträchtigungen genauso komfortabel genutzt werden können wie von Menschen ohne Beeinträchtigungen?
o) Geht es bei der Entwicklung von Zugänglichkeit um alle Personen mit Beeinträchtigung in der Schule und ihrer Umgebung, Schulpersonal, Mitglieder schulischer Gremien, Eltern und Erziehungsberechtigte, Besucher*innen, Menschen aus dem Umfeld, Kinder und Jugendliche?
p) Sind Projekte, die sich mit der Verbesserung der Zugänglichkeit der Gebäude, der Ausstattung und des Schulgeländes befassen, Teil des Lernangebots?
q) Wird Barrierefreiheit so gestaltet, dass sich alle Menschen selbstständig bewegen können, ohne auf die Unterstützung anderer angewiesen zu sein?

22 Es gibt bauliche Barrieren und Hindernisse, die bestimmten Menschen den gleichberechtigten Zugang zu Gebäuden und Räumen versperren. Andere Barrieren befinden sich in den Köpfen von Menschen.

B1.11 Gebäude und Schulgelände sind so gestaltet, dass sie die Teilhabe aller unterstützen.

A2.4 Inklusion wird als Möglichkeit gesehen, die Teilhabe aller zu entwickeln.
A2.10 Die Schulgemeinschaft trägt zur Gesundheit und zum Wohlbefinden von Kindern, Jugendlichen und Erwachsenen bei.
B1.10 Die Schule ist für alle Menschen barrierefrei zugänglich.

a) Sieht der Entwicklungsplan für das Schulgebäude vor, dass die Teilhabe der Erwachsenen, Kinder und Jugendlichen erleichtert wird, und werden Anregungen des Schulpersonals, der Kinder und Jugendlichen sowie der Eltern/Erziehungsberechtigten berücksichtigt?
b) Wird versucht, alle Bereiche der Schule für Erwachsene, Kinder und Jugendliche attraktiv zu gestalten, beispielsweise durch gemeinsame Kunstprojekte und das Pflanzen von Blumen und Sträuchern?
c) Verfügen Schulpersonal und schulische Gremien über einen langfristigen Plan, der sowohl Umwelt- als auch finanzielle Aspekte einbezieht?
d) Werden bei der Entwicklung der Schule und des Schulgeländes die Interessen aller Kinder und Jugendlichen berücksichtigt und nicht nur die einzelner Gruppen?
e) Übernehmen die Kinder und Jugendlichen Verantwortung dafür, dass die Pflanzen in den Gebäuden und auf dem Gelände der Schule gepflegt werden?
f) Werden Erwachsene, Kinder und Jugendliche ermutigt, andere Schulen zu besuchen, um sich Inspiration für die Gestaltung der Lern- und Teamräume sowie des Schulgeländes zu holen?
g) Werden Erwachsene, Kinder und Jugendliche ermutigt, Vorschläge zur Verbesserung der Schulgebäude und des Schulgeländes zu machen?
h) Unterstützt die Schule Ausstellungen von Kunstwerken der eigenen Kinder und Jugendlichen, des Schulpersonals sowie von Personen aus dem Umfeld (z. B. von Kindern und Jugendlichen anderer Schulen und Einrichtungen)?
i) Ist das Schulgelände für vielfältige aktive und eher kontemplative Beschäftigungen ausgestattet, zum Beispiel zum Musik machen?
j) Fühlen sich alle Mitglieder des Schulpersonals in den Teamräumen/im Lehrer*innenzimmer wohl?
k) Empfinden alle Mitglieder des Schulpersonals die räumlichen Arbeitsbedingungen an der Schule als gut?
l) Ist in der Schule auch ein Raum vorgesehen, in dem sich die Eltern/Erziehungsberechtigten treffen können?
m) Gibt es einen Schulgarten mit einer Vielfalt an Nutz- und Zierpflanzen?
n) Hat die Schule einen eigenen Schrebergarten oder Gartenteil, wenn sie nicht genug Fläche hat, um Nahrungspflanzen anzubauen?
o) Gibt es auf dem Schulgelände Bereiche, in denen sich eine Vielzahl an Wildpflanzen, Tieren und Insekten wohlfühlt?
p) Gibt es in der Schule und den Lernbereichen Schaukästen mit Pflanzen und Gegenständen, die Neugier wecken und zum Lernen anregen?
q) Können alle Mitglieder der Schulgemeinschaft die Räumlichkeiten der Schule nutzen, und gibt es für die Verteilung eine faire und transparente Regelung?
r) Sind die Sicherheitsvorkehrungen so, dass die Attraktivität des Ortes erhalten bleibt?
s) Darf die Gemeinde die Gebäude und das Gelände der Schule nutzen?
t) Gibt es einen Plan zur Verbesserung der Sicherheit in der Schule?

B1.12 Die Schule verringert ihren CO_2-Fußabdruck und ihren Wasserverbrauch.

B1.13 Die Schule trägt zur Müllvermeidung bei.
C1.2 Die Kinder und Jugendlichen erkunden die Wichtigkeit von Wasser.
C1.7 Die Kinder und Jugendlichen befassen sich mit der Erde, dem Sonnensystem und dem Universum.
C1.8 Die Kinder und Jugendlichen setzen sich mit den ökologischen Zusammenhängen auseinander.
C1.9 Die Kinder und Jugendlichen erforschen Energieressourcen.

a) Wird unter dem CO_2-Fußabdruck der Schule ihre jährliche Emission von Treibhausgasen verstanden?
b) Berücksichtigen Schulpersonal, Kinder und Jugendliche, dass es wichtiger ist, sein Verhalten zu ändern, um weniger Treibhausgase zu produzieren, als den CO_2-Fußabdruck exakt zu bestimmen?
c) Entwickeln Erwachsene, Kinder und Jugendliche Kriterien für ein erfolgreiches Reduzieren von Treibhausgasen in der Schule oder in ihrem Alltag außerhalb der Schule, indem sie auf andere Menschen im Umfeld der Schule einwirken?
d) Gibt es Erwachsene, Kinder und Jugendliche, die die Reduzierung des CO_2-Fußabdrucks der Schule koordinieren?
e) Überlegen Schulpersonal, Kinder und Jugendliche, wie sie ihren CO_2-Fußabdruck in der Schule und zu Hause verkleinern können, indem sie ihre Nutzung von Erdöl und Strom aus nicht erneuerbaren Quellen, ihren Energieverbrauch, ihre Verkehrsmittel für Fahrten des Schulpersonals und der Schüler*innen, ihren Umgang mit Müll und ihren Konsum von Waren und Dienstleistungen überprüfen?
f) Wird gesehen, dass sich Energieverschwendung am besten reduzieren lässt, indem weniger Waren produziert und konsumiert werden?
g) Nutzt die Schule Kontakte zu örtlichen Fachleuten für Energieeffizienz?
h) Produziert die Schule selbst Strom oder Wärme mit Windturbinen, Solarpaneelen oder Wärmepumpen?
i) Bezieht die Schule ihren Strom von einem Anbieter, der Elektrizität aus erneuerbaren Energiequellen liefert?
j) Wird angestrebt, den Brennstoffverbrauch zu reduzieren, z. B. durch energiesparende Geräte, Isolierung von Rohren, Dächern und Wänden, Doppelverglasung und Dachbepflanzung?
k) Entsprechen neue Gebäude der höchsten Energieeffizienzklasse?
l) Reagiert das Heizungssystem auf Temperaturänderungen, und wird es heruntergeregelt, sobald sich im Winter alle daran gewöhnt haben, sich wärmer anzuziehen?
m) Nutzt die Schule Energiesparlampen und installiert sie Lichtsensoren an Orten, die regelmäßig, aber nicht durchgehend beleuchtet werden müssen?
n) Wird der Energieverbrauch der IT-Anlagen überwacht und dadurch minimiert, dass sie nach Gebrauch ausgeschaltet werden?
o) Werden Fahrten mit dem Auto durch Carsharing, die Nutzung öffentlicher Verkehrsmittel, sicheres Radfahren und Zufußgehen reduziert?
p) Gibt es in der Schule komfortable Duschen, um das Radfahren zu unterstützen?
q) Gibt die Schule bestimmte Kriterien für den Einkauf vor, z. B., dass regionale und saisonale Produkte zu bevorzugen sind und weniger Lebensmittel sowie Lebensmittel mit kürzeren Transportwegen gekauft werden?
r) Erforschen die Kinder und Jugendlichen, wie stark organische und nicht-organische Produkte auf fossile Brennstoffe angewiesen sind?
s) Ist die Schule Teil eines lokalen Netzwerks, das seine gemeinsame Kaufkraft nutzt?
t) Überwacht die Schule ihren Wasserverbrauch und strebt sie an, den Pro-Kopf-Verbrauch zu senken?
u) Fängt die Schule das Regenwasser in Regentonnen auf, um den Schulgarten zu bewässern?
v) Installiert die Schule ein System zur Aufbereitung von Grauwasser (Wasser, das zum Waschen verwendet wurde) für die Wiederverwendung in Toiletten und im Schulgarten?
w) Wird der Wasserverbrauch in Spülkästen und Urinalen durch die zügige Reparatur undichter Stellen und die Nutzung von Selbstschlussarmaturen reduziert?

B1.13 Die Schule trägt zur Müllvermeidung bei.

B1.12 Die Schule verringert ihren CO_2-Fußabdruck und ihren Wasserverbrauch.
C1.1 Die Kinder und Jugendlichen erkunden die Zyklen von Nahrungserzeugung und Nahrungsverbrauch.
C1.2 Die Kinder und Jugendlichen erkunden die Wichtigkeit von Wasser.
C1.7 Die Kinder und Jugendlichen befassen sich mit der Erde, dem Sonnensystem und dem Universum.
C1.8 Die Kinder und Jugendlichen setzen sich mit den ökologischen Zusammenhängen auseinander.

a) Werden Erwachsene, Kinder und Jugendliche ermutigt, innerhalb und außerhalb der Schule zur Müllvermeidung beizutragen, indem sie z. B. Gegenstände reparieren oder wiederverwenden und Abfälle kompostieren oder recyceln?
b) Regt die Schule dazu an, dass sich Müll am besten durch eine Einschränkung des Konsums vermeiden lässt?
c) Gehen die Kinder und Jugendlichen der Frage nach, welche Abfälle biologisch abbaubar, recyclingfähig oder keines von beidem sind?
d) Wird im Müllvermeidungskonzept der Schwerpunkt auf die Vermeidung von Abfällen gelegt, die auf der Mülldeponie landen?
e) Gibt es Koordinator*innen unter den Erwachsenen, Kindern und Jugendlichen, die die Einhaltung der Schulregeln zur Müllvermeidung und -trennung überprüfen?
f) Lernen die Kinder und Jugendlichen, was mit recycelten und nicht recycelten Abfällen geschieht?
g) Erwägt die Schule, einem lokalen Aktionsbündnis zur Müllvermeidung in Schulen beizutreten?
h) Lernen die Kinder und Jugendlichen Kampagnen zur Müllvermeidung kennen?
i) Lernen die Kinder und Jugendlichen etwas über Müllvermeidung, indem sie mit anderen Schulen zusammenarbeiten?
j) Gehen die Kinder und Jugendlichen der Frage nach, was in verschiedenen Gegenden der Welt recycelt wird?
k) Kauft die Schule Produkte in Mehrwegbehältern?
l) Entscheidet sich die Schule möglichst für Recycling-Produkte?
m) Unterstützt die Schule den Kauf und die Verwendung von Lebensmitteln mit möglichst wenig Verpackung?
n) Werden die Kinder und Jugendlichen und ihre Familien dazu ermuntert, Pausensnacks abfallfrei zu verpacken?
o) Tritt die Schule für die Verwendung wiederverwendbarer Teller, Behälter und Essbestecke ein?
p) Wird mit den Kindern, Jugendlichen und ihren Familien über angemessene Portionsgrößen gesprochen, sodass weniger Lebensmittel weggeworfen werden?
q) Gibt es in der Umgebung der Schule gut zugängliche Sammelstellen für Lebensmittelreste und andere Abfälle?
r) Bietet die Schule eine Recyclingstelle für Papier, Pappe, Bücher, Kleidung, Glas, Kunststoff (auch solchen, der über die Recyclingsysteme in den Haushalten nicht gesammelt wird), elektronische Geräte, Druckerpatronen, Glühbirnen, Handys, Batterien und CDs/DVDs?
s) Hat die Schule ihr eigenes Tauschsystem und unterstützt sie die Nutzung anderer Systeme wie »freecycle« und die Sammlung für wohltätige Organisationen?
t) Vermittelt die Schule in Zusammenarbeit mit Familien und lokalen Gruppierungen Fertigkeiten wie Reparieren und Renovieren sowie Nähen und Ändern von Kleidung – entweder im Rahmen des Lehrplans oder in Arbeitsgemeinschaften?
u) Wird der Papierverbrauch durch beidseitiges Drucken und die Nutzung von Etiketten für Umschläge und Ordner verringert?
v) Werden Eltern/Erziehungsberechtigten, Kindern und Jugendlichen leicht bedienbare Info-Terminals zur Verfügung gestellt, auf denen sie sich (bei Bedarf mit Unterstützung) über das Schulgeschehen informieren können?
w) Wird nach Möglichkeit per E-Mail mit den Eltern/Erziehungsberechtigten kommuniziert?
x) Wird das Recycling von Druckerpatronen gefördert?
y) Gibt es leicht zugängliches, sauberes Trinkwasser?
z) Regt die Schule dazu an, Flaschen mit Wasser aus dem Hahn zu füllen und weniger Wasser in Flaschen zu kaufen?

B2.1 Die Schule reflektiert den Unterstützungsbegriff und koordiniert die verschiedenen Formen der Unterstützung.

C2.5 Die Kinder und Jugendlichen lernen voneinander und miteinander.
C2.9 Die Mitglieder des Schulpersonals planen, gestalten, reflektieren im Team und lernen voneinander.
C2.10 Das Schulpersonal entwickelt gemeinsame Ressourcen, die das Lernen unterstützen.

a) Werden unter Unterstützung alle Aktivitäten verstanden, die die Schule darin stärken, auf die Vielfalt der Kinder und Jugendlichen einzugehen und dabei alle gleichermaßen wertzuschätzen?
b) Werden alle Formen der Unterstützung so koordiniert und angepasst, dass sie zur inklusiven Entwicklung der Schule beitragen?
c) Wird die Mobilisierung von Ressourcen innerhalb und außerhalb der Schule als Bestandteil der Unterstützung angesehen?
d) Besteht ein Bewusstsein dafür, dass die Entwicklung inklusiver Lernaktivitäten und kooperativer Schul- und Unterrichtskulturen eine Form von Unterstützung ist?
e) Besteht ein Bewusstsein dafür, dass eine individuelle Unterstützung durch die Entwicklung kooperativer Kulturen und Lernformen, die Vielfalt berücksichtigen, überflüssig werden kann?
f) Hat die Entwicklung von Peer-Learning in einer kooperativen Schulkultur Vorrang vor der Begleitung einzelner Kinder und Jugendlicher durch Erwachsene?
g) Versucht die Schule, individuelle Lernunterstützung von Kindern und Jugendlichen durch Erwachsene auf ein Minimum zu reduzieren?
h) Wird gesehen, dass zur Unterstützung auch die Beseitigung von Barrieren für Spielen, Lernen und Teilhabe gehört?
i) Wird gesehen, dass zur Unterstützung auch die Entwicklung von Lehrplänen/Curricula gehört, die die Interessen der Kinder und Jugendlichen abbilden?
j) Wird die Unterstützung koordiniert, die die Kinder und Jugendlichen und ihre Familien von der Schule sowie von Gesundheits- und Sozialdiensten erhalten?
k) Werden alle Unterstützungsaktivitäten in einer Gesamtstrategie koordiniert?
l) Wird die Unterstützungsstrategie gemeinsam mit den Eltern und Erziehungsberechtigten besprochen und abgestimmt?
m) Wird die Unterstützungsstrategie externen Anbieter*innen, die zur Verbesserung von Lernen und Teilhabe in der Schule beitragen, klar vermittelt?
n) Wird die Unterstützung von einem erfahrenen Mitglied des Schulpersonals koordiniert?
o) Ist dem Schulpersonal bewusst, wie viele Ressourcen von Erwachsenen, Kindern und Jugendlichen mobilisiert werden können, um die Entwicklung von Lernen und Teilhabe zu unterstützen?
p) Werden erwachsene Mentor*innen, unter anderem Sprecher*innen von Minderheitensprachen und Erwachsene mit Beeinträchtigungen, als Ressource für die Schule herangezogen?
q) Baut die Schule bestehende Kommunikationsbarrieren zwischen Fachkräften aus verschiedenen Bereichen ab?
r) Geben Mitglieder des Schulpersonals eine kritische Rückmeldung, wenn sie den Eindruck haben, dass andere sich in ihrem Handeln eher von eigenen fachlichen Interessen leiten lassen als davon, was die Schüler*innen in ihrer Entwicklung unterstützt?
s) Werden die externen Anbieter*innen von Unterstützung dazu angehalten, ihre Leistungen mit anderen, sich teilweise überschneidenden Initiativen zu koordinieren, ehe sie in die schulische Arbeit eingebunden werden?
t) Sind dem Schulpersonal alle schulexternen Dienste bekannt, die das Lernen und die Teilhabe aller in der Schule unterstützen können?
u) ...

B2.2 Fort- und Weiterbildungen unterstützen das Schulpersonal,[23] auf die Vielfalt der Schüler*innen einzugehen.

C2.9 Die Mitglieder des Schulpersonals planen, gestalten, reflektieren im Team und lernen voneinander.
C2.10 Das Schulpersonal entwickelt gemeinsame Ressourcen, die das Lernen unterstützen.

a) Unterstützen Fortbildungen das Schulpersonal dabei, mit heterogenen Gruppen zu arbeiten?
b) Entwickelt das Schulpersonal seine Praktiken zur Erkennung und zum Abbau von Diskriminierung und Mobbing weiter, z. B. durch die Erkenntnisse von Theorien über die soziale Herkunft, Altersdiskriminierung, Behindertenfeindlichkeit, (antimuslimischem) Rassismus, Homo- oder Transfeindlichkeit?
c) Gehen die Mitglieder des Schulpersonals der Frage nach, inwieweit sie selbst diskriminierende Ansichten und Verhaltensmuster haben?
d) Ist die Entwicklung von Lehrplänen/Curricula immer auf die Teilhabe und das Lernen von Deutschanfänger*innen, von Schüler*innen mit unterschiedlichem Geschlecht, unterschiedlichen Erfahrungen, Leistungen und Beeinträchtigungen ausgerichtet?
e) Werden Mitglieder des Schulpersonals und der schulischen Gremien in die Planung ihrer eigenen Fortbildung einbezogen?
f) Ist die Entwicklung von Lehrplänen/Curricula immer darauf ausgerichtet, Barrieren für Lernen und Teilhabe abzubauen?
g) Bezieht das Schulpersonal auch Orte außerhalb der Schule in die Planung mit ein, um es den Schüler*innen zu ermöglichen, aus gemeinsamen Erfahrungen zu lernen?
h) Beziehen Mitglieder des Schulpersonals Objekte und Gegenstände in das Lernen ein, die für die Kinder wichtig und interessant sind?
i) Geht es in den Fortbildungen auch darum, wie man Werte und Handeln miteinander verbindet, um das Lernen und die Teilhabe weiterzuentwickeln?
j) Regen Fortbildungen dazu an, Lernanlässe außerhalb der Klassenräume umfassend zu nutzen?
k) Regen Fortbildungen dazu an, gemeinsame Erfahrungen der Kinder für das Lernen zu nutzen?
l) Entwickeln die Mitglieder des Schulpersonals ihre Fähigkeit weiter, kooperatives Lernen zu etablieren, das sowohl Einzel- als auch Gruppenarbeit umfasst?
m) Gibt es gemeinsame Fortbildungsangebote für Lehrpersonen und unterstützende Personen, sodass sie besser zusammenarbeiten können?
n) Tauschen sich Lehrpersonen und unterstützende Personen darüber aus, wie sie mit Krisen und herausfordernden Situationen von Schüler*innen umgehen?
o) Haben Mitglieder des Schulpersonals und Schüler*innen die Gelegenheit, etwas über Peer-Tutoring zu erfahren?
p) Entwickelt das Schulpersonal Maßnahmen, um eine Überrepräsentation bestimmter Gruppen von Schüler*innen zu vermeiden, bei denen Barrieren für Lernen und Teilhabe bestehen, z. B. aufgrund ihres Geschlechts, ihrer ethnischen Herkunft oder ihres sozialen Hintergrunds?
q) Lernen die Mitglieder des Schulpersonals und die Schüler*innen etwas über Peer-Mediation bei Streit und Konflikten und werden an der Schule entsprechende Programme angeboten?
r) Erweitern pädagogisches und unterstützendes Personal ihr Wissen, wie sie technische Geräte (z. B. Whiteboards, Kameras, Fernsehgeräte, DVDs, Projektoren, Aufnahmegeräte und Computer/Internet) in der Arbeit mit heterogenen Gruppen einsetzen können?
s) Lernen die Mitglieder des Schulpersonals, wie sie Schüler*innen beim Aufbau sozialer Kontakte und Netzwerke (z. B. Freundeskreise) helfen, die diese wiederum in der Schule und darüber hinaus unterstützen?
t) Bilden die Mitglieder des Schulpersonals Lesekreise und informelle Seminare, in denen sie gemeinsam lernen und ihr Fachwissen austauschen?
u) Sind Formen der Peer-Supervision, der Hospitation und der Fallsupervision bekannt und werden sie genutzt?
v) Werden Fortbildungen so geplant, dass das pädagogische Personal rechtzeitig auf spezifische Situationen vorbereitet und begleitet wird?
w) Fühlt sich das pädagogische Personal verantwortlich dafür, den eigenen Fortbildungsbedarf zu überprüfen und entsprechend aktiv zu werden?
x) Greift das Schulpersonal bei der Planung von Fortbildungen auch auf interne Ressourcen zurück?

---

23 Lehrpersonen, Erzieher*innen und weitere Mitglieder des pädagogischen Personals, Schulwarte, Hausmeister*innen, Personal der Schulküche und Mitglieder der Schulverwaltung, die an der Schule arbeiten.

B2.3 Ressourcen zum Sprachenlernen stärken die Mehrsprachigkeit der Einzelnen und der ganzen Schule.

a) Erkennt die Schulgemeinschaft die Mehrsprachigkeit von Kindern, Jugendlichen und Erwachsenen als Ressource an?
b) Werden bei der Unterstützung von Deutschanfänger*innen Maßnahmen zum Abbau von Barrieren für das Lernen in Bezug auf Lernarrangement, Lehrplan/Curriculum und Schulorganisation ergriffen?
c) Zeigen Erwachsene, Kinder und Jugendliche Interesse an den Sprachen anderer und bemühen sie sich, einige Worte in diesen Sprachen zu lernen?
d) Übernehmen Erwachsene, Kinder und Jugendliche gemeinsam Verantwortung dafür, Deutschanfänger*innen beim Erlernen der neuen Sprache zu unterstützen?
e) Macht sich das Schulpersonal mit den Ressourcen von Menschen vertraut, die erst kürzlich ins Land gekommen sind?
f) Bietet die Schule Sprach- und Alphabetisierungskurse für Eltern/Erziehungsberechtigte und Bezugspersonen an einem attraktiven Lernort an bzw. vermittelt die Schule den Kontakt zu solchen Kursangeboten?
g) Integriert das pädagogische Personal die Sprachen aller Schüler*innen in Lernarrangements?
h) Sorgt die Schule dafür, dass Schüler*innen die Gelegenheit haben, in Prüfungen ihre Sprachkenntnisse einzubringen?
i) Erkennt das pädagogische Personal die Potenziale, die hinter der Umstrukturierung von Lernarrangements in Bezug auf Mehrsprachigkeit stecken, für den Abbau von Barrieren bei allen Schüler*innen?
j) Zielt Deutschförderung vor allem auf die Ermittlung und Überwindung von Barrieren für Lernen und Teilhabe ab und nicht auf die Kategorisierung von Kindern und Jugendlichen (z. B. als sogenannte DaZ-Kinder)?
k) Sind Dolmetscher*innen bei Bedarf verfügbar?
l) Werden Auswirkungen der Migrationserfahrung und der Migrationssituation bei der Gestaltung von Lernarrangements (zum Sprachenlernen) mitgedacht?
m) Erkennen Mitglieder des Schulpersonals, dass traumatische Erfahrungen junger geflüchteter Menschen zu Schwierigkeiten in der Schule beitragen können, und wird dem Rechnung getragen?
n) Reflektieren Kinder, Jugendliche und Erwachsene, dass das Interesse an der Kommunikation mit anderen und das Zuhören zur Überwindung von Kommunikationsbarrieren beitragen können?
o) Werden in der Schule alle Sprachen gleichwertig anerkannt und werden Sprachhierarchien vermieden?
p) Reflektieren die Mitglieder des Schulpersonals den Zusammenhang zwischen Sprache und Identität?
q) Sind sich die Mitglieder des Schulpersonals bewusst, dass Kinder und Jugendliche mit sogenanntem Migrationshintergrund auch einsprachig aufwachsen können?

B2.4 Die Schule unterstützt Kontinuität in der Bildung von Kindern und Jugendlichen in Fremdunterbringung.

A2.1 Die Schulgemeinschaft verständigt sich über gemeinsame inklusive Werte.
A2.7 Die Schulgemeinschaft tritt jeder Form von Diskriminierung entgegen.
B2.8 Die Schule erkennt die Gründe für das Fernbleiben von Schüler*innen und entwickelt Strategien, um allen einen regelmäßigen Schulbesuch zu ermöglichen.

a) Wägen die Mitglieder des Schulpersonals gut ab, bevor sie sich ohne vorherige Aufforderung in das Leben vermeintlich gefährdeter Kinder und Jugendlicher einmischen?
b) Sind sich die Mitglieder des Schulpersonals bewusst, dass Kinder und Jugendliche in Fremdunterbringung unter schwierigen Bedingungen aufwachsen?
c) Bemühen sich die Mitglieder des Schulpersonals, Schüler*innen in Fremdunterbringung positive Lernerfahrungen zu ermöglichen?
d) Vermeiden Mitglieder des Schulpersonals, Schüler*innen in Fremdunterbringung als grundsätzlich herausfordernd zu bezeichnen?
e) Unterstützt das Schulpersonal Schüler*innen in Fremdunterbringung dabei, Entscheidungen über ihre Bildung und ihr Leben selbst zu fällen?
f) Tritt das Schulpersonal Diskriminierungen gegenüber Schüler*innen in Fremdunterbringung aktiv entgegen?
g) Stellt die Schule sicher, dass kontinuierliche Ansprechpartner*innen für die Schüler*innen in Fremdunterbringung während ihrer Schulzeit und danach zur Verfügung stehen?
h) Sorgen Mitglieder des Schulpersonals grundsätzlich dafür, dass sich zwischen Schüler*innen in Fremdunterbringung und anderen Fachkräften gute Beziehungen entwickeln?
i) Sind sich alle, die mit Kindern und Jugendlichen in Fremdunterbringung arbeiten, über die positive Wirkung von Bildungserfolgen einig?
j) Übernehmen alle Mitglieder des Schulpersonals Verantwortung dafür, gefährdeten Schüler*innen zu einem positiven Selbstwertgefühl zu verhelfen?
k) Denkt das Schulpersonal über die Folgen nach, Kinder und Jugendliche in Fremdunterbringung abzuweisen oder aus Strafe auszuschließen?
l) Wird besonders auf die Überwindung von Barrieren für außerschulische Aktivitäten geachtet?
m) Strengen sich die Mitglieder des Schulpersonals besonders an, starke Verbindungen zu den Bezugspersonen/Erziehungsberechtigten aufzubauen?
n) Ist es der Schule ein besonderes Anliegen, für Schüler*innen in Fremdunterbringung die Kontinuität des Lernens zu gewährleisten und Schulwechsel zu vermeiden?
o) Stellt die Schule Angebote zur Verfügung für Schüler*innen, die lange abwesend waren, und helfen die Angebote, Versäumtes aufzuholen und die soziale Eingebundenheit zu unterstützen?
p) Bietet die Schule Räume an, in denen sich Kinder und Jugendliche bei Bedarf in Pausen und vor oder nach dem Unterricht zurückziehen können?
q) Achten weiterführende Schulen darauf, dass junge Menschen in Fremdunterbringung nach dem 18. Geburtstag nur noch begrenzt Unterstützung erhalten, wenn sich die Schulen nicht dafür einsetzen, dass die Unterstützung fortbesteht?

B2.5 Die Schule reflektiert ihren Umgang mit einem zugeschriebenen sonderpädagogischen Förderbedarf bzw. individuellen Bildungsbedarf kritisch und setzt entsprechende Maßnahmen inklusiv um.

A2.4 Inklusion wird als Möglichkeit gesehen, die Teilhabe aller zu entwickeln.

a) Herrscht in der Schule Übereinstimmung darüber, dass der Fokus mit der Bezeichnung »Förderbedarf« nicht auf Defizite beim Kind, sondern auf Barrieren im Umfeld gelegt wird?
b) Reflektiert das Schulpersonal eigene Lernerfahrungen, um zu verstehen, wann und warum Lernen für Schüler*innen schwierig sein kann?
c) Vermeidet es das Schulpersonal, bestimmte Schüler*innen als »normale« Lernende zu bezeichnen, was suggeriert, dass andere Schüler*innen mit dem Etikett »sonderpädagogischer Förderbedarf/individueller Bildungsbedarf« weniger normal sind?
d) Sind die Mitglieder des Schulpersonals bereit, das Konzept »sonderpädagogischer Förderbedarf/individueller Bildungsbedarf« durch das Konzept »Barrieren für Lernen und Teilhabe« zu ersetzen?
e) Besteht ein Bewusstsein darüber, dass Begriffe für Beeinträchtigungen, wie z. B. Blindheit, Gehörlosigkeit oder Körperbeeinträchtigung, nicht automatisch die Zuschreibung eines sonderpädagogischen Förderbedarfs bzw. individuellen Bildungsbedarfs rechtfertigen?
f) Widerstehen Mitglieder des Schulpersonals der zunehmenden Tendenz, Kinder und Jugendliche als »autistisch«, »mit Asperger-Syndrom«, »mit Aufmerksamkeits-Defizit/Hyperaktivitäts-Syndrom« und Ähnlichem zu etikettieren?
g) Hinterfragen die Mitglieder des Schulpersonals kritisch, ob oder in welchem Umfang Medikamente zur Kontrolle des Verhaltens von Schüler*innen verschrieben werden?
h) Werden Barrieren für Lernen und Teilhabe sowohl in den sozialen und materiellen Umständen als auch in den Beziehungen, Lehr- und Lernaktivitäten gesehen?
i) Vermeiden es Schulpersonal und Schüler*innen, mit dem Begriff »Barrieren« Defizite zuzuschreiben – im Sinne von »Kinder und Jugendliche mit Barrieren«?
j) Gelingt es dem Schulpersonal, Schüler*innen nur dann einen sonderpädagogischen Förderbedarf bzw. individuellen Bildungsbedarf zuzuschreiben, wenn es die Vorgaben unausweichlich machen, und den Begriff nicht in Gesprächen mit Schüler*innen oder untereinander zu verwenden?
k) Werden die Mittel zur Unterstützung von Schüler*innen mit einem zugeschriebenen »sonderpädagogischen Förderbedarf« genutzt, um die Schule insgesamt darin zu stärken, auf Vielfalt einzugehen?
l) Wird eine Person, die die Unterstützung koordiniert, eher Koordinator*in »für Lernunterstützung«, »für Lernentwicklung« oder »für Inklusion« genannt als »Koordinator*in für sonderpädagogischen Förderbedarf/individuellen Bildungsbedarf«?
m) Setzt sich der/die Koordinator*in für Inklusion dafür ein, dass sich der Umgang der Schule mit Vielfalt weiter verbessert und alle Kinder und Jugendlichen gleichermaßen wertgeschätzt werden?
n) Werden die Kinder und Jugendlichen, die Barrieren für Lernen und Teilhabe erfahren, als Individuen mit unterschiedlichen Interessen, Kenntnissen und Fähigkeiten gesehen statt als Teil einer vermeintlich homogenen Gruppe?
o) Werden Versuche, Barrieren für das Lernen und die Teilhabe eines Kindes oder Jugendlichen zu beseitigen, als Möglichkeit gesehen, die Lernerfahrungen aller zu verbessern?
p) Wird eine zusätzliche Unterstützung durch einen Erwachsenen für Kinder und Jugendliche als etwas gesehen, auf das sie Anspruch haben, weil sie darauf angewiesen sind, und nicht als etwas, das eine besondere Einstufung oder formale Feststellung erfordert?
q) Machen Mitglieder des Schulpersonals die Einzelheiten des Rechts auf individuelle Unterstützung allen Schüler*innen und Eltern/Erziehungsberechtigten bekannt?
r) Wird versucht, Kinder und Jugendliche für eine individuelle Unterstützung möglichst selten aus den gemeinsamen Lernaktivitäten herauszuholen?
s) Gehört es für alle Schüler*innen zum Schulalltag, dass sie manchmal in verschiedenen Bereichen desselben Raums an unterschiedlichen Aufgaben arbeiten?
t) Geht es in individuellen Förderplänen/Bildungsplänen um das gemeinsame Lernen mit anderen?
u) Werden individuelle Förderpläne/Bildungspläne für bestimmte Kinder und Jugendliche so konzipiert, dass sie die Lernbedingungen für alle Schüler*innen verbessern?
v) Beschreiben Gutachten zur »Feststellung des sonderpädagogischen Förderbedarfs/individuellen Bildungsbedarfs«, wie man Barrieren für Lernen und Teilhabe durch eine unterstützende Lehr- und Lernumgebung überwinden kann?

B2.6 Die Schule versteht den Umgang mit herausforderndem Verhalten als ein gemeinsames Anliegen aller Beteiligten.

A1.4	Schulpersonal und Schüler*innen gehen respektvoll miteinander um.
A1.5	Die Mitglieder des Schulpersonals und Eltern/Erziehungsberechtigte kooperieren.
A1.9	Erwachsene, Kinder und Jugendliche gehen auf unterschiedliche Formen von Geschlechtsidentität ein.
B2.7	Die Schule vermeidet es, Ausschluss als Konsequenz von Regelverstößen einzusetzen.
B2.9	Die Schule setzt sich aktiv gegen Mobbing ein.

a) Ist sich das Schulpersonal bewusst, dass Raumgestaltung und Raumgröße sowie die Organisation der Lernangebote Auswirkungen auf das Verhalten der Schüler*innen haben?
b) Sind die gemeinsamen Regeln der Schule allen bekannt, für alle klar und verständlich formuliert, und sind sie mit den Schüler*innen, den Eltern und Erziehungsberechtigten, dem Schulpersonal und ihren Vertretungen besprochen und abgestimmt?
c) Gelten die gemeinsamen Regeln der Schule sowohl für Erwachsene als auch für Kinder und Jugendliche?
d) Sind die Unterstützungssysteme für den Umgang mit herausfordernden Situationen mit dem Aufbau kooperierender Gemeinschaften in der Schule und einer gemeinsamen Werteorientierung verknüpft?
e) Sind Maßnahmen in herausfordernden Situationen immer auf aktives Lernen und Verbesserungen in den Beziehungen ausgerichtet?
f) Bemüht sich die Schule, die Bereitschaft zum Lernen durch innovative Lernangebote zu erhöhen?
g) Wird bei Bemühungen, die Lernbereitschaft bestimmter Kinder und Jugendlicher zu erhöhen, auch darüber nachgedacht, wie die Lernangebote für alle Kinder und Jugendlichen verbessert werden können?
h) Zielen die Unterstützungssysteme darauf ab, Krisen und Verhaltensproblemen entgegenzuwirken?
i) Analysieren Erwachsene, Kinder und Jugendliche die konkreten herausfordernden Situationen, damit die Ursachen bearbeitet werden können?
j) Verbindet das pädagogische Personal Handlungsstrategien zum Abbau herausfordernder Situationen während des Unterrichts auch mit Strategien, die das Auskommen der Schüler*innen miteinander vor und nach der Schule und auf dem Schulhof verbessern?
k) Zielen Unterstützungssysteme für den Umgang mit herausfordernden Situationen auch auf die Kulturen, Strukturen und Praktiken der Schule ab?
l) Besteht Einigkeit darüber, dass alle Kinder, Jugendlichen und Erwachsenen gemeinsam für die Verbesserung der Beziehungen in der Schule verantwortlich sind?
m) Werden Erwachsene ermutigt, sich über ihre Schwierigkeiten auszutauschen und sich gegenseitig bei der Entwicklung von Strategien zu unterstützen, um Konflikte mit und zwischen Kindern und Jugendlichen zu verhindern?
n) Geht das pädagogische Personal auch auf die Schüler*innen ein, die introvertiert sind oder sich zurückziehen?
o) Bemüht sich die Schule, das Selbstwertgefühl wenig selbstbewusster Kinder und Jugendlicher zu stärken?
p) Wissen Kinder und Jugendliche, dass sie, wenn sie Probleme haben, Hilfe und Aufmerksamkeit bekommen können, bevor sie ihre Unzufriedenheit nach außen zeigen?
q) Werden Sozialarbeiter*innen und Fachkräfte aus der Jugendarbeit zur präventiven Unterstützung und Klärung von Konflikten zwischen Kindern und Jugendlichen außerhalb der Schule beigezogen?
r) Zielt die Schule beim Einsatz von Vertretungslehrpersonen auf Kontinuität ab und sorgt sie dafür, dass diese rechtzeitig über die Klassensituation informiert werden?
s) Beschäftigt sich die Schule mit Zusammenhängen zwischen Schulunlust bei Jungen und dominanten Männlichkeitsbildern in und außerhalb der Schule?
t) Gehört es zur Schulkultur, dass Regeln gemeinsam vereinbart, reflektiert und geändert werden?
u) Versucht man Schulregeln so zu formulieren, dass sie von allen Erwachsenen, Kindern und Jugendlichen eingehalten werden können?
v) Ist sich die Schule darüber bewusst, dass sich hinter einem Verhalten eine Botschaft versteckt, die nicht anders ausgedrückt werden kann?
w) Reagiert man auf herausfordernde Situationen mit Strategien zur Verbesserung der Aktivitäten, Beziehungen sowie der Organisation von Lernaktivitäten?

B2.7 Die Schule vermeidet es, Ausschluss als Konsequenz von Regelverstößen einzusetzen.

A1.2	Das Schulpersonal arbeitet konstruktiv zusammen.
A1.4	Schulpersonal und Schüler*innen gehen respektvoll miteinander um.
A1.7	Die Schule ist ein Modell für demokratisches Zusammenleben.
B2.6	Die Schule versteht den Umgang mit herausforderndem Verhalten als ein gemeinsames Anliegen aller Beteiligten.
C2.8	Der Umgang miteinander baut auf gegenseitiger Achtung auf.

a) Wird gesehen, dass der Ausschluss aus Strafe nicht nur den Ausschluss aus einer Klasse oder aus der Schule bedeutet, sondern auch das Auseinanderreißen von Beziehungen?
b) Gibt es Strategien, alle Formen des Ausschlusses aus Strafe zu minimieren – zeitlich begrenzt oder dauerhaft, formell oder informell?
c) Wird gesehen, dass Ausschluss als Disziplinarmaßnahme durch Unterstützung und Intervention bei Lehr- und Lernarrangements vermieden werden kann?
d) Werden das Wissen und die Erfahrungen von Kindern und Jugendlichen, Bezugspersonen und Eltern/Erziehungsberechtigten mit einbezogen, um Desinteresse und Störungen abzubauen?
e) Wird in Treffen mit Mitgliedern des Schulpersonals, Schüler*innen, Eltern/Erziehungsberechtigten und anderen Beteiligten versucht, Probleme flexibel anzugehen, bevor sie eskalieren?
f) Werden Zusammenhänge gesehen zwischen der Abwertung von Schüler*innen und Desinteresse, Störungen und disziplinarischen Ausschlüssen?
g) Vermeidet es die Schule, Lerngruppen zu bilden, die herausfordernde Situationen schaffen?
h) Kümmert sich die Schule um Gefühle von Abwertung bei Kindern und Jugendlichen, die in der Gesellschaft häufig Diskriminierung erleben?
i) Ist die Schule bestrebt, Konflikte zwischen Gruppen verschiedener ethnischer und sozialer Herkunft abzubauen?
j) Wird auf herausfordernde Situationen mit pädagogischen Maßnahmen reagiert statt mit Disziplinarmaßnahmen?
k) Begegnet man Schüler*innen, die gegen die Regeln der Schulgemeinschaft verstoßen haben, dennoch unvoreingenommen?
l) Besteht im Rahmen der Schulkultur ein klares Bewusstsein dafür, dass man sich entschuldigen und Fehler wiedergutmachen kann, ohne »sein Gesicht zu verlieren«?
m) Wird häufige Wut bei Kindern und Jugendlichen als Hilferuf verstanden und nicht als Anlass für Strafe?
n) Nimmt das Schulpersonal seine Verantwortung, sich um alle Schüler*innen in gleicher Weise zu kümmern, auch dann wahr, wenn es auf herausfordernde Situationen reagiert?
o) Gibt es klare, konstruktive Pläne für die Wiedereingliederung von Kindern und Jugendlichen, die als Disziplinarmaßnahme von der Schule ausgeschlossen waren?
p) Reflektiert das Personal, wie es Kindern und Jugendlichen außerhalb der Schule ergeht, wenn sie zur Strafe ausgeschlossen wurden?
q) Gibt es Strategien zur Bekämpfung der Abhängigkeit von Kindern und Jugendlichen von Nikotin und anderen Drogen?
r) Werden regelmäßig Berichte über »Ausschluss als Strafe« für die Mitglieder des Schulpersonals, für Eltern /Erziehungsberechtigte, schulische Gremien und die Schüler*innen verfasst?
s) Überprüft das Schulpersonal, ob zeitweilige, dauerhafte, formelle und informelle Ausschlüsse reduziert werden?
t) Nutzt das pädagogische Personal Unterstützungsangebote wie Supervision, Coaching, Beratung zur Prävention oder bei der Bewältigung herausfordernder Situationen und zum Erhalt der Gesundheit?

B2.8 Die Schule erkennt die Gründe für das Fernbleiben von Schüler*innen und entwickelt Strategien, um allen einen regelmäßigen Schulbesuch zu ermöglichen.

A2.8 Die Schulgemeinschaft unterstützt Kinder, Jugendliche und Erwachsene bei der Entwicklung einer positiven Beziehung zu sich selbst.
B2.9 Die Schule setzt sich aktiv gegen Mobbing ein.

a) Werden alle Barrieren für die Anwesenheit in der Schule in deren Kulturen, Strukturen und Praktiken sowie in den Einstellungen der Kinder und Jugendlichen sowie ihrer Eltern erforscht?
b) Versuchen Mitglieder des Schulpersonals herauszufinden, warum Kinder und Jugendliche regelmäßig zu spät kommen, und bieten sie angemessene Unterstützung an?
c) Weiß die Schule, für wie viele Kinder und Jugendliche es eine positive bzw. weniger positive Erfahrung ist, zur Schule zu gehen?
d) Werden die Kinder und Jugendlichen dazu ermutigt, in konstruktiver Form zu äußern, wie ihre Schulerfahrung verbessert werden kann?
e) Entwickelt das Schulpersonal Vorgehensweisen, um bei unentschuldigtem Fehlen von Schüler*innen konstruktiv mit Eltern und Erziehungsberechtigten zusammenzuarbeiten?
f) Vermeidet es die Schule, unentschuldigtes Fehlen mit Ausschluss vom Unterricht zu sanktionieren?
g) Vermeidet es die Schule, unentschuldigtes Fehlen als informelle Form des Ausschlusses oder zur Erreichung guter Inspektions- und Evaluationsergebnisse anzusehen?
h) Werden Kinder und Jugendliche mit aufrichtiger Herzlichkeit begrüßt, wenn sie nach Fehlzeiten zurückkehren?
i) Wird auf das unentschuldigte Fehlen gleich reagiert, unabhängig von Geschlecht oder familiärem Hintergrund?
j) Wird ein Zusammenhang gesehen zwischen Fehlzeiten und schwierigen Lebenssituationen, wie dem Fehlen unterstützender Freundschaften oder einer Unsicherheit über die eigene Geschlechts- bzw. sexuelle Identität?
k) Wird der Zusammenhang zwischen Mobbing und Fehlzeiten wahrgenommen?
l) Reagiert die Schule auf Schwangerschaften minderjähriger Jugendlicher in unterstützender und nicht in diskriminierender Weise?
m) Wird auch während längerer, z. B. krankheitsbedingter Fehlzeiten der Kontakt zwischen Klasse und Schüler*in aufrechterhalten?
n) Wird das Schulpersonal ermutigt, die Erfahrungen der Schüler*innen, die längere Zeit gefehlt haben, in die Lernaktivitäten einzubeziehen?
o) Gibt es koordinierte Strategien zwischen der Schule und anderen sozialen Diensten in Bezug auf das Fehlen von Kindern und Jugendlichen?
p) Werden Fehlzeiten systematisch erfasst und Gründe für Fehlzeiten in Teams besprochen?
q) Wird der Zusammenhang zwischen dem Fehlen in der Schule und der Abhängigkeit von Zigaretten oder anderen Drogen wahrgenommen?
r) Werden Fehlzeiten bei bestimmten Lernangeboten zum Anlass genommen, die Beziehung der Schüler*innen zu den jeweiligen Lehrpersonen und Lerninhalten zu reflektieren?
s) Werden die unentschuldigten Fehlzeiten von Kindern und Jugendlichen reduziert?

B2.9 Die Schule setzt sich aktiv gegen Mobbing ein.

A2.8 Die Schulgemeinschaft setzt sich für ein gewaltfreies Miteinander und eine friedliche Konfliktlösung ein.
C2.6 Die Schüler*innen entwickeln ein Verständnis für Gemeinsamkeiten und Unterschiede zwischen Menschen.

a) Haben Eltern/Erziehungsberechtigte, Schüler*innen sowie Lehrpersonen ein gemeinsames Verständnis davon, was als Mobbing gilt?
b) Gibt es eine allen bekannte und für alle verständliche Erklärung zu Mobbing, die genau beschreibt, welches Verhalten an der Schule akzeptiert ist und was nicht akzeptiert wird, einschließlich Cyber-Mobbing?
c) Wird Mobbing als mögliche Begleiterscheinung aller auf Macht basierenden Beziehungen und als Missbrauch von Macht verstanden?
d) Wird unter Mobbing jede Form von Belästigung und Diskriminierung gegenüber Erwachsenen, Kindern und Jugendlichen verstanden?
e) Achtet das Schulpersonal darauf, körperlichen Missbrauch beim »Spielen« zu verhindern, z. B. Grapschen, Schläge und Tritte in die Genitalien?
f) Werden unter Mobbing sowohl verbale und emotionale als auch körperliche Angriffe verstanden?
g) Wird die Drohung mit Freundschaftsentzug als mögliche Quelle von Mobbing angesehen?
h) Werden auch Handlungen als Mobbing wahrgenommen, durch die sich Einzelne in ihrer Persönlichkeit verletzt fühlen?
i) Werden rassistische, sexistische, klassistische, behinderten-, lesben- oder schwulenfeindliche Kommentare und Verhaltensweisen als Formen von Mobbing angesehen?
j) Werden negative Kommentare über persönliche Merkmale wie Haarfarbe, Gewicht oder das Tragen einer Brille als Mobbing angesehen?
k) Schreiten Mitglieder des Schulpersonals und Schüler*innen ein, wenn »schwul« oder »behindert« als Schimpfwort verwendet wird?
l) Vermeiden es die Mitglieder des Schulpersonals, Gründe für Mobbing anzuführen, z. B., dass ein Kind oder Jugendlicher mit Beeinträchtigung aufgrund von Behindertenfeindlichkeit gemobbt werde?
m) Haben Erwachsene, Kinder und Jugendliche das Gefühl, ohne Gefahr eine Identität zeigen zu können, die weder männlich noch weiblich ist?
n) Werden bei der Erstellung von Anti-Mobbing-Richtlinien verschiedene Organisationen konsultiert, z. B. Vertretungen von Fahrenden, Lesben, Schwulen, Transsexuellen, Menschen mit Beeinträchtigung, Asylsuchenden und Geflüchteten sowie Mitglieder verschiedener Religionsgemeinschaften?
o) Können sich die Kinder und Jugendlichen auf ihre ganz eigene Weise als männlich, weiblich, keines von beiden oder beides zugleich zeigen, ohne gehänselt oder gemobbt zu werden?
p) Wird in der Schule zwischen unterstützenden und übergriffigen Führungsstilen unterschieden?
q) Wird Mobbing als ein Signal dafür gesehen, dass die Täter*innen möglicherweise selbst gefährdet sind und Unterstützung brauchen?
r) Versucht die Schulleitung, Mobbing zu vertuschen oder Untersuchungen dazu zu verhindern, um das gute Image der Schule zu wahren?
s) Können Schüler*innen, die gemobbt werden, aus einer Gruppe von männlichen und weiblichen Mitgliedern des Schulpersonals jemanden auswählen, der sie unterstützen soll?
t) Gibt es neben den Gewerkschaften noch andere Ansprechpartner*innen für Mitglieder des Schulpersonals, die gemobbt werden?
u) Werden die Kinder und Jugendlichen geschult, bei Mobbing einzuschreiten und zu schlichten?
v) Wird das Vorkommen von Mobbing dokumentiert?
w) Wird evaluiert, inwieweit die durchgeführten Maßnahmen zu einer Verringerung von Mobbing geführt haben?

Dimension C: Inklusive Praktiken entwickeln

C1: Curricula für alle erstellen

1. Die Kinder und Jugendlichen erkunden die Zyklen von Nahrungserzeugung und Nahrungsverbrauch.
2. Die Kinder und Jugendlichen erkunden die Wichtigkeit von Wasser.
3. Die Kinder und Jugendlichen beschäftigen sich mit Kleidung und Schmuck.
4. Die Kinder und Jugendlichen erforschen den Bereich »Wohnen und Gebäude«.
5. Die Kinder und Jugendlichen beschäftigen sich mit Mobilität und Migration von Menschen.
6. Die Kinder und Jugendlichen setzen sich mit Gesundheit und Beziehungen auseinander.
7. Die Kinder und Jugendlichen befassen sich mit der Erde, dem Sonnensystem und dem Universum.
8. Die Kinder und Jugendlichen setzen sich mit den ökologischen Zusammenhängen auseinander.
9. Die Kinder und Jugendlichen erforschen Energieressourcen.
10. Die Kinder und Jugendlichen befassen sich mit Kommunikation und Kommunikationstechnologie.
11. Die Kinder und Jugendlichen befassen sich mit Literatur, Kunst und Musik und werden selbst kreativ.
12. Die Kinder und Jugendlichen setzen sich mit dem Thema »Arbeit« und der Entwicklung eigener Interessen auseinander.
13. Die Kinder und Jugendlichen setzen sich mit Fragen der Ethik, Politik und Macht auseinander.

C2: Das Lernen orchestrieren

1. Die Lernaktivitäten werden mit Blick auf die Vielfalt aller Schüler*innen geplant.
2. Die Lernaktivitäten stärken die Teilhabe aller Schüler*innen.
3. Die Schüler*innen werden zu selbstbewusstem, kritischem Denken ermutigt.
4. Die Schüler*innen gestalten ihr eigenes Lernen aktiv mit.
5. Die Schüler*innen lernen voneinander und miteinander.
6. Die Schüler*innen entwickeln ein Verständnis für Gemeinsamkeiten und Unterschiede zwischen Menschen.
7. Rückmeldungen und Bewertungen stärken die Lernprozesse und die Leistungen aller Schüler*innen.
8. Der Umgang miteinander baut auf gegenseitige Achtung auf.
9. Die Mitglieder des Schulpersonals planen, gestalten, reflektieren im Team und lernen voneinander.
10. Das Schulpersonal entwickelt gemeinsame Ressourcen, die das Lernen unterstützen.
11. Das zusätzliche, unterstützende Personal setzt sich für das Lernen und die Teilhabe aller Schüler*innen ein.
12. Hausaufgaben tragen zum Lernen aller Kinder und Jugendlichen bei.
13. Aktivitäten, die über das formale Lernen hinausgehen, sind für alle Kinder und Jugendlichen zugänglich.
14. Die Ressourcen im Umfeld der Schule sind bekannt und werden genutzt.

C1: Curricula für alle erstellen

In Bereich C1, »Curricula für alle erstellen«, wird ein Lehrplankonzept vorgestellt, das inklusive Werte ernst nimmt. Die vorgeschlagenen Lernaktivitäten schließen an Erfahrungen an und helfen, die wechselseitigen Beziehungen von Menschen und ihren Lebensbereichen weltweit zu verstehen. Auch dieser Bereich wird durch eine Vielzahl an Fragen weiter ausgeführt. Wir wünschen uns, dass diese Fragen genutzt werden, um innerhalb und außerhalb von Schul- und Lernräumen zum Nachdenken anzuregen. Zudem wünschen wir uns, dass Kinder, Jugendliche und Erwachsene entdecken, was hinter den Indikatoren in den Überschriften steckt. Welche Formulierung auch immer in den einzelnen Fragen gewählt wird: »lernen«, »erforschen«, »untersuchen«, »beschäftigen«, »nachdenken über« – es geht immer um eine aktive Form des Lernens.

Einen Zugang zum Wissen zu strukturieren ist eine riesige Aufgabe. Daher gibt es an dieser Stelle mehr Fragen zu jedem Indikator als irgendwo sonst im Index. Wir hoffen, dass unsere Fragen die Entwicklung weiterer Fragen anregen und die Neugier von Kindern, Jugendlichen und Erwachsenen lebendig werden lassen. Viele unserer Fragen verweisen bereits auf mögliche Antworten. Wir haben zuerst gezögert, so vorzugehen, da Lernaktivitäten unserer Meinung nach sehr viel offener sein sollten. Die Inhalte sind aber wichtig, um zu zeigen, wie mithilfe der Indikatoren ein Lehrplan erstellt werden kann, der sowohl in die Tiefe als auch in die Breite geht, Kindern und Erwachsenen aller Altersstufen gerecht wird und eine konkrete Alternative zu herkömmlichen Curricula und Lehrplänen bietet.

Dieser Bereich ist ein »Work in progress«. Das kann man auch über andere Curricula und Lehrpläne sagen. Sie sollten Erwachsene, Kinder und Jugendliche immer dazu einladen, gemeinsam die Lerninhalte für ihre Curricula zu gestalten und auf ihr Umfeld abzustimmen. Einige unserer Empfehlungen sind detaillierter ausgearbeitet als andere. Wir würden uns freuen, den Index zusammen mit allen, die ihn aktiv nutzen, weiter auszubauen. Wie in Teil 2 erwähnt, können Sie Ihr Feedback und Ihre Ideen direkt an Tony Booth oder an die Herausgeber*innen senden (Kontaktdaten auf S. 224). Wir werden sie sammeln und unter www.indexforinclusion.org veröffentlichen.

C1.1 Die Kinder und Jugendlichen erkunden die Zyklen von Nahrungserzeugung und Nahrungsverbrauch.

A2.9	Die Schulgemeinschaft unterstützt Kinder, Jugendliche und Erwachsene bei der Entwicklung einer positiven Beziehung zu sich selbst.
C1.6	Die Kinder und Jugendlichen setzen sich mit Gesundheit und Beziehungen auseinander.
C1.7	Die Kinder und Jugendlichen befassen sich mit der Erde, dem Sonnensystem und dem Universum.
C1.8	Die Kinder und Jugendlichen setzen sich mit den ökologischen Zusammenhängen auseinander.

Lokal und global denken

- Gibt es einen Schulgarten oder ein Stück Land, wo die Kinder und Jugendlichen etwas über den Anbau von Nahrungspflanzen lernen können?
- Hat die Schule Verbindungen zu einem Bauernhof in der Nähe?
- Fragen sich die Kinder und Jugendlichen, wo ihre Lieblingslebensmittel und -getränke herkommen?
- Erforschen die Kinder und Jugendlichen, wie sich die Menschen in ihrem Land und in anderen Ländern ernähren?
- Ermutigen die Familien und die Gemeinde die Kinder und Jugendlichen, etwas über den Anbau von Nahrungsmitteln zu lernen?
- Lernen die Kinder und Jugendlichen beim Essen in der Mensa etwas über gesunde Ernährung?
- Regt die Auswahl an Milchprodukten, Eiern und Fleisch, die die Schule einkauft, die Kinder und Jugendlichen dazu an, sich mit dem Thema »Tierschutz« auseinanderzusetzen?
- Kauft die Schule Lebensmittel von Bauern und auf Wochenmärkten in der Umgebung?
- Werden die Erfahrungen von Menschen einbezogen, die Lebensmittel einkaufen bzw. selbst anbauen und zubereiten – ob auf einem Bauernhof, zu Hause oder im Restaurant?
- Gehen die Kinder und Jugendlichen der Frage nach, woher das, was sie essen, kommt und wie es zubereitet wird?
- Setzen sich die Kinder und Jugendlichen mit den Transportwegen für Nahrungsmittel auseinander, indem sie z. B. eine Liste der Orte erstellen, aus denen die in Geschäften und Supermärkten angebotenen Lebensmittel kommen, und versuchen sie auszurechnen, über welche Entfernungen diese Lebensmittel insgesamt transportiert wurden?
- Lernen die Kinder und Jugendlichen etwas über lokale, nationale und internationale Unterschiede in der Ernährung?
- Beschäftigen sich die Kinder und Jugendlichen damit, was auf der Straße lokal und international an gekochten Mahlzeiten erhältlich ist?

Lebensmittelkreislauf

- Setzen sich die Kinder und Jugendlichen mit allen Stationen des Lebensmittelkreislaufs auseinander: Bodenvorbereitung, Pflanzung, Wachstum, Ernte, Lagerung bzw. Konservierung, Verarbeitung, Vertrieb und Transport, Vermarktung, Einkauf, Lagerung, Zubereitung, Verzehr, Abfallentsorgung, Kompostierung und Düngung?
- Lernen die Kinder und Jugendlichen, wie Lebensmittelkreisläufe mit den Stickstoff-, Kohlenstoff- und Wasserkreisläufen zusammenhängen?

Nahrungsnetze

- Erstellen die Kinder und Jugendlichen Nahrungsnetze, in denen unter anderem die Sonne, Pflanzen als Produzenten, Tiere als Konsumenten, Aasfresser, Pilze und zersetzende Bakterien abgebildet sind?

Anbau und Bodennutzung

- Lernen die Kinder und Jugendlichen etwas über Böden und wie sich deren Zusammensetzung darauf auswirkt, was auf ihnen gedeiht?
- Lernen die Kinder und Jugendlichen etwas über die Rolle von Bakterien in fruchtbaren Böden?
- Lernen die Kinder und Jugendlichen etwas über die Ursachen und Folgen von Bodenerosion?
- Beschäftigen sich die Kinder und Jugendlichen mit den Auswirkungen von Monokulturen und wechselnden Fruchtfolgen?
- Denken die Kinder und Jugendlichen darüber nach, warum Böden für den Anbau von Tee, Kaffee, Zucker, alkoholischen Getränken, Tabak und illegalen Suchtmitteln statt für den Anbau von Nahrungsmitteln verwendet werden?

- Untersuchen die Kinder und Jugendlichen, wem das Land gehört, auf dem die Nahrungsmittel angebaut werden?
- Lernen die Kinder und Jugendlichen etwas über die Vernichtung von Wäldern zugunsten landwirtschaftlicher Nutzflächen und über die Auswirkungen, die das auf den Treibhauseffekt hat?
- Lernen die Kinder und Jugendlichen, in welchem Umfang die Landwirtschaft in verschiedenen Ländern mit Maschinen betrieben wird?

Lebensmittel, Jahreszeiten und Wetter

- Erforschen die Kinder und Jugendlichen den Zusammenhang zwischen Nahrungsmittelanbau und dem Wechsel der Jahreszeiten?
- Lernen die Kinder und Jugendlichen, wie sich das Klima auf den Nahrungsmittelanbau auswirkt?
- Beschäftigen sich die Kinder und Jugendlichen damit, wie die Erderwärmung und zunehmend extreme Wetterlagen die Nahrungsmittelproduktion heute und in Zukunft beeinflussen?

Schädlinge und Unkraut

- Lernen die Kinder und Jugendlichen, wie Schädlinge mit natürlichen bzw. chemischen Verfahren bekämpft werden können?
- Lernen die Kinder und Jugendlichen, wie Unkraut mit natürlichen bzw. chemischen Verfahren bekämpft werden kann?

Erzeugung tierischer Lebensmittel

- Lernen die Kinder und Jugendlichen, wie Schlachttiere gezüchtet werden?
- Erfahren die Kinder und Jugendlichen etwas über Fische aus Seen, Flüssen und Fischzuchtanlagen?
- Lernen die Kinder und Jugendlichen etwas über schrumpfende Fischbestände, die Auswirkungen von Fischereiquoten und die Möglichkeiten einer Regenerierung der Bestände?
- Lernen die Kinder und Jugendlichen etwas über die industrielle Massentierhaltung?
- Lernen die Kinder und Jugendlichen, wie Milch von Kühen, Schafen und anderen Tieren erzeugt wird?
- Lernen die Kinder und Jugendlichen, wie Eier produziert werden?
- Lernen die Kinder und Jugendlichen etwas über die Imkerei zur Gewinnung von Honig?
- Lernen die Kinder und Jugendlichen etwas über Tierkrankheiten (z. B. Maul- und Klauenseuche, BSE) und die Auswirkungen der Verbreitung von Krankheiten im eigenen Land und in anderen Ländern?
- Beschäftigen sich die Kinder und Jugendlichen mit dem Einsatz von Pestiziden und Antibiotika zur Bekämpfung von Tierkrankheiten?
- Erforschen die Kinder und Jugendlichen den Einsatz von Hormonen zur Wachstumssteigerung von Tieren?
- Vergleichen die Kinder und Jugendlichen den Flächenbedarf für die Erzeugung desselben Nährwerts in Form von Fleisch bzw. Gemüse?
- Lernen die Kinder und Jugendlichen, dass Kühe große Mengen an Treibhausgasen (Methan) erzeugen?

Transport

- Lernen die Kinder und Jugendlichen, wie Lebensmittel vom Erzeuger zum Verbraucher transportiert werden (innerhalb ihres Landes und weltweit)?
- Lernen die Kinder und Jugendlichen, wie Tiere zur Fleischerzeugung und Schlachtung transportiert werden (innerhalb ihres Landes und weltweit)?

Zubereitung und Verzehr

- Lernen die Kinder und Jugendlichen in der Schule, Essen zuzubereiten?
- Können die Kinder und Jugendlichen nicht nur das Essen, sondern auch das Kochen genießen?
- Beschäftigen sich die Kinder und Jugendlichen damit, wer das Essen zubereitet und warum manche Menschen das nicht tun?
- Lernen die Kinder und Jugendlichen, dass viele Menschen über das Kochen lesen, sich Kochshows im Fernsehen ansehen und selbst kochen?
- Untersuchen die Kinder und Jugendlichen, wie viel Zeit verschiedene Menschen zum Kochen haben?
- Erfahren die Kinder und Jugendlichen, wie viele Fertiggerichte verwendet werden, weil die Menschen so wenig Zeit zum Kochen haben?
- Bedenken die Kinder und Jugendlichen, dass gemeinsames Essen die Beziehungen zwischen Menschen stärkt?

Geschmacksstoffe

- Lernen die Kinder und Jugendlichen, wie sich der Einsatz von Aromen und Gewürzen entwickelt hat?
- Lernen die Kinder und Jugendlichen etwas über die Gewinnung und Verwendung von Salz?

- Lernen die Kinder und Jugendlichen, wie Salz und Gewürze zu wichtigen Handelswaren wurden?
- Beschäftigen sich die Kinder und Jugendlichen mit den Vor- und Nachteilen von Zusatzstoffen?
- Erkunden die Kinder und Jugendlichen, wie Gewürze in verschiedenen Kulturen und Ernährungstraditionen verwendet werden?

Haltbarmachung und Verarbeitung

- Erforschen die Kinder und Jugendlichen die Haltbarmachung von Lebensmitteln durch Kühlung, Konservierung, Einkochen, Räuchern und Einsalzen?

Abfallentsorgung, Kompostierung und Düngen

- Lernen die Kinder und Jugendlichen etwas über Abwassersysteme und Abfallentsorgung?
- Lernen die Kinder und Jugendlichen etwas über den Einsatz von Tierdung zur Bodenverbesserung?
- Lernen die Kinder und Jugendlichen etwas über verschiedene Möglichkeiten des Kompostierens, z. B. Komposttonnen und Komposter?

Ernährung, Gesundheit und Krankheit

- Gehen die Kinder und Jugendlichen der Frage nach, wer genug nahrhaftes Essen zur Verfügung hat und wer nicht?
- Beschäftigen sich die Kinder und Jugendlichen mit der Bedeutung von Grundnahrungsmitteln für viele Menschen auf der Welt?
- Vergleichen die Kinder und Jugendlichen, was für eine gesunde Ernährung wichtig ist und was tatsächlich gegessen wird?
- Können die Kinder und Jugendlichen gesundes und ungesundes Essen (z. B. Fastfood) unterscheiden?
- Lernen die Kinder und Jugendlichen, dass verunreinigtes Essen und Wasser Krankheiten auslösen können?
- Lernen die Kinder und Jugendlichen, dass die Gefahr solcher Krankheiten durch Konservierung, Sauberkeit, Erhitzen und die Verwendung frischer Lebensmittel minimiert wird?
- Erforschen Lernende den Konsum alkoholischer Getränke und deren Wirkung auf die Gesundheit?

Kosten von Lebensmitteln

- Lernen die Kinder und Jugendlichen, was Lebensmittel kosten und in welchem Verhältnis diese Kosten zum Einkommen verschiedener Haushalte stehen?
- Lernen die Kinder und Jugendlichen, wie sich die Preise auf die Wahl der Lebensmittel auswirken?
- Beschäftigen sich die Kinder und Jugendlichen mit der Wirkungskette, die die Nachfrage nach billigen Lebensmitteln auf folgende Aspekte auslöst: Tierschutz, Bezahlung und Arbeitsbedingungen in den Produktionsbetrieben, Bodenzerstörung, Einsatz von Düngemitteln, Herbiziden und Pestiziden, Entwaldung, Artenvielfalt, Fruchtbarkeit der Böden, Flächen für die lokale Nahrungsmittelerzeugung, Energieverbrauch für die Lagerung, Luftqualität, Straßenverkehr und Fahrten zu Supermärkten außerhalb der Stadtzentren, die immer mehr kleine Läden verdrängen?

Lebensmittelhandel und Lebensmittelunternehmen

- Lernen die Kinder und Jugendlichen, wie Menschen mit der Produktion, Vermarktung, Verarbeitung, dem Vertrieb, der Zubereitung und dem Verkauf von Lebensmitteln ihren Lebensunterhalt verdienen?
- Lernen die Kinder und Jugendlichen, wie durch die Verarbeitung von Lebensmitteln (Konserven, Tiefkühlprodukte) die Gewinne aus ihrem Anbau gesteigert werden und wer davon profitiert?
- Untersuchen die Kinder und Jugendlichen, welchen Anteil große und kleine landwirtschaftliche Betriebe sowie Groß- und Einzelhandelsunternehmen am Lebensmittelgeschäft haben?
- Lernen die Kinder und Jugendlichen, dass Handelsabkommen und Handelsschranken die Existenz von Landwirt*innen in wirtschaftlich armen Ländern bedrohen können, da diese mit billigen Importen aus reichen Ländern konkurrieren müssen und Schwierigkeiten haben, ihre Produkte in andere Länder zu verkaufen?
- Beschäftigen sich die Kinder und Jugendlichen mit steigenden und sinkenden Lebensmittelpreisen und den Auswirkungen, die dies für die Menschen in ihrem Land und in anderen Ländern hat?
- Erforschen die Kinder und Jugendlichen, wie die Lebensmittelpreise mit dem Ölpreis und der Nutzung von Anbauflächen für Biokraftstoff zusammenhängen?
- Gehen die Kinder und Jugendlichen der Frage nach, wie es sein kann, dass Landwirt*innen weniger verdienen, obwohl die Lebensmittelpreise steigen?

Ethische und politische Aspekte von Ernährung

- Sprechen Kinder, Jugendliche und Erwachsene über ihre Verantwortung, sich über die Produktionsbedingungen von Lebensmitteln sowie über die Arbeitsbedingungen der Menschen in der

Produktion zu informieren und etwas zu unternehmen, wenn diese Bedingungen nicht ihren Werten entsprechen?
- Gehen die Kinder und Jugendlichen der Frage nach, warum in wirtschaftlich armen Ländern Menschen hungern, während in reichen Ländern ein Überfluss an Lebensmitteln herrscht?
- Setzen sich die Kinder und Jugendlichen mit dem Problem auseinander, das die Regierungen von wirtschaftlich reichen Ländern mit verschiedenen Formen von Übergewicht haben und was sie unternehmen, um diesem Problem zu begegnen?
- Beschäftigen sich die Kinder und Jugendlichen mit dem Phänomen, dass im Fernsehen vor allem für Lebensmittel und Getränke geworben wird, deren Verzehr in größeren Mengen krank macht?
- Erforschen die Kinder und Jugendlichen den Einfluss der Konzerne auf den Preis und die Qualität von Lebensmitteln, ihre Herstellung, ihren Vertrieb und die Forschung zur Entwicklung neuer Nahrungsquellen und landwirtschaftlicher Methoden?
- Beschäftigen sich die Kinder und Jugendlichen mit den Grundsätzen der Ernährungssouveränität: Nahrung ist ein Menschenrecht, die Rechte der Erzeuger werden geachtet, Nahrung wird lokal produziert, die Kontrolle über die Mittel zur Nahrungsproduktion liegt bei der Bevölkerung, das Know-how vor Ort wird ausgebaut und der Schutz der Natur wird beachtet?[24]
- Erforschen die Kinder und Jugendlichen, wie sich der Verzehr von Fleisch, Fisch und Milchprodukten sowie die vegetarische und die vegane Ernährung auf Umwelt und Gesundheit auswirken?
- Verstehen die Kinder und Jugendlichen die Grundsätze des fairen Handels und die Argumente für und gegen seine Ausweitung?
- Lernen die Kinder und Jugendlichen etwas über die Vor- und Nachteile der natürlichen Erzeugung von Lebensmitteln sowie mithilfe künstlicher Schädlings- und Unkrautvernichtungsmittel?
- Beschäftigen sich die Kinder und Jugendlichen damit, dass Schädlingsbekämpfungsmittel wie DDT, die in wirtschaftlich reichen Ländern schon lange verboten sind, in wirtschaftlich armen Ländern immer noch zugelassen sind?
- Untersuchen die Kinder und Jugendlichen, warum Schädlingsbekämpfungsmittel in wirtschaftlich armen Regionen viele Menschen töten und viele weitere Menschen diese Gifte freiwillig einnehmen, um sich selbst zu töten?
- Lernen die Kinder und Jugendlichen etwas über die Gefahren von Schädlings- und Unkrautvernichtungsmitteln für die Menschen, die Nahrungsmittel anbauen, und für die Verbraucher, z. B. durch Anreicherung von DDT in der Muttermilch?
- Erfahren die Kinder und Jugendlichen, dass Mütter, die kaum Zugang zu sauberem Wasser haben, von Konzernen ermutigt werden, Milchpulver statt der von Natur aus sterilen Muttermilch zu verwenden?

Gentechnisch veränderte Kulturen

- Regt die Schule Diskussionen über die Vor- und Nachteile natürlicher und künstlicher genetischer Veränderungen an?
- Erfahren die Kinder und Jugendlichen, dass Saatgut gentechnisch verändert werden kann, um seine Widerstandsfähigkeit gegen Dürre, Schädlinge, Schädlings- und Unkrautvernichtungsmittel zu erhöhen und es unfruchtbar zu machen?
- Berücksichtigen die Kinder und Jugendlichen, dass die Gentechnik, je nachdem, wie und wofür sie eingesetzt wird, unterschiedliche Vor- und Nachteile sowie unterschiedliche Auswirkungen auf Menschen, andere Pflanzen und Tiere haben kann?
- Diskutieren die Kinder und Jugendlichen über die Vor- und Nachteile gentechnisch veränderter Kulturpflanzen für Saatgutlieferanten, Landwirte und Verbraucher?
- Untersuchen die Kinder und Jugendlichen, wie es sich auf die in der Nähe wachsenden Pflanzen auswirkt, wenn Nahrungspflanzen mittels Gentechnik widerstandsfähig gegen Schädlinge gemacht werden?

Vergangenheit, Gegenwart und Zukunft

- Untersuchen die Kinder und Jugendlichen, wie die Produktion und der Verbrauch von Lebensmitteln sich im Laufe der Zeit an ihrem Ort, in ihrem Land und weltweit verändert haben?
- Erforschen die Kinder und Jugendlichen die Auswirkungen veränderter Essgewohnheiten auf Gesundheit und Umwelt?
- Beschäftigen sich die Kinder und Jugendlichen damit, wie sich die Ernährung verändert hat?
- Gehen die Kinder und Jugendlichen der Frage nach, welche Lebensmittel in Zukunft in ihrem Land und weltweit produziert und verbraucht werden?
- Beschäftigen sich die Kinder und Jugendlichen mit Initiativen für urbane Landwirtschaft?
- …

---

24 Vgl. »The pillars of food sovereignty«; in: Millstone/Lang 2008, S. 101.

C1.2 Die Kinder und Jugendlichen erkunden die Wichtigkeit von Wasser.

B1.12 Die Schule verringert ihren CO_2-Fußabdruck und ihren Wasserverbrauch.
C1.5 Die Kinder und Jugendlichen beschäftigen sich mit der Mobilität und Migration von Menschen.
C1.8 Die Kinder und Jugendlichen setzen sich mit den ökologischen Zusammenhängen auseinander.

Lokal und global denken

- Übernimmt die Schule symbolisch die Patenschaft für einen Fluss oder Bach vor Ort, um ihn zu untersuchen, sich für seinen Schutz einzusetzen und den Kindern und Jugendlichen ein Verständnis für Ökosysteme und Wasserkreisläufe zu vermitteln?
- Übernimmt die Schule symbolisch die Patenschaft für einen Fluss in einem anderen Teil der Welt, um seine Bedeutung für das Leben der dortigen Bevölkerung besser verstehen zu lernen?
- Werden bei Lernaktivitäten auch Vertreter*innen der Betriebe einbezogen, die Haushalte, Industrie und Landwirtschaft mit Wasser versorgen bzw. die sich um die Gewässer und Wasserwege in der Umgebung kümmern?
- Engagiert sich die Schule für den Schutz und die Erhaltung der Flüsse und Wasserwege vor Ort?

Wasser als begrenzte Ressource

- Lernen die Kinder und Jugendlichen, warum Wasser für Pflanzen, Tiere und Menschen unverzichtbar ist?
- Begreifen die Kinder und Jugendlichen die Bedeutung, die Flüsse, Seen und Stauseen für das Leben haben?
- Ist den Kindern und Jugendlichen klar, dass Süßwasser nur einen kleinen Teil (2,5 Prozent) des Wassers auf der Erde ausmacht und dass nur ein Drittel davon für Lebewesen nutzbar ist?
- Lernen die Kinder und Jugendlichen, dass Eisschollen im Meer überwiegend aus Süßwasser bestehen?
- Lernen die Kinder und Jugendlichen, in welcher Hinsicht wir Menschen Wasser verwenden: zum Trinken, zum Kochen, in Sanitäranlagen, um uns zu waschen sowie um Lebensmittel und Geschirr abzuwaschen, um Kleidung zu waschen, im Gartenbau, in Landwirtschaft, Viehzucht und Fischerei sowie für Industrie und Stromerzeugung?
- Beschäftigen sich die Kinder und Jugendlichen mit der Bedeutung von Wasser für die Erholung?

Wasser als gefährdete Ressource

- Untersuchen die Kinder und Jugendlichen den steigenden Wasserbedarf aufgrund der wachsenden Weltbevölkerung, der zunehmenden Produktion von Lebensmitteln und Waren sowie des übermäßigen Konsums in wohlhabenden Ländern?
- Beschäftigen sich die Kinder und Jugendlichen damit, dass Wasser für den Lebensstil in den Industrieländern genauso wichtig ist wie Öl?[25]
- Beschäftigen sich die Kinder und Jugendlichen mit Faktoren, die die Wasserversorgung gefährden, wie zunehmende Verstädterung, Staudämme (mit der Folge geringerer Wassermengen in den Flüssen) und Klimawandel?
- Beschäftigen sich die Kinder und Jugendlichen mit der Wasserverschmutzung durch menschliche, tierische und industrielle Abfälle?
- Lernen die Kinder und Jugendlichen etwas über die Folgen von Dürreperioden in ihrem Land und in anderen Ländern?
- Lernen die Kinder und Jugendlichen, wie Wasserknappheit mit Wanderbewegungen von Tieren und Menschen zusammenhängt?
- Lernen die Kinder und Jugendlichen etwas über den Zusammenhang von Wasserbedarf und Wasserverbrauch?

Wasser als Lebensraum

- Untersuchen die Kinder und Jugendlichen, wie die ersten Lebensformen im Wasser entstanden sind?
- Lernen die Kinder und Jugendlichen etwas über die Tiere und Pflanzen, die in Salz- und Süßwasser

25 Diese Frage wurde angeregt von Black/King (2009).

leben?
- Lernen die Kinder und Jugendlichen etwas darüber, welche Konsequenzen die Umleitung und Zerstückelung von Flussläufen, die Austrocknung von Seen und der Verlust an Feuchtgebieten für Wassertiere und -pflanzen haben?

Speicherung und Transport

- Lernen die Kinder und Jugendlichen, wie das Wasser in die Gebäude gelangt – auch zu ihnen nach Hause?
- Lernen die Kinder und Jugendlichen, wie sehr die Landwirtschaft von Wasservorräten abhängig ist?
- Lernen die Kinder und Jugendlichen, wie Wasser in der Natur sowie in von Menschen gebauten Tanks und Stauseen gespeichert wird?
- Lernen die Kinder und Jugendlichen etwas über Grundwasserleiter (Aquifere) und die Nutzung von Brunnen?
- Lernen die Kinder und Jugendlichen etwas über Bewässerungssysteme?
- Lernen die Kinder und Jugendlichen etwas über die Vor- und Nachteile von Wasserentsalzungsanlagen?

Eigenschaften von Wasser

- Beschäftigen sich die Kinder und Jugendlichen mit der Bewegung von Wasser in Flüssen und Gezeiten?
- Lernen die Kinder und Jugendlichen, wie wichtig die Ausdehnung des Wassers beim Gefrieren für die Erhaltung des Lebens unter Wasser ist?
- Untersuchen die Kinder und Jugendlichen die verschiedenen Aggregatzustände von Wasser, fest, flüssig und gasförmig?
- Beschäftigen sich die Kinder und Jugendlichen mit der Oberflächenspannung von Wasser und welche Rolle sie spielt für die Bildung von Regentropfen und Wellen, die Funktion von Zellen, das Aufsteigen von Wasser in Bäumen und anderen Pflanzen und den Blutkreislauf von Tieren?
- Erfahren die Kinder und Jugendlichen, dass sich Wasser stabilisierend auf das Klima auswirkt, weil sich die Wassertemperatur langsamer verändert als die Bodentemperatur?
- Erproben die Kinder und Jugendlichen den Einsatz von Wasser als Lösungsmittel?
- Erkunden die Kinder und Jugendlichen die Nutzung von Wasser bei der Erzeugung von Wasserstoff als Brennstoff?
- Beschäftigen sich die Kinder und Jugendlichen mit dem Einsatz von Wasser als Kühlmittel in Motoren und Kraftwerken?
- Beschäftigen sich die Kinder und Jugendlichen mit der Verwandlung von Wasser in Dampf und den Einsatzmöglichkeiten von Dampf?
- Lernen die Kinder und Jugendlichen etwas über die Wasserkraft und wie sie in Flüssen und im Meer für die Stromerzeugung genutzt werden kann?
- Lernen die Kinder und Jugendlichen etwas über die Auswirkungen unkontrollierbarer Wasserbewegungen in Gletschern, Lawinen, Überschwemmungen und Tsunamis?

Wasser und Klima

- Beschäftigen sich die Kinder und Jugendlichen mit dem Kreislauf aus Verdunstung, Kondensation und Niederschlag?
- Lernen die Kinder und Jugendlichen, wie Wolken entstehen?
- Lernen die Kinder und Jugendlichen etwas über den Zusammenhang zwischen Regen und Bergen?
- Beschäftigen sich die Kinder und Jugendlichen mit Schwankungen bei Regen- und Schneefällen, Dürreperioden und Überschwemmungen?
- Lernen die Kinder und Jugendlichen etwas über Erdrutsche und Lawinen?
- Beschäftigen sich die Kinder und Jugendlichen mit der Bildung von Nebel, Dunst, Tau und Frost?
- Erforschen die Kinder und Jugendlichen die Schneefallmuster in ihrem Land und in anderen Ländern?
- Beschäftigen sich die Kinder und Jugendlichen mit den Auswirkungen des steigenden Meeresspiegels infolge der Erderwärmung?

Wasser und Gesundheit

- Lernen die Kinder und Jugendlichen, wie wichtig Wasser für die Hygiene ist?
- Lernen die Kinder und Jugendlichen, wie das WC mit Wasserspülung entwickelt wurde, welche Vor- und Nachteile es hat und in welchem Umfang es in verschiedenen Gegenden der Welt genutzt wird?
- Lernen die Kinder und Jugendlichen, wie stark die Wasserverschmutzung fortgeschritten ist und was das für alle Lebewesen bedeutet?
- Beschäftigen sich die Kinder und Jugendlichen mit der Aufbereitung von Trinkwasser?

- Erkunden die Kinder und Jugendlichen, welche Rolle das Wasser bei der Verbreitung von Krankheiten spielt – in ihrem Land und in anderen Ländern?

Ethik, Besitz und Konflikte

- Lernen die Kinder und Jugendlichen, wie viele Menschen auf der Welt Zugang zu sauberem Trinkwasser haben?
- Lernen die Kinder und Jugendlichen, welche Vor- und Nachteile es hat, wenn sich das Wasser in einem Land in Staats- bzw. in Privatbesitz befindet?
- Lernen die Kinder und Jugendlichen, warum es weltweit zu Konflikten um die Kontrolle von Trinkwasser kommt?

Vergangenheit, Gegenwart und Zukunft

- Beschäftigen sich die Kinder und Jugendlichen damit, wie sich Niederschlagsmuster mit der Zeit verändern?
- Untersuchen die Kinder und Jugendlichen den Anstieg des Meeresspiegels?
- Erforschen die Kinder und Jugendlichen Veränderungen im Trinkwasserbedarf?
- Beschäftigen sich die Kinder und Jugendlichen mit der Frage, wie Wassermangel künftig vorgebeugt werden kann?

C1.3 Die Kinder und Jugendlichen beschäftigen sich mit Kleidung und Schmuck.

Lokal und global denken

- Lädt die Schule örtliche Bekleidungsgeschäfte, Wäschereien, Designer*innen, (Änderungs-) Schneider*innen, Juwelier*innen, Friseur*innen und Tätowierer*innen ein, damit sie etwas über ihre Arbeit erzählen?
- Lernen die Kinder und Jugendlichen, wie sich Kleidungsstile von Land zu Land verbreiten?
- Beschäftigen sich die Kinder und Jugendlichen mit den unterschiedlichen Kleiderkonventionen auf der Welt?
- Lernen die Kinder und Jugendlichen, wie die Kleidung von Jahreszeiten, Temperaturen und dem Wetter abhängt – in ihrem Land und in anderen Ländern?
- Beschäftigen sich die Kinder und Jugendlichen mit der Verbreitung »westlicher« Kleidungsstile wie Anzüge, Krawatten und Jeans?
- Gehen die Kinder und Jugendlichen der Frage nach, inwieweit bestimmte traditionelle Kleidungsstile von bestimmten Gruppen oder Geschlechtern bewahrt werden?
- Lernen die Kinder und Jugendlichen, dass die Vielfalt der Kleidungsstile weltweit abnimmt?

Lebenszyklus von Kleidungsstücken

- Beschäftigen sich die Kinder und Jugendlichen mit dem Lebenszyklus von Kleidung – von der Produktion der Materialien über Design, Herstellung, Vermarktung, Kauf, Tragen, Reparatur, Tausch und Recycling bis hin zur Entsorgung?

Produktion

- Lernen die Kinder und Jugendlichen, wie Schuhe und Kleidung aus Pflanzenfasern, Materialien tierischen Ursprungs (Wolle, Pelz, Häuten, Seide) sowie aus Erdöl hergestellt werden?
- Lernen die Kinder und Jugendlichen, welchen Anteil die unterschiedlichen Materialien an der Schuh- und Kleidungsproduktion haben?
- Lernen die Kinder und Jugendlichen etwas über die unterschiedlichen Herstellungsverfahren für Kleidung und Schuhe?
- Lernen die Kinder und Jugendlichen, wie Edelmetalle und Edelsteine für Schmuck gewonnen werden?

Design und Vermarktung

- Lernen die Kinder und Jugendlichen etwas über das Design von Hüten, Kleidung, Schuhen und Schmuck?
- Lernen die Kinder und Jugendlichen, wie Kleidung und Schmuck vermarktet und verkauft werden?
- Lernen die Kinder und Jugendlichen, wie Marken die Attraktivität, den Wert und den Preis von Kleidung, Schuhen und Taschen beeinflussen?
- Lernen die Kinder und Jugendlichen, wie die Werbung für Mode mit dem Konsumdruck, bestimmte Kleidung und Schuhe zu kaufen, zusammenhängt?

Wahl der Kleidung

- Gehen die Kinder und Jugendlichen der Frage nach, welchem Druck sie selbst ausgesetzt sind, bestimmte Kleidungsstücke und Schuhe zu tragen?
- Lernen die Kinder und Jugendlichen, selbst zu entscheiden, was sie an Kleidung und Schmuck tragen?
- Gehen die Kinder und Jugendlichen der Frage nach, warum Menschen in der Öffentlichkeit und privat bestimmte Kleidung tragen?
- Wird thematisiert, dass es in verschiedenen Gruppen und Kulturen ganz unterschiedliche Vorstellungen darüber gibt, inwieweit Frauen und Männer ihr Gesicht oder ihren Körper bedecken bzw. zeigen sollten?
- Erforschen die Kinder und Jugendlichen, wie Konventionen entstehen, wer was in welchen Situationen tragen sollte, z. B. Schul-, Arbeits- oder Abendkleidung?
- Beschäftigen sich die Kinder und Jugendlichen mit der Frage, warum je nach Geschlecht andere Kleidung gewählt wird – in ihrem Land und in anderen Ländern?
- Untersuchen die Kinder und Jugendlichen, wie Kleidung die Zugehörigkeit zu einer Gruppe oder Subkultur unterstreichen kann?
- Denken die Kinder und Jugendlichen darüber nach, ob und warum Menschen im Lauf ihres Lebens ihren Kleidungsstil ändern?

Schmuck und Körperschmuck

- Beschäftigen sich die Kinder und Jugendlichen mit dem Abbau von Mineralien für die Schmuckherstellung?
- Beschäftigen sich die Kinder und Jugendlichen mit der Herstellung und dem Tragen von Schmuck?
- Beschäftigen sich die Kinder und Jugendlichen mit Körperschmuck, z. B. Bemalung, Tätowierung, Piercings oder Ziernarben?
- Lernen die Kinder und Jugendlichen etwas über Haarmode?
- Beschäftigen sich die Kinder und Jugendlichen damit, weshalb sich Menschen ihre Haare färben, sie wachsen lassen oder entfernen?

Pflege der Kleidung

- Lernen die Kinder und Jugendlichen verschiedene Möglichkeiten kennen, Kleidung zu waschen und zu trocknen?
- Lernen die Kinder und Jugendlichen Techniken zum Reparieren von Kleidung?

Wiederverwertung und Entsorgung von Kleidung

- Lernen die Kinder und Jugendlichen, was mit Kleidungsstücken geschieht, die nicht mehr getragen werden?

Ethische Aspekte von Bekleidung und Körperschmuck

- Lernen die Kinder und Jugendlichen etwas über die versteckten Kosten billiger Kleidung in Form von geringen Löhnen, Kinderarbeit und schlechten Arbeitsbedingungen?
- Beschäftigen sich die Kinder und Jugendlichen mit der Umweltverschmutzung durch den Einsatz von Schädlingsbekämpfungsmitteln im Baumwollanbau?
- Verfolgen die Kinder und Jugendlichen, was die Produktion von Kleidung, Schuhen und Schmuck kostet – von der Herstellung der Stoffe und anderer Materialien über die Produktion und den Vertrieb bis hin zum Verkauf im Einzelhandel – und welche Gewinne damit erzielt werden?
- Lernen die Kinder und Jugendlichen, dass Kriege geführt werden, um den Abbau von Edelsteinen und -metallen zu kontrollieren?
- Lernen die Kinder und Jugendlichen etwas über den fairen Handel mit Kleidung?
- Beschäftigen sich die Kinder und Jugendlichen mit ethisch produzierter Kleidung und damit, welche Rolle sie für ihre eigene Kleiderwahl und für die der Schule spielen könnte?

Vergangenheit, Gegenwart und Zukunft verbinden

- Lernen die Kinder und Jugendlichen, dass sich die Kleidermode mit der Zeit immer wieder verändert?
- Untersuchen die Kinder und Jugendlichen, inwieweit Kampagnen dazu beigetragen haben, den Pelzhandel einzuschränken?
- Lernen die Kinder und Jugendlichen, dass sich Moden beim Körperschmuck mit der Zeit immer wieder verändern?
- Beschäftigen sich die Kinder und Jugendlichen mit der Frage, ob die Materialien, aus denen unsere Kleidung heute besteht, zukünftig noch verfügbar sein werden?
- Beschäftigen sich die Kinder und Jugendlichen damit, was Kleidung in Zukunft kosten wird?

C1.4 Die Kinder und Jugendlichen erforschen den Bereich »Wohnen und Bauen«.

B1.12 Die Schule verringert ihren CO_2-Fußabdruck und ihren Wasserverbrauch.

Lokal und global denken

- Beschäftigen sich die Kinder und Jugendlichen mit unterschiedlichen Gebäuden in ihrer Umgebung?
- Gehen die Kinder und Jugendlichen der Frage nach, welche dieser Gebäude ihnen gefallen und warum?
- Gehen die Kinder und Jugendlichen der Frage nach, welche Gebäude in ihrer Gegend gebaut werden dürfen?
- Lernen die Kinder und Jugendlichen etwas darüber, welche Baumaßnahmen in ihrer Stadt oder Nachbarschaft geplant sind?
- Tragen unterschiedliche Fachleute zum Unterricht bei, z. B. Bauunternehmer*innen und Baufachkräfte, Maschinenführer*innen, Elektriker*innen, Installateur*innen, Zimmerleute, Maler*innen und Tapezierer*innen, Dachdecker*innen, Fliesenleger*innen, Gipser*innen, Steinmetz*innen, Architekt*innen, Abbrucharbeiter*innen und Stadtplaner*innen?
- Lernen die Kinder und Jugendlichen etwas über die Baustoffe, die in ihrem Land und in anderen Ländern verwendet werden, und ihre Eigenschaften – z. B. Ziegel, Lehm, Metall, Holz, Plastik, Stroh, Filz, Zelttuch?
- Lernen die Kinder und Jugendlichen etwas über verschiedene Arten von Wohnraum, z. B. Boote, Zelte, Wohnwagen, Stein- und Ziegelhäuser, Hütten aus gefundenen Materialien und Pfahlbauten?

Wohnungen und Gebäude im städtischen und ländlichen Umfeld

- Lernen die Kinder und Jugendlichen, wie Städte entstehen und wie sie sich im Lauf der Zeit verändern?
- Lernen die Kinder und Jugendlichen, wie sich die Bevölkerung auf Städte und ländliche Gebiete verteilt und wie sich das Leben in der Stadt von dem auf dem Land unterscheidet?
- Lernen die Kinder und Jugendlichen etwas über Zweckbauten, z. B. Fabriken, Büros, Gefängnisse, öffentliche Gebäude, Kirchen, Scheunen, Wohnhäuser, Restaurants und Cafés?
- Beschäftigen sich die Kinder und Jugendlichen mit Veränderungen der Architektur in ländlichen Gebieten, z. B. aufgrund von Bevölkerungsrückgang oder neuen landwirtschaftlichen Methoden?
- Gehen die Kinder und Jugendlichen der Frage nach, warum sich Menschen an bestimmten Orten ansiedeln?
- Betrachten die Kinder und Jugendlichen, wie Wasser, Strom und Gas in die Haushalte gelangen?
- Lernen die Kinder und Jugendlichen, wie Müll aus Wohnhäusern und anderen Gebäuden entsorgt wird?
- Lernen die Kinder und Jugendlichen, wie und warum Gebäude abgerissen werden?

Bauarten und Baustoffe

- Lernen die Kinder und Jugendlichen etwas über den Bau von Wohnhäusern unterschiedlicher Größe – von Bungalows bis hin zu Hochhäusern?
- Untersuchen die Kinder und Jugendlichen den Wohnraum, der für Singles, Erwachsene mit und ohne Kinder sowie Großfamilien gebaut wird?
- Lernen die Kinder und Jugendlichen etwas über unterschiedliche Arten, das Fundament eines Wohnhauses zu legen – je nach den Bodenverhältnissen und der Wahrscheinlichkeit von Stürmen und Erdbeben?
- Lernen die Kinder und Jugendlichen, wie Gebäude wasserdicht gemacht werden?
- Lernen die Kinder und Jugendlichen, wie Fensterglas entwickelt wurde?
- Beschäftigen sich die Kinder und Jugendlichen mit der Frage, inwieweit lokale Baustoffe verwendet werden?

Gebäudegestaltung und Bauplanung

- Lernen die Kinder und Jugendlichen, wie Wohnhäuser und andere Gebäude entworfen werden?
- Erforschen die Kinder und Jugendlichen Möglichkeiten einer energieeffizienten Gebäudegestaltung?
- Beschäftigen sich die Kinder und Jugendlichen mit der Innenausstattung von Wohnräumen?
- Gehen die Kinder und Jugendlichen der Frage nach, warum in Überschwemmungsgebieten Häuser gebaut werden?

Wohnen

- Lernen die Kinder und Jugendlichen etwas über Wohneigentum, Hypotheken, Mieten und Hausbesetzungen?
- Untersuchen die Kinder und Jugendlichen, wie viel das Bauen, Kaufen und Mieten von Wohnraum kostet?
- Beschäftigen sich die Kinder und Jugendlichen damit, was die Menschen in ihrer Wohnung haben und wie und warum es sich unterscheidet?

Baumaschinen

- Lernen die Kinder und Jugendlichen große Maschinen kennen, die auf dem Bau zum Baggern, für Baustofftransporte, zum Bohren oder zum Mischen von Zement und Beton verwendet werden?
- Lernen die Kinder und Jugendlichen etwas über kleinere Maschinen sowie Elektro- und Handwerkzeuge, die auf dem Bau verwendet werden?
- Lernen die Kinder und Jugendlichen, wie Gerüste früher und heute gebaut wurden bzw. werden?

Sicherheit von Gebäuden

- Lernen die Kinder und Jugendlichen etwas über die Sicherheit von Häusern bei Sturm, Feuer, Überschwemmungen und Erdbeben?
- Lernen die Kinder und Jugendlichen, wie man Elektrogeräte, Steckdosen und Stromkabel im Haushalt sicher verwendet?
- Lernen die Kinder und Jugendlichen, warum Wasser nicht mit Stromkabeln und elektrischen Geräten in Berührung kommen darf?
- Lernen die Kinder und Jugendlichen, wie man verhindert, dass Elektro- und Gasgeräte Brände auslösen, und wie Rauchmelder funktionieren?
- Lernen die Kinder und Jugendlichen etwas über Gebäudeversicherungen und die Abdeckung von Risiken?

Heizung und Klimatisierung

- Lernen die Kinder und Jugendlichen, wie Gebäude geheizt und klimatisiert werden?
- Lernen die Kinder und Jugendlichen, wie Gebäude energieeffizienter gemacht werden können, z. B. durch bestimmte Baumaterialien, Isolierung und Abdichtung?

Baugewerbe

- Lernen die Kinder und Jugendlichen, welche Ausbildungen für Berufe im Bereich Bau, Architektur und Planung benötigt werden?
- Beschäftigen sich die Kinder und Jugendlichen damit, was es bedeutet, selbstständig zu sein oder für kleine oder große Bauunternehmen zu arbeiten?
- Lernen die Kinder und Jugendlichen, wie Beschäftigte auf dem Bau sich spezialisieren oder zusätzliche Kompetenzen erwerben können?

Ethische und politische Aspekte des Bauens

- Lernen die Kinder und Jugendlichen, wie es zu Obdachlosigkeit kommt und wer davon betroffen ist?
- Beschäftigen sich die Kinder und Jugendlichen mit der Frage, was ein Stadtviertel attraktiv bzw. weniger attraktiv macht?
- Untersuchen die Kinder und Jugendlichen, aus welchen (wirtschaftlichen) Gründen Menschen in ein bestimmtes Viertel ziehen?
- Erforschen die Kinder und Jugendlichen, warum manche Menschen viel mehr Wohnraum haben als andere?
- Lernen die Kinder und Jugendlichen etwas darüber, wie Kriege und ihre Folgen das Zuhause zahlreicher Menschen bedrohen?

Vergangenheit, Gegenwart und Zukunft

- Lernen die Kinder und Jugendlichen, wie sich Gebäude im Lauf der Zeit verändern?
- Lernen die Kinder und Jugendlichen, wie und warum Städte wachsen?
- Untersuchen die Kinder und Jugendlichen, wie sich die Bevölkerungsdichte in ländlichen Gebieten verändert?
- Beschäftigen sich die Kinder und Jugendlichen mit der Schrumpfung landwirtschaftlich genutzter Flächen?
- Beschäftigen sich die Kinder und Jugendlichen mit Baukonzepten für die Zukunft?

C1.5 Die Kinder und Jugendlichen beschäftigen sich mit der Mobilität und Migration von Menschen.

C1.13 Die Kinder und Jugendlichen setzen sich mit Fragen der Ethik, Politik und Macht auseinander.

Lokal und global denken

- Wollen die Kinder und Jugendlichen eine Woche oder einen Monat lang Buch führen über ihre Fahrten von zu Hause an Orte innerhalb und außerhalb ihrer Wohngegend?
- Werden Menschen einbezogen, die in der Umgebung ein Reisebüro haben, Taxis, Busse oder Bahnen fahren, mit Maschinen arbeiten, Autos und Fahrräder verkaufen und reparieren oder für das Thema »Verkehr« zuständig sind?
- Werden Menschen einbezogen, deren Familien schon lange an ein und demselben Ort wohnen?
- Werden Menschen einbezogen, die aus anderen Ländern zugewandert sind oder deren Eltern, Großeltern oder Vorfahren aus einem anderen Land stammen?
- Beschäftigen sich die Kinder und Jugendlichen mit den verschiedenen Fortbewegungsmitteln in aller Welt?

Ortsverbundenheit

- Besprechen die Kinder und Jugendlichen, wie wichtig vielen Menschen ihr Heimatort ist?
- Beschäftigen sich die Kinder und Jugendlichen mit der Frage, was einen Ort ausmacht, an dem man gerne lebt?

Warum Menschen sich fortbewegen

- Beschäftigen sich die Kinder und Jugendlichen damit, dass Menschen sich in Bewegung setzen, um Grundbedürfnisse zu erfüllen wie die nach Nahrung, Wasser, Brennstoff zum Kochen, Wärme, Mobilität, Obdach, Sicherheit, Bildung und Arbeit?
- Beschäftigen sich die Kinder und Jugendlichen mit freiwilligen Ortswechseln, z. B. für Reisen und Ausflüge, Sport und Beziehungen?
- Lernen die Kinder und Jugendlichen, wie die Tourismusbranche das Reisen bewirbt?
- Lernen die Kinder und Jugendlichen etwas über mobile Lebensweisen in ihrem Land und in anderen Ländern?
- Lernen die Kinder und Jugendlichen etwas über die Umsiedlung von Menschen aufgrund einer veränderten Landnutzung, z. B. wenn ein Staudamm gebaut wird?
- Lernen die Kinder und Jugendlichen etwas über Menschen, die infolge bewaffneter Konflikte heimatlos werden?
- Lernen die Kinder und Jugendlichen etwas über Menschen, die aufgrund von Umweltzerstörung heimatlos werden?
- Gehen die Kinder und Jugendlichen der Frage nach, warum Menschen zu Flüchtenden werden und Asyl suchen?
- Beschäftigen sich die Kinder und Jugendlichen mit den Gründen für die Erforschung des Weltraums?

Handel

- Lernen die Kinder und Jugendlichen etwas über die Rolle des lokalen Handels und des Fernhandels, um das Reisen zu fördern?
- Lernen die Kinder und Jugendlichen etwas über die Bedeutung des Austauschs im Handel?
- Lernen die Kinder und Jugendlichen etwas über Menschen, die an einen anderen Ort ziehen, um an Rohstoffe zu kommen?
- Lernen die Kinder und Jugendlichen, wie im Handel Gewinne erzielt werden?
- Lernen die Kinder und Jugendlichen, welche Vor- und Nachteile Handelsbeschränkungen bzw. Handelsfreiheit für die wirtschaftlich reichen und armen Länder haben?
- Lernen die Kinder und Jugendlichen etwas über die Macht internationaler Organisationen und über Abkommen zur Regulierung des Handels?

Krieg, Invasion und Besetzung

- Lernen die Kinder und Jugendlichen, aus welchen Gründen Menschen in den Krieg ziehen?
- Erfahren die Kinder und Jugendlichen, dass Länder besetzt werden, um Kontrolle über ihre Ressourcen zu erhalten?
- Lernen die Kinder und Jugendlichen, warum bestimmte Weltregionen von strategischer Bedeutung sind?

Transportmittel und Antriebssysteme

- Beschäftigen sich die Kinder und Jugendlichen damit, wie Menschen sich fortbewegen – gehend, laufend, schwimmend, mit dem Rad, im Rollstuhl, reitend, in LKW, PKW, Bahnen, Zügen, Booten, Segelbooten, Dampf- und Dieselschiffen, Heißluft- und Gasballons, Hubschraubern, Luftkissenbooten, Flugzeugen und Raketen?
- Lernen die Kinder und Jugendlichen, wie Straßen- und Eisenbahnnetze entstanden sind?
- Lernen die Kinder und Jugendlichen etwas über die Erfindung des Rades und die Entwicklung von Motoren sowie von Düsen- und Raketenantrieben?

Verkehr und Umwelt

- Beschäftigen sich die Kinder und Jugendlichen damit, wie sehr das Reisen von fossilen und anderen nicht erneuerbaren Kraftstoffen abhängt?
- Lernen die Kinder und Jugendlichen, wie sich die Beförderung von Waren mit verschiedenen Transportmitteln über unterschiedliche Entfernungen auf die Umwelt auswirkt?
- Überlegen die Kinder und Jugendlichen, wie man erreichen kann, dass mehr Menschen sich umweltfreundlich fortbewegen, z. B. zu Fuß, mit dem Fahrrad oder mit dem Zug?
- Untersuchen die Kinder und Jugendlichen, wie das Autofahren durch Werbung, Fernsehen und Sport noch beliebter wird?
- Lernen die Kinder und Jugendlichen, dass das Autofahren oder Fliegen für manche Menschen zum Lebensstil gehört?

Navigation und Landkarten

- Lernen die Kinder und Jugendlichen, wie Landkarten entstanden sind?
- Lernen die Kinder und Jugendlichen etwas darüber, wie sich die Navigation auf See entwickelt hat, anhand von Sternen, Uhren, Landkarten und GPS?

Kontrolle des Reiseverkehrs

- Beschäftigen sich die Kinder und Jugendlichen damit, wer einen Reisepass besitzt und nutzt?
- Beschäftigen sich die Kinder und Jugendlichen mit der Frage, in welchen Fällen Visa erteilt bzw. nicht erteilt werden?
- Lernen die Kinder und Jugendlichen etwas über Einschränkungen der Bewegungsfreiheit durch natürliche Grenzen, Landesgrenzen oder wenn sich Land in Privatbesitz befindet?

Ethische Aspekte von Fortbewegung und Reisen

- Betrachten die Kinder und Jugendlichen die versteckten Kosten von Autofahrten und Flugreisen in Form von Umweltschäden?
- Gehen die Kinder und Jugendlichen der Frage nach, wie Menschen, die Asyl suchen, behandelt werden, wenn sie ins Land kommen?
- Beschäftigen sich die Kinder und Jugendlichen damit, welche Folgen es für die Herkunftsländer hat, wenn wirtschaftlich reiche Länder qualifizierte Menschen aus wirtschaftlich armen Ländern anwerben?
- Erfahren Kinder etwas darüber, wie frei sie in andere Länder reisen können, wie frei andere Menschen in ihr Land reisen können und wie viele Menschen über Reisefreiheit denken?
- Lernen die Kinder und Jugendlichen, welche besondere Verantwortung ihr Land für vertriebene und gefährdete Menschen in Ländern hat, gegen die es Krieg führt oder in der Vergangenheit Krieg geführt hat?
- Diskutieren die Kinder und Jugendlichen, wie eine ethisch und menschenrechtlich verantwortungsvolle Einwanderungspolitik aussieht?

Vergangenheit, Gegenwart und Zukunft

- Untersuchen die Kinder und Jugendlichen, wie sich die Art und Weise der Fortbewegung verändert hat?
- Gehen die Kinder und Jugendlichen der Frage nach, wie sehr und warum die Nutzung privater Kraftfahrzeuge zugenommen hat?
- Untersuchen die Kinder und Jugendlichen, wie sich die Migrationsmuster verändert haben?
- Lernen die Kinder und Jugendlichen, wie sich der Aufstieg und Fall von Weltreichen auf Wanderungsbewegungen und Migration auswirkt?
- Beschäftigen sich die Kinder und Jugendlichen mit der Frage, wie und warum sich der Verkehr in Zukunft verändern könnte?
- Beschäftigen sich die Kinder und Jugendlichen mit möglichen zukünftigen Migrationsbewegungen und -beschränkungen für Menschen weltweit?

C1.6 Die Kinder und Jugendlichen setzen sich mit Gesundheit und Beziehungen auseinander.

A2.9	Die Schulgemeinschaft unterstützt Kinder, Jugendliche und Erwachsene bei der Entwicklung einer positiven Beziehung zu sich selbst.
A2.10	Die Schulgemeinschaft trägt zur Gesundheit und zum Wohlbefinden von Kindern, Jugendlichen und Erwachsenen bei.
C1.1	Die Kinder und Jugendlichen erkunden die Zyklen von Nahrungserzeugung und Nahrungsverbrauch.
C1.2	Die Kinder und Jugendlichen erkunden die Wichtigkeit von Wasser.

Lokale und globale Ebene verbinden

- Lernen die Kinder und Jugendlichen aus den Erfahrungen, die sie und andere Menschen in Bezug auf Gesundheit und Krankheit gemacht haben?
- Werden Menschen aus der Umgebung einbezogen, die sich für die Gesundheit von Körper, Geist und Umwelt einsetzen oder Krankheiten behandeln?
- Lernen die Kinder und Jugendlichen, wie sich Krankheitsmuster in verschiedenen Ländern unterscheiden?
- Lernen die Kinder und Jugendlichen, wie die Themen »Armut«, »Krankheit«, »Nahrungs- und Wassermangel« sowie »verschmutztes Trinkwasser« miteinander zusammenhängen?

Bedeutung von Gesundheit

- Denken die Kinder und Jugendlichen darüber nach, was sie unter Gesundheit verstehen?
- Erkunden die Kinder und Jugendlichen, was andere Menschen unter Gesundheit verstehen?
- Denken die Kinder und Jugendlichen darüber nach, ob ein gutes, gesundes Leben gleichbedeutend mit einem möglichst langen Leben ist?

Gesundheit und Körper

- Lernen die Kinder und Jugendlichen etwas über die Anatomie und Physiologie des menschlichen Körpers?
- Lernen die Kinder und Jugendlichen etwas über die Rolle der Gene und der DNA?
- Lernen die Kinder und Jugendlichen etwas über den Einfluss der Umwelt auf die Entwicklung des Körpers?
- Beschäftigen sich die Kinder und Jugendlichen damit, wie sich der Körper verändert, wenn Menschen älter werden?

Gesundheit und Krankheit

- Gehen die Kinder und Jugendlichen der Frage nach, inwieweit Krankheiten reduziert und verhindert werden können, durch Veränderungen im Umfeld und in der Ernährung, mehr Bewegung, weniger Stress und durch medizinische Maßnahmen?
- Beschäftigen sich die Kinder und Jugendlichen mit den Entwicklungen und Fortschritten in der Behandlung verschiedener Krankheiten?
- Lernen die Kinder und Jugendlichen, dass Krankheiten durch Menschen, andere Lebewesen (darunter auch Vögel und Insekten), über die Luft und über das Wasser verbreitet werden können?
- Lernen die Kinder und Jugendlichen, welche Rolle Bakterien, Viren und Prionen bei der Entstehung von Krankheiten spielen?
- Lernen die Kinder und Jugendlichen etwas über die Bedeutung von Bakterien für die Erhaltung der Gesundheit?
- Lernen die Kinder und Jugendlichen, wie sich der Einsatz von Antibiotika entwickelt hat?
- Erkunden die Kinder, wie die zu häufige Verschreibung von Antibiotika die Entstehung von Resistenzen gegen sie fördert?
- Beschäftigen sich die Kinder und Jugendlichen mit multiresistenten Keimen in Krankenhäusern?
- Lernen die Kinder und Jugendlichen etwas über Krebs und Krebstherapien?
- Untersuchen die Kinder und Jugendlichen, warum die Menschen (sowie verschiedene Gruppen von Menschen) unterschiedlich hohe Lebenserwartungen haben?
- Lernen die Kinder, wie die pharmazeutische Industrie die Gesundheit, aber auch ein bestimmtes Verständnis von Krankheit fördert?
- Lernen die Kinder und Jugendlichen, wie wichtig der Einsatz von Medikamenten zur Verbesserung der Lebensqualität mancher Menschen ist?

- Lernen die Kinder und Jugendlichen etwas über die Behandlung von Krankheiten zur Verlängerung des Lebens?
- Erkunden die Kinder und Jugendlichen verschiedene Gründe für kosmetische Operationen?
- Beschäftigen sich die Kinder und Jugendlichen mit dem Wert verschiedener Methoden zur Behandlung von Krankheiten?

Psychische Gesundheit

- Untersuchen die Kinder und Jugendlichen, wie sich die Lebensumstände von Menschen auf ihr Selbstwertgefühl auswirken?
- Erfahren die Kinder und Jugendlichen, dass es manchen Menschen aufgrund ihrer mentalen Verfassung nicht möglich ist, das zu tun, was sie möchten?
- Besprechen die Kinder und Jugendlichen, dass manche Menschen durch ihre mentale Verfassung Einfluss darauf haben, was andere tun?
- Erforschen die Kinder und Jugendlichen, wann Menschen als psychisch krank angesehen werden?
- Besprechen die Kinder und Jugendlichen verschiedene Möglichkeiten, Menschen bei der Überwindung psychischer Störungen und bei der Verbesserung ihrer psychischen Gesundheit zu helfen?
- Lernen die Kinder und Jugendlichen, wie viele Medikamente wegen Angstzuständen, Depressionen oder anderen psychischen Problemen verschrieben werden?
- Untersuchen die Kinder und Jugendlichen, welche Auswirkungen Psychopharmaka auf Körper und Seele haben?
- Beschäftigen sich die Kinder und Jugendlichen mit dem Zusammenhang zwischen einer befriedigenden Tätigkeit und psychischer Gesundheit?

Beziehungen

- Sprechen die Kinder und Jugendlichen darüber, was Freundschaften ausmacht, was man tun kann, um sie zu vertiefen und zu erhalten, und weshalb Freundschaften manchmal auseinandergehen?
- Denken die Kinder und Jugendlichen über die Unterschiede zwischen Bekanntschaften, Freundschaften und Beziehungen in Familien nach?
- Sind die unterschiedlichen Erfahrungen, die Kinder und Jugendliche bereits mit Beziehungen gemacht haben, Teil der Lerninhalte?
- Werden Geschichten über Beziehungen aus dem Fernsehen und anderen Medien aufgegriffen?
- Beschäftigen sich die Kinder und Jugendlichen mit unterschiedlichen Bedeutungen von Liebe?
- Denken die Kinder und Jugendlichen darüber nach, inwieweit ihr Handeln (sich selbst und anderen gegenüber) von Gefühlen ausgelöst wird – im Guten wie im Schlechten?
- Lernen die Kinder und Jugendlichen etwas über Vertrauen in Beziehungen?
- Lernen die Kinder und Jugendlichen etwas über die unterschiedlichen Möglichkeiten, als Familie zu leben?
- Lernen die Kinder und Jugendlichen, dass der Freundeskreis für manche Menschen wie eine Familie ist, in der man sich umeinander kümmert?

Leben mit Kindern

- Lernen die Kinder und Jugendlichen etwas darüber, dass verschiedene Lebensentwürfe mit und ohne Kinder befriedigend sein können?
- Gehen die Kinder und Jugendlichen der Frage nach, wie und von wem Kinder in ihrem Umfeld sowie in anderen Gemeinschaften und Ländern versorgt werden?
- Lernen die Kinder und Jugendlichen, welche Verantwortung und manchmal auch welche Schwierigkeiten mit der Versorgung kleiner und aufwachsender Kinder verbunden sind und welche Freude sie für das ganze Leben bringen können?
- Beschäftigen sich die Lernenden mit den rechtlichen Voraussetzungen von Adoption und künstlicher Befruchtung?

Sexuelle Beziehungen und Sexualerziehung

- Vermeiden es die Mitglieder des Schulpersonals, bei anderen bestimmte sexuelle Gefühle zu vermuten, die sie vielleicht gar nicht haben?
- Nehmen die Themen »Beziehung« und »Lust« im Sexualkundeunterricht ebenso viel Raum ein wie »Schwangerschaft« und »Geschlechtskrankheiten«?
- Werden die Kinder und Jugendlichen umfassend über die Verbreitung, Ansteckungsgefahr und Behandlung sexuell übertragbarer Krankheiten aufgeklärt?
- Geht es im Sexualkundeunterricht auch um die Entscheidungen, die Menschen in Bezug auf ihr Leben und ihren Körper treffen?
- Diskutieren die Kinder und Jugendlichen über die Möglichkeit tiefer Freundschaft zwischen Sexualpartner*innen und darüber, wie es sich anfühlt, wenn diese Freundschaft fehlt?

- Sprechen die Kinder und Jugendlichen über Eifersucht und darüber, wie sie sich auf sexuelle und andere Beziehungen (etwa zu Freund*innen und innerhalb der Familie) auswirkt?
- Erkunden die Kinder und Jugendlichen, was eine Schwangerschaft für die betroffenen Mädchen/Frauen und Jungen/Männer bedeutet?
- Sehen die Kinder, dass sowohl der betroffene Junge bzw. Mann als auch das Mädchen bzw. die Frau Verantwortung tragen, wenn sie schwanger wird?
- Vermeiden es die Mitglieder des Schulpersonals, langjährige monogame Partnerschaften als die Form der Lebensgestaltung darzustellen, die jeder anstrebt?
- Wendet sich der Sexualkunde- und Beziehungsunterricht gleichermaßen an Jungen und Mädchen sowie an transgender, transsexuelle und intersexuelle Menschen, ganz gleich, ob sie sich als heterosexuell, lesbisch, schwul oder bisexuell betrachten?

Gesundheit und Drogen

- Lernen die Kinder und Jugendlichen etwas über den Konsum legaler und illegaler bewusstseinsverändernder Drogen?
- Lernen die Kinder und Jugendlichen etwas über die sozialen und gesundheitlichen Folgen des Konsums illegaler und legaler Drogen?
- Beschäftigen sich die Kinder mit dem Konsum von und der Sucht nach verschreibungspflichtigen Medikamenten sowie legalen und illegalen Drogen und mit ihren Auswirkungen auf Psyche, Körper und das Leben?
- Sprechen Kinder und Jugendliche darüber, welche Erfahrungen sie selber und andere Menschen beim Konsum von Alkohol und Zigaretten machen (Genuss, Gesundheit, Abhängigkeit u. a.)?
- Besprechen die Kinder und Jugendlichen, wie durch die Werbung, in Geschäften und Kneipen sowie innerhalb von Freundeskreisen und Familien Druck aufgebaut wird, legale und illegale Drogen zu konsumieren?

Gesundheit und Ernährung

- Erkunden die Kinder und Jugendlichen, was Lebensmittel gesund oder gesundheitsschädlich macht?
- Wird in Gesprächen über gesunde Ernährung auch die unterschiedliche finanzielle Situation von Familien berücksichtigt?

Gesundheit und Ethik

- Beschäftigen sich die Kinder und Jugendlichen mit den Argumenten für und gegen die Legalisierung illegaler Drogen (sowohl ihrer Herstellung als auch ihrer Verbreitung)?
- Werden verschiedene Ansichten über den gesundheitlichen Nutzen der veganen und vegetarischen Ernährung sowie des Fisch- und Fleischkonsums diskutiert?
- Wird darüber nachgedacht, inwieweit kosmetische Operationen, die nicht direkt der Gesundheit dienen, ein unethisches Verhalten von Ärzt*innen und Pflegepersonen bedeuten?
- Gehen die Kinder und Jugendlichen der Frage nach, welches Interesse die Lebensmittelindustrie daran hat, gesunde bzw. ungesunde Lebensmittel zu bewerben?
- Diskutieren die Kinder und Jugendlichen über die unterschiedliche Verfügbarkeit lebensrettender und lebensverlängernder Medikamente sowie ärztlicher Behandlungen für wohlhabende und arme Menschen in ihrem Land und in anderen Ländern?
- Erfahren Kinder und Jugendliche, dass aufgrund begrenzter staatlicher Gesundheitsbudgets entschieden werden muss, wessen Behandlung Vorrang hat und was sie kosten darf?

Vergangenheit, Gegenwart und Zukunft

- Beschäftigen sich die Kinder und Jugendlichen damit, wie sich die Krankheitsmuster verändern?
- Lernen die Kinder und Jugendlichen etwas über die gestiegene Lebenserwartung und wie sie sich weiterentwickeln könnte?
- Erforschen die Kinder, wie Veränderungen in der Lebenserwartung die Möglichkeit langer Beziehungen beeinflussen?
- Lernen die Kinder und Jugendlichen, wie sich Versorgung und Hygiene bei Geburten verändert und auf die Lebenserwartung der Frauen ausgewirkt haben?
- Gehen die Kinder und Jugendlichen der Frage nach, wie sich Krankheitsmuster durch die zunehmenden Antibiotikaresistenzen und den Klimawandel verändern könnten?

C1.7 Die Kinder und Jugendlichen befassen sich mit der Erde, dem Sonnensystem und dem Universum.

A2.3	Die Schulgemeinschaft setzt sich für den Schutz der Umwelt ein.
B1.12	Die Schule verringert ihren CO_2-Fußabdruck und ihren Wasserverbrauch
B1.13	Die Schule trägt zur Müllvermeidung bei.
C1.2	Die Kinder und Jugendlichen erkunden die Wichtigkeit von Wasser.
C1.5	Die Kinder und Jugendlichen beschäftigen sich mit der Mobilität und Migration von Menschen.
C1.8	Die Kinder und Jugendlichen setzen sich mit den ökologischen Zusammenhängen auseinander.
C1.9	Die Kinder und Jugendlichen erforschen Energieressourcen.

Lokal und global denken

- Denken die Kinder und Jugendlichen darüber nach, wie sie ihre Adresse einer Person geben würden, die in ihrer Nähe wohnt, auf einem anderen Kontinent oder Planeten, in einem anderen Sonnensystem oder einer anderen Galaxie, und wie das von ihrer gewohnten Art, ihre Adresse zu schreiben, abweichen könnte?
- Machen die Kinder und Jugendlichen Fotos von ihrer lokalen Umgebung, von Landschaften, Himmel, Wolkenformationen, Wetterphänomenen etc., und tauschen sie diese mit Menschen in anderen Teilen ihres Landes oder in der Welt aus?
- Fotografieren, malen oder zeichnen die Kinder und Jugendlichen Aspekte ihrer nahen Umgebung, die sie mögen oder nicht mögen, und begründen sie ihre Auswahl?
- Entwickeln die Kinder und Jugendlichen ein gemeinsames Verständnis dafür, wie die Lebensbedingungen in einer bestimmten Region Menschen weltweit beeinflussen, z. B. durch den Verbrauch fossiler Brennstoffe, Entwaldung, Erdbeben, Atomkatastrophen, Vulkanausbrüche?
- Beschäftigen sich die Kinder und Jugendlichen damit, wie sich die Landschaft in ihrer Gegend im Laufe der Zeit verändert hat?
- Laden die Schulen professionelle und privat interessierte Astronom*innen, Physiker*innen, Chemiker*innen, Bergarbeiter*innen, Nutzer*innen von Metalldetektoren, Uhrmacher*innen, Geograf*innen, Kartograf*innen, Meteorolog*innen, Bodenkundler*innen, Landschaftsfotograf*innen, Designer*innen und Künstler*innen, Schriftsteller*innen und Freunde ein, damit sie erzählen, was sie über den Planeten wissen und was ihnen an Landschaften und am Himmel gefällt?
- Führen die Kinder und Jugendlichen Buch über die Genauigkeit der örtlichen Wettervorhersagen?

Das Sonnensystem, die Galaxis und das Universum

- Lernen die Kinder und Jugendlichen etwas über die Sonne als ihren Stern und einen unter vielen Sternen?
- Beschäftigen sich die Kinder und Jugendlichen mit der Sonne als dem Ursprung der Erde?
- Beschäftigen sich die Kinder und Jugendlichen mit der Sonne als Energiequelle der Erde?
- Beschäftigen sich die Kinder und Jugendlichen mit dem Lebenszyklus der Sterne?
- Erforschen die Kinder und Jugendlichen die Erde als einen der Planeten, der sich um die Sonne dreht?
- Erkunden die Kinder und Jugendlichen die Umlaufbahn der Erde um die Sonne und wie das Wissen darüber zustande kam?
- Lernen die Kinder und Jugendlichen etwas über die Galaxis, die Milchstraße und andere Galaxien?
- Erforschen die Kinder und Jugendlichen, wie die Sterne aussehen, wenn sie zu verschiedenen Zeiten und von verschiedenen Orten aus beobachtet werden?
- Beschäftigen sich die Kinder und Jugendlichen mit dem Universum als Gesamtheit der Galaxien und sämtlicher Materie?
- Lernen die Kinder und Jugendlichen, dass das Universum hauptsächlich aus Wasserstoff und Helium besteht?
- Diskutieren die Kinder und Jugendlichen, dass alle Sterne, Planeten und alles Leben auf der Erde, einschließlich ihrer eigenen Körper, aus der Materie im Universum entstanden sind?
- Erkunden die Kinder und Jugendlichen, wie Licht von der Sonne und den Sternen erzeugt wird und von dort zu uns und anderen Orten gelangt?
- Lernen Kinder und Jugendliche, wie interstellare Entfernungen gemessen werden?
- Verstehen die Kinder und Jugendlichen, dass immer nur die Vergangenheit des Universums erforscht wird, weil das Licht so lange braucht, um zur Erde zu kommen?
- Erforschen die Kinder und Jugendlichen die Entwicklung der Astronomie und die Verwendung von Teleskopen zur Erkundung des Universums?

Schwerkraft

- Thematisieren die Kinder und Jugendlichen, dass die Schwerkraft sie selbst zusammenhält und sie mitsamt ihren Lebensgrundlagen auf der Erde hält?
- Erkunden die Kinder und Jugendlichen, wie die Schwerkraft das Universum geformt hat?
- Ergründen die Kinder und Jugendlichen, dass die Schwerkraft die Sonne, die Planeten und ihre Monde auf ihren Umlaufbahnen hält?

Das Erdmagnetfeld

- Beschäftigen sich die Kinder und Jugendlichen mit dem Erdmagnetfeld und den dadurch beeinflussten magnetischen Polen?
- Ergründen die Kinder und Jugendlichen, wie sich das Magnetfeld der Erde verändert hat und wie sich die magnetischen Pole vertauscht haben?
- Erforschen die Kinder und Jugendlichen die Rolle des Erdmagnetfelds beim Schutz der Erdatmosphäre vor geladenen Partikeln aus dem Sonnenwind?

Zeit, Uhren und Kalender

- Erfahren die Kinder und Jugendlichen etwas über Zeit und Zeitmessung?
- Verstehen die Kinder und Jugendlichen, dass ein Jahr die Zeit ist, die die Erde braucht, um die Sonne zu umrunden?
- Erforschen die Kinder und Jugendlichen, wie die Drehung der Erde Tag und Nacht erzeugt?
- Erkunden die Kinder und Jugendlichen die Entstehung der Jahreszeiten durch die Neigung der Erdachse?
- Befassen sich die Kinder und Jugendlichen mit der Mondumlaufbahn um die Erde als Maßeinheit für einen Monat?
- Beschäftigen sich die Kinder und Jugendlichen mit Längen- und Breitengraden und mit dem Nullmeridian, der durch Greenwich (England) verläuft und von dem aus die Zeit gemessen wird?
- Erforschen die Kinder und Jugendlichen die Erdzeitalter in der Entwicklungsgeschichte der Erde?
- Befassen sich die Kinder und Jugendlichen mit verschiedenen Arten der Kalenderführung und wie sie sich verändert haben?

Die Erde und der Mond

- Erfahren die Kinder und Jugendlichen, dass der Mond ursprünglich ein Stück Erde war, das durch den Zusammenprall mit einem anderen Planeten abgespalten wurde?
- Beschäftigen sich die Kinder und Jugendlichen mit der Zusammensetzung des Mondes und der Bedeutung der Entdeckung von Wasser auf dem Mond?
- Erkunden die Kinder und Jugendlichen die Größe des Mondes, seinen Abstand zur Erde und wie dadurch eine totale Sonnenfinsternis zustande kommen kann?
- Verstehen die Kinder und Jugendlichen, dass Ebbe und Flut durch den Mond verursacht werden?
- Gehen die Kinder und Jugendlichen der Frage nach, wie sich die Gezeiten verändern würden, wenn der Mond näher an der Erde wäre?
- Setzen sich die Kinder und Jugendlichen mit der Frage auseinander, wie die Rotation und die Stabilität der Erde durch ihren zunehmenden Abstand zum Mond beeinflusst werden?

Die Ozeane

- Diskutieren die Kinder und Jugendlichen die Ausdehnung der Ozeane, wie sie das Wetter beeinflussen und durch das Wetter beeinflusst werden?
- Lernen die Kinder und Jugendlichen etwas über die Übertragung von Energie in Wellen?
- Befassen sich die Kinder und Jugendlichen mit der Wirkung von Meereswellen und Gezeiten auf die Veränderung von Küstenlandschaften?
- Erforschen die Kinder und Jugendlichen, wie Sand und Strände entstehen?
- Beschäftigen sich die Kinder und Jugendlichen mit den Ursachen und Folgen von Flutwellen oder Tsunamis?

Das Land

- Erkunden die Kinder und Jugendlichen, wie sich die Erdoberfläche entlang der tektonischen Störungszonen bewegt?
- Befassen sich die Kinder und Jugendlichen mit den Kontinenten und ihrer kontinuierlichen Bewegung?
- Beschäftigen sich die Kinder und Jugendlichen mit der Entstehung von Bergen, Tälern, Flüssen, Seen und anderen Landschaftsformen?
- Lernen die Kinder und Jugendlichen etwas über die Gesteinsstrukturen an der Erdoberfläche und überlegen sie, wie und wann das Gestein entstanden ist?
- Lernen die Kinder und Jugendlichen etwas über die Entstehung des Erdbodens?

Im Erdinneren

- Befassen sich die Kinder und Jugendlichen mit dem inneren Aufbau der Erde?
- Erforschen die Kinder und Jugendlichen, wie das Innere der Erde durch Erdbeben und Vulkane, Geysire und heiße Quellen in Erscheinung tritt?

Die Bestandteile der Erde

- Lernen die Kinder und Jugendlichen etwas über die Zusammensetzung der Erde, ihre natürlich vorkommenden Elemente und Moleküle?
- Erfahren die Kinder und Jugendlichen etwas über die natürlichen Zustände der Elemente und Moleküle als Gase, Flüssigkeiten und vor allem als Feststoffe?
- Untersuchen die Kinder und Jugendlichen, wie Materie sich in Gase, Flüssigkeiten und Feststoffe verwandeln kann?
- Befassen sich die Kinder und Jugendlichen damit, wie die Elemente der Erde im Verlauf des Lebenszyklus der Sterne gebildet wurden?
- Beschäftigen sich die Kinder und Jugendlichen mit dem inneren Aufbau von Atomen?

Bodenschätze

- Diskutieren die Kinder und Jugendlichen, dass manchen Bodenschätzen – z. B. Diamanten oder Gold – ein besonderer finanzieller Wert beigemessen wird?
- Erkunden die Kinder und Jugendlichen, wie Bodenschätze – zum persönlichen Gewinn und zum Nutzen der Menschheit – durch Bergbau-, Steinbruch- und Untertagearbeiten bis heute gewonnen werden?

Die Atmosphäre und ihre strukturelle Beschaffenheit

- Lernen die Kinder und Jugendlichen etwas über die Zusammensetzung der Atmosphäre, ihre Entstehung, ihre Bedeutung für die Erhaltung des Lebens und wie und warum sie sich verändert?
- Lernen die Kinder und Jugendlichen, wie die Atmosphäre auf der Erde gehalten wird?
- Sind sich die Kinder und Jugendlichen bewusst, wie dünn die Atmosphäre im Vergleich zur Dicke der Erde (Erddurchmesser) ist?
- Lernen die Kinder und Jugendlichen etwas über die isolierenden Eigenschaften der Atmosphäre?
- Thematisieren die Kinder und Jugendlichen, wieso die Materie in der Atmosphäre in Erdnähe stärker konzentriert ist?
- Verstehen die Kinder und Jugendlichen, wieso die Temperatur der Atmosphäre in Erdnähe wärmer ist?
- Beschäftigen sich die Kinder und Jugendlichen mit der Bedeutung der Ozonschicht für die Absorption von Strahlung?
- Beschäftigen sich die Kinder und Jugendlichen mit der unterschiedlichen Wirkung von Meer und Land auf die Lufttemperatur?
- Lernen die Kinder und Jugendlichen, wie sich der Druck in der Atmosphäre durch ihre Temperatur verändert?

Klima und Wetter

- Führen die Kinder und Jugendlichen über einen längeren Zeitraum Aufzeichnungen über das Wetter in ihrem Gebiet?
- Beschäftigen sich die Kinder und Jugendlichen mit den Klimaunterschieden auf der Erde und mit der Frage, wie diese mit der Stellung der Erde zur Sonne zusammenhängen?
- Befassen sich die Kinder und Jugendlichen mit den Klimaunterschieden zwischen Meer und Gebirge?
- Erkunden die Kinder und Jugendlichen, wie Wind entsteht?
- Erfahren die Kinder und Jugendlichen etwas darüber, wie sich Luftmassen zwischen Hoch- und Tiefdruckgebieten bewegen (und Winde entstehen)?
- Lernen die Kinder und Jugendlichen etwas über die Entstehung von Stürmen, Gewittern, Hurrikans, Taifunen, Tornados und Sandstürmen?
- Befassen sich die Kinder und Jugendlichen mit dem Einfluss regelmäßig auftretender Phänomene, z. B. Monsun- und Passatwinden, auf die Lebensplanung und Migration von Menschen?
- Lernen die Kinder und Jugendlichen etwas über Meeresströmungen und Wetterphänomene wie den Golfstrom, El Niño und El Niña?

Klimawandel verstehen

- Erkunden die Kinder und Jugendlichen, was Treibhausgase sind, wo sie herkommen und wie lange sie in der Atmosphäre verbleiben?
- Verstehen die Kinder und Jugendlichen, dass Wasserdampf ein Treibhausgas ist und gemeinsam mit CO_2 und Methan die Erderwärmung vorantreibt?

- Diskutieren die Kinder und Jugendlichen die Auswirkungen der Industrialisierung auf die Nutzung fossiler Brennstoffe und die Freisetzung von Treibhausgasen?
- Befassen sich die Kinder und Jugendlichen damit, wie der Treibhauseffekt funktioniert und wie sich die Erderwärmung beschleunigt?
- Erörtern die Kinder und Jugendlichen die Frage, wie die Nutzung fossiler Brennstoffe, die Entwaldung und der zunehmende Konsum von Fleisch und Industrieerzeugnissen zur Entstehung von Treibhausgasen und zum Klimawandel beitragen?
- Befassen sich die Kinder und Jugendlichen mit der Frage, welche Konsequenzen die Erderwärmung nach sich zieht: Veränderungen im Verhalten von Tieren und Pflanzen, Waldverlust, veränderte Krankheitsmuster, Wetterextreme, stärkere Monsunregen, steigende Meeresspiegel, Überschwemmungen, Erdrutsche, abschmelzendes Eis in Arktis und Antarktis, Abschmelzen der Gletscher, verminderte Wärmereflexion durch zurückgehende Schneeflächen, Gefährdung der Wasserversorgung und Nahrungsmittelsicherheit?
- Thematisieren die Kinder und Jugendlichen, dass erhöhte Kohlendioxidwerte in der Atmosphäre zur Übersäuerung der Meere führen und sich negativ auf Korallen und andere Meereslebewesen auswirken können?
- Beschäftigen sich die Kinder und Jugendlichen mit dem Verlust an Permafrostflächen (Dauerfrostböden), der ein Viertel der Landfläche der nördlichen Erdhalbkugel betrifft, und wie dies zum Umfallen von Bäumen, zum Einsturz von Gebäuden und zur Freisetzung von Methan und Kohlendioxid aus toter organischer Materie führt?

Klimawandel stoppen

- Erkunden die Kinder und Jugendlichen, wie die Erderwärmung durch Energieeffizienz, sinkenden Verbrauch, reduzierte Abhängigkeit von fossilen Brennstoffen und zunehmende Nutzung erneuerbarer Energiequellen verlangsamt und verringert werden kann?
- Lernen die Kinder und Jugendlichen, welche Argumente es für und gegen Kernenergie als Weg zu einer geringeren Abhängigkeit von fossilen Brennstoffen gibt?
- Setzen sich die Kinder und Jugendlichen mit den Argumenten für und gegen die Nutzung von Landflächen zur Erzeugung von Biokraftstoffen auseinander?
- Debattieren die Kinder und Jugendlichen die Gründe für und gegen das Vorgehen von Unternehmen und Regierungen, mit der Pflanzung von Bäumen oder dem Kauf von Emissionsrechten ihre Treibhausgasemission ausgleichen zu wollen?
- Erfahren die Kinder und Jugendlichen etwas über internationale Abkommen zur Bekämpfung des Klimawandels und über die Argumente der Befürworter und Kritiker?
- Erkunden die Kinder und Jugendlichen, wie sich die Menschen auf veränderte Klimabedingungen eingestellt haben?
- Lernen die Kinder und Jugendlichen, wie man versuchen kann, sich umzustellen, weniger zu verbrauchen, Lebensmittel lokal und natürlich anzubauen und weniger fossile Brennstoffe zu nutzen?

Planet Erde und Ethik

- Erkunden die Kinder und Jugendlichen, dass der Schutz der Ressourcen für das Wohlergehen von Menschen und Tieren unabdingbar ist?
- Bedenken die Kinder und Jugendlichen, dass manche Menschen durch den Rückgang der Eisdecke in der Arktis und Antarktis zu einer verstärkten Ausbeutung der dortigen Bodenschätze verleitet werden können?
- Lernen die Kinder und Jugendlichen, wie die Umweltzerstörung durch menschliches Handeln verringert werden kann?
- Beschäftigen sich die Kinder und Jugendlichen damit, dass manche Menschen aufgrund ihrer Armut, ihres Geschlechts oder der Machtverhältnisse mehr als andere von Umweltschädigung und Erderwärmung betroffen sind?
- Setzen sich die Kinder und Jugendlichen damit auseinander, wie sowohl Armut als auch Wohlstand dazu führen können, dass die endlichen Ressourcen nicht ausreichend bewahrt werden?

Vergangenheit, Gegenwart und Zukunft

- Setzen sich die Kinder und Jugendlichen damit auseinander, wie sich die klimatischen Bedingungen in der Vergangenheit verändert haben und in Zukunft verändern können?
- Lernen die Kinder und Jugendlichen, wie die Zeitmessung weltweit vereinheitlicht wurde?
- Lernen die Kinder und Jugendlichen etwas darüber, wie sich der Zustand der Umwelt lokal und global verschlechtert und verbessert hat?
- Befassen sich die Kinder und Jugendlichen mit möglichen künftigen Belastungen der Umwelt durch Bevölkerungswachstum und steigenden Konsum?

C1.8 Die Kinder und Jugendlichen setzen sich mit den ökologischen Zusammenhängen auseinander.

A2.3	Die Schulgemeinschaft setzt sich für den Schutz der Umwelt ein.
B1.12	Die Schule verringert ihren CO_2-Fußabdruck und ihren Wasserverbrauch.
B1.13	Die Schule trägt zur Müllvermeidung bei.
C1.2	Die Kinder und Jugendlichen erkunden die Wichtigkeit von Wasser.
C1.5	Die Kinder und Jugendlichen beschäftigen sich mit der Mobilität und Migration von Menschen.
C1.7	Die Kinder und Jugendlichen befassen sich mit der Erde, dem Sonnensystem und dem Universum.
C1.9	Die Kinder und Jugendlichen erforschen Energieressourcen.

Lokal und global denken

- Werden die Kinder und Jugendlichen dazu angeregt, die Vielfalt der Tiere und Pflanzen in den Gebäuden, auf dem Gelände und in der Umgebung der Schule schriftlich, in Zeichnungen, Videos, Audioaufnahmen und Fotos zu dokumentieren?
- Engagieren sich die Kinder und Jugendlichen in Projekten, die Flüsse und Bäche renaturieren und bedrohte Pflanzen und Tierarten schützen?
- Hat die Schule Kontakt zu nationalen und internationalen Organisationen, die Möglichkeiten bieten, die Vielfalt der Pflanzen und Tierwelt zu erkunden?
- Holt sich die Schule Unterstützung bei örtlichen Gartenbauvereinen, Imkern, Gärtnereien und Baumschulen, Tierschutz-, Naturschutz- und Umweltschutzorganisationen?
- Wird in Lernangeboten auf den Wechsel der Jahreszeiten, das Wachstum von Bäumen und anderen Pflanzen, den Vogelzug und die Wanderbewegungen anderer Tiere eingegangen?
- Setzen sich die Kinder und Jugendlichen damit auseinander, wie sich Hauskatzen gegenüber Vögeln und kleinen Säugetieren verhalten?
- Hat die Schule einen Schulteich, an dem Wassertiere und -pflanzen beobachtet werden können?
- Wachsen auf dem Schulgelände Pflanzen, die Schmetterlinge und andere Insekten anziehen?
- Unterstützt die Schule die Entwicklung lokaler Vogelpopulationen, durch Füttern, Nistkästen und Kampagnen zum Schutz von Lebensräumen?
- Schafft die Schule Lebensräume für Lebewesen, die anfällig für negative Umwelteinflüsse sind, wie Bienen und Frösche?
- Wachsen auf dem Schulgelände Pflanzen, die an die lokalen klimatischen Bedingungen angepasst sind?
- Erkunden die Kinder und Jugendlichen, wie Tiere und Pflanzen an die Bedingungen in den verschiedenen Regionen der Erde angepasst sind?
- Stellen die Kinder und Jugendlichen ihrer Gruppe oder an einem Ort in der Schule täglich Tier- und Pflanzenarten vor, mit Angaben über Lebensraum und Verbreitung?

Ökologische Leitlinien

- Werden ökologische Leitlinien als Möglichkeit gesehen, die Abläufe in der Schule in Einklang zu bringen mit den für die Erhaltung des Lebens wichtigen Leitlinien?[26]
- Wird die wechselseitige Abhängigkeit als ein grundlegendes Prinzip lebendiger Systeme gesehen (neben Wettbewerb und Dominanz) und als Leitmotiv für die Schule verwendet?
- Wird gesehen, dass Lebewesen in wechselseitigen Abhängigkeiten und Zusammenhängen existieren?
- Wird gesehen, dass das Leben durch zusammenhängende Systeme getragen wird, von denen jedes von seiner Beziehung zu einem größeren System und letztlich von der Erde und dem Universum abhängt?
- Wird davon ausgegangen, dass die Interaktionen in Ökosystemen vom Wasserkreislauf und vom Kreislauf anderer Nährstoffe gesteuert werden?
- Wird davon ausgegangen, dass Leben von Energiebewegungen abhängt, die von der Sonnenenergie ausgehen?
- Wird davon ausgegangen, dass sich alle Umweltsysteme ständig weiterentwickeln?
- Wird davon ausgegangen, dass sich alle gesunden Ökosysteme (biologische Gemeinschaften in abgegrenzten physischen Umgebungen) in einem dynamischen Gleichgewicht selbst regulieren?

26 Ein Beispiel, die Initiative eines 15-jährigen Schülers, ist enthalten in: Stone 2009.

- Verstehen die Kinder und Jugendlichen, dass Ökosysteme so stark aus dem Gleichgewicht gebracht werden können, dass sie ihre Selbstregulierungsfähigkeit verlieren?

Einstellungen zu anderen Lebewesen

- Reflektieren die Kinder und Jugendlichen ihre Gefühle gegenüber der Welt der Pflanzen, Tiere und Mikroorganismen?
- Reflektieren die Kinder und Jugendlichen die Einstellung, die sie selbst und andere Menschen zum Schutz von Tieren und Pflanzen haben?
- Verstehen Erwachsene, Kinder und Jugendliche, dass und wie sie die Ökosysteme mit anderen Lebewesen teilen?
- Ist den Kindern und Jugendlichen bewusst, dass sie aus denselben wenigen Elementen bestehen wie andere Lebewesen auch?
- Denken die Kinder und Jugendlichen darüber nach, dass sie die anderen Arten mehr brauchen als andere Arten sie?
- Beschäftigen sich die Kinder und Jugendlichen mit der Schönheit und dem Wert von Tieren und Pflanzen, die sie nicht mögen, wie vielleicht Spinnen, Nacktschnecken, Wespen, Schlangen, Nesseln und Disteln?

Biologische Vielfalt verstehen

- Beschäftigen sich die Kinder und Jugendlichen mit der Vielfalt der Lebewesen, mit Tieren, Pflanzen, Pilzen, Bakterien und anderen Einzellern?
- Können sich die Kinder und Jugendlichen vorstellen, dass die große Mehrheit der Lebewesen einzellige Mikroorganismen sind?
- Lernen die Kinder und Jugendlichen, dass die große Mehrheit der Tiere Insekten sind?
- Wird biologische Vielfalt so verstanden, dass dazu auch die Ökosysteme, die Vielfalt der Arten und genetische Varianten innerhalb der Arten gehören?
- Lernen die Kinder und Jugendlichen etwas über die Vielfalt der Ökosysteme an Land, im Wasser und in den Übergangsbereichen?
- Verstehen die Kinder und Jugendlichen die Bedeutung, die chemische Stoffe, Gestein, Böden, Schutz, Nahrung, Sauerstoff und Wasser innerhalb der Ökosysteme haben?
- Informieren sich die Kinder und Jugendlichen, wie Pflanzen, Tiere, Mikroorganismen und ihre jeweilige Umwelt interagieren, um sich selbst erhaltende Ökosysteme zu bilden?
- Sind sich die Kinder und Jugendlichen bewusst, wie stark ihr Wohlbefinden davon abhängt, dass es anderen Arten gut geht, z. B. Bienen für die Bestäubung von Blüten und Bakterien für die Verdauung, die Bindung von Stickstoff und die Kompostierung?
- Erkunden die Kinder und Jugendlichen, wie die Artenvielfalt je nach Klima, Höhe und Prädatoren variiert und wie erfolgreich bestimmte Arten ein Ökosystem besiedeln?
- Erkunden die Kinder und Jugendlichen, in welchem Umfang neue Arten entdeckt werden und Arten aussterben, manchmal noch bevor sie entdeckt werden?

Die Evolution verstehen

- Erkunden die Kinder und Jugendlichen, wie aus Fossilien die biologische Vielfalt verschiedener geologischer Zeiträume abzulesen ist?
- Erkennen die Kinder und Jugendlichen, wie Fossilien zum Verständnis von Evolution beitragen?
- Erkunden die Kinder und Jugendlichen das Wesen der Arten und wie sie sich entwickelt haben?
- Reflektieren die Kinder und Jugendlichen, aus welchen Gründen Arten überleben, sich ausbreiten oder aussterben?

Klassifizierung der Lebewesen und Ökosysteme

- Erkunden die Kinder und Jugendlichen verschiedene Wege, um Lebewesen einzuteilen, z. B. das Aussehen, die Fähigkeit, sich zu paaren und fruchtbare Nachkommen zu zeugen, die Eignung als Nahrungs- oder Arzneimittel, die Größe?
- Erkunden die Kinder und Jugendlichen, wie Lebewesen hierarchisch von Domänen bis zu Arten eingeteilt werden?
- Lernen die Kinder und Jugendlichen, wie die verschiedenen Ökosysteme in Biome eingeteilt werden können, je nach Klima, Breitengrad, Höhe, Binnengewässer oder Ozean?

Lebenserhaltende Systeme verstehen

- Erkunden die Kinder und Jugendlichen Nahrungsketten und Nahrungsnetze?
- Beschäftigen sich die Kinder und Jugendlichen mit der Zusammensetzung von Nahrungsnetzen, zu denen die Sonne, Pflanzen als Produzenten, Tiere als Konsumenten, Aasfresser, Pilze und Bakterien als Zersetzer gehören?

- Lernen die Kinder und Jugendlichen, wie der Stickstoffkreislauf funktioniert und dass sein Beitrag zum ökologischen Gleichgewicht durch den Einsatz von zu viel Düngemitteln gestört werden kann?
- Erfahren die Kinder und Jugendlichen, wie der Kohlenstoffkreislauf funktioniert und dass sein Beitrag zum ökologischen Gleichgewicht durch Entwaldung und die Nutzung kohlenstoffbasierter Brennstoffe gestört werden kann?
- Erkunden die Kinder und Jugendlichen, wie der Wasserkreislauf funktioniert und dass die Verfügbarkeit von Wasser für Lebewesen durch Verschmutzung, Stauung und Umleitung von Flüssen gestört werden kann?

Über den Aufbau von Lebewesen

- Erkunden die Kinder und Jugendlichen den inneren Aufbau von Pflanzen und Tieren?
- Erforschen die Kinder und Jugendlichen die Vielfalt unterschiedlicher Zellen in Pflanzen und Tieren?
- Lernen die Kinder und Jugendlichen, wie alle Zellen von Tieren aus Stammzellen im Embryo entstehen?
- Lernen die Kinder und Jugendlichen etwas über Gene und Chromosomen?
- Lernen die Kinder und Jugendlichen etwas über die Genome verschiedener Arten?
- Untersuchen die Kinder und Jugendlichen die gemeinsame Abstammung, die sich in den Genomen unterschiedlicher Pflanzen und Tiere zeigt?
- Lernen die Kinder und Jugendlichen, wie Gene natürlich und künstlich veränderbar sind?
- Lernen die Kinder und Jugendlichen, dass Lebewesen aus Molekülen aufgebaut sind?
- Lernen die Kinder und Jugendlichen, wie die Moleküle von Lebewesen aufgebaut sind und dass sie sich aus einer kleinen Zahl chemischer Elemente zusammensetzen?
- Lernen die Kinder und Jugendlichen, wie die Interaktionen der Moleküle von Lebewesen in der Biochemie erforscht werden?
- Erkunden die Kinder und Jugendlichen den Aufbau von Skeletten, Muschelschalen und Korallen?

Gefahren für die biologische Vielfalt

- Reflektieren die Kinder und Jugendlichen, wie Pflanzen- und Tierarten weltweit mit zunehmender Geschwindigkeit aussterben?
- Befassen sich die Kinder und Jugendlichen mit den Gründen für das Massensterben von Arten in der Vergangenheit und die vom Menschen ausgehende Bedrohung in der Jetztzeit (»Holozän-Sterben«)?

Bevölkerungswachstum und Verbrauch

- Befassen sich die Kinder und Jugendlichen mit den Auswirkungen des Bevölkerungswachstums auf die Lebensräume von Pflanzen und Tieren?
- Befassen sich die Kinder und Jugendlichen damit, wie langsam das Wachstum der Weltbevölkerung auf verringerte Geburtenraten reagiert?
- Beschäftigen sich die Kinder und Jugendlichen damit, wie das Bevölkerungswachstum mit abnehmender Armut zurückgeht?
- Beschäftigen sich die Kinder und Jugendlichen damit, dass die Auswirkungen des Wachstums der Weltbevölkerung mit der verbrauchten Menge an endlichen Ressourcen zusammenhängen?

Jagd

- Beschäftigen sich die Kinder und Jugendlichen mit der Bedrohung der Arten durch legale und illegale Jagd und Fischerei?
- Beschäftigen sich die Kinder und Jugendlichen mit dem weltweiten Handel mit gefährdeten Arten?

Verlust natürlicher Lebensräume

- Dokumentieren die Kinder und Jugendlichen den Rückgang der Waldflächen in ihrem Land und in anderen Ländern und die Auswirkungen auf die Erhaltung von Tier- und Pflanzenarten?
- Befassen sich die Kinder und Jugendlichen damit, was es bedeutet, dass die Hälfte der aktuellen Artenvielfalt in den tropischen Regenwäldern zu finden ist?
- Beschäftigen sich die Kinder und Jugendlichen mit dem Verlust von Lebensräumen durch die zunehmende Verstädterung und den weiteren Ausbau von Straßennetzen?
- Sind sich die Kinder und Jugendlichen bewusst, dass die Lebensräume der Tiere und Pflanzen von Straßenbau und Landwirtschaft zerteilt werden?
- Befassen sich die Kinder und Jugendlichen mit Verlusten von Lebensräumen durch die Entwässerung von Feuchtgebieten?

Umweltverschmutzung und Krankheiten

- Erkunden die Kinder und Jugendlichen die besonderen Belastungen, die durch die Umweltverschmutzung für Süßwasserhabitate entstehen?
- Befassen sich die Kinder und Jugendlichen mit den Auswirkungen von Pflanzenschutzmitteln und Schädlingsbekämpfungsmitteln auf die Artenvielfalt?
- Beschäftigen sich die Kinder und Jugendlichen mit den zunehmenden Mengen an Industrieabfällen und unbehandelten Ableitungen in Flüsse und Meere?
- Sind sich die Kinder und Jugendlichen der Bedrohung für die Artenvielfalt durch Pflanzen- und Tierkrankheiten bewusst?

Einschleppung fremder Arten und Artenverlust

- Befassen sich die Kinder und Jugendlichen mit den möglichen negativen Auswirkungen der Einschleppung von Pflanzen aus anderen Ökosystemen, wenn diese den Wettbewerb um Nährstoffe, Wasser und Licht besser bestehen als die einheimischen Pflanzen?
- Befassen sich die Kinder und Jugendlichen mit den Auswirkungen der Einschleppung von Tieren aus anderen Ökosystemen, wenn diese den Wettbewerb um Nahrung und Wasser besser bestehen als die einheimischen Tiere?
- Informieren sich die Kinder und Jugendlichen darüber, wie der Verlust einer Pflanzen- oder Tierart aus einem Ökosystem das Überleben anderer Pflanzen und Tiere beeinflusst?

Landwirtschaft und Fischfang

- Befassen sich die Kinder und Jugendlichen damit, wie eine Übernutzung von landwirtschaftlichen Flächen und Meeresgebieten Arten bedroht?
- Erkunden die Kinder und Jugendlichen die starke Abnahme der Zahl an Kulturpflanzen in ihrem Land und in anderen Ländern als Folge industrieller landwirtschaftlicher Methoden im Vergleich zur breiten Vielfalt von Kulturpflanzen in Ländern, in denen der Anbau weniger stark mechanisiert ist?
- Lernen Kinder und Jugendliche, wie marine Arten durch Fangtechniken und die Intensität der Fischerei beeinträchtigt werden?
- Lernen Kinder und Jugendliche, dass Pflanzen durch die Verringerung der genetischen Vielfalt (selektive Zucht) anfälliger für Krankheiten werden können?
- Befassen sich die Kinder und Jugendlichen mit der Bedrohung der genetischen Vielfalt durch die Einführung gentechnisch veränderter Kulturen?

Klimawandel

- Reflektieren die Kinder und Jugendlichen die Auswirkungen des vom Menschen verursachten Klimawandels auf die biologische Vielfalt?

Verbesserung der biologischen Vielfalt

- Erkunden Kinder und Jugendliche, was in ihrem Land und in anderen Ländern weltweit unternommen wird, um Tiere und Pflanzen zu schützen?
- Setzt sich die Schule gezielt für eine Erhöhung der Artenvielfalt in ihrer Umgebung ein?
- Lernen Erwachsene, Kinder und Jugendliche, wie sie das natürliche Leben auf dem Land unterstützen und gleichzeitig Land für den Anbau von Nahrungsmitteln kultivieren?
- Erkunden die Kinder und Jugendlichen Wege zur Wiederauffüllung der Fisch- und Tierbestände durch die Einschränkung von Fischerei und Jagd?
- Erkunden Kinder und Jugendliche, inwieweit Zoos zur Erhaltung der Arten beitragen können?
- Erkunden Kinder und Jugendliche, inwieweit der Verlust von Lebensräumen für Tiere und Pflanzen wieder ausgeglichen werden kann?
- Befassen sich Kinder und Jugendliche damit, wie Anbaumethoden verändert werden können, damit die Artenvielfalt wieder zunimmt?
- Lernen die Kinder und Jugendlichen etwas über die Wiederansiedlung von Arten in Lebensräumen, in denen sie früher vertreten waren?
- Lernen Erwachsene, Kinder und Jugendliche, wie geschädigte Böden rekultiviert werden können?

Biologische Vielfalt und Ethik

- Beschäftigen sich die Kinder und Jugendlichen damit, wie Armut zu einer Vernachlässigung der Umwelt führen kann?
- Werden die Kinder und Jugendlichen dazu angeregt, die Schönheit in der Vielfalt von Lebewesen in ihren natürlichen Lebensräumen zu erkennen?
- Befassen sich die Kinder und Jugendlichen mit den Argumenten für und gegen die Erhaltung der Vielfalt von Pflanzen und Tieren?

- Wissen die Kinder und Jugendlichen, dass manche Pflanzen Heilwirkungen haben und dass nur eine kleine Anzahl an Pflanzen bisher auf ihre Heilwirkung untersucht wurde?
- Erkunden die Kinder und Jugendlichen, wie durch die Variation einer Pflanzenart neue Sorten von Nahrungspflanzen entstehen können, wenn Kulturpflanzen eine Anfälligkeit für Schädlinge oder Krankheiten entwickelt haben?
- Befassen sich Erwachsene, Kinder und Jugendliche damit, wie internationale Übereinkommen über die biologische Vielfalt sowie nationale Strategien und Aktionspläne einen Schutz der biologischen Vielfalt bewirken?
- Sind sich Erwachsene, Kinder und Jugendliche bewusst, in welchem Umfang die internationalen Zielvorgaben zur Verringerung des Artenverlusts bis 2010 verfehlt wurden?
- Befassen sich Erwachsene, Kinder und Jugendliche damit, wie internationale Konzerne sich selbst regulieren bzw. reguliert werden können, um die Auswirkungen von Umweltverschmutzung und Übernutzung sowie den Verlust von Lebensräumen umzukehren?
- Beteiligt sich die Schule an der UN-Dekade für biologische Vielfalt?

Vergangenheit, Gegenwart und Zukunft

- Beschäftigen sich die Kinder und Jugendlichen mit der Veränderung der Landschaft in ihrer Umgebung durch das Vorhandensein von Sträuchern und Bäumen, Landwirtschaft, Straßenbau, Gebäuden und deren Auswirkungen auf Tiere und Pflanzen?
- Erkunden die Kinder und Jugendlichen die verschiedenen Systeme, nach denen Lebewesen in ihrem Land und weltweit historisch klassifiziert wurden?
- Beschäftigen sich die Kinder und Jugendlichen damit, wie sich Tiere und Pflanzen in ihrem Land und in anderen Ländern verändert haben?
- Überlegen die Kinder und Jugendlichen, wie die Zukunft aussehen wird, wenn der Artenverlust mit der derzeitigen Geschwindigkeit weitergeht?
- Überlegen die Kinder und Jugendlichen, wie die Zukunft aussehen wird, wenn sich der Artenverlust verlangsamt und zum Stillstand kommt, und wie dies erreicht werden könnte?

C1.9 Die Kinder und Jugendlichen erforschen Energieressourcen.

B1.12	Die Schule verringert ihren CO_2-Fußabdruck und ihren Wasserverbrauch.
C1.7	Die Kinder und Jugendlichen befassen sich mit der Erde, dem Sonnensystem und dem Universum.
C1.8	Die Kinder und Jugendlichen setzen sich mit den ökologischen Zusammenhängen auseinander.

Lokal und global denken

- Erkunden die Kinder und Jugendlichen die verschiedenen Arten der Stromerzeugung in ihrer Umgebung?
- Verfolgen die Kinder und Jugendlichen den Weg der Stromversorgung von der Erzeugung bis zur Nutzung in der Schule und zu Hause?
- Verfolgen die Kinder und Jugendlichen den Weg der Versorgung mit Gas, Öl, Benzin und Diesel von der Förderung bis zur Nutzung zu Hause und in der Schule?
- Tragen örtliche Brennstofflieferant*innen und Nutzer*innen von Solarpanels, Windturbinen und Wärmepumpen zum Unterricht bei?
- Lernen die Kinder und Jugendlichen, wie Brennstoffe in verschiedenen Regionen der Welt eingesetzt werden?
- Lernen die Kinder und Jugendlichen, wie viel Brennstoff von verschiedenen Personengruppen in ihrem Land und anderen Ländern verbraucht wird?

Energie verstehen

- Wird das Thema »Energie« so besprochen, dass es den Kindern und Jugendlichen hilft, ihre sich verändernde Welt zu verstehen, und Konflikte mit der Verwendung des Begriffs in der Physik vermieden werden?
- Wird Energie verstanden als Fähigkeit, etwas zu bewegen, Arbeit zu verrichten?
- Wird davon ausgegangen, dass Menschen und Tiere Energiequellen sind, durch die Maschinen bedient und Lasten getragen werden können?
- Beschäftigen sich die Kinder und Jugendlichen mit der Frage, wo die Energie in ihrem Körper herkommt?
- Lernen die Kinder und Jugendlichen, dass Energiequellen benötigt werden, um zu kochen, zu heizen, zu kühlen, für die Beleuchtung, für Haushaltsgeräte und industrielle Maschinen und für Transport und Verkehr?
- Hinterfragen Kinder und Jugendliche, in welchem Umfang die Energie auf der Erde von der Sonne stammt?
- Lernen die Kinder und Jugendlichen, wie die Energie der Sonne zur Entstehung von kohlenstoffbasierten Brennstoffen und anderen Energiequellen wie Wind und Wellen beiträgt?
- Verstehen Kinder und Jugendliche, auf welche Weise Pflanzen die Sonnenenergie in Nahrung und Brennstoff umwandeln?
- Beschäftigen sich die Kinder und Jugendlichen damit, wie aus dem Erdinneren, durch Gezeiten oder Kernspaltung Energie entsteht?
- Erfassen Kinder und Jugendliche, wie die Energie der Sonne im Anschluss an die Entstehung des Universums unter anderem durch Gravitationskollaps und Kernfusion zustande kam?
- Erkunden Kinder und Jugendliche, wie die Energie im Erdinneren zur Kontinentalverschiebung und zum Auffalten von Gebirgszügen, zu Vulkanausbrüchen und Erdbeben geführt hat?
- Erforschen Kinder und Jugendliche, dass Energie verschiedene Formen hat (magnetische, kinetische, Wärme-, Licht-/Strahlungs-, Schall-, chemische, elektrische, Gravitations-, elastische, nukleare Energie)?

Erneuerbare und nicht erneuerbare Energien

- Erkunden die Kinder und Jugendlichen erneuerbare Energiequellen wie Sonne, Wind, Flüsse, Pflanzen oder Biomasse, Wellen, Wärmepumpen und Erdwärme?
- Beschäftigen sich die Kinder und Jugendlichen mit der Frage, wie Wasserstoff als erneuerbarer Brennstoff durch Nutzung primärer (erneuerbarer und nicht erneuerbarer) Energiequellen gewonnen werden kann?
- Erfahren Kinder und Jugendliche, wie Holz als erneuerbarer und nicht erneuerbarer Brennstoff in verschiedenen Gegenden der Welt genutzt wird?

- Erkunden Kinder und Jugendliche, wie der Wind als direkte Energiequelle in Windmühlen genutzt wurde?
- Erfahren Kinder und Jugendliche, warum Kohle, Öl, Gas und Uran nicht erneuerbare Energiequellen sind?
- Erkunden Kinder und Jugendliche, wie nicht erneuerbare Energieträger aus der Erde und den Ozeanen gefördert werden?
- Erkunden Kinder und Jugendliche, wie Erdöl raffiniert wird, damit es in Benzin-, Diesel- und Gasmotoren eingesetzt werden kann?

Stromerzeugung

- Erforschen die Kinder und Jugendlichen, wie durch die Nutzung erneuerbarer und nicht erneuerbarer Energiequellen Strom erzeugt wird?
- Lernen die Kinder und Jugendlichen, wie Strom aus erneuerbaren Quellen – beispielsweise durch Nutzung der Wasserkraft von Flüssen, Wellen und Gezeiten, mit Windturbinen, geothermischer Energie, Wärmepumpen und Sonnenenergie – gewonnen werden kann?
- Lernen die Kinder und Jugendlichen, wie Strom aus nicht erneuerbaren Energiequellen in Kohle- oder Gaskraftwerken und in Atomkraftwerken gewonnen werden kann?
- Lernen die Kinder und Jugendlichen etwas über die Nutzung von Dampf zur Elektrizitätsgewinnung?
- Lernen die Kinder und Jugendlichen etwas über Turbogeneratoren und die Rolle der magnetischen Energie?
- Erforschen die Kinder und Jugendlichen, wie die Erzeugung von Energie mit einer Verringerung des Stromverbrauchs zu Hause und in der Schule zusammenhängt?

Energieversorgung und -speicherung

- Lernen die Kinder und Jugendlichen, wie Brennstoffe transportiert werden?
- Lernen die Kinder und Jugendlichen, wie Brennstoffe gelagert werden?
- Lernen die Kinder und Jugendlichen, wie Gas in flüssiger Form gespeichert werden kann?
- Erkunden die Kinder und Jugendlichen, wie Wohnungen und Gebäude über das regionale Stromnetz mit Strom versorgt werden?
- Lernen die Kinder und Jugendlichen, wie lokal erzeugte Elektrizität in das regionale Stromnetz eingespeist werden kann?
- Lernen die Kinder und Jugendlichen, wie Strom in Batterien gespeichert werden kann?

Energiewirtschaft

- Lernen die Kinder und Jugendlichen, wer mit der Förderung und dem Vertrieb von Brennstoffen und der Erzeugung und Verteilung von Strom Geld verdient?
- Befassen sich die Kinder und Jugendlichen mit den Kostenunterschieden zwischen Strom aus erneuerbaren und nicht erneuerbaren Energiequellen?
- Erkunden die Kinder und Jugendlichen, wie wirtschaftliche Rahmenbedingungen so angepasst werden können, dass sie die Erzeugung von Energie aus erneuerbaren bzw. nicht erneuerbaren Quellen begünstigen?
- Gehen die Kinder und Jugendlichen der Frage nach, inwieweit es im Interesse der Energieproduzenten liegt, den Verbrauch von Energie eher anzuregen als das Energiesparen?

Verringerung des Einsatzes fossiler Brennstoffe

- Beschäftigen sich die Kinder und Jugendlichen damit, wie viel Strom aus nicht erneuerbaren fossilen Brennstoffen gewonnen wird, welche Auswirkungen das auf die Treibhausgasemissionen hat und wie diese verringert werden können?
- Beschäftigen sich die Kinder und Jugendlichen damit, wie die Nachfrage nach Strom durch eine effizientere Nutzung verringert werden kann?
- Beschäftigen sich die Kinder und Jugendlichen mit der Verringerung des Brenn- und Kraftstoffverbrauchs durch einen geringeren Konsum von Waren, für deren Produktion Brenn- und Kraftstoffe verwendet werden?
- Beschäftigen sich die Kinder und Jugendlichen damit, was sie dem Konsumdruck von Regierungen, Werbung, Geschäften und Unternehmen entgegensetzen können?
- Beschäftigen sich die Kinder und Jugendlichen damit, wie der Konsumwunsch Teil unserer Identität geworden ist, sodass wir konsumieren, um uns gut zu fühlen?
- Beschäftigen sich die Kinder und Jugendlichen damit, inwieweit wir uns selbst ändern müssen, wenn wir weniger konsumieren wollen?

Ethische Aspekte der Brenn- und Kraftstoffe

- Lernen die Kinder und Jugendlichen etwas über die Gefahren für Menschen und Umwelt, die bei der Förderung von Erdöl, Erdgas, Kohle und Uran aus der Erde und den Ozeanen bestehen?
- Erkunden die Kinder und Jugendlichen, inwieweit die Bürger eines erdölproduzierenden Landes von der Öl- und Brennstoffförderung ihres Landes profitieren?
- Diskutieren die Kinder und Jugendlichen, dass immer weniger Holz als Brennstoff zur Verfügung steht und welche Konsequenzen die Holzverbrennung für die Umwelt hat?
- Beschäftigen sich die Kinder und Jugendlichen mit den Argumenten für und gegen eine Ölförderung und Elektrizitätsproduktion in staatlicher Hand?
- Lernen die Kinder und Jugendlichen etwas über die Umweltrisiken, die bei der Förderung von schwer zugänglichen Erdölvorkommen auf dem Meeresgrund oder unter den Polkappen bestehen?
- Sind sich die Kinder und Jugendlichen bewusst, dass Länder Kriege führen, um ihre Öl- und Gasversorgung zu sichern?
- Lernen die Kinder und Jugendlichen etwas darüber, wie sich die groß angelegte Herstellung von Biomasse (zur Gewinnung von Biokraftstoff aus Pflanzen) im Hinblick auf die Zerstörung der Lebensräume von Tieren und Pflanzen und die Verfügbarkeit von Flächen für den Anbau von Nahrungsmitteln auswirkt?
- Lernen die Kinder und Jugendlichen, wie sich die Produktion von Biokraftstoff auf die Nahrungsmittelpreise auswirkt?
- Vergleichen die Kinder und Jugendlichen die Kosten und die Gefahren der verschiedenen Formen der Energieproduktion für den Menschen?
- Denken die Kinder und Jugendlichen darüber nach, welche Konsequenzen es für das Leben in einer Gesellschaft hat, wenn Menschen über Jahrhunderte für die Sicherheit von nuklearen Abfällen sorgen müssen?
- Lernen die Kinder und Jugendlichen etwas über die Verbindungen zwischen Atomkraft und Waffenindustrie?
- Lernen die Kinder und Jugendlichen etwas über das unterschiedliche Engagement der Energieversorger hinsichtlich der Nutzung erneuerbarer Energiequellen und wie dies in den Entscheidungen der Familien und Schulen berücksichtigt werden könnte?

Vergangenheit, Gegenwart und Zukunft

- Lernen die Kinder und Jugendlichen etwas über die Ölverknappung (»Peak Oil«) und darüber, wie sich die Menschen anpassen müssen, wenn die Verfügbarkeit von Erdöl weiter abnimmt?
- Erkunden die Kinder und Jugendlichen, wie sich die Verfügbarkeit von Erdöl auf die Entwicklung von Benzin-, Diesel- und Gasmotoren auswirkt?
- Lernen die Kinder und Jugendlichen, wie die Menschen zu verschiedenen Zeiten ihr Zuhause beleuchtet und beheizt und wie sie gekocht haben?
- Erkunden die Kinder und Jugendlichen, wie sich die Verwendung von Holz, Torf, Kohle, Gas und Öl als Brennstoff verändert hat?
- Lernen die Kinder und Jugendlichen, dass und aus welchen Gründen sich der Brennstoffverbrauch in verschiedenen Gegenden der Welt verändert?
- Beschäftigen sich die Kinder und Jugendlichen damit, wie die Menschen in Zukunft ihre Wohnungen heizen, reisen und Dinge herstellen?

C1.10 Die Kinder und Jugendlichen befassen sich mit Kommunikation und Kommunikationstechnologie.

A1.8 Die Schule öffnet den Blick für die wechselseitigen Beziehungen zwischen Menschen weltweit.
C1.11 Die Kinder und Jugendlichen befassen sich mit Literatur, Kunst und Musik und werden selbst kreativ.

Lokale und globale Ebene verbinden

- Wird erkundet, in welchen Teilen der Welt die verschiedenen Familiensprachen der Kinder und Jugendlichen gesprochen werden?
- Kommunizieren die Kinder und Jugendlichen über kurze und weite Entfernungen mit anderen – auf Papier, online (inklusive E-Mail oder Skype) oder per Telefon?
- Lernen die Kinder und Jugendlichen, wie Menschen in anderen Teilen der Welt kommunizieren, z. B. wie sie sprechen und schreiben und welche technischen Hilfsmittel sie nutzen?
- Tauscht sich die Schule mit anderen Schulen in der Nähe, im selben Land sowie in anderen Ländern aus?
- Tragen Expert*innen zum Unterricht bei, z. B. Redakteur*innen und Herausgeber*innen der lokalen Presse, Webdesigner*innen, Hardware- und Softwareentwickler*innen, Sachbuchautor*innen und Vertreter*innen von Telefongesellschaften?

Kommunikationsmittel

- Beschäftigen sich die Kinder und Jugendlichen mit Kommunikation in Form von Sprache, Schrift, Bildern, Zeitungen und Büchern, Radio, Fernsehen und Internet sowie über technische Hilfsmittel wie Mobiltelefone, soziale Netzwerke, Festnetz und E-Mails?
- Erkunden die Kinder und Jugendlichen den Einfluss der Medien auf die öffentliche Meinungsbildung?
- Gehen die Kinder und Jugendlichen der Frage nach, wie sie selbst und andere durch Werbung beeinflusst werden?
- Lernen die Kinder und Jugendlichen, wie sich das Internet entwickelt hat und wie es genutzt wird?
- Lernen die Kinder und Jugendlichen den praktischen Einsatz von Computern, z. B., um etwas nachzulesen oder soziale Netzwerke und Spiele zu nutzen?

Sprachen und Dialekte

- Lernen die Kinder und Jugendlichen etwas über die Sprachen, die in der Welt gesprochen und gebärdet werden, ihre geografische Verbreitung und wie sie zusammenhängen?
- Erkunden die Kinder und Jugendlichen, warum es sich lohnt, weitere Sprachen zu lernen, z. B. für die Arbeit, aus Freude an der Kommunikation mit Menschen aus einem anderen Land oder als Vorbereitung für Reisen?
- Werden alle Kinder, Jugendlichen und Erwachsenen in der Schule ermutigt, weitere Laut- oder Gebärdensprachen zu lernen?
- Werden die Kinder und Jugendlichen dabei unterstützt, ihre erste Sprache fließend zu sprechen oder zu gebärden, zu lesen und zu schreiben?
- Lernen die Kinder und Jugendlichen, dass die Sprachenvielfalt in der Welt abnimmt?
- Erkunden die Kinder und Jugendlichen, wie und aus welchen Gründen Englisch zur vorherrschenden Weltsprache wurde?
- Untersuchen die Kinder und Jugendlichen, welche Auswirkungen das Englische als Weltsprache auf die Ausbildung von Kinder und Jugendlichen in anderen Ländern hat?
- Gehen die Kinder und Jugendlichen der Frage nach, wie das Internet die Kommunikation der Menschen in aller Welt beeinflusst?
- Erfahren die Kinder und Jugendlichen etwas darüber, warum es in verschiedenen Gegenden unterschiedliche Dialekte gibt und wie diese entstanden sind?
- Werden Kinder und Jugendliche angeregt, Texte in Dialekt zu lesen?
- Werden Dialekte gleich wertgeschätzt wie die Hochsprache?

Kommunikationsbarrieren überwinden

- Verstehen die Kinder und Jugendlichen, dass Kommunikation durch Codes oder Jargons, die nur bestimmte Gruppen verstehen, schwerer zugänglich wird?
- Sind sich die Kinder und Jugendlichen bewusst, dass Dialog nur auf Augenhöhe gelingen kann?
- Wird den Kindern und Jugendlichen vermittelt, sorgfältig zuzuhören, zu lesen, zu schreiben und nachzudenken, um die Kommunikation zu verbessern?

- Wird den Kindern und Jugendlichen vermittelt, sich präzise ausdrücken, beim Sprechen wie beim Schreiben?
- Gehen die Kinder und Jugendlichen der Frage nach, was die Kommunikation zwischen Menschen aus verschiedenen Gemeinschaften, Kulturen oder Ländern erleichtert bzw. behindert?
- Gehen die Kinder und Jugendlichen der Frage nach, was die Kommunikation zwischen den Generationen erleichtert bzw. behindert?
- Lernen die Kinder und Jugendlichen, welche Rolle Gesten und Mimik in der Kommunikation spielen?

Kommunikation, Medien und IT

- Beschäftigen sich die Kinder und Jugendlichen mit Unternehmen aus den Bereichen Telekommunikation, Fernsehen, Presse, Rundfunk, Werbung, IT, Webdesign und Computerspiele?
- Erkunden die Kinder und Jugendlichen, wie sich die Kommunikation zwischen Unternehmen (beispielsweise Banken) und ihren Kunden durch die Informationstechnologie verändert hat?
- Erkunden die Kinder und Jugendlichen, wie Software die Universitäten und Schulen verändert hat?
- Erkunden die Kinder und Jugendlichen, wie Menschen mit Verkäufen im Internet Geld verdienen?
- Gehen die Kinder und Jugendlichen der Frage nach, wie die Betreiber von Suchmaschinen und sozialen Netzwerken Geld verdienen?
- Beschäftigen sich die Kinder und Jugendlichen mit der Arbeit von Lehrer*innen, Übersetzer*innen und Dolmetscher*innen?

Ethische Aspekte der Kommunikation und Kommunikationstechnologie

- Erfahren die Kinder und Jugendlichen, dass Kommunikationstechnologien nicht allen gleichermaßen zugänglich sind?
- Lernen die Kinder und Jugendlichen, dass der Abbau von Erzen, die für Mobiltelefone benötigt werden, Konflikte in wirtschaftlich armen Ländern verschärft?
- Erkunden die Kinder und Jugendlichen den Nutzen und die Gefahren des Internets?
- Beschäftigen sich die Kinder und Jugendlichen damit, dass verschiedene Dialekte, Akzente und Ausdrucksweisen unterschiedlich bewertet und dass aus ihnen Rückschlüsse auf den sozialen Status gezogen werden?
- Reflektieren Kinder und Jugendliche darüber, wie durch Sprache Machtverhältnisse hergestellt werden?
- Denken Kinder und Jugendliche über die Bedeutung von Presse- und Meinungsfreiheit nach?
- Reflektieren die Kinder und Jugendlichen über Vor- und Nachteile sozialer Netzwerke?
- Beschäftigen sich die Kinder und Jugendlichen mit der Entstehung und Verbreitung von Fake News und deren Auswirkungen?
- Erkennen Kinder und Jugendliche die Risiken von Cyber-Bullying?

Vergangenheit, Gegenwart und Zukunft

- Werden sowohl mündliche Erzählungen als auch schriftliche Quellen herangezogen, um den Kindern und Jugendlichen die Vergangenheit näherzubringen?
- Erforschen die Kinder und Jugendlichen, was uns geologische und fossile Funde, Gebäude und andere Artefakte sowie Symbole und Dokumente über die Vergangenheit erzählen?
- Lernen die Kinder und Jugendlichen, wie sich Kommunikationsformen verändert haben und weiter verändern, beispielsweise durch das Aussterben von Sprachen, die zunehmende Verbreitung und Bedeutung des Englischen sowie durch Telefon und Computer?
- Denken die Kinder und Jugendlichen darüber nach, dass Englisch als vorherrschende Sprache durch andere Sprachen abgelöst werden könnte, wenn sich die wirtschaftlichen Machtverhältnisse zwischen den Ländern verschieben?
- Erkunden die Kinder und Jugendlichen die Entwicklung der Kommunikationsmittel, angefangen von reitenden Boten über Feuer- und Rauchsignale, Telegrafie und Telefon bis hin zu Mobiltelefonen und Smartphones?
- Erfahren die Kinder und Jugendlichen etwas über die Entwicklung von Radio und Fernsehen als Mittel zur Kommunikation über weite Entfernungen?
- Gehen die Kinder und Jugendlichen der Frage nach, wie sich mit den Kommunikationsmedien auch die Art und Weise verändert hat, wie Menschen ihre Zeit verbringen?

C1.11 Die Kinder und Jugendlichen befassen sich mit Literatur, Kunst und Musik und werden selbst kreativ.

Lokal und global denken

- Lädt die Schule Künstler*innen aus der Umgebung dazu ein, in der Schule auszustellen bzw. aufzutreten und ihre künstlerischen Fähigkeiten zu zeigen, z. B. Maler*innen, Fotograf*innen, Komponist*innen, Musiker*innen, Schauspieler*innen, Tänzer*innen und Schriftsteller*innen?
- Veranstaltet die Schule ein Fest, auf dem Kinder, Jugendliche und Erwachsene aus der Schule und den umliegenden Gemeinden auftreten können?
- Werden die Kinder und Jugendlichen und ihre Familien dazu angeregt, die Ateliers von Künstler*innen und Kunsthandwerker*innen in der Umgebung zu besuchen?
- Sind sich die Kinder und Jugendlichen ihrer unterschiedlichen Vorlieben bei Filmen und Fernsehsendungen, Lektüre und Musik bewusst?
- Beschäftigen sich die Kinder und Jugendlichen damit, wie ihre Lieblingsbücher, -sendungen und -filme entstehen?
- Beschäftigen sich die Kinder und Jugendlichen mit den unterschiedlichen Formen von Kunst, Musik, Theater und Dichtung in verschiedenen Weltregionen?
- Denken die Kinder und Jugendlichen darüber nach, wie Kunst, Musik oder Theaterstücke in anderen Ländern wahrgenommen werden?
- Ist den Kindern und Jugendlichen bewusst, dass es in allen Ländern zeitgenössische Schriftsteller*innen, Künstler*innen, Tänzer*innen und Musiker*innen gibt und dass wir ein stereotypes Bild entwickeln, wenn wir in wirtschaftlich ärmeren Ländern nur die traditionellen Ausdrucksformen (Folklore) wahrnehmen?
- Lernen die Kinder und Jugendlichen, dass alle künstlerischen Ausdrucksformen verschiedene Einflüsse haben?

Interessen entwickeln

- Betrachtet man alle Kinder und Jugendlichen als (potenzielle) Schriftsteller*innen, Geschichtenerzähler*innen, Dichter*innen, Filmemacher*innen, Fotograf*innen, Sänger*innen, Tänzer*innen, Musiker*innen, Schauspieler*innen, Maler*innen, Bildhauer*innen, Keramiker*innen oder Patchwork-Künstler*innen?
- Werden die Kinder und Jugendlichen ermutigt, künstlerische Interessen zu entwickeln und sie auch außerhalb der Schule weiterzuverfolgen?
- Gibt es vielfältige Gelegenheiten, Geschichten und Gedichte zu lesen und zu hören, Filme zu sehen und Ausstellungen sowie Tanz- und Theateraufführungen zu besuchen?
- Werden die Kinder und Jugendlichen dazu angeregt, herauszufinden, welche Form von Kunst, Tanz, Theater oder Musik ihnen am besten gefällt, und sie selbst zu erlernen?

Musik

- Werden die Kinder und Jugendlichen ermutigt, sich mit verschiedenen Musikstilen zu beschäftigen?
- Haben alle Kinder und Jugendlichen Gelegenheit, eine Vielzahl an (gekauften oder selbstgemachten) Saiten-, Blechblas-, Holzblas- und Perkussionsinstrumenten zu erlernen und zu spielen?
- Lernen die Kinder und Jugendlichen etwas über Komposition und wie sie mit Musik Gefühle und Inhalte ausdrücken können?
- Gibt es die Möglichkeit, in verschiedenen Chören zu singen?
- Entwickelt die Schule ein eigenes Repertoire an Liedern, die jede*r kennt?
- Hat dieses Repertoire einen Bezug zu den Liedern, die die Kinder und Jugendlichen mögen?
- Gibt es Gelegenheiten, Lieder verschiedener Musikstile zu singen?
- Werden auch Lieder in das Repertoire aufgenommen, die Kinder und Jugendliche aus anderen Schulen mitbringen?
- Lässt sich die Schule davon inspirieren, wie in anderen Ländern gesungen wird, beispielsweise in Bezug auf Harmonien?
- Wird Kindern und Jugendlichen geholfen, Widerstände zu überwinden, etwa wenn sie denken, dass Singen nicht »cool« ist, oder wenn sie zu schüchtern sind, in Gegenwart anderer zu singen?
- Wird im Unterricht die Möglichkeit genutzt, durch Singen und Liedtexte das Lesen und Schreiben zu verbessern?
- Lernen Kinder und Jugendliche, selbst Liedtexte zu schreiben?
- Lernen die Kinder und Jugendlichen, eigene und gemeinsame Lieder – z. B. über ihr Leben, das Land oder die Schule – zu schreiben und vorzutragen (sowie auch die Lieder von anderen Kindern)?

Tanz

- Lernen die Kinder und Jugendlichen verschiedene Tanzstile?
- Werden die Kinder und Jugendlichen ermutigt, den Tanzstil zu finden, der ihnen am besten gefällt?
- Werden Tänzer*innen und Tanzschulen dazu eingeladen, sich mit ihren Fähigkeiten in der Schule einzubringen?

Geschichtenerzählen

- Werden die Kinder und Jugendlichen ermutigt, Stärken im Geschichtenerzählen zu entwickeln?
- Wenden die Kinder und Jugendlichen ihre Fähigkeit, Geschichten zu erzählen, auch in ihren Familien und Gemeinschaften an?
- Verbessern die Kinder und Jugendlichen mit dem Erzählen von Geschichten auch ihre Fähigkeit, Geschichten zu schreiben?

Literatur

- Sprechen die Erwachsenen in der Schule darüber, welche Gedichte, Romane oder Theaterstücke sie mögen?
- Lernen die Kinder und Jugendlichen, unterschiedliche Schreibstile zu schätzen und einen eigenen Stil zu entwickeln?

Lyrik/Gedichte

- Werden die Kinder und Jugendlichen ermutigt, sich in Gedichten auszudrücken und dabei einen Stil zu finden, mit dem sie sich wohlfühlen?
- Lernen die Kinder und Jugendlichen unterschiedliche Lyrikstile kennen?
- Werden die Kinder und Jugendlichen ermutigt, Gedichte zu schreiben und vorzutragen, in denen sie ihre Gefühle ausdrücken und Erlebtes verarbeiten?

Theater

- Sind verschiedene schauspielerische Techniken im Curriculum oder Lehrplan enthalten, z. B. Puppenspiel und Rollenspiele?
- Lernen die Kinder und Jugendlichen, eigene Theaterstücke zu entwickeln, aufzuschreiben und aufzuführen?
- Wird Theaterarbeit genutzt, um Kinder und Jugendliche dabei zu unterstützen, selbstbewusste, starke Stimmen zu entwickeln?
- Machen alle die Erfahrung, dass sich der Zauber des Theaters unter den einfachsten Bedingungen entfalten kann?
- Machen die Kinder und Jugendlichen die Erfahrung, dass Beleuchtung, Musik und andere Medien die Wirkung eines Theaterstücks erheblich mitbestimmen?

Film und Fernsehen

- Lernen die Kinder und Jugendlichen eine große Bandbreite an Filmen in ihrer Sprache sowie in anderen Sprachen kennen?
- Vergleichen die Kinder und Jugendlichen Bücher und ihre Verfilmungen?
- Nutzen die Kinder und Jugendlichen Kino- und Fernsehfilme als Ausgangspunkt für eigene Geschichten?
- Lernen die Kinder und Jugendlichen, eigene Filme zu machen, das heißt ein Drehbuch zu schreiben, den Film zu drehen, zu schneiden und mit Musik zu unterlegen?

Fotografie

- Lernen die Kinder und Jugendlichen Fotografieren?
- Sprechen die Kinder und Jugendlichen darüber, was sie an Fotos mögen oder nicht mögen?
- Verwenden die Kinder und Jugendlichen Fotos, um Geschichten zu illustrieren (z. B. über ihre Stadt) und Bildergeschichten zu erzählen?

Kunstbetrieb

- Beschäftigen sich die Kinder und Jugendlichen mit der Frage, wer von seiner künstlerischen Tätigkeit leben kann?
- Lernen die Kinder und Jugendlichen, wer mit der Inszenierung, dem Kauf und dem Verkauf von Kunst Geld verdient?

Kunst und Ethik

- Denken die Kinder und Jugendlichen darüber nach, dass viele Menschen keinen Zugang zu bestimmten Kunstformen haben, weil sie es sich nicht leisten können?
- Befassen sich die Kinder und Jugendlichen damit, wo bei der Darstellung von Gewalt und destruktiven Beziehungen die Grenzen liegen sollten?
- Beschäftigen sich die Kinder und Jugendlichen mit der Möglichkeit, dass eine Darstellung von ausbeuterischen Beziehungen diese bedingen kann?
- Befassen sich die Kinder und Jugendlichen damit, was es bedeutet, zwischen Kunst und Kunsthandwerk zu unterscheiden?
- Beschäftigen sich die Kinder und Jugendlichen mit der Frage, inwieweit sich die Persönlichkeit und das Handeln von Kunst- und Literaturschaffenden auf den Wert ihrer Kunst auswirken?
- Befassen sich die Kinder und Jugendlichen mit dem Verhältnis zwischen dem künstlerischem Wert und dem Preis eines Kunstwerks?
- Denken Kinder und Jugendliche über die politische Bedeutung von Kunst in Bezug auf Veränderungen in der Gesellschaft nach?

Vergangenheit, Gegenwart und Zukunft

- Lernen die Kinder und Jugendlichen, wie es dazu kam, dass Bücher populär wurden und immer mehr Menschen lesen lernten?
- Lernen die Kinder und Jugendlichen, wie die Drucktechnik entstanden ist?
- Befassen sich die Kinder und Jugendlichen damit, wie sich die Unterhaltungsmusik verändert hat?
- Befassen sich die Kinder und Jugendlichen damit, wie sich die klassische Musik verändert hat?
- Befassen sich die Kinder und Jugendlichen mit dem Einfluss des Internets und elektronischer Geräte auf den Umgang der Menschen mit Literatur und Musik und mit der Frage, wie sich dieser Umgang in Zukunft weiter verändern wird?
- Erkunden die Kinder und Jugendlichen die Entwicklung unterschiedlicher Kunstformen?
- Betrachten die Kinder und Jugendlichen, wie unterschiedlich sich die künstlerischen Ausdrucksformen an verschiedenen Orten entwickelt haben?

C1.12 Die Kinder und Jugendlichen setzen sich mit dem Thema »Arbeit« und der Entwicklung eigener Interessen auseinander.

B1.9 Die Schule begleitet die Übergänge von Schüler*innen.

Lokal und global denken

- Lernen die Kinder und Jugendlichen etwas über die Arbeit, die Menschen in ihrer Stadt, in ihrem Land und in anderen Teilen der Welt verrichten, z. B. im Zusammenhang mit Ernährung, Bekleidung, Bauwesen, Verkehr, Energie, Finanzwesen, legalen und illegalen Drogen, Bildung und Kinderbetreuung, Umwelt, Reisen, Freizeit, Kunst und Verwaltung?
- Erkunden die Kinder und Jugendlichen, wie die Arbeitsplätze in einem Teil der Welt von denen in einem anderen Teil der Welt abhängen?
- Erkunden die Kinder und Jugendlichen, wie Arbeitsplätze von einem Land in ein anderes verlagert werden?
- Tragen Menschen aus der Umgebung, die unterschiedliche Berufe ausüben, zum Unterricht bei?
- Führen die Kinder und Jugendlichen eine Woche oder einen Monat lang Aufzeichnungen über ihre verschiedenen Aktivitäten?

Verschiedene Arten von Arbeit

- Lernen die Kinder und Jugendlichen, welche Fähigkeiten und Kompetenzen in verschiedenen Berufen benötigt werden und wie man sie erwirbt?
- Lernen die Kinder und Jugendlichen, dass viele Menschen im Laufe ihres Lebens verschiedene Berufe ausüben?
- Lernen die Kinder und Jugendlichen, wie man den Beruf wechseln kann, wenn er einem nicht (mehr) gefällt?
- Lernen die Kinder und Jugendlichen etwas über die Unterschiede zwischen der Arbeit im öffentlichen Dienst und in der Privatwirtschaft?
- Lernen die Kinder und Jugendlichen, dass wichtige Arbeit, z. B. in der Familie, bei Pflege und Betreuung, häufig unbezahlt ist?
- Lernen die Kinder und Jugendlichen verschiedene ehrenamtliche Tätigkeiten kennen?
- Lernen die Kinder und Jugendlichen, dass die Arbeit für viele Menschen identitätsstiftend ist?
- Erkunden die Kinder und Jugendlichen, was der Ruhestand für Menschen bedeutet, die anstrengende Pflege- oder Betreuungsarbeit geleistet haben, aber nicht dafür bezahlt werden?
- Befassen sich die Kinder und Jugendlichen damit, was der Ruhestand für Menschen bedeutet, die sich nach Beendigung ihres bezahlten Vollzeitjobs mit verschiedenen Dingen beschäftigen können, die sie interessieren?

Bedeutung der Arbeitslosigkeit

- Lernen die Kinder und Jugendlichen den Unterschied zwischen Arbeitslosigkeit, Nichterwerbstätigkeit und »sich nicht in einem bezahlten Arbeitsverhältnis befinden« kennen?
- Ist den Kindern und Jugendlichen klar, warum manche Menschen arbeitslos sind und wie sich das bei einem Aufschwung der nationalen Wirtschaft ändern kann?

Entwicklung von Interessen und berufliche Aktivitäten

- Wird vermittelt, dass manche Menschen Berufe ausüben, die ihren persönlichen Interessen entsprechen, während andere ihre Interessen außerhalb der bezahlten Arbeit verfolgen?
- Werden die Kinder und Jugendlichen dabei unterstützt, sich außerhalb der Schule Aktivitäten zu suchen, die ihren Interessen entsprechen und die sie nach Abschluss der Schule weiterverfolgen können?

Arbeit, Lohn und Gehalt, Finanzen

- Lernen die Kinder und Jugendlichen etwas über Buchführung, über Einnahmen und Ausgaben?
- Lernen die Kinder und Jugendlichen, wie und warum Steuern, Versicherungen und Rentenbeiträge bezahlt werden müssen?
- Beschäftigen sich die Kinder und Jugendlichen mit den Vor- und Nachteilen von EC- und Kreditkarten?
- Lernen die Kinder und Jugendlichen, wie durch den Kauf und Verkauf von Rohstoffen und Waren Gewinne oder Verluste erwirtschaftet werden?

- Erkunden die Kinder und Jugendlichen das Verhältnis zwischen der Arbeit, die in ein Produkt einfließt, und seinem Preis?
- Befassen sich die Kinder und Jugendlichen mit Produktivitätskonzepten?
- Lernen die Kinder und Jugendlichen etwas über das Geschäft der Banken und wie sie mit mehr oder weniger risikoreichen Geldanlagen Geld verdienen?
- Lernen die Kinder und Jugendlichen etwas über börsennotierte Unternehmen, Aktien und Anleihen, Aktionäre und Dividenden?
- Beschäftigen sich die Kinder und Jugendlichen mit der Glücksspielindustrie, einschließlich der staatlichen Lotteriegesellschaft, und damit, wer mit Glücksspielen Geld verdient bzw. verliert?

Arbeit, Ethik und Politik

- Erkunden die Kinder und Jugendlichen vielfältige Sichtweisen auf die Themen »Arbeit«, »Lohn und Gehalt« sowie »Profit«?
- Lernen die Kinder und Jugendlichen, dass auch außerhalb der offiziellen Wirtschaft Austausch von Arbeit und Dienstleistungen sowie bezahlte Arbeit stattfinden?
- Lernen die Kinder und Jugendlichen, wie viel man in verschiedenen Berufen verdient?
- Beschäftigen sich die Kinder und Jugendlichen mit der Beziehung zwischen dem Wert von Arbeit und den Löhnen bzw. Gehältern, die dafür gezahlt werden?
- Beschäftigen sich die Kinder und Jugendlichen damit, was es bedeutet, seinen Lebensunterhalt zu verdienen, in Armut oder in Wohlstand zu leben oder einen »guten« Lebensstandard zu haben?
- Beschäftigen sich die Kinder und Jugendlichen mit dem Thema »Mindestlohn« und damit, wie hoch er idealerweise sein sollte?
- Beschäftigen sich die Kinder und Jugendlichen mit der Möglichkeit, dass Gehälter ab einer bestimmten Höhe nicht mehr als Einkommen zu rechtfertigen sind, sondern als Diebstahl erscheinen?
- Lernen die Kinder und Jugendlichen etwas über Gleichheit, Ungleichheit, Mobbing und Diskriminierung am Arbeitsplatz?
- Befassen sich die Kinder und Jugendlichen mit den Lohnunterschieden zwischen Männern und Frauen sowie zwischen ethnischen Gruppen und mit der Frage, ob und wie diese Unterschiede abgebaut werden können?
- Lernen die Kinder und Jugendlichen etwas über Rechte am Arbeitsplatz?
- Lernen die Kinder und Jugendlichen etwas über Ausbeutung und wie sie verhindert werden kann?
- Diskutieren die Kinder und Jugendlichen, was gegen Ungleichheit am Arbeitsplatz unternommen werden kann?
- Erforschen die Kinder und Jugendlichen, warum die einen die Bezahlung für ihre Arbeit »Lohn« nennen und die anderen »Gehalt«?

Vergangenheit, Gegenwart und Zukunft verbinden

- Beschäftigen sich die Kinder und Jugendlichen damit, wie sich die Berufe in den letzten 50 Jahren oder in noch längeren Zeiträumen in ihrem Land und in anderen Ländern verändert haben?
- Lernen die Kinder und Jugendlichen, wie sich die Ungleichheit zwischen den Einkommen verändert hat?
- Lernen die Kinder und Jugendlichen etwas darüber, wie in der Vergangenheit für bessere Arbeitsbedingungen gekämpft wurde, z. B. bezahlten Urlaub, Krankengeld, Altersvorsorge, Mutter- und Vaterschaftsgeld sowie gleiche Bezahlung für Männer und Frauen, und was damit erreicht wurde?
- Beschäftigen sich die Kinder und Jugendlichen mit den Berufen in ihrer Familie und befragen sie ältere Familienmitglieder zu der Arbeit, die sie früher gemacht haben?
- Beschäftigen sich die Kinder und Jugendlichen mit der Frage, wie sich Veränderungen der Lebenserwartung und des Berufseintritts- und Rentenalters auf das Arbeitsleben auswirken?
- Beschäftigen sich die Kinder und Jugendlichen mit der Frage, wie sich die Arbeitsmuster in Zukunft verändern könnten?

C1.13 Die Kinder und Jugendlichen setzen sich mit Fragen der Ethik, Politik und Macht auseinander.

A1.7	Die Schule ist ein Modell für demokratisches Zusammenleben.
A2.1	Die Schulgemeinschaft verständigt sich über gemeinsame inklusive Werte.
A2.2	Die Schulgemeinschaft setzt sich für die Achtung der Menschenrechte ein.
C1.12	Die Kinder und Jugendlichen setzen sich mit dem Thema »Arbeit« und der Entwicklung eigener Interessen auseinander.

Lokal und global denken

- Tragen Expert*innen aus der Umgebung zum Unterricht bei, z. B. Philosoph*innen, Politiker*innen, Banker*innen, Gewerkschafter*innen, Naturwissenschaftler*innen, Geisteswissenschaftler*innen und Vertreter*innen von Religionsgemeinschaften?
- Vergleichen die Kinder und Jugendlichen Regierungsformen in anderen Ländern mit der Regierung ihres eigenen Landes?
- Vergleichen die Kinder und Jugendlichen die Rechtssysteme in ihrem eigenen Land mit denen anderer Länder?
- Erkunden die Kinder und Jugendlichen, was Korruption bedeutet und in welchem Umfang die Regierung und andere Institutionen in ihrem Land und in anderen Ländern davon betroffen sind?
- Überlegen die Kinder und Jugendlichen, welcher »Regierungsform« ihre Schule, andere ihnen bekannte Institutionen sowie ihre Familie am ehesten ähneln?

Wer hat Macht?

- Denken die Kinder und Jugendlichen darüber nach, wer die Macht hat, Entscheidungen zu treffen, die ihr Leben beeinflussen – in ihrer Familie, ihrer Schule, ihrer Gemeinde, ihrem Land und weltweit?
- Lernen die Kinder und Jugendlichen, wie sie in der Demokratie Einfluss auf das politische Geschehen nehmen können?
- Erkunden die Kinder und Jugendlichen die Verteilung von Macht und Einfluss unter den nationalen und lokalen Regierungen und Behörden, der Justiz, dem Militär, Konzernen, Aktionären, Unternehmen, Finanzinstituten, den Medien, Gewerkschaften, sozialen Schichten, Gemeinschaften, Familien und Bürger*innen?
- Lernen die Kinder und Jugendlichen, dass Konzerne manchmal mehr Einfluss auf das Leben der Bürger*innen haben als die Regierung?
- Beschäftigen sich die Kinder und Jugendlichen mit den Machtverhältnissen zwischen verschiedenen Ländern?

Nationalstaaten und Grenzen

- Befassen sich die Kinder und Jugendlichen mit der Frage, wie Staaten entstehen und wie über die Grenzen entschieden wird?
- Beschäftigen sich die Kinder und Jugendlichen mit Grenzstreitigkeiten?
- Lernen die Kinder und Jugendlichen etwas darüber, wie Länder kolonisiert und besetzt wurden bzw. werden?
- Lernen die Kinder und Jugendlichen, dass Menschen als Ware behandelt und als Sklaven verkauft wurden (und nach wie vor werden)?
- Befassen sich die Kinder und Jugendlichen mit Abspaltungs- und Unabhängigkeitsbewegungen?
- Befassen sich die Kinder und Jugendlichen damit, wie und warum sich Staaten zu Bündnissen zusammenschließen (z. B. die EU) und welche Vor- und Nachteile dies hat?
- Erforschen die Kinder und Jugendlichen die Bedeutung von nationaler Souveränität und wie sie beeinflusst wird durch internationales und europäisches Recht, das Europäische Parlament, Geldströme, Schulden, die Kontrolle über Medien, die Verfügbarkeit von Lebensmitteln, Benzin und Energiequellen, die Eigentümerschaft von Landflächen und öffentlichen Versorgungseinrichtungen?

Demokratie und andere Staatsformen

- Lernen die Kinder und Jugendlichen etwas über das Leben in Monarchien, Theokratien, Diktaturen und Demokratien?
- Erkunden die Kinder und Jugendlichen, wofür die lokalen bzw. nationalen Regierungen zuständig sind?
- Erforschen die Kinder und Jugendlichen, was Demokratie bedeutet?
- Wird Demokratie als kontinuierliche Entwicklung verstanden?

- Lernen die Kinder und Jugendlichen unterschiedliche Wahlsysteme kennen?
- Lernen die Kinder und Jugendlichen, welche Aufgaben Gemeinderät*innen, Parlamentsmitglieder und Mitglieder des Europäischen Parlaments haben?
- Beschäftigen sich die Kinder und Jugendlichen mit der Frage, warum Menschen bei Wahlen regionaler und nationaler Parlamente sowie des Europäischen Parlaments zur Wahl gehen bzw. nicht zur Wahl gehen?
- Erfahren die Kinder und Jugendlichen, wie demokratische Rechte ausgeübt und wie sie unterlaufen werden können?
- Lernen die Kinder und Jugendlichen etwas über die Beziehungen zwischen den christlichen Kirchen, anderen Religionsgemeinschaften und dem Staat?
- Bedenken die Kinder und Jugendlichen, dass die Vorrangstellung einer Religion (z. B. als Staatsreligion) den Eindruck erwecken kann, andere Religionen sowie nicht-religiöse Weltanschauungen seien weniger wert?
- Lernen die Kinder und Jugendlichen etwas über politische Parteien und ihre Mitglieder?
- Beschäftigen sich die Kinder und Jugendlichen mit der Frage, wem die Medien gehören und welchen Einfluss sie auf die Politik ausüben?
- Erforschen die Kinder und Jugendlichen, welche Vorteile es hat, wenn bestimmte Leistungen in privater bzw. in staatlicher Hand sind, z. B. die Herstellung von Kleidung, der Personen- und Güterverkehr, Banken, Bildung, Wasserversorgung, Telefon, Gas und Strom?
- Lernen die Kinder und Jugendlichen etwas über die Entwicklung (bzw. Rückentwicklung) des öffentlichen Raums und seine Bedeutung für den nationalen Zusammenhalt und das gemeinschaftliche Handeln?
- Erforschen die Kinder und Jugendlichen die Zusammenhänge zwischen Wohlstand, Armut und gesellschaftlicher Teilhabe?

Rechtssysteme

- Lernen die Kinder und Jugendlichen, welchen Einfluss nationale Gesetze auf ihr Leben haben?
- Lernen die Kinder und Jugendlichen, wie Gerichte funktionieren?
- Lernen die Kinder und Jugendlichen, wie Gesetzesverstöße bestraft werden?
- Lernen die Kinder und Jugendlichen etwas über die verschiedenen Arten von Strafen, die von Gerichten verhängt werden, ihre Ziele und ihre Auswirkungen?
- Lernen die Kinder und Jugendlichen, wie gerecht die Gesetze angewendet werden?
- Lernen die Kinder und Jugendlichen, welchen Einfluss internationale Gesetze auf ihr Leben haben?
- Lernen die Kinder und Jugendlichen etwas über die Macht internationaler Gerichte, über wen sie Recht sprechen und über wen nicht?

Öffentliche und private Finanzierung

- Erkunden die Kinder und Jugendlichen, wie sich Staaten finanzieren?
- Beschäftigen sich die Kinder und Jugendlichen mit der Frage, wovon es abhängt, wie viel Geld gedruckt wird?
- Lernen die Kinder und Jugendlichen etwas über die Verteilung von Einkommen und Wohlstand im eigenen Land und weltweit?
- Lernen die Kinder und Jugendlichen, wofür der Staat Geld ausgibt und wie darüber entschieden wird?
- Erkunden die Kinder und Jugendlichen, wer dem Staat Geld leiht, wenn er Schulden machen muss?
- Lernen die Kinder und Jugendlichen etwas über den Internationalen Währungsfonds und wie er finanziert wird?
- Beschäftigen sich die Kinder und Jugendlichen mit der Frage, wie sich die internationale Finanzsituation auf die Staatsfinanzen auswirkt?
- Lernen die Kinder und Jugendlichen etwas über den Wirtschaftsaustausch mit anderen Ländern (Zahlungsbilanz) und die Auswirkungen eines Importüberschusses?
- Gehen die Kinder und Jugendlichen der Frage nach, wie über die Höhe der Bankzinsen entschieden wird?
- Erkunden die Kinder und Jugendlichen, wie die Kreditwürdigkeit von Einzelpersonen und Ländern bewertet wird?
- Lernen die Kinder und Jugendlichen etwas über die Ursachen und Folgen der Inflation, ihre erwünschte Höhe und wie sie gemessen und überwacht wird?
- Erkunden die Kinder und Jugendlichen verschiedene Arten der Messung von Inflation und Deflation und die Bestimmung eines idealen Inflationsniveaus?
- Lernen die Kinder und Jugendlichen, wie Währungen gegenüber anderen Währungen bewertet werden?
- Beschäftigen sich die Kinder und Jugendlichen mit den Darlehen und Zuschüssen, die ihr Land anderen Ländern gewährt?

Persönliche und politische Ethik

- Befassen sich die Kinder und Jugendlichen mit der Frage, ob das Handeln im Arbeitsleben – unter anderem in der Politik – auf denselben Werten basieren sollte wie im Privatleben?
- Beschäftigen sich die Kinder und Jugendlichen mit der Frage, was eine ethisch ausgerichtete Außenpolitik ausmacht?
- Denken die Kinder und Jugendlichen darüber nach, welche Werte ihnen für ihr eigenes Handeln und bei anderen wichtig sind?
- Entwickeln die Kinder und Jugendlichen ihre Fähigkeit weiter, Werte und Handeln zu verbinden?
- Entwickeln die Kinder und Jugendlichen ihre Fähigkeit weiter, Entscheidungen zu treffen, wenn von Werten widersprüchliche Impulse zum Handeln ausgehen?
- Lernen die Kinder und Jugendlichen, sich an Gesprächen über moralische Fragen zu beteiligen?
- Erkunden die Kinder und Jugendlichen, welche Werte den Handlungen verschiedener Menschen zugrunde liegen?
- Beschäftigen sich die Kinder und Jugendlichen mit dem Thema »Strafe« und mit der Frage, welche Strafen sie in der Schule, der Familie sowie im Gefängnis für angemessen halten?
- Erkunden die Kinder und Jugendlichen, wie ihre Wünsche, Entscheidungen und ihre Ethik durch den Staat, die Religion, Familie, Freunde, die Medien und die Werbung beeinflusst werden?

Vergangenheit, Gegenwart und Zukunft verbinden

- Lernen die Kinder und Jugendlichen etwas über die Geschichte der Demokratie in ihrem Land und in anderen Ländern?
- Lernen die Kinder und Jugendlichen etwas darüber, wie für demokratische Rechte gekämpft wurde bzw. noch heute gekämpft wird?
- Erfahren die Kinder und Jugendlichen, was durch gemeinsames Handeln erreicht werden kann?
- Lernen die Kinder und Jugendlichen etwas darüber, welche Rolle politische Parteien, Gewerkschaften und das gemeinsame Handeln für die Entwicklung von Demokratie spielen?
- Denken die Kinder und Jugendlichen darüber nach, welche Maßnahmen die (demokratische) Teilhabe aller in ihrem Land, ihrer Gemeinde, ihrer Schule und ihrer Familie weiter verbessern würden?
- Denken die Kinder und Jugendlichen darüber nach, wie die Macht in ihrem Land zukünftig verteilt werden könnte?

C2.1 Die Lernaktivitäten werden mit Blick auf die Vielfalt aller Schüler*innen geplant.

C2.2 Die Lernaktivitäten stärken die Teilhabe und Verantwortungsübernahme aller Schüler*innen.

a) Werden Lernaktivitäten geplant, um das Lernen zu unterstützen und nicht, weil sie im Lehrplan stehen?
b) Decken die Materialien in der Schule die Hintergründe, Erfahrungen und Interessen aller Kinder und Jugendlichen ab?
c) Decken die Lernaktivitäten die Interessen aller Kinder und Jugendlichen ab?
d) Variieren die Aktivitäten, z. B. mündliche Vorträge und Diskussionen, Zuhören, Lesen, Schreiben, Zeichnen, Problemlösen, Theater, Nutzung der Bibliothek, audiovisuelle Materialien, praktische Aufgaben und Arbeit mit dem Computer?
e) Schließen die Lernaktivitäten ebenso Partner- und Gruppenarbeit wie Einzelarbeit und Arbeit mit der ganzen Klasse ein?
f) Umfasst das Lernangebot auch Aktivitäten außerhalb der Klassenzimmer, auf dem Schulgelände und in der näheren Umgebung der Schule sowie Besuche von Zielen in der weiteren Umgebung?
g) Trägt das Lernangebot zum Lernen aller Schüler*innen bei?
h) Unterstützen die Lernangebote die Weiterentwicklung der Fähigkeiten von Kindern und Jugendlichen zum Denken, Sprechen, Schreiben und Lernen?
i) Unterstützt das Lernangebot eine Vorstellung des Lernens als kontinuierlichen Prozess, der nicht mit der Erledigung bestimmter Aufgaben abgeschlossen ist?
j) Bietet das Lernangebot Wahlmöglichkeiten, z. B. Deutsch- oder Fremdsprachenkurse?
k) Gibt es Übersetzer*innen für gehörlose Kinder und Jugendliche und für Deutschanfänger*innen?
l) Ist die Planung darauf ausgerichtet, Barrieren für Lernen und Teilhabe zu erkennen und abzubauen, und werden dabei alle Kinder und Jugendlichen berücksichtigt?
m) Unterstützt das Schulpersonal Lernaktivitäten, die die unterschiedlichen Geschlechtsidentitäten der Kinder und Jugendlichen ansprechen?
n) Werden Themen in die Lernangebote integriert, die gerade viel mediale Aufmerksamkeit erhalten, um die Kinder und Jugendlichen zu motivieren (z. B. Fußball oder Handball), und werden den Kindern und Jugendlichen, die sich dafür nicht interessieren, gleichwertige Alternativen angeboten?
o) Können die Schüler*innen an Lernangeboten wie Naturwissenschaften und Sport in der Kleidung teilnehmen, die ihren religiösen Vorstellungen angemessen ist?
p) Werden die Lernangebote gegebenenfalls so angepasst, dass Kinder und Jugendliche mit körperlichen oder Sinnesbeeinträchtigungen auch im Sportunterricht, bei praktischer Arbeit sowie in Physik (bei Optik und Akustik) Wissen und Fertigkeiten erwerben können?
q) Bedenkt das Schulpersonal, dass manche Kinder und Jugendlichen mit Beeinträchtigungen mehr Zeit für die praktische Arbeit mit speziellen Hilfsmitteln brauchen?
r) Bemüht sich das Schulpersonal besonders darum, verunsicherte, verschlossene oder ausgegrenzte Kinder und Jugendliche einzubeziehen?
s) Vermeidet es die Schule, Kulturgüter wie Musik oder traditionelle Speisen stereotyp darzustellen?
t) Erkennt das Schulpersonal, dass traumatische Erfahrungen junger geflüchteter Menschen zu Schwierigkeiten in der Schule führen können, und wird dem Rechnung getragen?
u) …

C2.2 C2.2 Die Lernaktivitäten stärken die Teilhabe und Verantwortungsübernahme aller Schüler*innen.

C2.1 Die Lernaktivitäten werden mit Blick auf die Vielfalt aller Schüler*innen geplant.
B2.3 Ressourcen zum Sprachenlernen stärken die Mehrsprachigkeit der Einzelnen und der ganzen Schule.

a) Bildet das Lernangebot gemeinsame Erfahrungen ab, die die Schüler*innen in unterschiedlicher Weise nacharbeiten und weiterentwickeln können?
b) Vermeidet das Schulpersonal, bestimmte Lernerwartungen als Lernziel festzuschreiben?
c) Werden regelmäßig Forschungsarbeiten anhand offener Fragestellungen angeregt?
d) Versuchen Lehrpersonen, nicht nur Fragen zu stellen, auf die sie nur eine richtige Antwort erwarten?
e) Bauen die Lernangebote auf Erfahrungen, Wissen und Fähigkeiten auf, die die Kinder und Jugendlichen außerhalb der Schule erworben haben?
f) Sprechen die Lernangebote die Schüler*innen auch auf der emotionalen Ebene an?
g) Sind die Lernangebote spannend und fördern sie die Lust am Lernen?
h) Vermitteln die Lehrpersonen, dass ihnen das Lernen selbst Spaß macht?
i) Wird die in den Lernangeboten gesprochene und geschriebene Sprache allen Schüler*innen zugänglich gemacht?
j) Werden Fachbegriffe nur dann verwendet, wenn es nötig ist, und werden sie erklärt und geübt?
k) Werden die Schüler*innen ermutigt nachzufragen, wenn sie etwas nicht verstanden haben?
l) Können die Schüler*innen ihre Arbeitsergebnisse auf unterschiedliche Weise vorstellen, etwa indem sie außer geschriebenen Texten auch Zeichnungen, Fotos, Video- oder Tonaufzeichnungen anfertigen?
m) Fördern die Lernangebote den Dialog zwischen den Mitgliedern des Schulpersonals und den Schüler*innen sowie der Schüler*innen untereinander?
n) Lernen die Kinder und Jugendlichen, sich durch Fragen gegenseitig beim Lernen zu unterstützen?
o) Unterstützen Lernangebote das Nachdenken über das eigene Lernen und den Austausch dazu?
p) Beschäftigen sich die Kinder und Jugendlichen selbstständig mit weiteren Aufgaben, wenn sie die von der Lehrkraft vorgegebenen Aufgaben abgeschlossen haben?
q) Verbessern Erwachsene, Kinder und Jugendliche ihre Internet-Kompetenzen, um sich das Lernen in der Schule und zu Hause zu erleichtern?
r) Sind Arbeitsblätter gut verständlich formuliert, sodass sie das Lernen der Kinder und Jugendlichen erweitern?
s) Erhalten Kinder und Jugendliche, die Deutsch als Zweitsprache lernen, Möglichkeiten, in ihrer Erstsprache zu sprechen, zu schreiben oder zu gebärden und ihre Übersetzungskompetenzen einzusetzen?
t) Werden Aktivitäten so geplant und durchgeführt, dass auch die Teilhabe von Kindern mit Beeinträchtigungen möglich ist?
u) Berücksichtigt das Schulpersonal den körperlichen Mehraufwand für Schüler*innen mit Beeinträchtigungen oder chronischen Krankheiten, um ihre Aufgaben zu bewältigen, sowie die daraus gegebenenfalls resultierende Erschöpfung?
v) Berücksichtigt das Schulpersonal die mentale Anstrengung beim Ablesen von den Lippen oder bei der Benutzung optischer Hilfsmittel?
w) Werden technische Hilfsmittel wie Spracherkennungsprogramme genutzt, um Kinder und Jugendliche zu unterstützen, die gravierende Schreibprobleme haben?

C2.3 Die Schüler*innen werden zu selbstbewusstem, kritischem Denken ermutigt.

C2.4 Die Schüler*innen gestalten ihr eigenes Lernen aktiv mit.

a) Unterstützen sich die Mitglieder des Schulpersonals gegenseitig, selbstbewusst und kritisch zu denken?
b) Besteht Einigkeit darüber, dass Dialog am besten funktioniert, wenn Status- und Machtunterschiede ausgeklammert werden?
c) Zeigen die Mitglieder des Schulpersonals, dass sie andere Sichtweisen respektieren und wertschätzen?
d) Lernen Kinder, Jugendliche und Erwachsene, ihre Meinung selbstbewusst und ohne Aggression zu vertreten?
e) Wird eine aktive Dialogkultur gefördert, damit jede*r auch Meinungen hört, die von den eigenen abweichen, und sich darin übt, eigene Meinungen auszudrücken?
f) Werden die Schüler*innen ermutigt, eigene Ansichten und Gefühle zu wichtigen lokalen, nationalen und internationalen Ereignissen zu entwickeln und zu äußern (z. B. wenn ihr Land Krieg führt oder sich in einem Land eine Katastrophe ereignet hat)?
g) Werden die Schüler*innen ermutigt, herausfordernde Fragen zu stellen?
h) Ist allen bewusst, dass unterschiedliche Meinungen wichtig sind, um eine Frage zu klären und zu einer gemeinsamen Lösung zu finden – auch wenn die Meinungen stark voneinander abweichen?
i) Lernen die Schüler*innen, Widersprüche in ihrer eigenen Argumentation und der anderer zu erkennen?
j) Lernen Kinder, Jugendliche und Erwachsene, ihre eigenen Argumente und die von anderen abzuwägen?
k) Erkennen die Schüler*innen, wann die Richtigkeit einer Behauptung oder eines Arguments belegt werden muss?
l) Experimentieren die Schüler*innen, wie sie Beispiele benutzen können, um ihren Argumenten Gewicht zu verleihen?
m) Lernen die Schüler*innen, wie sie mit sorgfältig ausgewählten Beispielen die Grenzen von Verallgemeinerungen aufzeigen können?
n) Stellen die Schüler*innen Fragen wie zum Beispiel »In welchem Ausmaß?« und »Unter welchen Umständen?«, wenn behauptet wird, etwas sei »nun einmal so« (z. B. wenn es um Unterschiede zwischen den Geschlechtern geht)?
o) Erkennen die Schüler*innen, dass Argumente manchmal unhinterfragt für wahr gehalten werden (auch wenn sie es nicht sind), nur weil sie einer Autorität zugeschrieben werden?
p) Lernen Kinder, Jugendliche und Erwachsene, die Überzeugungen und Werte zu erkennen, die verschiedenen Meinungen zugrunde liegen?
q) Machen sich die Schüler*innen bewusst, welchem Druck sie ausgesetzt sind, auf bestimmte Weise zu denken und zu handeln?
r) Lernen die Schüler*innen, die Meinungen, die sie äußern, sorgfältig zu begründen?
s) Werden alle Teilnehmenden an einer Diskussion darin unterstützt, ihre Selbstachtung zu erhalten?
t) Unterstützen Mentor*innen (Kinder, Jugendliche und Erwachsene) andere darin, ihre Ansicht einzubringen?
u) Wird besonders darauf geachtet, dass auch die zu Wort kommen, denen es schwerfällt, vor anderen zu sprechen?

C2.4 Die Schüler*innen gestalten ihr eigenes Lernen aktiv mit.

A1.11 Das Schulpersonal verbindet das Bildungsangebot in der Schule mit den Lebenswelten der Schüler*innen.
C2.3 Die Schüler*innen werden zu selbstbewusstem, kritischem Denken ermutigt.

a) Zeigen die Erwachsenen an der Schule, dass sie selbst gern und aktiv lernen und vielfältige Interessen haben?
b) Werden die Kinder und Jugendlichen darin bestärkt, ihre Fähigkeit zum eigenständigen Lernen auszubauen?
c) Wird gesehen, dass das Schulpersonal wertvolle Zeit gewinnt, sobald Schüler*innen selbstständig lernen und zusammenarbeiten können – und dass sie in dieser Zeit Mitschüler*innen unterstützen können, dasselbe zu tun?
d) Ermutigen die Lehrpersonen die Kinder und Jugendlichen herauszufinden, was sie lernen möchten, und die Verantwortung für ihr Lernen zu übernehmen?
e) Werden die Kinder und Jugendlichen ermutigt, Interessen zu entwickeln und außerhalb der Schule weiterzuverfolgen?
f) Geben die Mitglieder des Schulpersonals den Kindern und Jugendlichen häufig die Möglichkeit, zwischen Lernaktivitäten auszuwählen?
g) Werden die Kinder und Jugendlichen ermutigt, herausfordernde Fragen zu stellen, die niemand sofort beantworten kann?
h) Informieren Lehrpersonen die Kinder und Jugendlichen über die Schwerpunkte der Planung, sodass sie ihr Lernen inhaltlich und zeitlich selbstständig planen können?
i) Ist die Unterstützung für Kinder und Jugendliche so ausgerichtet, dass sie Fortschritte machen, indem sie auf vorhandenes Wissen und Fähigkeiten aufbauen?
j) Unterstützen Lehrpersonen Kinder und Jugendliche dabei, ein Thema zu recherchieren und zu bearbeiten?
k) Können die Schüler*innen die Bibliothek und die digitalen Hilfsmittel selbstständig benutzen?
l) Wird den Schüler*innen vermittelt, wie sie bei Vorträgen und bei der Arbeit mit Texten aus Büchern oder dem Internet Stichpunkte festhalten können?
m) Lernen die Schüler*innen, ein Thema zu bearbeiten, indem sie präzise Fragen stellen?
n) Lernen die Schüler*innen, einander zu unterstützen, indem sie zuhören, was andere sagen, und dann Fragen stellen, um bei der Klärung zu helfen?
o) Lernen die Schüler*innen, kurze Zusammenfassungen von Texten zu schreiben, um deren Aufbau besser zu erfassen?
p) Werden mechanische Aktivitäten wie Abschreiben und Auswendiglernen vermieden?
q) Entwickeln Kinder und Jugendliche die Kompetenz, ihre Arbeit in gesprochener, geschriebener oder anderer Weise zu präsentieren – einzeln und in einer Gruppe?
r) Begleiten die Lehrpersonen die Kinder und Jugendlichen in der Entwicklung von Strategien zur Vorbereitung auf Arbeiten und Prüfungen?
s) Gibt es in der Schulgemeinschaft Personen, die Kinder und Jugendliche dabei beraten, welche Unterstützung sie für ihre Lernprozesse brauchen?
t) Geben die Schüler*innen konstruktive Anregungen, wie Lernangebote verbessert werden können?
u) Wird auf das Feedback der Kinder und Jugendlichen eingegangen?
v) Beziehen die Lehrpersonen Schüler*innen ein, wenn es darum geht, Wege zur Überwindung selbst erlebter Barrieren oder der von anderen zu finden?
w) Werden Fehler als Chance für das Lernen angesehen?
x) Lernen die Schüler*innen, konstruktiv über eigene Fehler und die Fehler anderer zu reflektieren?

C2.5 Die Schüler*innen lernen voneinander und miteinander.

A1.3 Kinder und Jugendliche arbeiten konstruktiv zusammen.

a) Sehen die Schüler*innen es als selbstverständlich an, sich gegenseitig zu helfen?
b) Werden alle dazu angehalten, einander gut zuzuhören und sich nicht zu unterbrechen?
c) Lernen die Schüler*innen nachzufragen, um besser zu verstehen, was der bzw. die andere sagt, und um ihm bzw. ihr zu helfen, den Gedankengang weiterzuentwickeln?
d) Vermeiden es die Schüler*innen, über die Beiträge anderer zu lachen – es sei denn, sie waren witzig gemeint?
e) Widersprechen die Schüler*innen anderen, ohne sie dabei abzuwerten?
f) Merken die Schüler*innen, wenn sie selbst das Thema wechseln, statt zum aktuellen Diskussionsthema beizutragen?
g) Gibt es regelmäßig Gelegenheiten für Gruppenarbeit?
h) Lernen die Schüler*innen, Diskussionen so zu leiten, dass jeder zu Wort kommt?
i) Melden sich die Kinder und Jugendlichen in der Gruppenarbeit ebenso zu Wort wie bei Lernaktivitäten mit der ganzen Klasse?
j) Wird bei Gruppenaufgaben die Vielfalt des Wissens und der Erfahrungen genutzt, die die Kinder und Jugendlichen mitbringen, z. B. in Bezug auf ihre Herkunftsländer, ihren Wohnort oder die Geschichte ihrer Familien?
k) Ermöglichen Gruppenaufgaben den Schüler*innen, Aufgaben aufzuteilen und dann zusammenzutragen, was sie gelernt haben?
l) Lernen die Schüler*innen, aus verschiedenen Beiträgen der Gruppe einen gemeinsamen Bericht zusammenzustellen?
m) Wird der Unterricht so geplant, dass sich Schüler*innen verschiedener Alters- und Leistungsgruppen gegenseitig beim Lernen unterstützen können?
n) Lernen die Schüler*innen, anderen etwas zu erzählen oder zu vermitteln, das sie wissen oder getan haben?
o) Gehen die Lehrpersonen davon aus, dass ihre Kompetenzen nicht nur dem Lernen der Schüler*innen, sondern auch ihrem eigenen Lernen und dem der Kolleg*innen zugutekommen können?
p) Besteht Einigkeit darüber, dass jeder etwas zu den Lernangeboten beitragen kann – unabhängig vom Leistungsniveau oder möglichen Beeinträchtigungen?
q) Tragen die Schüler*innen in Brainstormings Ideen und Lösungen zusammen, ohne die Beiträge der anderen zu bewerten?
r) Haben die Kinder Freude am Lernen in Form von Gruppenaktivitäten?
s) Fühlen sich die Schüler*innen gemeinsam mit den Lehrpersonen dafür verantwortlich, anderen beim Überwinden von Lernbarrieren zu helfen?
t) Erwähnen die Schüler*innen in ihren Berichten auch die Beiträge der anderen?
u) Geben die Schüler*innen einander kritisches und konstruktives Feedback im Lernprozess?
v) Geben die Schüler*innen in den Pausen oder nach der Schule besondere Fähigkeiten an andere weiter – z. B. Sprachen, Jonglieren, Schach, Origami oder verschiedene Sportarten?
w) Wird die Vielfalt der Sprachen, die die Kinder und Jugendlichen sprechen, genutzt, um die sprachlichen Fähigkeiten aller zu fördern?
x) Tauschen sich die Kinder und Jugendlichen darüber aus, wie sie Probleme beim Lernen oder in Beziehungen überwinden?
y) Entwickeln die Kinder und Jugendlichen kreative Lösungen, um Barrieren zu überwinden, z. B. beim Zugang zu Gebäuden oder in Bezug auf die Lernangebote?

C2.6 Die Schüler*innen entwickeln ein Verständnis für Gemeinsamkeiten und Unterschiede zwischen Menschen.

A1.8 Die Schule öffnet den Blick für die wechselseitigen Beziehungen zwischen Menschen weltweit.

a) Regen Lernaktivitäten zum Verständnis für Vielfalt an, z. B. in Bezug auf sozialen Hintergrund, ethnische Herkunft, Geschlecht, Beeinträchtigungen, sexuelle Orientierung, Religion und politische Ausrichtung?
b) Gibt es Gelegenheiten für die Kinder und Jugendlichen, mit Mitschüler*innen zusammenzuarbeiten, die sich in Bezug auf sozialen Hintergrund, ethnische Herkunft, Beeinträchtigung oder Geschlecht von ihnen unterscheiden?
c) Spiegelt sich die menschliche Vielfalt in den Unterrichtsmaterialien wider?
d) Hinterfragen die Kinder und Jugendlichen die Verwendung von Klischees und Stereotypen in Unterrichtsmaterialien und Diskussionen?
e) Erkennen die Kinder und Jugendlichen, was sie mit Menschen gemeinsam haben, die sie als sehr anders wahrnehmen?
f) Erkennen die Kinder und Jugendlichen, wie stark sich Menschen von ihnen unterscheiden, bei denen sie eine große Ähnlichkeit empfinden?
g) Erkennen die Kinder und Jugendlichen die Unterschiede zwischen Menschen, die ihrer Meinung nach ähnlich sind?
h) Werden die Kinder und Jugendlichen dazu angeregt, in der Gegenwart und Vergangenheit ihres eigenen Landes Parallelen zu Ereignissen in anderen Ländern zu sehen, die als besonders brutal, diskriminierend oder anti-demokratisch angesehen werden?
i) Stellen die Lernangebote regelmäßig einen Bezug zu Ereignissen und zum Leben von Menschen in anderen Ländern her?
j) Lernen die Schüler*innen, warum Religionen und politische Systeme in manchen Teilen der Welt stärker verbreitet sind als in anderen?
k) Wird vermittelt, dass Güter wie Gesundheit, eine hohe Lebenserwartung, Wohlstand und die Sicherheit der Menschen innerhalb des Landes und weltweit ungleich verteilt sind?
l) Befassen sich die Schüler*innen mit Gewalt und Diskriminierung gegenüber bestimmten Gruppen von Menschen (z. B. in Form von Sklaverei oder der Kolonialisierung indigener Völker) – in der Vergangenheit und heute?
m) Lernen die Schüler*innen, wie leicht Menschen Aspekte ihres eigenen Lebens ablehnen und verleugnen, z. B. wenn ältere Menschen vergessen, wie es ist, jung zu sein?
n) Identifizieren sich die Kinder und Jugendlichen mit älteren Menschen, indem sie sich klarmachen, dass auch sie eines Tages alt sein werden?
o) Identifizieren sich Schüler*innen, die keine Beeinträchtigung haben, mit jenen, die eine haben, indem sie sich klarmachen, dass auch sie einmal beeinträchtigt werden könnten?
p) Erkunden die Schüler*innen, wie Ungerechtigkeit in der Vergangenheit zu Ungleichheit in der Gegenwart beitragen kann?
q) Wird erkannt, wie sehr Familien, die über viele Generationen hinweg an einem Ort gelebt haben, mit diesem Ort verwurzelt sind?
r) Erkennen Erwachsene, Jugendliche und Kinder, dass die Behauptung, es gebe in einem Land eine verbindliche »Leitkultur«, zu Diskriminierung führt und die Verständigung zwischen Menschen erschwert?
s) Stellt der Unterricht Geschlechterklischees infrage, z. B. dass Jungen grundsätzlich stärker sind oder schneller rennen können als Mädchen?
t) Haben die Kinder und Jugendlichen Gelegenheit, sich mit Kindern und Jugendlichen sowohl in wirtschaftlich reicheren als auch in wirtschaftlich ärmeren Ländern auszutauschen?
u) Reflektieren die Schüler*innen, dass Menschen in vielen Bereichen unterschiedliche Rechte haben?
v) Reflektieren die Schüler*innen, dass Unterschiede in der Gesellschaft nicht natürlich sind und mit Privilegierung und Diskriminierung einhergehen?

C2.7 Rückmeldungen und Bewertungen stärken die Lernprozesse und die Leistungen aller Schüler*innen.

C2.4 Die Schüler*innen gestalten ihr eigenes Lernen aktiv mit.
C2.12 Hausaufgaben tragen zum Lernen aller Kinder und Jugendlichen bei.

a) Wird bei Leistungsrückmeldungen an Schüler*innen immer auch das Lernangebot reflektiert?
b) Reflektieren Lehrpersonen ihre eigenen Erfahrungen mit Bewertungen, wenn sie Schülerleistungen beurteilen?
c) Werden die Schüler*innen dabei unterstützt, über ihre schriftlichen, mündlichen und anderen Beiträge zum Unterricht nachzudenken, um zu erkennen, wie sie sich verbessern können?
d) Sind die Schüler*innen in die Unterstützung ihrer Mitschüler*innen und in die Bewertung ihres Lernerfolgs einbezogen?
e) Werden bei der Leistungsbewertung von Schüler*innen auch Hindernisse für das Lernen erkannt?
f) Wird berücksichtigt, dass Beziehungen zu Erwachsenen und anderen Kindern und Jugendlichen das Lernen unterstützen bzw. behindern können?
g) Berücksichtigt das Schulpersonal, wie die Beziehungen von Kindern und Jugendlichen zu Erwachsenen und anderen Kindern und Jugendlichen deren Lernen unterstützen oder behindern?
h) Sind Kommentare zur Arbeit der Schüler*innen ermutigend und respektvoll?
i) Wird bei der Bewertung auch versucht, die Perspektive der Kinder und Jugendlichen mit einzubeziehen?
j) Beobachten und beschreiben Lehrpersonen und unterstützendes Personal die Lernfortschritte der Schüler*innen sorgfältig, um sie besser zu verstehen?
k) Helfen die Erwachsenen einander, das, was sie beobachten, besser zu verstehen und so die Bedingungen für das Lernen zu verbessern?
l) Führen Bewertungen dazu, die Planung und Durchführung der Lernangebote zu modifizieren?
m) Hat die Leistungsrückmeldung das Ziel, die Schüler*innen bei der Reflexion über ihr Lernen zu unterstützen?
n) Gestalten Lehrpersonen Leistungsrückmeldungen so, dass sie die Fähigkeit der Kinder zur Selbsteinschätzung unterstützen?
o) Achtet das Schulpersonal darauf, dass die Bewertungen keine Urteile über Fähigkeiten oder Potenziale der Schüler*innen enthalten, die die Erwartungen an sie senken oder ihre Chancen verringern?
p) Werden staatliche Prüfungen so angepasst, dass Schüler*innen mit Beeinträchtigungen nicht benachteiligt sind, etwa indem man mehr Zeit, technische Hilfsmittel oder Dolmetscher*innen zur Verfügung stellt?
q) Sind die Eltern/Erziehungsberechtigten in den Prozess der Leistungsrückmeldung einbezogen?
r) Gestalten Lehrpersonen ihre Leistungsrückmeldungen in vielfältiger Weise, sodass sie den unterschiedlichen Persönlichkeiten, Interessen und Fertigkeiten Rechnung tragen?
s) Werden Gruppenarbeiten regelmäßig von den Lehrpersonen sowie Schüler*innen gemeinsam bewertet?
t) Fühlen sich Schüler*innen und Eltern/Erziehungsberechtigte über die Bedeutung und Auswirkung zentraler Lernstanderhebungen informiert?
u) Werden die Schüler*innen darüber informiert, was es für sie bedeutet, Prüfungen in einer bestimmten Leistungsstufe abzulegen, und wie dies von anderen, unter anderem von potenziellen Arbeitgebern, wahrgenommen wird?
v) Werden die Leistungsbewertungen verschiedener Gruppen von Kindern und Jugendlichen (Jungen, Mädchen, ethnische Minderheiten, Kinder und Jugendliche mit Beeinträchtigungen) regelmäßig dokumentiert und reflektiert, sodass spezifische Barrieren für das Lernen erkannt, untersucht und abgebaut werden können?
w) Werden Leistungsbewertungen in Zusammenarbeit mit den Schüler*innen erstellt, und verdeutlichen sie alle ihre Kompetenzen, Kenntnisse und Erfahrungen?

C2.8 Der Umgang miteinander baut auf gegenseitiger Achtung auf.

A1.4 Schulpersonal und Schüler*innen gehen respektvoll miteinander um.
B2.7 Die Schule vermeidet es, Ausschluss als Konsequenz von Regelverstößen einzusetzen.

a) Spiegelt die Art und Weise, wie Kinder, Jugendliche und Erwachsene miteinander umgehen, die positive und respektvolle Kultur der Schule wider?
b) Bestärken gemeinsame Regeln Erwachsene, Kinder und Jugendliche darin, ihr eigenes Verhalten zu reflektieren?
c) Helfen die Schüler*innen den Lehrpersonen, eine gute Atmosphäre für das Lernen zu schaffen?
d) Unterstützen sich die Mitglieder des Schulpersonals gegenseitig darin, ohne Aggressivität selbstbewusst aufzutreten?
e) Unterstützten sich Lehrpersonen gegenseitig, wenn die Einhaltung gemeinsamer Regeln in einigen Klassen besonders herausfordernd ist?
f) Tauschen sich die Mitglieder des Schulpersonals regelmäßig über ihre Erfahrungen und Kenntnisse aus, um gemeinsam Lösungen für herausfordernde Situationen zu finden?
g) Wird erkannt, dass Disziplin ein gutes Verhältnis zu den Schüler*innen voraussetzt?
h) Wird gesehen, dass keine gute Arbeitsatmosphäre entstehen kann, solange sich Kinder, Jugendliche und Erwachsene als gegnerische Parteien fühlen?
i) Vermeidet es das Schulpersonal, zu vermitteln, dass die Schüler*innen Autoritäten blind folgen sollten?
j) Entspricht das Verhalten, das von den Schüler*innen im Unterricht erwartet wird, der Werteorientierung, die gemeinsam mit dem Schulpersonal, den Eltern und Erziehungsberechtigten sowie Schüler*innen entwickelt wurde?
k) Erkennen die Kinder und Jugendlichen, dass zum Lernen innerhalb und außerhalb des Unterrichts ähnliche Verhaltensweisen erforderlich sind?
l) Können Schulpersonal und Schüler*innen ohne Unbehagen dazu stehen, wenn sie etwas nicht wissen oder einen Fehler gemacht haben?
m) Wird mit den Schüler*innen beraten, was gegen Unaufmerksamkeit im Unterricht getan werden kann?
n) Unterscheiden die Erwachsenen, Kinder und Jugendlichen zwischen beschäftigtem Gemurmel und störendem Reden?
o) Sprechen die Kinder und Jugendlichen leiser, wenn sie darum gebeten werden, sodass alle besser lernen können?
p) Erkennen die Kinder und Jugendlichen an, dass es für jede Person wichtig ist, einmal im Zentrum der Aufmerksamkeit zu stehen?
q) Helfen die Kinder und Jugendlichen, andere zu beruhigen, wenn sie unruhig sind oder stören, statt sie anzustacheln?
r) Wenn mehrere Erwachsene im Raum sind, tragen sie die Verantwortung für die Lernsituation gemeinsam?
s) Gibt es bei extrem herausforderndem Verhalten klare Regeln, auf die sich Schüler*innen und Lehrpersonen verständigt haben?
t) Haben die Kinder und Jugendlichen das Gefühl, dass unabhängig von Geschlecht, sozialer Schicht und ethnischer Herkunft fair mit ihnen umgegangen wird?
u) Wird es von Mitgliedern des Schulpersonals und Schüler*innen als ungerecht erkannt, wenn Jungen oder Mädchen mehr Aufmerksamkeit erhalten bzw. im Klassen- oder Gruppengespräch mehr Redezeit bekommen?
v) Helfen die Kinder und Jugendlichen dabei, Streit in der Klasse zu schlichten?
w) Haben die Kinder und Jugendlichen die Möglichkeit, an Streitschlichtungsprogrammen teilzunehmen, und werden sie dazu ermutigt?

C2.9 Die Mitglieder des Schulpersonals planen, gestalten, reflektieren im Team und lernen voneinander.

A1.2 Das Schulpersonal arbeitet konstruktiv zusammen.
C2.10 Das Schulpersonal entwickelt gemeinsame Ressourcen, die das Lernen unterstützen.

a) Arbeiten Lehrpersonen und weiteres pädagogisches Personal bei der Planung von Lernangeboten zusammen?
b) Planen Lehrpersonen und weiteres pädagogisches Personal Lernangebote so, dass die Anwesenheit aller Erwachsenen in der Klasse voll genutzt wird?
c) Wird bei der Planung das Wissen von Assistenzpersonen berücksichtigt, die Einblick haben, wie Schüler*innen auf verschiedene Lehrpersonen ansprechen?
d) Beziehen die Lehrpersonen bei der Planung des Unterrichts auch die Kompetenzen ihrer Kolleg*innen mit ein?
e) Wird Co-Teaching als Chance betrachtet, voneinander zu lernen?
f) Unterstützen sich die Mitglieder des Schulpersonals gegenseitig beim Umgang mit Technik wie Computern und interaktiven Whiteboards?
g) Beschäftigen sich die Mitglieder des Schulpersonals mit inklusiven Praktiken in anderen Schulen, um die eigene Praxis zu verbessern?
h) Greift das Schulpersonal Ideen von Kolleg*innen aus der Aus- und Weiterbildung oder der Hochschulbildung auf?
i) Reflektiert das gesamte pädagogische Personal sein professionelles Handeln vor dem Hintergrund inklusiver Werte?
j) Werden Beobachtung und gemeinsame Reflexion genutzt, um das Lernen und Lehren zu verbessern?
k) Nehmen die Mitglieder des Schulpersonals Lernsituationen gegenseitig auf Video auf, um sie dann gemeinsam zu reflektieren?
l) Schätzen die Lehrpersonen gegenseitige Kritik, z. B. in Bezug auf die Verständlichkeit der Sprache bei Erklärungen und Formen der Unterrichtsbeteiligung von Schüler*innen?
m) Verändern Lehrpersonen ihr professionelles Handeln aufgrund der Rückmeldungen von Kolleg*innen?
n) Helfen sich Mitglieder des Schulpersonals gegenseitig dabei, Lernen und Unterstützung aus der Perspektive der Schüler*innen zu sehen?
o) Haben die Mitglieder des Schulpersonals die Gelegenheit, einzelne Schüler*innen oder Gruppen von Schüler*innen einen Tag lang im Unterricht mit verschiedenen Lehrpersonen zu beobachten, um besser zu verstehen, wie sie lernen?
p) Tragen die Kolleg*innen im Team gemeinsam die Verantwortung dafür, dass alle Schüler*innen an den Lernaktivitäten teilhaben können?
q) Beteiligt sich das Schulpersonal an einer gemeinsamen Lösung mit anderen (innerhalb und außerhalb der Schule), wenn die Entwicklung einzelner Schüler*innen oder einer Gruppe Anlass zur Sorge gibt?
r) Fühlen sich die Mitglieder des Schulpersonals sicher genug, um einander zu widersprechen, wenn über die Ursache von Problemen gesprochen wird?
s) Ermutigen sich die Mitglieder des Schulpersonals gegenseitig, neue Ansätze und Aktivitäten auszuprobieren?
t) Reflektieren die Mitglieder des Schulpersonals ihre eigenen Gefühle zur Lernentwicklung einzelner Schüler*innen und fragen sie sich, wie diese das Lernen und die Teilhabe behindern oder unterstützen?

C2.10 Das Schulpersonal entwickelt gemeinsame Ressourcen, die das Lernen unterstützen.

C2.14 Die Ressourcen im Umfeld der Schule sind bekannt und werden genutzt.

a) Gibt es in der Schule einen Ort, an dem das Schulpersonal Informationen zu Materialien, Büchern und Websites hinterlegt?
b) Verbindet die Website der Schule die Interessen von Schulpersonal, Schüler*innen sowie Eltern/Erziehungsberechtigten?
c) Ist die Schule über ihre Website mit anderen Schulen im lokalen oder nationalen Umfeld und in anderen Ländern verbunden?
d) Gestalten Schulpersonal und Schüler*innen gemeinsam eine Zeitung über Ereignisse, die ihnen wichtig sind, und wird sie auch für Lernaktivitäten genutzt?
e) Werden Klassenräume als anregende Lernumgebung gestaltet, die das Wissen und die Interessen von Erwachsenen, Kindern und Jugendlichen widerspiegelt und von anderen Klassen als anregendes Lernumfeld genutzt werden kann?
f) Stehen Pflanzen, Insektenvivarien, Komposter u. Ä. einer Klasse auch anderen Klassen zur Verfügung?
g) Können Spielgeräte oder -materialien, die dazu gedacht sind, die Fantasie jüngerer Kinder anzuregen, auch von älteren Kindern und Jugendlichen genutzt werden?
h) Arbeiten die Mitglieder des Schulpersonals beim Anlegen eines Schulgartens, Obstgartens oder Schrebergartens zusammen?
i) Haben Erwachsene, Kinder und Jugendliche einen speziellen Bereich, Raum oder Schuppen zum Geschichtenerzählen?
j) Arbeiten Erwachsene, Kinder und Jugendliche zusammen an der Erstellung einer Sammlung von Objekten für das Schulmuseum und den dazugehörigen Geschichten?
k) Ist die Schulbibliothek so organisiert, dass sie das Lernen aller unterstützt?
l) Organisiert das Schulpersonal die Schulbibliothek so, dass sie das eigenständige Lernen der Kinder und Jugendlichen unterstützt?
m) Gibt es eine leicht zugängliche Sammlung von Videos und Musik?
n) Ist das Bibliothekspersonal an der Planung und Gestaltung von Lernangeboten beteiligt?
o) Werden interessante Sendungen aus Fernsehen und Internet systematisch aufgezeichnet, gespeichert und gemeinsam genutzt?
p) Haben die Kinder und Jugendlichen Zugang zu E-Books und E-Book-Readern?
q) Gibt es eine Auswahl guter Belletristik und Sachliteratur, die der Vielfalt der Kinder und Jugendlichen gerecht wird?
r) Sind Bücher in den Sprachen verfügbar, die die Kinder und Jugendlichen beherrschen und lernen?
s) Gibt es angemessen angepasste Materialien für Kinder und Jugendliche mit Beeinträchtigung, z. B. in Großdruck, Brailleschrift oder als Hörkassette?
t) Können Schüler*innen ein Puppentheater und verschiedene kleine und große Handpuppen nutzen?
u) Reflektiert das Schulpersonal kritisch den Einsatz von Schulbüchern?

C2.11 Das zusätzliche, unterstützende Personal setzt sich für das Lernen und die Teilhabe aller Schüler*innen ein.

A1.2 Das Schulpersonal arbeitet konstruktiv zusammen.
B1.4 Die Kompetenzen und Kenntnisse des Schulpersonals sind bekannt und werden genutzt.

a) Ist das unterstützende Personal nicht einzelnen Schüler*innen, sondern einer Klasse oder inhaltlichen Bereichen zugeordnet?
b) Sieht es das unterstützende Personal als seine Aufgabe an, die Teilhabe aller Kinder und Jugendlichen zu unterstützen?
c) Zeigen die Mitglieder des unterstützenden Personals, dass sie selbst auch Lernende mit verschiedenen Interessen sind?
d) Hat das unterstützende Personal das Ziel, dass die Schüler*innen unabhängig von ihrer unmittelbaren Unterstützung werden?
e) Hat das unterstützende Personal das Ziel, dass die Schüler*innen unabhängig werden von ihrer unmittelbaren Unterstützung?
f) Bringt das unterstützende Personal ein besonderes Verständnis für die Barrieren von Lernen und Teilhabe in der Schule ein?
g) Bringt das unterstützende Personal besonderes Wissen über das lokale Umfeld der Schule und seine Gemeinschaften ein?
h) Ist das unterstützende Personal an der Planung und Reflexion von Lernaktivitäten beteiligt?
i) Vermeidet es das unterstützende Personal, sich in die Beziehungen der Schüler*innen mit Gleichaltrigen sowie mit anderen Mitgliedern des Schulpersonals einzumischen?
j) Sind die Lernbereiche so gestaltet, dass Lehrpersonen und unterstützendes Personal mit Einzelnen und mit Gruppen darin arbeiten können?
k) Werden Anstrengungen unternommen, sowohl Männer als auch Frauen als unterstützendes Personal zu gewinnen?
l) Wird die Sichtweise des unterstützenden Personals über die Art der von ihm erwarteten Aufgaben eingeholt?
m) Hat das unterstützende Personal die Möglichkeit, sich bei der Gestaltung seiner Rolle und seiner Tätigkeitsbereiche zu beteiligen?
n) Kennen alle Lehrpersonen die Rolle und die Aufgabenbereiche des unterstützenden Personals?
o) Werden die Mitglieder des unterstützenden Personals für ihre gesamte Arbeitszeit bezahlt, also auch für die Teilnahme an Treffen, die Vorbereitung von Unterrichtsmaterialien und Fortbildungen?
p) Werden die unterschiedlichen Berufsbilder des zusätzlich unterstützenden Personals bei der Zuweisung zu den Klassen berücksichtigt (z. B. Integrationslehrpersonen, Mitarbeiter*innen für Integration, pädagogische Mitarbeiter*innen, Schulhelfer*innen, Gemeindehelfer*innen, persönliche Assistent*innen)?
q) Sind Personen mit Beeinträchtigung als unterstützendes Personal an der Schule willkommen?
r) Verfolgen persönliche Assistent*innen dieselben Ziele wie Lehrpersonen und anderes unterstützendes Personal, indem sie die Schüler*innen bei gemeinsamen Aktivitäten mit anderen innerhalb und außerhalb des Unterrichts unterstützen?
s) Werden Kinder und Jugendliche mit Beeinträchtigung gefragt, welche Unterstützung sie brauchen und wie die Person sein sollte, die sie leistet?
t) Wird anerkannt, dass persönliche Assistent*innen und unterstützendes Personal manchmal die Interessen einzelner Schüler*innen vertreten müssen?
u) Wird wahrgenommen, dass manche Kinder und Jugendliche mit Beeinträchtigung eher eine*n persönliche*n Assistent*in benötigen als unterstützendes Personal?

C2.12 Hausaufgaben tragen zum Lernen aller Kinder und Jugendlichen bei.

C2.7 Beurteilungen und Rückmeldungen stärken die Leistungen aller Schüler*innen.
C2.1 Die Lernaktivitäten werden mit Blick auf die Vielfalt aller Schüler*innen geplant.

a) Beschäftigt sich das Schulpersonal damit, unter welchen Umständen Hausaufgaben das Lernen fördern bzw. beeinträchtigen?
b) Beschäftigt sich das Schulpersonal damit, ob es ein Mindestalter gibt, unter dem Hausaufgaben in der Regel nicht sinnvoll sind?
c) Kann das Schulpersonal einschätzen, was die Kinder und Jugendlichen zu Hause lernen, wenn sie keine Hausaufgaben machen?
d) Werden Hausaufgaben ausschließlich gestellt, um das Lernen zu unterstützen, und nicht aus anderen Gründen, z. B. um Arbeitsroutinen einzuüben?
e) Bespricht das Schulpersonal mit Eltern/Erziehungsberechtigten und Schüler*innen, wie Hausaufgaben an der Schule eingesetzt werden?
f) Reflektieren alle an der Schulgemeinschaft Beteiligten das Hausaufgabenkonzept der Schule?
g) Haben die Lehrpersonen eine genaue Vorstellung davon, wie lange die Schüler*innen zur Erledigung der Hausaufgaben brauchen?
h) Sind Hausaufgaben individualisiert, um die Kenntnisse und Fertigkeiten aller Kinder und Jugendlichen zu erweitern?
i) Sucht das Schulpersonal nach Möglichkeiten, die Schüler*innen zur Verfolgung eigener Interessen anzuregen, anstatt Hausaufgaben aufzugeben?
j) Sprechen sich die Lehrpersonen miteinander ab, um sinnvolle Hausaufgaben zu stellen?
k) Sind Hausaufgaben Teil der Planung von Lernangeboten für das betreffende Halbjahr oder Schuljahr?
l) Überprüfen die Lehrpersonen, ob alle Schüler*innen verstehen, worin die Hausaufgabe besteht?
m) Haben die Kinder und Jugendlichen bei den Hausaufgaben eine Auswahlmöglichkeit, sodass sie sie sinnvoll mit der Entwicklung ihrer Kenntnisse und eigenen Interessen verbinden können?
n) Werden die Hausaufgaben verändert, wenn sich im Gespräch herausstellt, dass sie für einige Kinder und Jugendliche nicht sinnvoll oder angemessen sind?
o) Können die Kinder und Jugendlichen ihr Lernpensum erweitern, indem sie sich eigene Hausaufgaben stellen?
p) Bestärken Hausaufgaben die Kinder und Jugendlichen darin, Verantwortung für ihr Lernen zu übernehmen?
q) Weiß das Schulpersonal, welche Schüler*innen ihre Hausaufgaben mit bzw. ohne Hilfe von Geschwistern, Eltern oder Erziehungsberechtigten erledigen?
r) Weiß das Schulpersonal, welche Schüler*innen zu Hause Bücher und einen Computer für ihre Hausaufgaben nutzen können?
s) Macht das Schulpersonal alternative Angebote für Schüler*innen, die zu Hause keine Unterstützung haben?
t) Gibt es Möglichkeiten, Hausaufgaben in der Schule zu erledigen – etwa in der Mittagspause oder außerhalb der regulären Schulzeiten – und dabei Hilfe zu bekommen?
u) Können die Kinder und Jugendlichen die Hausaufgaben nutzen, um ein spezielles Interessengebiet über eine längere Zeit zu bearbeiten?
v) Werden die Kinder und Jugendlichen ermutigt, bei den Hausaufgaben zusammenzuarbeiten?
w) Gibt es die Möglichkeit, die Hausaufgaben auf verschiedene Weise zu erfüllen?
x) Können sich die Kinder und Jugendlichen bei der Erledigung der Hausaufgaben selbstverantwortlich ihre Zeit organisieren?

C2.13 Aktivitäten, die über das formale Lernen hinausgehen, sind für alle Kinder und Jugendlichen zugänglich.

C2.14 Die Ressourcen im Umfeld der Schule sind bekannt und werden genutzt.

a) Wird vor der Schule, in der Mittagspause und nach der Schule eine breite Auswahl an Aktivitäten angeboten?
b) Werden die Spiele in den Pausen und die Spielzeiten den Interessen aller Kinder und Jugendlichen gerecht?
c) Lernen die Kinder und Jugendlichen ein Repertoire an Pausenspielen, damit sich niemand ausgeschlossen fühlt?
d) Werden bei den Angeboten in den Pausen sowie vor und nach der Schule die Wünsche der Kinder und Jugendlichen berücksichtigt?
e) Gibt es Möglichkeiten zum gemeinsamen Lernen von Erwachsenen, Kindern und Jugendlichen, z. B. von Fremdsprachen, Umgang mit dem Computer oder Lese- und Schreibkompetenz?
f) Ist eine Transportmöglichkeit vorgesehen, um Kindern, die von weit herkommen, die Teilnahme an Aktivitäten vor oder nach der regulären Schulzeit zu ermöglichen?
g) Werden alle Kinder und Jugendlichen dazu angeregt, an Arbeitsgruppen mit Musik, Theater und Sport teilzunehmen?
h) Wird versucht, Aktivitäten, bei denen ein Geschlecht stark überwiegt, für alle Kinder und Jugendlichen attraktiv zu machen?
i) Können die Kinder und Jugendlichen – unabhängig von ihrem Geschlecht – an allen Aktivitäten teilnehmen?
j) Gibt es die Möglichkeit für reine Jungen- und Mädchengruppen, wenn gemischte Gruppen, z. B. aus kulturellen oder religiösen Gründen, nicht gewünscht werden?
k) Werden Kinder und Jugendliche davon abgehalten, den ganzen Platz auf dem Schulhof für sich zu beanspruchen, z. B. für Fußball?
l) Enthalten Sportfeste auch solche Aktivitäten, an denen jede(r) teilnehmen kann, unabhängig von Leistungsniveau oder Beeinträchtigung?
m) Spiegelt die Gruppe der Kinder und Jugendlichen, die ihre Klasse oder Schule bei Sportveranstaltungen, Theateraufführungen oder anderen Aktivitäten vertritt, die Vielfalt der Kinder und Jugendlichen in der Schule wider?
n) Wird bei Schulfahrten ins Ausland den unterschiedlichen Interessen der Kinder und Jugendlichen in der Schule Rechnung getragen?
o) Macht die Schule Schulfahrten – auch ins Ausland – für alle Kinder und Jugendlichen zugänglich, unabhängig von etwaigen Beeinträchtigungen der Schüler*innen, dem Einkommen der Eltern/Erziehungsberechtigten oder Visumsbeschränkungen?
p) Wird allen Kindern und Jugendlichen die Möglichkeit gegeben, an Aktivitäten außerhalb der Schule teilzunehmen?
q) Gibt die Schule allen Kindern und Jugendlichen die Möglichkeit, an Aktivitäten teilzunehmen, die den lokalen Gemeinschaften nützen und sie unterstützen?

C2.14 Die Ressourcen im Umfeld der Schule sind bekannt und werden genutzt.

C1.1 bis C1.13 und C2.1 bis C2.13

a) Tragen Mitglieder lokaler Gruppierungen etwas zu den Lernangeboten in der Schule bei?
b) Tragen Eltern/Erziehungsberechtigte und andere Menschen aus dem Umfeld etwas zu den Lernangeboten bei?
c) Unterstützen örtliche Vereine, Einrichtungen und Organisationen das Lernen außerhalb der Schule?
d) Engagieren sich Menschen aus dem Umfeld als Mentor*innen, um Kinder und Jugendliche zu unterstützen, die Barrieren beim Lernen erleben?
e) Besteht ein Bewusstsein dafür, dass bestimmte Erwachsene, z. B. Menschen mit Beeinträchtigungen, fahrende Menschen und Personen mit Kompetenzen in Minderheitensprachen, eine besondere Rolle bei der Unterstützung von Kindern und Jugendlichen übernehmen können?
f) Werden Ressourcen, die es bei einzelnen Kindern und Jugendlichen zu Hause gibt, gelegentlich auch anderen Kindern und Jugendlichen zugänglich gemacht, z. B. spezielle Kenntnisse und Fähigkeiten, Computer und Nachschlagewerke oder Schrebergärten?
g) Gibt es eine regelmäßig aktualisierte und für das Schulpersonal leicht zugängliche Übersicht über Ressourcen in der Umgebung, die beim Lernen und Lehren unterstützend eingebunden werden können?

Mögliche Ressourcen

- Aktionstage, die auf die Diskriminierung bestimmter Gruppen in der Gesellschaft aufmerksam machen (z. B. Christopher Street Day, internationaler Tag der Menschen mit Behinderung)
- Bahnhöfe, Busbahnhöfe, Flughäfen, Häfen
- Behindertenorganisationen
- Eltern/Erziehungsberechtigte und Personen aus dem Umfeld
- Bibliotheken
- Bürgerberatungsstellen
- Chöre
- Entsorgungsdienste und Recyclinghöfe
- Organisationen ethnischer Minderheiten
- Gärtnereien
- Geburtshäuser
- Regierungs-, Ratsmitglieder und Mitglieder politischer Parteien
- Gemeindegruppen und -vereine
- Geschäfte und andere Betriebe
- Gewerkschaften
- Hebammen, Sozialarbeiter*innen
- Jugendgruppen
- Karitative Einrichtungen
- Kinos
- Kultur- und Denkmalschutzbehörden
- Kunstgalerien
- Landschaftsbehörden
- Landwirtschaftsbetriebe im städtischen und ländlichen Umfeld
- Lokale Behörden/Jugendämter
- Lokale Veranstaltungen und Ausstellungen
- Organisationen von LGTB-Personen
- Parks und Gärten
- Politiker*innen und politische Parteien
- Polizei, Feuerwehr, Krankenhäuser
- Poststellen
- Religiöse Zentren
- Rettungsdienste
- Schrebergärten
- Schulen, Ausbildungseinrichtungen und Hochschulen
- Schwimmbäder
- Seniorenheime und -tagesstätten
- Sportvereine und Sporteinrichtungen
- Stadtwerke
- Straßenkünstler
- Tanzeinrichtungen/Tanzgruppen
- Telefongesellschaften/Mobilfunkbetreiber
- Theater/Theatergruppen
- Umweltgruppen
- Universität
- Weiterbildungseinrichtungen
- Yoga- und Meditationszentren

usw.

Teil 5

Planungsrahmen und Fragebögen

Teil 5 des Index enthält einen Planungsrahmen und vier Fragebögen. Das Raster wurde hier aufgenommen, damit es leicht kopiert und beim Erstellen eines Entwicklungsplans genutzt werden kann. So können Veränderungen in verschiedenen Dimensionen und Bereichen des Index vorgenommen werden, die sich gegenseitig unterstützen (siehe Arbeitsanregung 13 auf S. 87).

Die Fragebögen können verwendet werden, um Eltern, Kinder und Jugendliche zu befragen, welche Veränderungen sie sich in ihrer Schule wünschen. Sie können dabei helfen, eine größere Gruppe von Personen in die Bestandsaufnahme und das Planen von Veränderungen mit einzubeziehen. Am besten ist es, die Fragebögen für den eigenen Kontext sprachlich und inhaltlich anzupassen und sie begleitend in den Gesprächen einzusetzen, um die Beteiligung von Schulpersonal, Schulgremien, Eltern und Erziehungsberechtigten, Kindern und Jugendlichen und anderen an der Schule Beteiligten zu vertiefen.

Fragebogen 1 wird in der Regel für Lehrpersonen und weiteres Schulpersonal sowie für die Mitglieder schulischer Gremien eingesetzt. Eltern und Kinder, die sich für die Struktur des Index und den Zusammenhang zwischen Indikatoren und Fragen interessieren, können ihn bei ihrer Beschäftigung mit den Index-Materialien ebenfalls verwenden. Fragebogen 2 richtet sich an Eltern und Erziehungsberechtigte, Fragebogen 3 und 4 an Kinder und Jugendliche. Die Sprache in Fragebogen 3 mag auf Jugendliche kindlich wirken. Man kann ihnen erklären, dass er so formuliert wurde, damit er für alle Altersgruppen verständlich ist; er kann auch an die Sprache der Jugendlichen angepasst werden. Fragebogen 4 wurde für die Verwendung mit jüngeren Kindern angepasst.

Überblick

Planungsrahmen

Bitte tragen Sie auf dem Blatt Ihre Punkte für eine mögliche Veränderung so ein, wie es Ihnen sinnvoll erscheint. Achten Sie bitte darauf, wie Veränderungen in einem Bereich von Veränderungen in anderen Bereichen unterstützt werden müssen, um nachhaltig zu wirken. Sie können bei Ihren Vorschlägen von einem Indikator, einer Frage oder einer Gruppe von Fragen ausgehen – oder selbst Hindernisse für Lernen und Teilhabe benennen sowie die Mittel, die zu ihrer Überwindung nötig sind. Wenn dieses Blatt in einem Workshop genutzt wird, können Sie angeben, welche Rolle Sie in der Schule haben:

PLANUNGSRAHMEN	
Inklusive Kulturen schaffen	
Eine Gemeinschaft bilden	Inklusive Werte verankern
Inklusive Strukturen etablieren	
Eine Schule für alle entwickeln	Unterstützung koordinieren
Inklusive Praktiken entwickeln	
Curricula für alle erstellen	Lernen orchestrieren

Fragebogen 1: Indikatoren

Bitte geben Sie hier an, welche Rolle Sie an der Schule haben (Elternteil, Lehrperson etc.):

___

Bitte kreuzen Sie an, was Ihre Meinung am besten wiedergibt!			Trifft vollständig zu	Trifft eher zu	Trifft eher nicht zu	Trifft gar nicht zu	Benötige mehr Infos/weiß nicht
Dimension A – Inklusive Kulturen schaffen							
A1: Eine Gemeinschaft bilden	1	Jede*r fühlt sich willkommen.					
	2	Das Schulpersonal arbeitet konstruktiv zusammen.					
	3	Kinder und Jugendliche arbeiten konstruktiv zusammen.					
	4	Schulpersonal und Schüler*innen gehen respektvoll miteinander um.					
	5	Schulpersonal und Eltern/Erziehungsberechtigte kooperieren.					
	6	Schulpersonal und schulische Gremien arbeiten konstruktiv zusammen.					
	7	Die Schule ist ein Modell für demokratisches Zusammenleben.					
	8	Die Schule öffnet den Blick für die wechselseitigen Beziehungen zwischen Menschen weltweit.					
	9	Erwachsene, Kinder und Jugendliche gehen auf unterschiedliche Formen von Geschlechtsidentität ein.					
	10	Die Schule und ihr lokales Umfeld unterstützen sich gegenseitig in ihrer Entwicklung.					
	11	Das Schulpersonal verbindet das Bildungsangebot in der Schule mit den Lebenswelten der Schüler*innen.					
A2: Inklusive Werte verankern	1	Die Schulgemeinschaft verständigt sich über gemeinsame inklusive Werte.					
	2	Die Schulgemeinschaft setzt sich für die Achtung der Menschenrechte ein.					
	3	Die Schulgemeinschaft setzt sich für den Schutz der Umwelt ein.					
	4	Inklusion wird als Möglichkeit gesehen, die Teilhabe aller zu entwickeln.					
	5	An jedes Kind und jede*n Jugendliche*n werden hohe Erwartungen gestellt.					
	6	Alle Kinder erfahren die gleiche Wertschätzung.					
	7	Die Schulgemeinschaft tritt jeder Form von Diskriminierung entgegen.					
	8	Die Schulgemeinschaft setzt sich für ein gewaltfreies Miteinander und eine friedliche Konfliktlösung ein.					
	9	Die Schulgemeinschaft unterstützt Kinder, Jugendliche und Erwachsene bei der Entwicklung einer positiven Beziehung zu sich selbst.					
	10	Die Schulgemeinschaft trägt zur Gesundheit und zum Wohlbefinden der Kinder, Jugendlichen und Erwachsenen bei.					

Bitte kreuzen Sie an, was Ihre Meinung am besten wiedergibt!			Trifft vollständig zu	Trifft eher zu	Trifft eher nicht zu	Trifft gar nicht zu	Benötige mehr Infos/weiß nicht
Dimension B – Inklusive Strukturen etablieren							
B1: Eine Schule für alle entwickeln	1	Die Schule entwickelt sich partizipativ weiter.					
	2	Die Schule hat ein inklusives Verständnis von Leitung.					
	3	Personalentscheidungen sind transparent und vermeiden jede Form von Diskriminierung.					
	4	Die Kompetenzen und Kenntnisse des Schulpersonals sind bekannt und werden genutzt.					
	5	Die Schule unterstützt neues Schulpersonal, sich in der Schule einzuleben.					
	6	Die Schule nimmt alle Kinder und Jugendlichen aus ihrem Einzugsbereich auf.					
	7	Die Schule unterstützt neu angekommene Kinder und Jugendliche, sich in der Schule einzuleben.					
	8	Die Schule organisiert Lerngruppen so, dass die Vielfalt abgebildet und das Lernen aller unterstützt wird.					
	9	Die Schule begleitet die Übergänge von Schüler*innen.					
	10	Die Schule ist für alle Menschen barrierefrei zugänglich.					
	11	Die Gebäude und das Gelände werden so gestaltet, dass die Teilhabe aller unterstützt wird.					
	12	Die Schule verringert ihren CO_2-Fußabdruck und ihren Wasserverbrauch.					
	13	Die Schule trägt zur Müllvermeidung bei.					
B2: Unterstützung für Vielfalt organisieren	1	Die Schule reflektiert den Unterstützungsbegriff und koordiniert die verschiedenen Formen der Unterstützung.					
	2	Weiterbildungen unterstützen das Schulpersonal, auf die Vielfalt der Schüler*innen einzugehen.					
	3	Ressourcen zum Sprachenlernen stärken die Mehrsprachigkeit der Einzelnen und der ganzen Schule.					
	4	Die Schule unterstützt Kontinuität in der Begleitung von Kindern und Jugendlichen in Fremdunterbringung.					
	5	Die Schule reflektiert ihren Umgang mit einem zugeschriebenen sonderpädagogischen Förderbedarf bzw. individuellen Bildungsbedarf kritisch und setzt entsprechende Maßnahmen inklusiv um.					
	6	Die Schule versteht den Umgang mit herausforderndem Verhalten als ein gemeinsames Anliegen aller Beteiligten.					
	7	Die Schule vermeidet es, Ausschluss als Konsequenz von Regelverstößen einzusetzen.					
	8	Die Schule erkennt die Gründe für das Fernbleiben von Schüler*innen und entwickelt Strategien, um allen einen regelmäßigen Schulbesuch zu ermöglichen.					
	9	Die Schule setzt sich aktiv gegen Mobbing ein.					

Bitte kreuzen Sie an, was Ihre Meinung am besten wiedergibt!			Trifft vollständig zu	Trifft eher zu	Trifft eher nicht zu	Trifft gar nicht zu	Benötige mehr Infos/weiß nicht
Dimension C – Inklusive Praktiken entwickeln							
C1: Curricula für alle erstellen	1	Die Kinder und Jugendlichen erkunden die Zyklen der Nahrungserzeugung und des Nahrungsverbrauchs.					
	2	Die Kinder und Jugendlichen erkunden die Wichtigkeit von Wasser.					
	3	Die Kinder und Jugendlichen beschäftigen sich mit Kleidung und Schmuck.					
	4	Die Kinder und Jugendlichen erforschen den Bereich »Wohnen und Gebäude«.					
	5	Die Kinder und Jugendlichen beschäftigen sich mit Mobilität und Migration von Menschen.					
	6	Die Kinder und Jugendlichen setzen sich mit Gesundheit und Beziehungen auseinander.					
	7	Die Kinder und Jugendlichen befassen sich mit der Erde, dem Sonnensystem und dem Universum.					
	8	Die Kinder und Jugendlichen setzen sich mit den ökologischen Zusammenhängen auseinander.					
	9	Die Kinder und Jugendlichen erforschen Energieressourcen.					
	10	Die Kinder und Jugendlichen befassen sich mit Kommunikation und Kommunikationstechnologie.					
	11	Die Kinder und Jugendlichen befassen sich mit Literatur, Kunst und Musik und werden selbst kreativ.					
	12	Die Kinder und Jugendlichen setzen sich mit dem Thema »Arbeit« und der Entwicklung eigener Interessen auseinander.					
	13	Die Kinder und Jugendlichen setzen sich mit Fragen der Ethik, Politik und Macht auseinander.					
C2: Das Lernen orchestrieren	1	Die Lernaktivitäten werden mit Blick auf die Vielfalt aller Schüler*innen geplant.					
	2	Die Lernaktivitäten stärken die Teilhabe aller Schüler*innen.					
	3	Die Schüler*innen werden zu selbstbewusstem, kritischem Denken ermutigt.					
	4	Die Schüler*innen gestalten ihr eigenes Lernen aktiv mit.					
	5	Die Schüler*innen lernen voneinander und miteinander.					
	6	Die Schüler*innen entwickeln ein Verständnis für Gemeinsamkeiten und Unterschiede zwischen Menschen.					
	7	Rückmeldungen und Bewertungen stärken die Lernprozesse und die Leistungen aller Schüler*innen.					
	8	Der Umgang miteinander baut auf gegenseitiger Achtung auf.					
	9	Die Mitglieder des Schulpersonals planen, gestalten, reflektieren im Team und lernen voneinander.					
	10	Das Schulpersonal entwickelt gemeinsame Ressourcen, die das Lernen unterstützen.					
	11	Unterrichtshelfer*innen unterstützen das Lernen und die Teilhabe aller Kinder.					
	12	Hausaufgaben tragen zum Lernen aller Kinder und Jugendlichen bei.					
	13	Aktivitäten, die über das formale Lernen hinausgehen, sind für alle Kinder und Jugendlichen zugänglich.					
	14	Die Ressourcen im Umfeld der Schule sind bekannt und werden genutzt.					

Diese drei Dinge gefallen mir in der Schule am besten:

1.

2.

3.

Diese drei Dinge würde ich gerne ändern:

1.

2.

3.

Fragebogen 2: Die Schule meines Kindes

	Bitte kreuzen Sie an, was Ihre Meinung am besten wiedergibt!	Trifft vollständig zu	Trifft eher zu	Trifft eher nicht zu	Trifft gar nicht zu	Benötige mehr Infos/weiß nicht
Inklusive Kulturen						
1	Ich fühle mich an der Schule willkommen.					
2	Erwachsene und Kinder/Jugendliche gehen respektvoll miteinander um.					
3	Ich habe den Eindruck, dass die Lehrpersonen konstruktiv miteinander arbeiten.					
4	Wir Eltern werden von den Lehrpersonen als Partner*innen in der Erziehung ernst genommen.					
5	Alle Familien werden von den Lehrpersonen gleich wertgeschätzt.					
6	Wenn ich Fragen habe, kann ich mich an die Lehrpersonen wenden.					
7	Die Schule bemüht sich, Kontakte unter den Eltern zu unterstützen.					
8	Ich fühle mich an der Schulentwicklung aktiv beteiligt.					
9	Wir Eltern fühlen uns in den Schulgremien gut vertreten und in unseren Anliegen ernst genommen.					
10	Mein Kind freut sich in der Regel auf die Schule.					
11	Mein Kind hat gute Freund*innen an der Schule.					
12	Ich habe den Eindruck, man traut meinem Kind zu, dass es viel lernen kann.					
13	Ich habe den Eindruck, dass alle Kinder/Jugendlichen wertgeschätzt werden.					
14	Kinder mit Beeinträchtigungen werden an der Schule angenommen und respektiert.					
15	An der Schule wird es als normal angesehen, dass Jugendliche und Erwachsene unterschiedliche Geschlechtsidentitäten haben.					
Inklusive Strukturen						
16	Die Schule informiert mich rechtzeitig und laufend über die geplanten Aktivitäten.					
17	Ich habe ausführliche Informationen erhalten, bevor ich mein Kind an dieser Schule eingeschrieben habe.					
18	Das Schulgebäude und der Schulhof sind sauber und gepflegt.					
19	Die Toiletten sind sauber und sicher.					
20	Ich habe den Eindruck, dass die Lehrpersonen gemeinsam nach Lösungen suchen, wenn es zu schwierigen Situationen kommt.					
21	Ich habe den Eindruck, dass die Schule ein gutes System hat, um Kinder/Jugendliche zu unterstützen, wenn sie ein Problem haben.					

	Bitte kreuzen Sie an, was Ihre Meinung am besten wiedergibt!	Trifft vollständig zu	Trifft eher zu	Trifft eher nicht zu	Trifft gar nicht zu	Benötige mehr Infos/weiß nicht
22	Ich habe den Eindruck, dass die Lehrpersonen vielfältige Methoden kennen und nutzen, um auf die individuellen Bedürfnisse der Kinder einzugehen.					
23	Alle Kinder, die hier in der Nähe wohnen, sind an der Schule willkommen.					
Inklusive Praktiken						
24	Ich habe den Eindruck, dass die Angebote der Schule so gestaltet sind, dass die individuellen Bedürfnisse aller Kinder berücksichtigt werden.					
25	Ich habe den Eindruck, dass die Zusammenarbeit der Kinder/Jugendlichen an dieser Schule als wichtig angesehen wird.					
26	Ich habe den Eindruck, dass es für die Lehrpersonen wichtig ist, dass mein Kind im Lernen selbstständig sein kann.					
27	Mein Kind ist nicht unter- oder überfordert.					
28	Mein Kind ist im Umgang mit Hausaufgaben selbstständig.					
29	Mein Kind besucht auch Nachmittagsveranstaltungen an der Schule, außerhalb der regulären Schulzeit.					
30	Beiträge von Eltern im Unterricht werden unterstützt und wertgeschätzt.					
31	Mein Kind lernt an der Schule, gewaltfrei mit Konflikten umzugehen.					
32	Mein Kind lernt an der Schule, was Demokratie bedeutet und erlebt es im Schulalltag.					
33	Mein Kind lernt, dass es wichtig ist, die Umwelt zu schützen.					

Diese drei Dinge gefallen mir an dieser Schule am besten:

1.

2.

3.

Diese drei Dinge würde ich an dieser Schule gerne ändern:

1.

2.

3.

Fragebogen 3: Meine Schule (für Kinder und Jugendliche)

Bitte kreuze an, was deine Meinung am besten wiedergibt!		Trifft zu	Trifft teilweise zu	Trifft nicht zu
Inklusive Kulturen				
1	Ich fühle mich in meiner Klasse wohl.			
2	Ich fühle mich an meiner Schule wohl.			
3	In der Schule habe ich einige gute Freunde			
4	Ich kann mit meinen Mitschüler*innen gut zusammenarbeiten.			
5	Ich fühle mich von meinen Lehrpersonen respektiert.			
6	Ich respektiere meine Lehrpersonen.			
7	Meine Lehrpersonen arbeiten gut zusammen.			
8	Wenn die Lehrpersonen sagen, dass sie etwas tun werden, dann tun sie es auch.			
9	An der Schule gibt es für uns Schüler*innen Mitbestimmungsmöglichkeiten.			
10	Wenn ich über ein Problem oder ein Anliegen sprechen möchte, gibt es ei-ne*n erwachsenen Ansprechpartner*in, zu dem oder der ich gehen kann.			
11	An dieser Schule werden alle Schüler*innen respektiert.			
12	An dieser Schule respektieren mich alle.			
13	An dieser Schule respektieren mich alle, unabhängig von meiner Religion.			
14	An dieser Schule respektieren mich alle, unabhängig davon, welche Sprache ich spreche.			
15	Wir werden ermutigt für das einzustehen, was wir für richtig halten.			
Inklusive Strukturen				
16	Die Schule und der Schulhof sind gepflegt.			
17	Die Toiletten sind sauber und sicher.			
18	Für Pausen gibt es an der Schule Orte, wo ich mich wohlfühle.			
19	Als ich in der Schule neu war, hat man mir geholfen, mich einzuleben.			
20	Wer Fehler macht, kann das zugeben.			
21	Wenn Schüler*innen Unterstützung brauchen, merken es die Lehrpersonen.			
22	Den Lehrpersonen ist es wichtig, dass wir regelmäßig zur Schule kommen.			
23	Wenn ich oder ein*e Mitschüler*in gemobbt würde, wüsste ich, welcher erwachsenen Person ich es sagen könnte.			

Bitte kreuze an, was deine Meinung am besten wiedergibt!		Trifft zu	Trifft teilweise zu	Trifft nicht zu
Inklusive Praktiken				
24	Wir arbeiten oft in Kleingruppen oder in Partnerarbeit.			
25	Oft kann ich unter verschiedenen Angeboten bzw. Möglichkeiten wählen.			
26	Ich weiß selber, wenn ich gut gearbeitet habe.			
27	Lehrpersonen besprechen regelmäßig mit mir, was ich kann und was ich noch lernen muss.			
28	Ich bin stolz auf meine Leistungen.			
29	Wir lernen, dass es wichtig ist, unsere Umwelt zu schützen.			
30	Wir lernen etwas darüber, was in der Welt passiert.			
31	Wie lernen an der Schule, wie wir Konflikte gewaltfrei lösen können.			
32	Wir lernen an der Schule, was Demokratie ist.			
33	Wir haben gelernt, dass sich das, was wir tun, auf andere auswirkt.			
34	Wenn ich Hausaufgaben aufhabe, weiß ich, was ich zu tun habe.			

Diese drei Dinge gefallen mir an dieser Schule am besten:

1.

2.

3.

Diese drei Dinge würde ich an dieser Schule gerne ändern:

1.

2.

3.

Fragebogen 4: Meine Schule (für jüngere Kinder)

Bist du mit der Aussage einverstanden? Markiere das entsprechende Gesicht!

☺ ja ㊂ teilweise ☹ nein

1	Mir geht es gut in der Schule.	☺	😐	☹
2	Ich habe in der Schule einige gute Freund*innen.	☺	😐	☹
3	Die Kinder sind in der Schule zu anderen Kindern höflich.	☺	😐	☹
4	Die Erwachsenen sind in der Schule höflich zu den Kindern.	☺	😐	☹
5	Ich erzähle zu Hause gerne, was ich in der Schule gemacht habe.	☺	😐	☹
6	Hier an der Schule sind wir Kinder alle gleich wichtig.	☺	😐	☹
7	Die Kinder werden in der Schule nicht gehauen oder gemein angeredet.	☺	😐	☹
8	Als ich neu auf der Schule war, haben sie mir geholfen, mich einzuleben.	☺	😐	☹
9	Wenn ich ein Problem habe, kann ich Erwachsene um Hilfe bitten.	☺	😐	☹
10	Wenn ein Kind ein Problem hat, merken es die Lehrpersonen.	☺	😐	☹
11	Ich finde, die Schule sieht gepflegt aus.	☺	😐	☹
12	Ich fühle mich auf dem Schulhof und in den Toiletten sicher.	☺	😐	☹
13	Ich arbeite oft in Kleingruppen mit meinen Mitschüler*innen.	☺	😐	☹
14	Es kommt oft vor, dass ich aus mehreren Aufträgen auswählen kann.	☺	😐	☹
15	Was ich an der Schule lerne, ist interessant.	☺	😐	☹
16	Ich lerne etwas über Menschen woanders in der Welt.	☺	😐	☹
17	Wir lernen, die Umwelt zu schützen.	☺	😐	☹
18	Die Lehrer*innen interessieren sich für meine Ideen.	☺	😐	☹
19	Wir lernen, wie wir Konflikte lösen können.	☺	😐	☹
20	Die Lehrer*innen finden es nicht schlimm, wenn ich Fehler mache, solange ich mir Mühe gebe.	☺	😐	☹
21	Wenn ich Hausaufgaben aufhabe, weiß ich, was zu tun ist.	☺	😐	☹

Welche drei Dinge gefallen dir an deiner Schule am besten?

1.

2.

3.

Welche drei Dinge würdest du an deiner Schule gerne ändern?

1.

2.

3.

Teil 6

Anhang

Schlüsselbegriffe: Eine gemeinsame Sprache finden

Im Folgenden finden sich ausgewählte Begriffe und Erläuterungen dazu, wie sie im Index verwendet werden:

Curriculum/Lehrplan
Bezeichnet die gesetzlich verankerte Festlegung von Bildungsaufgaben, Lernzielen, Lerninhalten und Kompetenzen für einzelne Fächer bzw. curriculare Bereiche und Schularten für einen bestimmten Zeitraum (Schuljahr, Schulstufe, etc.). In manchen Bildungssystemen sind Curricula kompetenzorientiert formuliert, in anderen nicht. Manche sind sehr stringent, andere offen. Auch die Bezeichnung variiert von »Rahmenrichtlinien« über »Kerncurriculum« bis hin zu »Lehrplan«.

Deutschanfänger*innen (vgl. Vogel/Karakaşoğlu 2017)
Bezeichnet Schüler*innen, die schon mindestens eine Sprache gelernt haben, aber über keine oder geringe Kenntnisse der deutschen Sprache verfügen.

Herausforderndes Verhalten
Bezeichnet das Verhalten eines Einzelnen bzw. einer Gruppe, wodurch das Lernarrangement so stark infrage steht, dass es für das zuständige Schulpersonal eine Herausforderung wird, eine Neugestaltung der Lernumgebung zu entwickeln.

Entwicklungsplan/Schulprogramm
Bezeichnet Dokumente, in denen die Schule Ziele und Prioritäten für ihre Entwicklung festhält und entsprechende Strategien zur Implementierung vorsieht.

Lernen
Lernen wird in diesem Zusammenhang als Prozess verstanden, der auf Interaktion und Eigeninitiative beruht. Sowohl Schüler*innen als auch Lehrpersonen und weitere Mitglieder des Schulpersonals verstehen sich als aktive Gestalter*innen von Lernprozessen für sich selbst und andere. Aus diesem Grund wird hier auf Begriffe wie »Lehren« und »Unterricht« verzichtet.

Lernende
Dieser Begriff soll verdeutlichen, dass alle Beteiligten, Schüler*innen, Lehrpersonen und andere Mitglieder des Schulpersonals sowie Eltern/Erziehungsberechtigte gemeinsam – mit- und voneinander – lernen.

Sonderpädagogischer Förderbedarf/individueller Bildungsbedarf
Diese Zuschreibung variiert in den unterschiedlichen Bildungssystemen und wird nach wie vor (außer in Südtirol) als Legitimation für die Zuweisung in eine Sondereinrichtung verwendet.

Schulpersonal
Umfasst Lehrpersonen, Erzieher*innen und weitere Mitglieder des pädagogischen Personals, Schulwarte, Hausmeister*innen, Personal der Schulküche und Mitglieder der Schulverwaltung, die an der Schule arbeiten.

Teilhabe
Bezeichnet das Recht auf aktive Mitwirkung an der Gestaltung von Lern- und Lebenssituationen. Partizipation wird hier synonym verwendet.

Unterstützendes Personal
Bezeichnet alle Personen neben dem Lehrpersonal, die in einer Klasse bzw. Schule die pädagogische Arbeit unterstützen, z. B. aufgrund der Anwesenheit von Kindern oder Jugendlichen mit zugeschriebenem sonderpädagogischem Förderbedarf/individuellem Bildungsbedarf. Diese können sich in Bezug auf Ausbildung, Aufgaben, Status von Kontext zu Kontext stark unterscheiden.

International ratifizierte Menschenrechtsdokumente

Deutschland (D), Italien (I), Österreich (A) und Schweiz (CH)

Aufgrund der unterschiedlichen Rechtssysteme in den deutschsprachigen Gebieten ist die Verankerung im nationalen Recht unterschiedlich.

Wichtige Menschenrechtsdokumente:
- Allgemeine Erklärung der Menschenrechte, verabschiedet von der UN-Generalversammlung 1948
- Internationales Übereinkommen zur Beseitigung jeder Form von rassistischer Diskriminierung, 1965 (D 1969, I 1976, A 1972, CH 1994)
- Internationaler Pakt über bürgerliche und politische Rechte, 1966 (D 1973, I 1978, A 1978, CH 1992)
- Internationaler Pakt über wirtschaftliche, soziale und kulturelle Rechte, 1966 (D 1973, I 1978, A 1978, CH 1992)
- UN-Übereinkommen zur Beseitigung jeder Form von Diskriminierung der Frau, 1979 (D 1985, I 1985, A 1982, CH 1997)
- UN-Übereinkommen über die Rechte des Kindes, 1989 (D 1992, I 1991, A 1992, CH 1997)
- UN-Übereinkommen über die Rechte von Menschen mit Behinderungen, 2006 (D 2009, I 2009, A 2008, CH 2014)
- Europäische Menschenrechtskonvention, 1950 (D 1952, I 1955, A 1958, CH 1974)

Allgemeine Erklärung der Menschenrechte

Diese Erklärung ist die Grundlage aller weiteren Menschenrechtsdokumente. Sie entstand im Zuge der Nachwirkungen des Zweiten Weltkriegs und führte zur Einrichtung des Internationalen Strafgerichtshofs. Die Erklärung wurde von einem Ausschuss unter Vorsitz von Eleanor Roosevelt, der Ehefrau des amerikanischen Präsidenten, verfasst und 1948 von der Generalversammlung der Vereinten Nationen verabschiedet. Wenn etwas zu einem Recht erklärt wird, bedeutet das, dass es allgemein gilt; aber nicht alle sind der Meinung, dass alle Artikel der Erklärung Rechte darstellen. Auch wenn das Recht auf Leben als Forderung nach Schutz der Umwelt aufgefasst werden kann, wird die Umwelt in der Erklärung kaum erwähnt.

Auszug

Artikel 1
Alle Menschen sind frei und gleich an Würde und Rechten geboren. Sie sind mit Vernunft und Gewissen begabt und sollen einander im Geiste der Brüderlichkeit begegnen.

Artikel 2
Jeder hat Anspruch auf alle in dieser Erklärung verkündeten Rechte und Freiheiten, ohne irgendeinen Unterschied, etwa nach Rasse, Hautfarbe, Geschlecht, Sprache, Religion, politischer oder sonstiger Anschauung, nationaler oder sozialer Herkunft, Vermögen, Geburt oder sonstigem Stand. Des Weiteren darf kein Unterschied gemacht werden auf Grund der politischen, rechtlichen oder internationalen Stellung des Landes oder Gebietes, dem eine Person angehört, gleichgültig ob dieses unabhängig ist, unter Treuhandschaft steht, keine Selbstregierung besitzt oder sonst in seiner Souveränität eingeschränkt ist.

Artikel 3
Jeder hat das Recht auf Leben, Freiheit und Sicherheit der Person.

Artikel 17
1. Jeder hat das Recht, sowohl allein als auch in Gemeinschaft mit anderen Eigentum innezuhaben.
2. Niemand darf willkürlich seines Eigentums beraubt werden.

Artikel 26
Jeder hat das Recht auf Bildung. Die Bildung ist unentgeltlich, zum mindesten der Grundschulunterricht und die grundlegende Bildung. Der Grundschulunterricht ist obligatorisch. Fach- und Berufsschulunterricht müssen allgemein verfügbar gemacht werden, und der Hochschulunterricht muss allen gleichermaßen entsprechend ihren Fähigkeiten offenstehen.

Die Bildung muss auf die volle Entfaltung der menschlichen Persönlichkeit und auf die Stärkung der Achtung vor den Menschenrechten und Grundfreiheiten gerichtet sein. Sie muss zu Verständnis, Toleranz und Freundschaft zwischen allen Nationen und allen rassischen oder religiösen Gruppen beitragen und der Tätigkeit der Vereinten Nationen für die Wahrung des Friedens förderlich sein.

Die Eltern haben ein vorrangiges Recht, die Art der Bildung zu wählen, die ihren Kindern zuteil werden soll.

Übereinkommen über die Rechte des Kindes

Für Deutschland
Die Konvention über die Rechte des Kindes wurde von der Bundesrepublik Deutschland am 26. Januar 1990 unterzeichnet und am 5. April 1992 ratifiziert. Zwei Zusatzprotokolle, das »Fakultativprotokoll zum Übereinkommen über die Rechte des Kindes betreffend die Beteiligung von Kindern an bewaffneten Konflikten« und das »Fakultativprotokoll zum Übereinkommen über die Rechte des Kindes betreffend den Verkauf von Kindern, die Kinderprostitution und die Kinderpornographie«, wurden im Jahr 2000 von Deutschland unterzeichnet. Ersteres wurde im Dezember 2004 von der Bundesrepublik ratifiziert, letzteres wurde im August 2009 wirksam.
www.kinderrechte.de/

Für Österreich
Österreich ratifizierte die Kinderrechtskonvention im August 1992, am 5. September 1992 ist sie in Kraft getreten, jedoch mit einem Erfüllungsvorbehalt, der eine direkte Anwendbarkeit durch Gerichte oder Behörden verhindert. Das Zusatzprotokoll zum Übereinkommen über die Rechte des Kindes betreffend Kinderhandel, Kinderprostitution und Kinderpornografie wurde im Mai 2004 ratifiziert.
Seit dem 16. Februar 2011 sind einige Kinderrechte der UN-Konvention in der österreichischen Bundesverfassung verankert. Trotz berechtigter Kritik an dem Gesetz bedeutet die Verankerung eine massive Aufwertung der Kinderrechte in Österreich. Vor allem durch die Verankerung zweier Grundprinzipen der UN-Kinderrechtskonvention:
- Vorrang des Kindeswohl (Artikel 1 BVG Kinderrechte) und
- Beteiligung und Berücksichtigung der Meinung von Kindern und Jugendlichen (Artikel 4 BVG Kinderrechte)

www.unicef.at/kinderrechte/kinderrechte-in-oesterreich/

Für Südtirol
Italien ratifizierte die Kinderrechtskonvention am 27. Mai 1991. Die Beobachtungsstelle für Kindheit und Jugend (»Osservatorio Nazionale sull'infanzia e l'adolescenza«) erstellt alle fünf Jahre einen Bericht zum Stand der Umsetzung der Konvention.

Für die Schweiz
Es gibt zahlreiche Empfehlungen und Entscheide internationaler Menschenrechtsorgane an die Schweiz zur Kinder- und Jugendpolitik. Welches sind die zentralen Themenfelder und wie werden die Empfehlungen von der Schweiz umgesetzt? (vgl. dazu Jaffé et al. 2013)
https://register.weblaw.ch/bookinfo.php?book_id=282&pref_lang=de

Die Konvention ist am 26. März 1997 in Kraft getreten.
www.bsv.admin.ch/themen/kinder_jugend_alter/03048/?lang=de

Übereinkommen über die Rechte von Menschen mit Behinderungen (BRK)

Das Übereinkommen wurde im Dezember 2006 von der Generalversammlung der Vereinten Nationen beschlossen und ist am 3. Mai 2008 in Kraft getreten. Die Übersetzung der BRK ins Deutsche hat weitgehend ohne Beteiligung der Zivilgesellschaft stattgefunden, sodass die amtliche Übersetzung erhebliche Mängel enthält und für die Bildung eines Problembewusstseins wenig geeignet ist. Beispielsweise wurde »inclusion« mit »Integration« übersetzt und nicht mit dem korrekten Begriff »Inklusion«. Hier wird die sichtbar korrigierte Schattenübersetzung zitiert. Mehr dazu unter www.behindertenbeauftragte.de/SharedDocs/Publikationen/UN-Konvention_Schattenuebersetzung.html.

Auszug

Artikel 24 Bildung

(1) Die Vertragsstaaten anerkennen das Recht von Menschen mit Behinderungen auf Bildung. Um dieses Recht ohne Diskriminierung und auf der Grundlage der Chancengleichheit zu verwirklichen, gewährleisten die Vertragsstaaten ein ~~integratives~~ inklusives Bildungssystem auf allen Ebenen und lebenslanges Lernen mit dem Ziel,

- a) die menschlichen Möglichkeiten sowie das Bewusstsein der Würde und das Selbstwertgefühl des Menschen voll zur Entfaltung zu bringen und die Achtung vor den Menschenrechten, den Grundfreiheiten und der menschlichen Vielfalt zu stärken;
- a) Menschen mit Behinderungen ihre Persönlichkeit, ihre Begabungen und ihre Kreativität sowie ihre geistigen und körperlichen Fähigkeiten voll zur Entfaltung bringen zu lassen;
- a) Menschen mit Behinderungen zur ~~wirklichen~~ wirksamen Teilhabe an einer freien Gesellschaft zu befähigen.

(2) Bei der Verwirklichung dieses Rechts stellen die Vertragsstaaten sicher, dass

- a) Menschen mit Behinderungen nicht aufgrund von Behinderung vom allgemeinen Bildungssystem ausgeschlossen werden und dass Kinder mit Behinderungen nicht aufgrund von Behinderung vom unentgeltlichen und obligatorischen Grundschulunterricht oder vom Besuch weiterführender Schulen ausgeschlossen werden;
- b) Menschen mit Behinderungen gleichberechtigt mit anderen in der Gemeinschaft, in der sie leben, Zugang zu einem ~~integrativen~~ inklusiven, hochwertigen und unentgeltlichen Unterricht an Grundschulen und weiterführenden Schulen haben;
- c) angemessene Vorkehrungen für die Bedürfnisse des Einzelnen getroffen werden;
- d) Menschen mit Behinderungen innerhalb des allgemeinen Bildungssystems die notwendige Unterstützung geleistet wird, um ihre ~~erfolgreiche~~ wirksame Bildung zu ~~erleichtern~~ ermöglichen;
- e) in Übereinstimmung mit dem Ziel der vollständigen ~~Integration~~ Inklusion wirksame individuell angepasste Unterstützungsmaßnahmen in einem Umfeld, das die bestmögliche schulische und soziale Entwicklung gestattet, angeboten werden.

(3) Die Vertragsstaaten ermöglichen Menschen mit Behinderungen, lebenspraktische Fertigkeiten und soziale Kompetenzen zu erwerben, um ihre volle und gleichberechtigte Teilhabe an der Bildung und als Mitglieder der Gemeinschaft zu ~~erleichtern~~ fördern. Zu diesem Zweck ergreifen die Vertragsstaaten geeignete Maßnahmen; unter anderem

- a) ~~erleichtern~~ fördern sie das Erlernen von Brailleschrift, alternativer Schrift, ergänzenden und alternativen Formen, Mitteln und Formaten der Kommunikation, den Erwerb von Orientierungs- und Mobilitätsfertigkeiten sowie ~~die Unterstützung durch andere Menschen mit Behinderungen~~ den peer support und das Mentoring;
- b) ~~erleichtern~~ ermöglichen sie das Erlernen der Gebärdensprache und die Förderung der sprachlichen Identität der ~~Gehörlosen~~ gehörlosen Menschen;
- c) stellen sie sicher, dass blinden, gehörlosen oder taubblinden Menschen, insbesondere Kindern, Bildung in den Sprachen und Kommunikationsformen und mit den Kommunikationsmitteln, die für den Einzelnen am besten geeignet sind, sowie in einem Umfeld vermittelt wird, das die bestmögliche schulische und soziale Entwicklung gestattet.

(4) Um zur Verwirklichung dieses Rechts beizutragen, treffen die Vertragsstaaten geeignete Maßnahmen zur Einstellung von Lehrkräften, einschließlich solcher mit Behinderungen, die in Gebärdensprache oder Brailleschrift ausgebildet sind, und zur Schulung von Fachkräften sowie Mitarbeitern und Mitarbeiterinnen auf allen Ebenen des Bildungswesens. Diese Schulung schließt die Schärfung des Bewusstseins für Behinderungen und die Verwendung geeigneter ergänzender und alternativer Formen, Mittel und Formate der Kommunikation sowie pädagogische Verfahren und Materialien zur Unterstützung von Menschen mit Behinderungen ein.

(5) Die Vertragsstaaten stellen sicher, dass Menschen mit Behinderungen ohne Diskriminierung und gleichberechtigt mit anderen Zugang zu allgemeiner tertiärer Bildung ~~Hochschulbildung~~, Berufsausbildung, Erwachsenenbildung und lebenslangem Lernen haben. Zu diesem Zweck stellen die Vertragsstaaten sicher, dass für Menschen mit Behinderungen angemessene Vorkehrungen getroffen werden.

(Die Schweiz hat das Zusatzprotokoll noch nicht unterzeichnet, und eine unabhängige Monitoringstelle wurde bisher nicht eingerichtet.)

Allgemeine Erklärung der Rechte der Mutter Erde

Diese Erklärung hat die Weltbevölkerungskonferenz über Klimawandel und die Rechte der Mutter Erde am 22. April 2010 in Bolivien verabschiedet und den Vereinten Nationen unterbreitet. www.rightsofmotherearth.com/rechte-der-mutter-erde.

Auszug

Artikel 2: Inhärente Rechte der Mutter Erde

(1) Die Mutter Erde und alle Wesen, aus denen sie besteht, haben folgende inhärente Rechte:
- a) Das Recht zu leben und zu existieren;
- b) das Recht respektiert zu werden;
- c) das Recht, ihre Bio-Kapazität zu regenerieren und ihre lebenswichtigen Kreisläufe und Prozesse frei von menschlichen Störungen fortzusetzen;
- d) das Recht zur Aufrechterhaltung ihrer Identität und Integrität als eigenständiges, sich selbst regulierendes und in Wechselwirkungen stehendes Wesen;
- e) das Recht auf Wasser als eine Quelle des Lebens;
- f) das Recht auf saubere Luft;
- g) das Recht auf ganzheitliche Gesundheit;
- h) das Recht, frei von Kontamination, Verschmutzung und toxischen oder radioaktiven Abfällen zu sein;
- i) das Recht, dass ihre genetischen Strukturen nicht verändert oder in einer Weise gestört werden, die ihre Integrität, ihr Leben oder ihre Gesundheit bedroht;
- j) das Recht auf vollständige und unverzügliche Wiederherstellung der in dieser Erklärung anerkannten Rechte im Falle deren Verletzung durch menschliche Aktivitäten.

(2) Jedes Wesen hat das Recht auf einen Platz und das Recht, zum harmonischen Funktionieren der Mutter Erde beizutragen.

(3) Jedes Wesen hat das Recht auf Wohlbefinden und auf ein Leben frei von Folter oder grausamer Behandlung durch Menschen.

Artikel 3: Verpflichtungen der Menschen gegenüber der Mutter Erde
Alle Menschen haben die Verantwortung, die Mutter Erde zu respektieren und in Harmonie mit ihr zu leben.

(1) Die Menschen, alle Staaten und alle öffentlichen und privaten Institutionen müssen
- a) in Übereinstimmung mit den in dieser Erklärung anerkannten Rechten und Pflichten handeln;
- b) die Anwendung und volle Umsetzung der Rechte und Pflichten, die in dieser Erklärung festgelegt sind, anerkennen und fördern;
- c) das Lernen, die Analyse, Interpretation und Verbreitung des Wissens darüber, wie man in Harmonie mit der Mutter Erde entsprechend dieser Erklärung leben kann, fördern und daran teilnehmen;
- d) sichern, dass das Streben nach menschlichem Wohlergehen jetzt und in Zukunft zum Wohlergehen der Mutter Erde beiträgt;
- e) Normen und Gesetze für die Verteidigung, den Schutz und die Bewahrung der Rechte der Mutter Erde wirksam festlegen und anwenden;
- f) die Integrität der Lebenszyklen, -prozesse und -gleichgewichte der Mutter Erde achten, schützen, erhalten und wo es notwendig ist wiederherstellen;
- g) sichern, dass die Schäden, die durch menschliche Verletzungen der inhärenten, in der vorliegenden Erklärung anerkannten Rechte verursacht werden, berichtigt werden und dass die da-

für Verantwortlichen Rechenschaft ablegen, um die Integrität und Gesundheit der Mutter Erde wiederherzustellen;

h) die Menschen und die Institutionen befähigen, die Rechte der Mutter Erde und aller Wesen, die sie bilden, zu verteidigen;

i) Maßnahmen der Vorbeugung und Beschränkung treffen, um dem vorzubeugen, dass die menschlichen Aktivitäten zur Ausrottung von Arten, Zerstörung von Ökosystemen oder Störungen der ökologischen Zyklen führen;

j) den Frieden sichern und die nuklearen, chemischen und biologischen Waffen abschaffen;

k) Praktiken der Achtung vor der Mutter Erde und allen Wesen, die sie umfasst, entsprechend ihren eigenen Kulturen, Traditionen und Bräuchen fördern und unterstützen;

l) ökonomische Systeme in Harmonie mit der Mutter Erde und in Übereinstimmung mit den in dieser Erklärung anerkannten Rechten fördern.

Literatur

Abdi, A. & Shultz, L. (2008): Educating for human rights and global citizenship. Albany: State University of New York Press.

Actionaid (2008): Power down: Save energy, be the solution. Chard Action Aid.

Adorno, T. W. (2003): Erziehung nach Ausschwitz. In: Adorno, T. W. Kulturbegriff und Gesellschaft. Eingriffe. Band 10.2 der gesammelten Schriften. Berlin: Suhrkamp, S. 674. www.staff.uni-giessen.de/~g31130/PDF/polphil/ErziehungAuschwitzOffBrief.pdf

Ainscow, M., & Booth, T. (1998): From them to us. London: Routledge.

Ainscow, M., Booth, T. & Dyson, A. (2006): Improving schools, developing inclusion. London: Routledge.

Alexander, R. (ed.)(2010): Children, their world, their education. Final report and recommendations of the Cambridge Primary Review. London: Routledge.

Alibhai-Brown Y. (2000): After multi-culturalism. London: Foreign Policy Centre.

Amirpur, D. (2016): Migrationsbedingt behindert? Familien im Hilfesystem. Eine intersektionale Analyse. Bielefeld: transcript.

Andreotti, V. & de Souza, L. M. (2008): Learning to read the world through other eyes. Derby: Global Education.

Au, W. & Tempel, M. (2012): Rethinking high-stakes testing and accountability in public schools. Milwaukee: Rethinking Schools.

Baginsky, W. (2004): Peer mediation in the UK. A guide for schools. London: NSPCC.

Balshaw, M. (1999): Help in the classroom. London: Fulton.

Barnes, J. (2011²): Cross-curricular learning 3-14. London: Sage.

Bigelow, B. & Swinehart, T. (eds.) (2014): A people's curriculum for the earth. Milwaukee: Rethinking Schools.

Black, M. & King, J. (2009): The atlas of water: mapping the world's most critical resource, Brighton: Earthscan.

Blair, M. & Bourne, J. with Coffin, C., Creese, A. & Kenner, C. (1999): Making the difference: teaching and learning strategies in successful multi-ethnic schools. London: HMSO.

Boaler, J. (2010): The Elephant in the Classroom: Helping children learn and love maths, London: Souvenir Press.

Bohm, D. (1996): On Dialogue. London: Routledge.

Booth, T. & Ainscow, M. (2003): Index für Inklusion. Lernen und Teilhabe in der Schule der Vielfalt entwickeln. Übersetzt, für deutschsprachige Verhältnisse bearbeitet und herausgegeben von Boban, I. & Hinz, A. Halle: Martin Luther-Universität. Verfügbar unter: https://www.eenet.org.uk/resources/docs/Index%20German.pdf

Booth, T. & Black-Hawkins, K. (2005²): Developing learning and participation in countries of the South. The role of an Index for inclusion. Paris: Unesco.

Booth, T., Ainscow, M. & Kingston, D. (2006²): Index for inclusion: developing play learning and participation in early years and childcare. Bristol: CSIE

Braunsteiner, M.-L. & Jerg, J. (2017): Bildung und Lernen im inklusiven Kontext. In: Boban, I. & Hinz, A. (Hrsg.): Inklusive Bildungsprozesse gestalten – Nachdenken über Horizonte, Spannungsfelder und Schritte. Seelze: Klett-Kallmeyer.

Braunsteiner, M.-L., Hinz, A. & Jerg, J. (2017): Bildungspläne und Inklusive Bildung – zwischen Kompetenzrastern und Neustrukturierung des Wissens. In: Boban, I. & Hinz, A. (Hrsg.): Inklusive Bildungsprozesse gestalten. Nachdenken über Horizonte, Spannungsfelder und Schritte. Seelze: Klett-Kallmeyer.

Brighton and Hove City Council (2005): Biodiversity Action Plan. Brighton: BHCC.

Brokamp, B. & Achermann, B. (2017): Organisationsentwicklung inklusiv gestalten – auf dem Weg zu einem anerkennenden Umgang mit Vielfalt. In: Boban, I. & Hinz, A. (Hrsg.): Inklusive Bildungsprozesse gestalten – Nachdenken über Horizonte, Spannungsfelder und Schritte. Seelze: Klett-Kallmeyer, 192-215.

Brugger-Paggi, E., Demo, H., Garber, F., Ianes, D. & Macchia, V. (2013): L'Index per l'inclusione nella pratica. Index für Inklusion in der Praxis. Come costruire la scuola dell'eterogeneità. Kindergarten und Schule der Vielfalt gestalten, Milano: Franco Angeli.

Buckingham, S. & Turner, M. (eds.) (2008): Understanding environmental issues. London: Sage.

Bundesministerium für Bildung und Frauen (2015): Verbindliche Richtlinie zur Entwicklung Inklusiver Modellregionen. www.bmb.gv.at/schulen/bw/abs/rl_inklusive_modell_2015.pdf?5i833s

Centre for Equity in Education (2007): Equity in Education: New directions, second annual report on the state of equity in the English education system. Manchester: The University of Manchester.

Centre for Studies on Inclusive Education (2010): Developing a single equality policy for your school. A CSIE guide. Bristol: CSIE.

Clark, A. & Moss, P. (2001): Listening to young children. London: National Children's Bureau.

Clark, A.; Moss, P. (2005): Spaces to play. More listening to young children using the mosaic approach. London: National Children's Bureau.
Clutterbuck, P. (2008): Values: A programme of study for primary schools, Carmarthen: Crown House Publishing Ltd.
Collaborative Learning Project: www.collaborativelearning.org
Craig, D. (2009): The weather book: Why it happens and where it comes from. London: Michael O'Mara Books.
Dahlberg, G., Moss, P. & Pence, A. (2007): Beyond quality in early childhood education and care. London: Routledge.
Denman-Sparks, L., A.B.C Task Force (1989): Anti-Bias Curriculum, tools for empowering young children. Washington: National Association for the Education of Young Children.
Department for Children, Families, Lifelong Learning and Skills (2008): Careers and the world of work: A framework for 11-19 year olds in Wales. Cardiff: Welsh Assembly.
Department for Children, Schools and Families (2008): Top tips for developing the global dimension in schools. London: DCSF.
Department for Children, Schools and Families (2008): Top tips for sustainable purchasing in schools. London: DCSF.
Department for Children, Schools and Families (2008): Planning a sustainable school: Driving school improvement through sustainable development. London: DCSF.
Department for Children, Schools and Families (2009): S3: Sustainable school self-evaluation. London: DCSF. www.newcastle.gov.uk/wwwfileroot/legacy/childrensservice/Sustainable_school_selfevaulation.pdf
Department for Education and Employment (1999): Inclusion: Providing effective learning opportunities for all pupils: In: The national curriculum handbook for primary teachers in England. London: DfEE.
Department for Education and Employment (2000): Working with teaching assistants: A good practice guide. London: DfEE.
Department for Education and Employment (2000): Guidance on the education of children and young people in care. London: DfEE.
Department for Education and Skills (2002): Accessible schools: Planning to increase access to schools for disabled pupils [Guidance]. London: DfES.
Department for Education and Skills (2006): Implementing the Disability Discrimination Act in schools and early years settings. London: DfES.
Department for Education and Skills (2006): Learning outside the classroom manifesto. London, DfES.
Department for Education and Skills (2007): Top tips to reduce energy and water use in school. London: DfES.
Department for Education & Department of Health (2015): Special educational needs and disability code of practice: 0-25 years. London: HMSO
Dewey, J. (1922): Morals are human. In: Boydston, J. (ed.) (1988): Dewey, J. Human Nature and Conduct. The Middle Works of John Dewey 1899-1924, Vol.14, p. 207.
Disabled People's International (1982): Proceedings of the First World Congress. Singapore: Disabled People's International.
Dow, K. & Downing, T. (2006): The atlas of climate change, mapping the world's greatest challenge, Brighton: Earthscan.
Dressner, S. (2008): The principles of sustainability, London: Earthscan.
Drummond, M. J. (2003): Assessing children's learning. London: David Fulton.
Durbin, G., Morris, S. & Wilkinson, S. (1990): A teacher's guide to learning from objects. London. English Heritage.
Egan, K. (1988): Teaching as Storytelling, an alternative approach to teaching and the curriculum. London: Routledge.
Farrer, F. (2000): A quiet revolution, encouraging positive values in our children. London: Ebury Press.
Fielding, M. & Moss, P. (2011): Radical education for the common school. London: Routledge.
Fisher, R. (2003): Teaching thinking. London: Continuum.
Flowers, N. (2000): Human rights education handbook: Effective practices for learning, action and change. Minneapolis: Human Rights Resource Centre, University of Minnesota.
Forest Schools: www.forestschools.com
Gasteiger Klicpera, B. (2016): 30 Jahre Integration – wo stehen wir heute? Aktuelle Forschungsbefunde zur Inklusion aus der Sicht von Schüler/innen, Lehrer/innen und Eltern. Präsentation bei der Tagung: »Inklusive Bildung – Wege in die Zukunft« am 24.5.2016 PH Steiermark www.inklusion-stmk.at/Gasteiger-Klicpera%20Vortrag%2030%20Jahre%20Integration%2024.05.2016.pdf
George, S. (2010): Whose crisis, whose future? Towards a greener, fairer, richer world. Cambridge: Polity.
Gewerkschaft Erziehung und Wissenschaft (2006, 2015): Index für Inklusion in Kindertageseinrichtungen: Gemeinsam leben, spielen und lernen. Frankfurt: GEW.

Hart, S. (1996): Beyond special needs: Enhancing children's learning through innovative thinking. London: Paul Chapman Publishing.
Hart, S. (2000): Thinking through teaching: a framework for enhancing participation and learning. London: David Fulton.
Hart, S., Dixon, A., Drummond, M.J. & McIntyre, D. (2006): Learning without limits. Buckingham: Open University Press. http://learningwithoutlimits.educ.cam.ac.uk
Hatcher, R. (2006²): Social class and schooling: differentiation or democracy? In: Cole, M. (ed.) Education, equality and human rights: issues of gender, race, sexual orientation, disability and social class. London: Routledge.
Hawkes, N. (2003): How to inspire and develop positive values in your classroom. Cambridge: LDA.
Higgins, P. (2010): Eradicating ecocide. London: Shepheard-Walwyn.
Holzinger, A. & Wohlhart, D. (2016): Inklusive Modellregion Zentralraum Steiermark. Präsentation bei der Tagung: Inklusive Bildung – Wege in die Zukunft am 24.5.2016 PH Steiermark.
Independent Review of the Primary Curriculum (2009): Final Report. www.educationengland.org.uk/documents/pdfs/2009-IRPC-final-report.pdf
Jaffé, Ph. D., Zermatten, J., Balmer, F., Gaudreau, J., Hitz Quenon, N., Riva Gapany, P., Stoecklin, P. & Zermatten, A. H. (2013): Umsetzung der Menschenrechte in der Schweiz. Eine Bestandsaufnahme im Bereich Kinder- und Jugendpolitik. Reihe Schweizerisches Kompetenzzentrum für Menschenrechte. https://register.weblaw.ch/bookinfo.php?book_id=282&pref_lang=de.
Kohn, A. (2006): The homework myth: why our kids get too much of a bad thing. Cambridge MA: Da Capo Press.
Köpfer, Andreas (2013): Inclusion in Canada. Analyse inklusiver Unterrichtsprozesse, Unterstützungsstrukturen und Rollen am Beispiel kanadischer Schulen in den Provinzen New Brunswick, Prince Edward Islands und Québec. Bad Heilbrunn: Klinkhardt.
Korczak, J. (1979): Von Kindern und anderen Vorbildern. Gütersloh: Gütersloher Verlagshaus Gerd Mohn.
Language and Curriculum Access Service (LCAS) (1999): Enabling progress in multilingual classrooms. London: London Borough of Enfield.
Leggett, J. (2005): Half gone: Oil, gas, hot air and the global energy crisis. London: Portobello Books.
Lesbian, Gay, Bisexual and Transgender History Month (2009): Toolkit for schools. London: LGBT. www.lgbthistorymonth.org.uk
Levi, P. (2010): Ist das ein Mensch? Italienische Originalausgabe: Se questo è un uomo (1958), Deutsche Erstausgabe (1961) von Primo Levi autorisiert. München: dtv.
Mackay, M. (2008): Sustainable energy without the hot air. www.withouthotair.com
McNamara, S. & Moreton, G. (1997): Understanding Differentiation: A Teacher's Guide. London: David Fulton.
Macpherson, W. (1999): Stephen Lawrence inquiry. Command Paper 4261, Band 1. London: Stationery Office.
Marlowe, B. A. & Page, M. L. (1998): Creating and sustaining the constructivist classroom. London: Corwin Press/Sage.
Martin, F. & Owens, P. (2008): Caring for our world: a practical guide to education for sustainable development. Sheffield: Geographical association.
Millstone, E. & Lang, T. (2008): The atlas of food: Who eats what, where and why? Brighton: Earthscan.
Montag Stiftung Jugend und Gesellschaft (Hrsg.) (2011): Index vor Ort. Der Kommunale Index für Inklusion – ein Praxisbuch. Berlin: Eigenverlag des Deutschen Vereins für öffentliche und private Fürsorge e.V.
Montag Stiftung Jugend und Gesellschaft (Hrsg.) (2015): Inklusion auf dem Weg. Das Trainingshandbuch zur Prozessbegleitung. Berlin. Eigenverlag des Deutschen Vereins für öffentliche und private Fürsorge e.V.
Montag Stiftung Jugend und Gesellschaft (Hrsg.) (2018): Inklusion ist machbar. Das Erfahrungshandbuch aus der kommunalen Praxis. Berlin: Eigenverlag des Deutschen Vereins für öffentliche und private Fürsorge e.V.
Nes, K. (2003): Why does education for all have to be inclusive education? In: Allan, J. (Ed.) Inclusion, Participation and Democracy: What is the purpose? London: Kluwer Academic Publishers.
Noddings, N. (2005): The challenge to care in schools, an alternative approach to education. New York: Teachers College Press.
Noddings, N. (2005): Critical lessons: What our schools should teach. New York: Cambridge University Press.
Norfolk County Council (2009): February is Lesbian, Gay, Bisexual and Transgender History Month, Ideas for primary schools. Norwich: NCC.
Northern Ireland Curriculum (2009): Clothes conscious, learning for life and work. Belfast: CCEA.
Noyes, A. (2007): Rethinking school mathematics. London: Paul Chapman Publishing.
Office for Standards in Education (2008): Learning outside the classroom. London: Ofsted.
Office for Standards in Education (2009): Education for sustainable development. London: Ofsted.

Office for Standards in Education (2010): The special educational needs and disability review. London: Ofsted.
Ollerton, M. & Watson, A. (2004): Inclusive mathematics 11-18. London: Continuum.
O'Neill, O. (2002): A question of trust. Cambridge: Reith Lectures
Orr, D. (2004): Earth in mind: On education, environment and the human prospect. Washington: Island Press
Owen, J. (1991): The ecology of a garden, the first fifteen years. Cambridge: Cambridge: University Press
Pearl, A. (1997): Democratic education as an alternative to deficit thinking. In: Valencia, R. (ed.) The evolution of deficit thinking: educational thought and practice. London: Falmer Press.
Pennac, D. (2009): Schulkummer. Köln: Kiepenheuer & Witsch, S. 123-124.
Plate, E. (2012): Staff support for inclusion: an international study. Canterbury, Canterbury Christ Church University https://create.canterbury.ac.uk/12105/1/Plate.pdf
Potts, P. (ed.) (2002): Inclusion in the city. London: Routledge.
Qualifications and Curriculum Authority (2007): The global dimension in action: A curriculum planning guide for schools. London: QCA.
Rich, D., Drummond, M.J. and Myer, C. (2008[2]): Learning: what matters to children, Clopton, Rich Learning Opportunities.
Rustemier, S. & Booth, T. (2005): Learning about the Index in use, a study of the use of the Index in schools and LEAs in England. Bristol: CSIE.
Sapon-Shevin, M. (1999): Because we can change the world: A practical guide to building co-operative, inclusive classroom communities. Boston: Allyn and Bacon.
Save the Children (2000): The school council: A children's guide. London: Save the Children.
School councils UK: www.schoolcouncils.org
Schools out classroom: www.schools-out.org.uk/classroom
Scoffham, S. (ed.) (2010): Primary Geography Handbook. Sheffield: Geographical Association.
Scoffham, S., Bridge, C. & Jewson, T. (2006): Keystart World Atlas. London: Harper Collins.
Scottish Health Promoting Schools Unit (2004): Being well, doing well. Dundee: Learning and Teaching Scotland.
Steel, C. (2008): Hungry city: How food shapes our lives. London: Vintage Books.
Stone, M. (2009): Smart by Nature: Schooling for sustainability. Healdsburg: Watershed Media S. 174-183.
Stibbe, A. (2009): The handbook of sustainability literacy: Skills for a changing world. Dartington: Green Books.
Stone, M. (2009): Smart by Nature: Schooling for sustainability. Healdsburg: Watershed Media.
Stone, M. & Barlow, Z. (2005): Ecological Literacy: Educating our children for a sustainable world. San Francisco: Sierra Club Books.
Sustain: the alliance for better food and farming (2010): Every school a food growing school. London: Sustain.
Sustainable Development Commission (2009): Prosperity without Growth? The transition to a sustainable economy. London: Sustainable Development Commission.
Swann, M. & Peacock, A. (2012): Creating learning without limits. Buckingham: Open University Press.
UNICEF (2014): Child Rights Education Toolkit: Rooting Child Rights in Early Childhood Education, Primary and Secondary Schools. www.unicef.org/crc/files/UNICEF_CRE_Toolkit_FINAL_web_version170414.pdf
UNICEF (2008): Rights respecting schools in England. London: UNICEF.
UNICEF/UNESCO (2007): A human rights based approach to education for all. New York / Paris: UNICEF/UNESCO.
Vickery, S. (2011): Living values, a practical guide to rooting your school in Christian values. Gloucester: Jumping Fish.
Vogel, D. & Karakaşoğlu, Y. (2017): Neu zugewanderte Kinder und das Recht auf schulische Bildung im Grundschulalter. In: Amirpur, D. & Platte, D.: Inklusive Kindheiten (in Vorbereitung). Leverkusen: Budrich.
Wallace, B. (2002): Teaching thinking skills in the early years/across primary years. London: David Fulton.
Warwick, I. & Douglas, N. (2001): Safe for all: A best practice guide to prevent homophobic bullying in secondary schools. London: Citizenship 21.
Watson, A. (2006): Raising achievement in secondary mathematics. Maidenhead: Open University Press.
Winter, R. (1989): Learning from experience: Principles and practice in action research. London: Falmer.
World of Inclusion: www.worldofinclusion.com
Wrigley, T. (2006): Another school is possible. London: Bookmarks Publications.
Young, M. (2002): Global Citizenship, the handbook for primary teaching. Cambridge: Oxfam.

Herausgeber*innen

Bruno Achermann war Grundschullehrer, Dozent, Leiter des Weiterbildungsmasters für integrative Förderung (MAS IF) an der PH Luzern, Schweiz. Bei der Konzeptentwicklung und Durchführung des MAS IF orientierte er sich am *Index für Inklusion*. Er ist freiberuflicher Prozessbegleiter für inklusive Schulentwicklungen in Deutschland und in der Schweiz, Coach für Schulleitungen, Entwicklung inklusiver Aus- und Weiterbildungskonzepte. achermail@bluewin.ch

Donja Amirpur forscht zu Migration und Bildung im Kontext von Inklusion und Intersektionalität an den Schnittstellen von Migration und Behinderung sowie zu den Erscheinungsformen des antimuslimischen Rassismus im Bildungsbereich. Als Prozessbegleiterin mit diesen Schwerpunkten nutzt sie den *Index für Inklusion* insbesondere im non-formalen Bildungsbereich. Sie ist Trägerin des Wissenschaftspreises für interkulturelle Studien der Universität und Stadt Augsburg 2016. donja.amirpur@th-koeln.de

Maria-Luise Braunsteiner ist Dozentin an der PH Niederösterreich mit dem Forschungsschwerpunkt »Inklusive Bildung«. Sie hat die Arbeit mit dem Index in Bildungseinrichtungen einer Gemeinde evaluiert und dokumentiert. Als Mitglied des Qualitätssicherungsrats ist sie zuständig für die externe Begutachtung der Lehramtscurricula mit Fokus Inklusive Bildung an Universitäten und Pädagogischen Hochschulen. maria-luise@braunsteiner.com

Heidrun Demo ist Forscherin für Inklusionspädagogik und inklusive Didaktik an der Fakultät für Bildungswissenschaften der Freien Universität Bozen, Südtirol. Sie hat als kritische Freundin mit dem Index an Schulen in Südtirol und Italien gearbeitet und die Erfahrungen durch Aktionsforschung begleitet und dokumentiert. heidrun.demo2@unibz.it

Elisabeth Plate forscht zu inklusiver Schulentwicklung und Lehrer*innenbildung/-professionalisierung national und international. Sie hat bei Tony Booth promoviert und arbeitet seither mit dem *Index für Inklusion* in der Lehre, in Fort- und Weiterbildungen sowie als Prozessbegleiterin. Sie ist Geschäftsführerin des Zentrums für Inklusionsforschung an der Humboldt-Universität zu Berlin. elisabeth.plate@hu-berlin.de

Andrea Platte ist Professorin für Bildungsdidaktik an der Fakultät für Angewandte Sozialwissenschaften der TH Köln. Als Lehrerin für Sonderpädagogik hat sie versucht, inklusive Momente im exklusiven Bildungssystem zu platzieren. Als Prozessbegleiterin mit dem *Index für Inklusion* konnte sie diese Versuche in weiteren Kitas und Schulen anregen; gegenwärtig setzt sie den Index zur Entwicklung von inklusiver Hochschuldidaktik ein. andrea.platte@th-koeln.de

*Als Herausgeber*innen sind wir an Ihren Rückmeldungen zur Arbeit mit dem vorliegenden Index und an Ihren Erfahrungen in deutschsprachigen Bildungssystemen interessiert. Bitte nehmen Sie mit uns Kontakt auf.*